JOAQUÍN M.ª NEBREDA

Dignidad humana
Crisis ética de nuestra civilización

Crítica a la devaluación de la vida
y a la pseudo ideología de género

Prólogo de
César Nombela Cano

ℙ
ALMUZARA

© Joaquín M.ª Nebreda, 2022
© Editorial Almuzara, s.l., 2022

Primera edición en Almuzara: enero de 2022
Editorial Almuzara • Sociedad actual

Director editorial: Antonio E. Cuesta López
Edición: Ángeles López
Diseño y maquetación: Joaquín Treviño
www.editorialalmuzara.com
pedidos@almuzaralibros.com - info@almuzaralibros.com

Imprime: Romanyà Valls

ISBN: 978-84-18952-79-1
Depósito Legal: CO-985-2021
Hecho e impreso en España - *Made and printed in Spain*

«Yo creo que, en este siglo que está empezando, el programa de la vida profunda, de la vida humana, tendría que ser una enérgica afirmación de la necesidad de la verdad. El hombre tiene que conseguir la verdad y extraerla de la situación en la cual se encuentra [...]. Si esto se hace, podremos superar las dificultades del siglo que está empezando y podremos tener una vida decente, la palabra "decente" es una palabra poco usada que conviene recordar [...] la vida humana puede ser [...] genial o modestísima, pero lo que hay que procurar es que sea decente o, si quieren ustedes presentable [...] una vida auténtica, una vida verdadera».

«[...] si [...] el hombre olvida que es persona y no cosa, y no vive como tal, entonces carece de la verdad de las cosas y de la libertad que es necesaria para vivir».

Julián Marías («La verdad», *Revista Cuenta y Razón*, n.º 126, 2002)

A tantas víctimas inocentes.

A quienes quieran reflexionar sin la muleta del eslogan.

A mis nietos Alicia, Marcos, Joaquín, Daniel, Irene, Oliver y a los que vengan, proponiéndoles que busquen la verdad, casi siempre tarea incómoda.

Índice

Prólogo

Sirvan estas líneas para introducir el valioso texto que el lector tiene en sus manos. Es el libro de un jurista, Joaquín Nebreda, que ha dedicado muchos años al trabajo profesional en el campo del derecho de la energía, pero que también es un ciudadano comprometido con la sociedad en que vive, con el mundo en el que transcurre su existencia a estas alturas de la historia. Vivimos tiempos en que el hombre ha alcanzado no solo un nivel elevado de conocimiento sobre la naturaleza, sino también la capacidad de «intervenir» en esa naturaleza. Es más, el hombre puede actuar sobre su propia naturaleza, planteando modificaciones, lo que se haría siempre afectando a individuos concretos, pero también impactando en el propio futuro de esta.

La verdad es que esta afirmación, definir o condicionar el futuro de la naturaleza humana, como científico, no la puedo dar como válida sin más. Estoy convencido de que la naturaleza humana también tiene sus límites. Una cosa es que se pueda experimentar con organismos vivos, incluso con individuos concretos y además en la etapa embrionaria o fetal, y otra cosa es que se puedan lograr resultados como la inmortalidad en los que algunos dicen trabajar. En todo caso, estas iniciativas conllevan una especial responsabilidad del ser humano para con sus semejantes y para el futuro.

No distraeré al lector nada más que lo imprescindible para formular lo que a mi juicio es el trasfondo en el que discurre la reflexión que Joaquín Nebreda plantea en este libro. Es un trasfondo basado en la evolución del pensamiento sobre el comportamiento ético del ser humano, al mismo tiempo que todo lo que se relaciona con el contexto en el que se han venido produciendo los grandes avances propios de los últimos dos siglos. El título que plantea: *Dignidad humana* me motiva especialmente, sobre todo porque entre las posturas actuales en conflicto no faltan quienes han formulado que se trata de un concepto vacío, o que alude a algo que no es fácil definir. Tal es el estado de la cuestión, hay tendencias que tratan de influir negando que tenga valor de la idea de la dignidad humana.

Sucede que, durante siglos, la reflexión filosófica ha venido estableciendo que el comportamiento ético es inherente al ser humano. El ser humano es el único capaz de un comportamiento ético, porque solo el hombre puede reflexionar sobre sus acciones, anticipar las consecuencias y obrar de forma acorde con esta reflexión. La moralidad de la actuación humana ha de tener ese fundamento, la reflexión ética.

En el transcurrir de esos siglos, el concepto aristotélico-tomista de la naturaleza como fuente de moralidad inspiraba la valoración ética del obrar humano. Pero el pensamiento de Kant, ya en el siglo XVIII, supuso un salto fundamental al formular dos «principios» que *a priori* debían dar sustento a una ética universal: primero, el hombre es siempre un fin en sí mismo que no puede ser tomado exclusivamente como medio; segundo, has de obrar con todos como reclamarías que se actuara contigo mismo. Son principios que durante mucho tiempo han inspirado una verdadera cosmovisión ética que ha sustentado normas, leyes y tantos aspectos de la organización y la convivencia en nuestras sociedades.

Cierto es que desde el citado siglo XVIII no siempre el camino del discernimiento ético se planteó como una opción única, más bien dos posibles caminos, que pudieran ser antitéticos, competían como vías para la justificación moral de las actuaciones humanas. Por un lado, los planteamientos *deontologistas* afirmaban la necesidad de apoyarse siempre en los principios. Por otro lado, los caminos formulados como *utilitaristas* trataban de establecer una moralidad basada en los resultados; algo sería bueno o malo según los resultados a los que condujera, es decir, en función de la felicidad y bienestar que trajera al máximo número de personas.

Se puede decir que ambas tendencias, *deontologista* y *utilitarista*, con notable cantidad de matices, persisten hoy en los momentos que vivimos, en que la complejidad de los análisis en buena medida está centrada en los progresos científicos en los que estamos inmersos.

Algunos estudiosos de Darwin han analizado su visión sobre las cuestiones morales como algo concerniente al ser humano y su actitud ante sus deberes éticos. Era una cuestión que tenía que aflorar en quien dedicó su vida en el siglo XIX a indagar sobre la evolución biológica y el origen del hombre buscando explicaciones naturales. Por su conclusión fundamental, la falta de propósito en la naturaleza, parece que Darwin temía que su trabajo fuera cuestionado por negar que la ética y la moral pudieran tener su fundamento en la propia naturaleza.

No es este el lugar para analizar la aportación de Darwin tan esencial para entender la vida y su evolución. Baste indicar que la teoría de la evolución supone una explicación razonable de muchos fenómenos evolutivos, aunque deje otros por explicar. La genética mendeliana, desde finales del siglo xix, y la biología molecular, del siglo xx, han supuesto una amplia confirmación de los aspectos fundamentales de la teoría evolutiva, con la que Darwin también se sumaba a que pudiéramos entender un universo en cambio; el universo no es estable como postuló Newton, sino que tuvo un comienzo y evoluciona experimentando un proceso de expansión.

Los supuestos temores de Darwin, de que en el futuro se atribuyera al darwinismo consecuencias que impactaron en el mundo de la organización social, y desde luego para mal, se vieron confirmados. Poco después de la muerte de Darwin su primo Francis Galton formuló la eugenesia como un objetivo fundamental para gestionar la genética de los humanos, por decisión del poder y en función de los criterios que supuestamente podía proporcionar el conocimiento biológico. Las propuestas eugenésicas, incluso acciones concretas en esta dirección surgidas en el mundo occidental, suponen una violación de los derechos humanos y un ataque a su dignidad, analizados desde los principios fundamentales.

A lo largo del siglo xx se han producido actuaciones que vulneraban claramente los derechos humanos, desde la esterilización de personas con limitaciones hasta tratamientos farmacológicos que buscaban simplemente experimentar sin garantías. Y, tras varias décadas, surgió la bioética en 1970, con el objetivo de sistematizar el conjunto de principios que deben orientar la conducta humana en relación con todos los seres vivos, especialmente con el hombre mismo. Formulada la palabra bioética y su contenido por el oncólogo Van Rensselaer Potter, constituía además una reacción frente a los abusos a los que he aludido; también se calificó como ciencia de la supervivencia, puente hacia el futuro.

La idea de la dignidad humana impregna todos los textos bioéticos declarativos y normativos que se han formulado y se siguen formulando. Basta repasar los contenidos de la Declaración de Helsinki (1964) y sus diversas actualizaciones, aprobada por la Asociación Médica Mundial, hasta el Convenio de Oviedo sobre los Derechos Humanos y la Biomedicina (1997), promovido por el Consejo de Europa y promulgado en la citada ciudad española.

Pero la dignidad humana como valor viene siendo cuestionada, por ejemplo, al limitar o anular su aplicación en los inicios de la vida humana como las etapas embrionaria y fetal. O en las postrimerías de la vida, cuando el ser humano se acerca a la terminación de sus días en este mundo y puede hacerlo gravemente enfermo o limitado. En efecto, el aborto y la eutanasia son dos territorios en los que se debaten posturas en nuestras sociedades que son analizadas con rigor en este libro.

En ese debate surgen planteamientos en los que fácilmente muchos pretenden abandonar los principios en favor de lo utilitario, referir la ética a la búsqueda de cualquier consenso. Como señala la profesora británica Sarah Franklin, la bioética ha dejado de ser un baluarte para transitar desde los principios a la acción. Por el contrario, la aportación de bioeticistas y filósofos se traslada a un debate pragmático basado en multiplicidad de conocimientos y visiones. Se pretende que las propias leyes sean las que consagren la moralidad. El profesor Diego Gracia, enfatizando lo que representa el conflicto, ha llegado a afirmar que el auge exponencial de la bioética en las últimas décadas se ha debido al completo fracaso del viejo ideal de la neutralidad axiológica de la ciencia.

Y, a pesar de todo, el autor de esta obra, y muchos con él, seguimos concurriendo a este debate proclamando que en el respeto a la dignidad humana está el fundamento de la civilización. El pensador Leszek Kolakowski lo afirmó con contundencia, sin la idea de la dignidad humana sería imposible responder a una pregunta muy simple: ¿qué tiene de malo la esclavitud? No son tiempos para aceptar el relativismo de que la ética ha de someterse a un simple juego de las mayorías.

El pensamiento débil, que algunos propugnan, supone un debilitamiento de la realidad a favor no solo de una interpretación que pueda constituirse como la única verdad de las cosas, sino que limita la propia realidad a esa interpretación. La consecuencia, en estos casos, es que cualquier postulado ético puede ser válido, dependiendo de la interpretación que cada cual quiera hacer.

Este libro reclama con energía que la dignidad humana inspire los comportamientos y actitudes ante tantas cuestiones que afectan a la vida del hombre y al futuro de la naturaleza. Y el punto de partida fundamental es reclamar, en primer lugar, que los análisis se inspiren en la verdad científica objetivable. El conocimiento médico es conocimiento científico o no es. En toda fuente de conocimiento

pueden surgir cuestiones objetivables, que son ciertas, que son du-
dosas o que son desconocidas, pendientes de esclarecer. Pero esa verdad científica ha de permanecer e iluminar ese debate. La búsqueda
de la verdad es imprescindible para la ética. Pero también la ética ha
de referirse a un marco de valores con los que contrastar la toma de
posturas. Al constatar que vivimos entre propuestas de valores que
pueden entrar en conflicto, resulta necesario proclamar la vigencia
permanente de algunos, en especial la dignidad humana.

CÉSAR NOMBELA
Catedrático emérito de Microbiología

Introducción

LIBRO DE DENUNCIA. CIVILIZACIÓN OCCIDENTAL *VERSUS* MATERIALISMO-PROGRESISMO

Tiene en sus manos un libro de denuncia, mejor dicho, un libro en el que se contiene la primera parte de la denuncia de la crisis de la civilización occidental, dedicado al ámbito de la vida del ser humano y de sus desarrollos más íntimos, como a continuación explico.

La segunda parte, con permiso del editor, la ofrecería en el próximo año y tratará, con igual perspectiva, de la crisis de la ética pública de la civilización occidental, sobre aspectos de carácter más políticos, como son la laicidad y la Unión Europea como baluarte de nuestra civilización. Por otra parte, analizaré las posibilidades y ventajas de las formas de la Jefatura del Estado, monarquía *versus* república y las formas de Estado, federal o centralizado, para terminar con un conjunto de propuestas para un Estado democrático eficiente, pues tales características del Estado son exigencias de nuestra ética.

Sirva esta introducción de guía de la primera parte de mi reflexión, contenida en este libro.

Ciertamente nuestra civilización tiene raíces seculares, varias veces milenarias, pues inició su andadura al menos quince siglos antes de nuestra era (la Biblia fue el primer texto de nuestra civilización), como lo describe el Génesis, que contenía una explicación imaginativa del origen del ser humano y también de la idea primitiva del bien y del mal que ha sido norte hasta nuestros días en el ejercicio de la conciencia humana. Con el Génesis se reconocieron y con la ley mosaica se confirmaron las reglas esenciales de la conducta humana.

Si nuestra civilización echó sus raíces hace más de treinta y cinco siglos, el árbol que de ellas surgió recibió injertos que lo mejorarían: la filosofía griega con Platón y, desde luego, con Aristóteles; el derecho romano y el cristianismo, que además de humanizar tanto el derecho romano como el germánico asimilaría e integraría socialmente a todos los pueblos de Europa. Siglos después la Ilustración, producto de la propia civilización, incorporaría la concepción antropocéntrica del mundo, que si algunos la ven como una ruptura con la trascendencia yo la veo como el cumplimiento del mandato del propio Génesis (Gn 1, 28 «Creced, multiplicaos, llenad la tierra y sometedla; dominad los peces del mar, las aves del cielo y todos los animales que se mueven sobre la tierra»), porque a partir de la Ilustración el ser humano enfocó la vida hacia el conocimiento científico, que es lo mismo que hacia el desarrollo del mundo y del ser humano. Poco después, con la Revolución francesa, se reconocería al ser humano como único sujeto de derechos, el ciudadano y la soberanía nacional.

Por todo esto, la civilización occidental entera está en crisis tanto por agresiones externas como por dejaciones internas.

Adelanto, y lo reiteraré en el cuerpo del presente ensayo, que partiendo de la distinción entre ética pública y moral privada y haciendo dejación de mi particular código moral (católico), fundamento mi trabajo en los criterios de ética pública que a lo largo de los siglos han cristalizado en el proceso histórico de nuestra civilización y en el derecho absoluto a la vida.

También quiero presentar a mis lectores mi compromiso de verdad. No de la verdad en la que estoy (mis creencias), sino de la verdad a la que llego, de mi *pretensión de la verdad*, en palabras de Julián Marías. He procurado en las páginas que siguen asegurarme de que cuanto afirmo o niego está presidido tanto por el valor ético al que me he referido como por mi convicción radical de estar poniendo negro sobre blanco lo que, por contraste de criterios, creo que es la verdad. La verdad en el sentido que Marías entendía, como desvelamiento o descubrimiento (*aletheia*) de conceptos expresados en su integridad y en su complejidad, sin dejar conscientemente opaco extremo alguno que contradijera cualquier criterio preconcebido. La verdad de Marías, más que el conocer o el saber, es el «saber a qué atenerse». En definitiva, ofrezco mi compromiso de verdad en garantía de la confianza que quien escribe solicita del lector.

No cabe denuncia alguna sin identificación previa del denunciado. El enemigo de la civilización occidental es, en último término, el materialismo negador de la trascendencia del ser humano, de toda referencia espiritual y negador de su dignidad y de su ubicación en el centro del universo.

El materialismo dialéctico es fundamento del marxismo y de su expresión política el comunismo, que desde los inicios del siglo xx se extendió en forma masiva, si bien al final de dicho siglo, tras la caída del muro de Berlín, aplicando la ya entonces vieja tesis de Antonio Gramsci, se produjo una mutación estratégica del marxismo en forma de un conjunto de líneas de actuación, distintas pero coordinadas, agrupadas en torno al llamado progresismo, que son el relativismo, el feminismo radical, la ideología de género, las corrientes deshumanizadoras en favor del aborto y la eutanasia, el animalismo, el pacifismo acrítico, etc.

Así que puede decirse que la tesis de Gramsci triunfaría sesenta años después de su formulación, que se puede concretar en el siguiente razonamiento: como la versión burda del comunismo era incapaz de vencer a la civilización occidental de enorme potencial ético, ideológico y humanista, debía plantearse el ataque desde el interior (había que olvidar el ataque a la muralla inexpugnable para practicar el *entrismo*), aprovechando el debilitamiento de una burguesía cada vez más acomodaticia, más hedonista y menos crítica. Aquí aparece el progresismo con sus diversas formulaciones, muchas de ellas elaboradas en las universidades norteamericanas a partir de los años sesenta que tendrían su reflejo en el Mayo Francés de 1968, pero su origen remoto, a mi juicio, está en Antonio Gramsci.

DESCRIPCIÓN DE LAS MATERIAS TRATADAS

Este libro lo dedico a establecer la dignidad humana como clave del ser humano y a defender el carácter absoluto, irrenunciable del derecho a la vida, para fijarme después en derechos propincuos a este, como son el derecho a la certeza paterno-filial y el derecho a la identidad sexual que, desde mi perspectiva, está siendo maltratado por la denominada *ideología de género*, auténtico muestrario de la nueva antropología acientífica que el materialismo trata de imponer en el mundo en que vivimos.

Para facilitar el acceso del lector a este ensayo, me permito hacer breves referencias a las distintas materias a las que tan genéricamente me he referido.

Sobre el origen del universo y del ser humano. Concluyo en la *hipótesis más plausible*, que pudiera llamarse del diseño frente a la teoría estocástica o de la casualidad. El universo y el ser humano tuvieron un origen y un diseño, lo que implica la existencia de un diseñador, hipótesis congruente con la innata vocación trascendente del ser humano, constatada desde que se tiene conocimiento de su existencia.

Sobre la dignidad humana. He aquí la pieza esencial del gran edificio de la civilización occidental que es, a mi juicio, la obra más extraordinaria que haya realizado la humanidad. La dignidad es ínsita a la vida humana y esta es irrepetible, pues jamás existirán dos seres humanos iguales. La vida humana y su dignidad es un valor absoluto, excluyente respecto de cualquier otra clase de vida o de cosa inerte que exista en el universo, inviolable, intangible, exigible frente a cualquier otro valor y, además, es irrenunciable.

Ideas previas. Para estudiar el derecho a la vida humana me parece necesario establecer al menos tres ideas de carácter transversal que nos evitarán reiteraciones a lo largo del ensayo:

- *Ética pública y moral privada.* Ya he distinguido en las primeras palabras de esta introducción que mi trabajo se funda en la ética pública de nuestra civilización y no en ninguna concreción moral de las existentes en nuestra sociedad. La ética, pilar de toda ley justa, es el conjunto de valores reconocidos en una sociedad, cuya quiebra podría merecer reproche de diverso grado (social, administrativo o penal), mientras que la moral es un código privado de conducta, por supuesto en el marco ético de la sociedad, fundado en criterios religiosos o morales, que mereciendo el respeto de la sociedad, su quebranto no puede originar reproche público alguno.

  Este ensayo se funda en la ética pública de la civilización occidental y no en moral específica alguna. A mi juicio esta distinción es de radical trascendencia para estudiar el derecho a la vida en sus distintos riesgos.

- *Progresismo.* En esta introducción huelga mayor comentario al realizado en líneas anteriores. Baste señalar que es el instrumento del materialismo para desmontar nuestra civilización. Una expresión muy singular del progresismo es el buenismo, de extraordinaria eficacia destructiva por su sutil penetración. El buenismo, presentándose como culmen de la bondad, esconde el arma del relativismo, que es el instrumento de la banalización de los valores a favor de cualquier alternativa menos esforzada y menos virtuosa, y así digo que tras el buenismo no se escode la bondad sino el relativismo.

- *Objeción de conciencia.* Es una excepción al cumplimiento de una obligación legal que solo puede concebirse cuando el obligado se encuentra ante el deber de producir la muerte ajena. La objeción de conciencia es de interpretación muy restrictiva, pero cuando esta se presenta no cabe eludirla.

Hoy sufre la objeción de conciencia una agresión para excluirla en los supuestos de aborto y eutanasia, so pretexto de que ambas ilícitas excepciones al derecho absoluto de la vida son nada menos que derechos humanos ante los que la objeción se convertiría en denegación de la atención médica.

En el ensayo se repasan los diversos tipos de quiebra del derecho absoluto a la vida que se plantean en nuestros días:

Sobre la pena de muerte. Hoy la derogación de esta pena está generalizada en Europa pero no en todo el mundo afecto a la civilización occidental y, ni mucho menos, fuera de ella. La derogación de la pena de muerte, por execrable que fueran los crímenes, es un principio de la ética de nuestra civilización que extender a todo supuesto y en todo el mundo.

Sobre el aborto. En este ensayo trato de probar, con ayuda de los especialistas más reconocidos, que abortar es matar a un ser humano, por minúsculo que sea su tamaño. Es en esta materia donde el buenismo hace su gran labor en pro de la cultura de la muerte. Es en esta materia en la que el progresismo triunfa imponiendo la emoción sobre el conocimiento. El aborto, como excepción legal al derecho a la vida, quiebra la ética de la civilización.

Sobre la muerte digna. Una muerte digna exige la atención a los enfermos terminales en condiciones de respeto a su dignidad, evitando sufrimientos y acciones desmesuradas que atrasen o adelanten el final de la vida de modo innecesario.

Sobre la eutanasia. Estamos ante otra quiebra del derecho absoluto de la vida pese a que una de sus esenciales características, ya señalada, es la irrenunciabilidad. Buenismo y emoción tienen también en este campo una enorme función destructiva, al extremo de propiciar la muerte renunciando a los cuidados paliativos, pese a que el paciente los dispusiera *a pie de cama.*

Con frecuencia se confunde buena muerte (eutanasia) con muerte anticipada (*proretanasia*), y con frecuencia en los países que la practican desde hace tiempo, como Holanda y Bélgica, se ha experimentado el fenómeno conocido como la *pendiente resbaladiza*, por la que la rutina tiende a la superación de los límites que la condicionaron legalmente en su origen. Frente al bondados término griego de eutanasia, propongo el más realista y no sé si académico de proretanasia.

Sobre la guerra justa. Frente a la doctrina tradicional del derecho a la guerra justa (justa causa, proporcionalidad, autoridad legitimada, menor daño posible, trato adecuado a los combatientes y prisioneros y a la población civil, etc.), el progresismo presenta la gran plataforma buenista del pacifismo acrítico que podría dejar a Occidente en manos de adversarios que, para empezar, no tienen elaborado criterio alguno vinculado a la idea de guerra justa.

No eludo en este trabajo la cuestión del riesgo nuclear, gran argumento pacifista y también gran elemento disuasorio de la confrontación.

Por último, trato sobre dos derechos propincuos al derecho a la vida, que si bien no tienen carácter absoluto sí tienen singularísima presencia en la formación de la personalidad y en la felicidad de los seres humanos. Me refiero al derecho a la certeza paterno-filial, que incluye el problema de los llamados *vientres de alquiler* y el derecho a la identidad sexual.

Derecho a la certeza paterno-filial. Este derecho, no siendo negado, en la práctica está escasamente protegido. En este ensayo trato de explicar su relevancia manifiesta y propongo una acción judicial sumarísima y con preferencia al derecho a la intimidad, para asegurar con certeza científica y judicial paternidades y filiaciones.

- *Sobre los vientres de alquiler.* En este nuevo fenómeno se plantean dos graves agresiones a derechos relevantes: a la dignidad de la mujer y de su maternidad, degradando ambas como mera producción humana desconectada del ejercicio pleno de la maternidad; y al derecho del hijo a conocer a la madre y, en ocasiones, a ambos padres, de manera premeditada.

Derecho a la identidad sexual. La identidad sexual, salvo anomalías que la ciencia y la medicina tienen bajo su atención, jamás había planteado duda alguna, pero el progresismo ha inoculado mediante la falsamente denominada *ideología de género* propuestas de alteraciones antinaturales de la mujer y del hombre, partiendo de un imaginario neutralismo sexual originario de los seres humanos y siguiendo por el concepto indefinible de género.

Trato con detenimiento la denominada *ideología de género*, acientífica en su más amplia extensión, que se está convirtiendo en un dogma laico que, de manera imperativa, se impone en las sociedades occidentales y que representa uno de los mayores riesgos liberticidas del siglo XXI.

En el presente ensayo trato de reafirmar la antropología no solo de la civilización occidental, sino de cualquier otra civilización y cultura que en el mundo hayan sido, que en primer término se establece desde el binarismo y el complementarismo sexual.

En este ensayo hago un detenido repaso sobre la verdad científica de la transexualidad, frente al falso transgénero, y también de la intersexualidad. Igualmente analizo la homosexualidad y su utilización por el generismo.

Naturalmente analizo el feminismo, tanto el feminismo generista, andrófobo y radical como el feminismo de la igualdad en la diferencia, para presentar al lector dos perspectivas radicalmente distintas que voluntariamente se confunden por la utilización de un sustantivo común.

Por último, planteo la necesidad de presentar batalla cultural en pro del dualismo antropológico, fundamento de la dignidad y la libertad de los seres humanos, propias de nuestra civilización, frente al materialismo, que se vende con el disfraz del progresismo en sus diversas variantes.

En definitiva, afirmo que no existe alternativa al paradigma ético de la civilización occidental, por su congruencia con la naturaleza humana, lo que exige su fortalecimiento y su defensa desde el conocimiento científico, en favor de una humanidad libre orientada al progreso, en sintonía con su propia naturaleza.

Para facilitar la lectura presento una veintena de páginas finales dedicas a las conclusiones sobre lo tratado, para que sirva al lector de guía o índice, pues así podrá identificar mejor y brevemente las claves de las materias tratadas.

1. Origen del humano

1.1. EXPLICACIÓN PREVIA. HIPÓTESIS MÁS PLAUSIBLE

Al inicio de estas páginas interesa hacer una advertencia que no por conocida es ociosa.

Vamos a rondar la idea de Dios, por lo que urge advertir que el de Dios es un concepto metacientífico, que hace inútil el método científico, sea empírico-analítico, experimental, deductivo, etc., tanto para probar su existencia o inexistencia como para hacer aprehensible su concepto. Dios no es aprehensible por la razón, y así decía san Agustín que quien creyera haber definido a Dios es que no estaba hablando de Dios. Pero aceptar que el concepto de Dios, en toda su profundidad, se escapa a la razón humana no quiere decir que sea irracional, sino que, simplemente, nos supera.

Dicho lo cual, cabe recordar que en el método científico, en sus fases aproximativas a la evidencia, se reconoce la existencia de lo que se denomina como *hipótesis más plausible*, que es aquella que, sin agotar la cuestión investigada (en nuestro caso jamás se agotará), presente menos aristas discrepantes con la razón conocida, indiscutida. Sería la hipótesis más congruente con la ciencia, entre las posibles.

Mi pretensión en estas líneas es justificar, no la existencia de Dios, sino su razonabilidad para proponerla como hipótesis más plausible, más razonable, como medio de explicar el componente espiritual del humano y, por tanto, su primacía sobre cualquier otro ser o bien del universo, así como el intrínseco respeto que merece de sus congéneres, en razón de la dignidad humana.

Este es mi único interés en este primer capítulo, hacer patente el componente espiritual del humano para explicar su primacía en el universo y establecer su dignidad frente a todo y frente a todos, lo que supondría acomodar nuestros criterios de convivencia a la libertad individual. Y para todo ello tengo que explicar de dónde creo que le puede llegar al ser humano el espíritu.

Coincido plenamente con Marceliano Arranz Rodrigo («El comienzo de todas las cosas. El discurso filosófico sobre la creación en el estado actual de la ciencia en fe en Dios creador, ciencia y ecología en el siglo XXI, inédito», curso de verano de El Escorial, 2016) en que si fuera inexistente nuestro componente espiritual, «no veo en qué apoyar, ni cómo justificar los derechos humanos». Si el humano es materia y espíritu, solo es porque Alguien, capaz de crear la materia y de disponer de espíritu, lo crea con esta dualidad.

1.2. MATERIA, TIEMPO Y ESPACIO

Tendríamos que empezar por preguntarnos, aun en el caso de que solo fuéramos materia, quién creó la materia. Desde luego de la nada no surge nada, salvo que haya Alguien capaz de crear algo, la materia. No es razonable afirmar que la molécula, la roca o un universo comprimido, objeto del *big bang*, objeto de la *gran explosión*, se autocreara.

Del conjunto de leyes que regulan la actividad de la materia no se conoce ninguna que explique su autogeneración, luego *Alguien* creó la materia. Si la creó Alguien, cuando nada había, tampoco había espacio ni tiempo. ¿Para qué y en relación con qué iba a haber espacio y tiempo? El espacio y el tiempo tienen sentido cuando hacen referencia a algo o a alguien.

Si Alguien creó la molécula o la roca objeto del *big bang*, creó a la vez la idea de espacio, en el que aposentó la materia creada, y creó la idea de tiempo a partir del momento en que creó la materia y esta empezó a *tener edad*.

Luego parece —cuando menos no es absurdo ni irracional— que quien creó la materia, el espacio y el tiempo fuera un ser espiritual (de no materia, porque Él la creó), ajeno al espacio y al tiempo, esto es, eterno.

Dice Manuel Carreira («Creación y evolución», conferencia en San Cristóbal de La Habana, 2008-2010) que: «Antes del *big bang* no había antes» y que «El universo no apareció en ningún lugar de un espacio preexistente». En el mismo texto advierte el autor que el término *universo* abarca todo lo cognoscible, «describe cuanto es posible conocer directa o indirectamente por cualquier metodología, actual o futura: "otro universo" es —por definición— incognoscible».

En torno a la idea de creación, en sentido estricto, no siempre las ideas se formulan con la claridad necesaria.

Así, Rafael Bachiller («Diseño inteligente», *El Mundo*, 14/9/2016), reconociendo que la cuestión del diseño inteligente es una cuestión metacientífica, recordando la declaración de la Academia de Ciencias de los EE. UU., que es de común aceptación, confunde la capacidad del ser humano para transformar o modificar la vida existente —sustitución de órganos por ingenios robóticos, manipulación genética, etc.— con la capacidad del *Homo sapiens* para crear vida: «La creación de otros [seres] nuevos […]»; «Crear mascotas […]»; «Crear seres con intenciones menos inocentes […]»; «Crear superhombres de capacidades vitales e intelectuales extraordinarias […]».

Bachiller hace referencia al proyecto de la UE relativo a la creación de un ordenador que actúe como un cerebro, pero debe advertirse que tal ordenador procesará según lo que el diseñador humano haya sido capaz de prever, pero nunca pensará por su cuenta, siempre responderá a tenor de los *inputs* con que haya sido cargado.

> Crear no es transformar o modificar lo existente, crear es extraer algo de la nada. Crear es hacer que un universo surja de la nada, que la vida surja de la nada (no de una vida anterior), y a tal punto jamás llegará el *Homo sapiens*, porque las leyes de la naturaleza lo impiden.

Señala, también, Manuel Carreira en su artículo «Origen del universo - principio antrópico» (disponible en Internet) que «solo una potencia infinita puede hacer existir un átomo o un universo sin utilizar una realidad anterior. Esto es lo que implica la ley de conservación de la masa y de la energía».

Tengo como *hipótesis más plausible* que la creación de la materia se explica por la intervención de *Alguien* espiritual (no material), ajeno al tiempo y al espacio, porque cualquier otra hipótesis sobre el origen de la materia habría que fiarla a un hecho desconocido y contradictorio con las leyes que explican la actividad de la propia materia.

1.3. MATERIA INERTE Y SERES VIVOS

Así que si *Alguien espiritual* creó el universo, algunas de las cosas en él contenidas las creó directa y definitivamente, y otras —la inmensa mayoría— las creó mediante lo que san Agustín denominó «semillas inteligibles», para que se desarrollaran por vía de la evolución, de modo que es de todo punto rechazable que la teoría de la evolución contradiga en algo a la teoría de la creación, porque son perfectamente compatibles.

Unas cosas las creó de simple materia, son las cosas inertes, pero otras cosas, los seres vivos, además de crearlos de materia les dio vida autónoma, aunque no a todos les dio una vida con la misma intensidad y características.

Entre los seres vivos podemos distinguir vegetales, animales y humanos. Los vegetales tienen vida propia pero carecen de capacidad de tránsito, aunque algunos dispongan de cierta movilidad; carecen de instinto, pese a que tienen cierto grado de sensibilidad, como la respuesta frente al sol y a otros estímulos. Los animales, también con vida propia, tienen capacidad de tránsito —la mayoría—, y tienen, unos más que otros, instinto que condiciona su conducta. Pueden percatarse de su propio cuerpo, pero no son conscientes de ser conscientes, porque carecen de razón.

Por último, los seres humanos que, como el resto de la naturaleza, estamos constituidos por materia (humano viene de *humus,* «tierra», y de *anus,* sufijo de «pertenencia» o «procedencia»), además tenemos vida propia con unas determinas características: contamos con instinto desde nuestro nacimiento, como los animales, y así busca el recién nacido el pecho de su madre para succionar la leche; tenemos razón; somos conscientes de ser conscientes; poseemos plena constancia de nuestra individualidad irrepetible; gozamos de conciencia ética para discernir el bien y el mal; inteligencia para reflexionar en abstracto y voluntad para establecer libremente una conducta determinada; y, aparte de razón, tenemos capacidad de amar.

Contamos con voluntad de actuar de manera determinada con vocación teleológica, para alcanzar objetivos concretos y, además, sabemos valorar, medir, si compensa el esfuerzo por conseguirlos pero, sobre todo, tenemos capacidad de amar a las personas, que es un sentimiento que supera el mero deseo y la simple tendencia instintiva.

Estas capacidades de razonar, de voluntad y de amar nos permiten reconocer la verdad, lo bello y lo bueno, que son conceptos inaprensibles por la materia. Los humanos, en definitiva, somos los únicos creadores de cultura, porque tenemos capacidad de transformación de nuestro entorno, con inteligencia y sentido utilitario, con criterio ético y estético.

Razón, voluntad, conciencia del bien y del mal, capacidad de amar, ¿todo esto, para qué? Para que los seres humanos seamos libres y dirijamos el proceso de evolución del mundo.

Decía Chesterton (*El hombre eterno,* Ed. Cristiandad, 2011) que: «Se acostumbra a insistir en que el hombre se parece a las otras criaturas y es cierto, pero esa semejanza solo es capaz de percibirla el hombre». Todos los seres vivos, dice el profesor Miguel Acosta López (IV Jornadas de Ciencia y Fe, CEU, 2016), tienen alma aunque de naturaleza distinta. El alma humana tiene espiritualidad, mientras que la de los animales y de las plantas no, de modo que la espiritualidad aporta la razón y la capacidad de amar de los humanos (inteligencia, voluntad y afectividad). El alma humana es el registro de la espiritualidad, que a lo largo de la vida tiene como soporte al cuerpo humano.

No puede establecerse, racionalmente, que la materia sea capaz de crear vida. Ninguna ley que explique la actividad de la materia puede aclarar que esta se transforme en espíritu, como hay leyes que explican la transformación del estado de la materia, del sólido al líquido y al gaseoso.

Al analizar la existencia de los seres vivos, y como quiera que la materia no crea vida ni se transforma en espíritu, hay que preguntarse quién aporta la vida a la materia para que existan los seres vivos, en sus distintos niveles de vida. Desde luego solo puede aportar vida quien la tenga y además para un fin específico, porque lo vivo es teleológico y así está reconocido desde Aristóteles, como recuerda Antony Flew (*Dios existe,* Trotta, 2012), recurriendo a Richard Cameron: «Algo que está vivo será también teleológico».

En concreto, en referencia al ser humano, hay que preguntarse quién aporta la vida y el espíritu que transmite la razón y la capacidad de amar que nos distingue del resto de seres vivos.

Como segunda aproximación cabría establecer que el Creador que nos ocupa sería Alguien espiritual, ajeno al tiempo y al espacio, que tuviera vida, con inteligencia superior y que tuviera capacidad de amar. Desde luego ninguna de estas características adorna a la materia inerte, así que puede presentarse esta segunda aproximación como la hipótesis más plausible sobre el origen del universo y, naturalmente, del ser humano.

Naturalmente no pretendo en este ensayo agotar la cuestión. Mi propósito es plantear la cuestión del origen del ser humano y buscar en dicho origen la razón de su dignidad, en ocasiones discutida indirectamente, así como las consecuencias que de ella se deduzcan pero, sobre todo, planteando la racionalidad de la tesis deísta se cumple con la exigencia de plantar cara, abiertamente, a la idea tan difundida de que «los intelectuales ateos suelen representarse a sí mismos como defensores de la racionalidad frente a la supuesta irracionalidad que caracterizaría a las personas religiosas», en palabras de Francisco José Soler Gil, prologuista de Flew.

La alternativa a la hipótesis de un Ser superior creador del universo y del ser humano es la *hipótesis estocástica*, por la que todo es consecuencia del azar, de la aleatoriedad con que funcionan las fuerzas del universo, pero ¿quién las creó?

Carreira, en su ya referida conferencia «Creación y evolución», frente a la hipótesis del azar como primera causa, afirma que el «azar no es realmente una explicación sino una admisión de que no hay conexión lógica […] azar termina siendo un "porque sí" vacío de contenido». «El azar que no representa fuerza física alguna, ni es medible en un experimento ni puede introducirse en una ecuación».

Nadie ha desmentido a Gottfried Leibniz ni a Arthur Schopenhauer el principio de la razón suficiente, por el que nada ocurre sin causa, y Manuel Carreira cierra este principio afirmando que cuando se dice que un hecho ocurre por casualidad es que, realmente, no se conoce la causa del mismo, pero causa la hay.

Si el universo es susceptible de análisis científico es porque está en el ámbito de lo razonable y es razonable porque es obra de una Inteligencia, naturalmente superior. De la casualidad, del caos, no es posible que salga un orden general razonable, susceptible de estudio por el método científico.

Por otra parte, la afirmación de que no puede aceptarse la idea del diseño porque tal hipótesis originaría personas «de otra raza, con privilegios» podría presentarse como riesgo, pero no como razón, porque las eventuales consecuencias de algo no definen su esencia. Realmente no hay personas con privilegios distintos, pero sí seres con privilegios distintos (plantas, animales y humanos), si queremos usar estos términos.

Por el contrario, lo que dicen no pocos científicos —en los siguientes párrafos me referiré a ello— es que las leyes de la naturaleza, tan ajustadamente establecidas, hacen pensar en un diseño y, por tanto, en un diseñador; desde luego, así opinaba Einstein. ¿Casa el ajuste fino de las leyes de la naturaleza con que su origen, su causa primera, sea el azar entendido como falta de causa? A mi juicio, esta idea es rechazable.

Esta es la cuestión que, con toda probabilidad, nos llevaremos pendiente de este mundo, razón por la que insisto en que mi interés se limita a establecer si la existencia de un Creador es o no es la hipótesis más plausible frente a la propuesta de que hayamos aparecido por estos pagos y con estas singulares características, sin causa ni razón, esto es, sin que mediara voluntad alguna.

El ya referido Arranz, en el mismo texto reseñado, considera «poco razonable admitir un universo grávido de diseños inteligibles, y rechazar que el mismo sea producto de un diseño inteligente [...]». «¿Qué motivos hay para no aplicar al mundo, en su totalidad, lo que parece evidente en la experiencia individual humana?».

La falta de prueba radical obliga a evaluar las posibilidades existentes, sin mayores descalificaciones que las de la contraposición de razones. Así lo creo sinceramente, por lo que nunca diría que la hipótesis del azar fuera una *más de los* «trucos de nuestra mente para explicarnos la complejidad del mundo».

1.4. APORTACIONES DE DIVERSOS AUTORES

Volviendo a la cuestión, recomiendo vivamente la obra ya citada, breve e intensa, de Antony Flew, titulada *Dios existe*. Flew fue, durante cincuenta años, el líder del pensamiento ateísta, y tras los cuales llegaría al convencimiento de la existencia de un Creador. En este librito se hace un repaso de las posiciones deístas y ateístas con referencia a los pensadores que las sustentan, por lo que es de gran utilidad iniciática. Seguidamente reproduciré algunos pasajes del mismo para fortalecer mi anterior argumentación.

Flew se hacía tres preguntas esenciales:

1. «¿Cómo llegaron a existir las leyes de la naturaleza?».
2. «¿Cómo pudo emerger el fenómeno de la vida a partir de lo no vivo?».
3. «Cómo llegó a existir el universo?».

Estas son preguntas que nadie puede eludir si se pregunta por su propio origen, y son las que llevaron a nuestro autor a un cambio de posición.

Aristóteles definía con enorme agudeza por los siguientes atributos, dice Flew, a quien consideraba «[...] el Ser que, en su opinión, era la explicación del mundo [...]», «inmutabilidad, inmaterialidad, omnipresencia, omnisciencia, unicidad e indivisibilidad, bondad perfecta y existencia necesaria», plenamente coincidente con la visión judeocristiana de Dios. Criterio que suscribe David Conway, que cree que con la razón humana puede llegarse a comprender esta visión aristotélica. Supongo que se refiere a la razonabilidad de la existencia de un creador de tales características.

En no pocas ocasiones Flew recuerda a Einstein, como científico teísta que negó ser ateo o panteísta, y resalta su idea de «razón encarnada» para denominar las regularidades matemáticamente precisas y universales en que la naturaleza viene empaquetada. Einstein, dice Flew, partía de «una fuente trascendente del mundo» a la que llamó «mente superior», «espíritu superior ilimitado», «fuerza racional superior», «fuerza misteriosa que mueve las constelaciones», porque creía en la «inteligibilidad del mundo».

Eisntein, sigue Flew, afirmó que no era positivista:

> No soy positivista. El positivismo afirma que lo que no puede observarse no existe. Esta concepción es científicamente indefendible, ya que es imposible hacer afirmaciones válidas sobre lo que la gente «puede» o «no puede» observar. Equivale a decir que «solo existe lo que observamos», lo cual es evidentemente falso.

Recuerda Flew a Hawking («The Driver of Mister Hawking», semanario *Jerusalem*, 22/12/2006), quien diría que: «Hay una abrumadora sensación de orden. Cuanto más descubrimos sobre el universo, más constatamos que está gobernado por leyes racionales», lo que hace pensar en el gran diseño.

Hawking afirmó que: «Creo en la existencia de Dios, pero también creo que esta fuerza divina, una vez estableció las leyes físicas de la naturaleza, ya no interviene en el mundo ni lo controla».

Cuatro años después de esta afirmación teísta, el propio Hawking (*El gran diseño*, Crítica, 2010) planteaba la teoría contraria por la que «[...] el inicio del universo fue regido por las leyes de la ciencia y no hay necesidad de que sea puesto en marcha por algún Dios». «[...]

el universo apareció espontáneamente, empezando en todos los estados posibles, la mayoría de los cuales corresponden a otros universos». Y concluye: «Si la teoría se confirma por la observación [...] Habremos llegado al Gran Diseño» pero, al parecer, sin diseñador inteligente.

El propio Flew afirma que:

> Los científicos que apuntan a la Mente de Dios no avanzan simplemente una serie de argumentos o un proceso de racionamientos silogísticos. Más bien, proponen una visión de la realidad que surge del corazón conceptual de la ciencia moderna y se impone a la mente racional. Es una visión que personalmente estimo persuasiva e irrefutable.

Antony Flew advierte que Einstein no creía en un Dios personal que «se manifiesta en las leyes del universo como un espíritu inmensamente superior al del hombre». Por el contrario, Flew tiende a creer en un Dios personal, quizá intuitivamente, porque dice: «[...] dicha creencia me parece preferible a la ausencia total de la perspectiva transcendente de la vida».

Charles Darwin rechaza que el universo sea fruto del «azar ciego o de la necesidad». Intuye que la creación es obra de una mente inteligente, análoga en cierta medida a la del humano, lógicamente más potente, pero en sintonía. Este criterio es seguido por muchos científicos actuales, señala Flew, como Paul Davies, John Barrow, John Polkinghorne, Freeman Dyson, Francis Collins, Owen Ginferich, Roger Penrose, Richard Swinburne y John Leslie.

No deja Flew de señalar a los científicos defensores del principio antrópico, por el que se establece que el universo es como es, con todas sus complejidades, porque tenía como finalidad albergar a la raza humana. Así lo reconoce Hawking (*Historia del tiempo*, Alianza, 2011) al decir: «Vemos el universo en la forma que es porque nosotros existimos», lo que se deduce del denominado «ajuste fino», que alude a la evidencia de que las leyes de la naturaleza están «finamente ajustadas» de modo que si se variara alguno de los parámetros de dichas leyes, la vida humana sería imposible en el universo.

Así que es tanto como decir que el universo responde a un diseño de una Mente inteligente con una finalidad específica, la de albergar a la raza humana, lo que favorece la explicación del diseño divino orientado a la vida humana.

Sobre el *principio antrópico* sugiero el visionado de las intervenciones de Manuel Carreira (*De la ciencia a la religión*, en YouTube), así como la lectura del referido artículo «Origen del universo. Principio antrópico», en el que se precisan varios de los parámetros imprescindibles para la vida que, con ligeras variaciones, la harían imposible, lo que apoya la idea del diseño en la creación del mundo, diseño destinado a la existencia de la vida humana.

Carreira, en dicho artículo, señala:

> El universo tiene características, no impuestas por ninguna necesidad física previa, gracias a las cuales es posible la vida inteligente, al menos en nuestro planeta. Si nos preguntamos por la razón de que sea así, aparecen dos posibles soluciones: o bien nuestro universo las tiene «por casualidad», o porque ha sido diseñado para nuestra existencia.

Rechaza a continuación la posibilidad del azar, porque carece de sentido. Carreira define así el principio antrópico:

> El universo ha sido ajustado por su Creador, ya desde el primer momento, para que su evolución lleve a condiciones compatibles con la vida en el máximo nivel de vida inteligente; con tal afirmación se da una razón suficiente de que «exista algo en lugar de nada».

Juan Arana Cañedo-Argüelles («Principio antrópico», *El Mundo*, 12/11/2010) hace referencia a Carreira, quien afirmaba que si la masa del universo en lugar de 10 elevado a la 56 lo fuera elevado a la 55 o a 57, sería imposible la vida humana, como sería imposible la vida humana si el protón no fuera 1.836 veces más pesado que el electrón; tampoco estaríamos aquí «[…] si la interacción de las fuerzas electromagnéticas y las gravitatorias fuese distinta de la actual». Asimismo no estaríamos aquí si el Sol fuera un 10 % más pequeño o más grande de lo que es o si su distancia a la Tierra fuera un 10 % mayor o menor. Otros parámetros del universo se caracterizan por el estrecho margen de variación que permitiera la vida humana, de modo que el *principio antrópico* tiene un grado muy alto de racionalidad.

En cuanto a la probabilidad de la creación del universo por azar, el doctor ingeniero Javier Arjona («Sobre la existencia de Dios: una aproximación práctica», *El Debate de Hoy*, 30/1/2021) cita al Premio Nobel de Física de 2020, Roger Penrose, para recordar que calculó la probabilidad de que el universo se haya formado aleatoriamente, por azar, y la cifró en 1 probabilidad entre 10^{1230}. Precisa Arjona que: «Para entender mejor esta cifra, conviene señalar que, matemáticamente, a partir de 10^{50} la probabilidad de que un suceso ocurra es nula, y que para ganar el sorteo de la Lotería Nacional es tan fácil como 1 entre 10^5».

También se refiere Arjona al astrofísico británico Fred Hoyle, quien planteaba la probabilidad casual del universo con la probabilidad de que un gigantesco tornado fuera capaz de movilizar todas las piezas de un Boeing 747 extendidas en el césped de un campo de fútbol para que se reagruparan ordenadamente formando un Boeing 747 preparado para el despegue. El mismo Hoyle *(El universo inteligente. Circulo de Lectores*, 1984), termina Arjona, estableció que la probabilidad de que «[...] los átomos y las moléculas del universo se unieran para formar una molécula proteica sencilla, elemento básico de la vida, es de 1 probabilidad entre 10^{113}. De nuevo una probabilidad matemáticamente imposible, que no tendría explicación sin recurrir a la existencia de Dios». Añado yo que de darse esta imposible probabilidad habría que preguntarse después quién creó los átomos y moléculas protagonistas de la hipótesis.

Siendo tan alta, en el ámbito hipotético en que nos movemos, la probabilidad de que el universo esté hecho para que sea posible la vida y, en concreto, la vida humana, que es perfectamente razonable establecer que el ser humano es un fin en sí mismo, lo que supone que todas las cosas del universo están orientadas a la vida humana, para la vida humana, desde la imperfección evolutiva del propio universo.

Flew plantea una pregunta de enorme calado filosófico: «¿Cómo puede un universo hecho de materia no pensante producir seres de fines intrínsecos, capaces de autoreplicación y una "química codificada"».

Flew llevó también a sus páginas a George Wald, que pasó de «creer lo imposible: que la vida surgió espontáneamente por azar» para concluir que:

> Una mente preexistente, a la que considera matriz de la realidad física, construyó un universo físico, capaz de criar seres vivos [...]. La inteligencia, en lugar de emerger como un subproducto tardío de la evolución de la vida, en realidad ha existido siempre como la matriz, la fuente, la condición de la realidad física: que la sustancia de que está hecha la realidad física es sustancia mental: es la mente la que

ha compuesto un universo físico capaz de desarrollar vida, capaz de producir evolutivamente criaturas que saben y crean: criaturas que hacen ciencia, arte y tecnología.

Flew concluye que «la única explicación satisfactoria del origen de esta vida orientada hacia propósitos y autorreplicante» que vemos en la Tierra «es una Mente infinitamente inteligente». Mantiene, con absoluta racionalidad, que «lo suprafísico solo puede proceder de una fuente suprafísica. La vida, la conciencia, la mente y el yo pueden venir solo de una fuente que sea divina, consciente y pensante».

Si el universo no hubiera tenido comienzo, si fuera eterno, se podría haber recurrido al *panteísmo* para pensar que ese *Alguien* creador fuera el propio universo pero, reconoce Flew, como sabemos, tras la teoría del *big bang*, que el universo tuvo un comienzo es por lo que «pasaba a ser totalmente razonable, incluso inevitable, preguntar qué había producido ese comienzo». Cabe recordar que Flew, ya deísta, se inclina por la idea de un Dios personal.

Manuel Carreira precisa que: «Así llegamos a una conclusión que es prácticamente admitida por los cosmólogos como indudable: no hay alternativa científica para la descripción evolutiva», con una fase inicial hace unos 14.000 millones de años.

De modo que la teoría del *big bang*, la teoría de la evolución, lejos de contradecir la teoría de la creación, ha servido para confirmarla porque prueba que hubo un momento de creación de la nada y ¿no hubo un Creador?

Nos trae Flew a la reflexión la idea de Richard Swinburne que tiene por probable que un Dios otorgue sentido a nuestro universo y, en todo caso, tiene por mucho más improbable que un universo exista sin causa alguna, mientras que es más probable que ese Dios exista sin causa.

Está refiriéndose a la *primera causa*, al origen de las cosas, de modo que es más improbable que el universo, que tuvo un comienzo, exista sin tener una *primera causa*, un Creador, mientras que la idea de Dios se concibe sin primera causa, porque Él mismo sería la primera causa de todo, idea que Flew tiene como una explicación que podría ser la correcta, convincente.

Acabo esta reseña del libro de Antony Flew, *Dios existe,* reiterando el gran interés de su lectura, porque permite profundizar en el misterio del Creador. Y digo misterio, porque no está en la mente humana la posibilidad de descifrarlo definitivamente.

1.5. EXISTENCIA DEL MAL, ¿COMPATIBLE CON UN CREADOR BUENO?

Aunque esté muy manida, es obligada una breve referencia a la cuestión del mal, como obstáculo para la admisión de un Creador bueno. Fue uno de los grandes argumentos del ateísmo en el siglo xx y así, Flew afirma que su salida del teísmo tuvo que ver con el problema del mal.

¿Cómo podría defenderse la idea de un Creador que, entre otras cosas, nos transmite la capacidad de amar a los humanos si luego nos coloca en un mundo preñado de mal?

Para esta reflexión sugiero la lectura del libro de Jorge Ordeig (*El Dios de la alegría y el problema del mal*, RIALP, 2016), aunque su lectura no me satisfizo plenamente en lo que se refiere al tratamiento de los daños derivados de la acción de la naturaleza.

Hemos de distinguir, por su origen, dos tipos de males que producen daños a los humanos: los producidos por los propios humanos y los producidos por la naturaleza.

Los daños producidos por los humanos, sea sin culpa, con negligencia o con dolo, tienen una explicación en la propia naturaleza humana. Los seres humanos somos imperfectos, cometemos errores (involuntariamente) y porque somos libres podemos optar entre hacer el bien y hacer el mal (voluntariamente).

Los daños que se derivan de las conductas humanas no serían evitables por el Creador si, efectivamente, nos ha hecho libres e imperfectos, porque en tal caso nos estaría negando nuestra condición. Nadie puede poner en cuestión que los humanos somos libres e imperfectos y, por tanto, nadie puede dudar de las consecuencias de tal evidencia.

Respecto de los males de la naturaleza que producen daño a los humanos, sin intervención mediata o inmediata del humano, solo cabe argüir que vivimos en un universo imperfecto y complejo, sometido a las leyes que conllevan la evolución, al que los humanos debemos domeñar y que poco a poco la humanidad ha ido embridando, aunque su funcionamiento y desarrollo lo ha dejado el Creador sometido a la autonomía de la creación, a las leyes físicas, que no estamos capacitados para gestionar o que las vamos gestionando muy poco a poco a lo largo de la historia.

Es razonable que los humanos, imperfectos y libres, vivamos en un universo imperfecto y evolutivo, es decir, perfectible con nuestro esfuerzo a muy largo plazo.

Las condiciones de vida en que se vivía en el Neolítico, por humanos tan humanos como los urbanitas del siglo XXI, eran radicalmente atroces, probablemente irresistibles para el humano de hoy, pero en la Edad Media, viviendo también en pésimas condiciones, la vida humana había mejorado claramente. Hoy mismo, en distintas áreas geográficas se vive con un grado de dificultad y sufrimiento muy desigual.

Allí donde el confort de la civilización no ha llegado más que muy escasamente, la vida impone sufrimientos que no aplica en las áreas en las que las más modernas tecnologías se han generalizado, y así será hasta el final de los tiempos, porque si el universo tuvo un principio, cabe pensar que tendrá un final.

¿Por qué? Es la pregunta. ¿Por qué el mismo Creador que nos ha traído a un mundo de alto confort dejó a los humanos primitivos en dificilísimas condiciones de vida y deja hoy a muchos congéneres en peores condiciones que las que otros disfrutamos?

¿Por qué los fenómenos naturales destruyen ciudades enteras y permiten a otras salir indemnes?

La única explicación posible, desde la razón humana, es porque vivimos en un mundo imperfecto. Ya he señalado que ni el concepto ni el proyecto del Creador nos son aprehensibles, por lo que, por definición, no podemos tener respuesta a todo desde la razón humana. Desde la fe sí hay respuesta, pero no estamos en eso.

En todo caso, la existencia del mal no tiene por qué complicar la explicación de un Creador bueno desde la razón humana, por el mismo criterio que nadie condena a las madres que traen hijos al mundo, sabiendo de sus dificultades. No se les tiene por malas madres, porque la vida es un bien superior al conjunto de males que puedan padecerse en ella.

Desde luego, lo que no sabemos, en la hipótesis de aceptar la idea del Creador, porque no alcanzamos al conocimiento de su voluntad, es por qué quien nos transmite inteligencia y capacidad de amor permite que suframos en este mundo y, además, permite que suframos con intensidades muy distintas, en función de las épocas y de las propias situaciones personales.

De lo que no cabe duda es de que el humano, como ser superior e imperfecto, es un ser sufriente por su propia condición, porque el sufrimiento es consecuencia de la intelectualización del dolor físico y de cualquier emoción negativa que nos presente algún tipo de impotencia real o aparente, todo lo cual podrá ser más o menos gestionable. La condición de sufriente es una más de las características de la imperfección humana, lo que no sabemos, o sabemos parcialmente, es el porqué de esta característica.

Pero la pregunta de fondo es ¿por qué quien nos haya hecho nos ha hecho imperfectos? Mi respuesta es firme, nos ha hecho imperfectos porque nos quería libres. La libertad individual es consecuencia necesaria de todas nuestras cualidades superiores (razón, conciencia, capacidad de amar) y, además, solo siendo imperfectos podemos elegir. La divinidad, que por definición sería perfecta, no es libre de optar entre el bien y el mal, ni falta que le hace.

La imperfección es el precio de nuestra libertad.

El psiquiatra Enrique Rojas-Marcos, con motivo de la pandemia de la COVID-19, reflexionó en la prensa española sobre el sufrimiento y el dolor. Así afirmó («La felicidad consiste en tener buena salud y mala memoria», *El Mundo*, 18/7/2020) que: «La mejor manera que tiene el ser humano de madurar es a través del sufrimiento» y que («Tener perspectiva», *ABC*, 1/8/2020) «Hay victorias que son la consecuencia de derrotas bien asumidas. Muchos secretos de vidas sólidas proceden de aquí: personas fuertes en la adversidad, capaces de crecerse ante reveses, desgracias, retrocesos, infortunios […]. A muchos les despertó el fracaso y a otros les adormeció un éxito temprano».

El gran pensador Clive Stapies Lewis termina su libro sobre el dolor (*El problema del dolor*, RIALP, 2016) con una afirmación muy congruente con el criterio de Rojas-Marcos y, también, esperanzadora: «El dolor proporciona una oportunidad para el heroísmo que es aprovechada con asombrosa frecuencia».

Además de ser útil biológicamente para identificar enfermedades y disfunciones en el cuerpo humano, añade el Dr. Manuel Martínez-Selles (*Eutanasia. Un análisis a la luz de la ciencia y la antropología*, RIALP, 2019): «El dolor y el sufrimiento no solo no son absurdos, sino que pueden constituir una condición insustituible para la plenitud y madurez humana», pese a que «[…] la gran parte de la sociedad occidental identifica la felicidad con el placer por lo que tiende a evitar a toda costa lo molesto o desagradable. El hombre actual se ha hecho débil, y es cada vez menos resistente al dolor y al sufrimiento».

1.6. MATERIALISMO *VERSUS* UNIDAD SUSTANCIAL DE MATERIA Y ESPÍRITU

En muchísimos aspectos de nuestra sociedad subyace el debate entre el materialismo y el dualismo antropológico.

El materialismo establece como único componente del ser humano y del universo la materia, de modo que todo acabaría siendo comprensible, por medio de la ciencia (materialismo científico), y por lo que, necesariamente, el origen del universo sería la propia materia.

La concepción dualista (*dualismo antropológico*) defiende la idea de la unidad esencial cuerpo-espíritu, por la que ambos elementos son necesarios para que exista el ser humano, hasta la muerte, en que ambos elementos se separan. Para ofrecer una más gráfica y sencilla expresión lo llamaré en ocasiones espiritualismo, porque el elemento materia es obvio y lo oculto y singular es que el espíritu se hace patente en la vida humana, aunque no sea su único componente, ni el humano lo es sin el componente materia.

Teilhard de Chardin propuso la intuición, por la que espíritu y materia están integrados, lo que el profesor Agustín Udías Vallina («Teilhard de Chardin y el diálogo actual entre ciencia y religión», *Rev. Pensamiento*, vol. 61, n.º 230, Univ. Comillas, 2005) denomina «dinamismo interno que incluye la dimensión espiritual», lo que en absoluto contradice la concepción dualista y la creación por una Mente superior, como lo prueba el hecho de que Teilhard de Chardin creyera en un Dios creador.

Si tras los miles de millones de seres humanos que vivieron, viven y vivirán en nuestro planeta, no han existido dos seres humanos idénticos, ni en su configuración material (ADN, etc.) ni en su desarrollo espiritual (pensamiento, voluntad, conciencia, afectividad, etc.), no puede repugnar a la razón pensar que tan descomunal diversidad solo puede responder a la infinita potencia diversificadora de un espíritu libre y a la infinita capacidad diseñadora de una mente portentosa, capaz de diseñar multitud de individuos únicos, complementarios y sociales, lo que se expresa en el dualismo antropológico y es causa de su dignidad, por encima de cualquier otro ser o cosa del universo.

Este debate, materialismo *versus* espiritualismo, no es baladí y no siempre se hace patente en la confrontación pública, lo que facilitaría la necesidad de reflexionar y de optar. Lamentablemente las tesis materialistas fluyen muy sutilmente, sin debate alguno, casi imperceptiblemente, hasta el extremo de que muchas personas con convicción espiritualista no perciben que tras muchas de las ideas que tienen como razonables o inocuas subyace la tesis materialista.

La realidad es que muchos son los que, sin percatarse, asumen criterios, actitudes y conductas que traen su causa de la tesis materialista, negando, en la práctica, toda existencia de espíritu, sin que los líderes de opinión (políticos, intelectuales, dirigentes religiosos, etc.) no les llamen la atención por la irracionalidad que supone actuar con criterios de raíz materialista, reconociéndose en convicciones ancladas en el dualismo antropológico.

Pareciera una batalla perdida para el dualismo porque, pese a disponer de mucha mayor carga argumental y pese a vivir en un ámbito cultural favorable, se ha producido el desplome ético de las fuerzas que podríamos denominar *espiritualistas carentes de ansia combativa*, por su complejo de inferioridad, por un laicismo acrítico y liberticida que adormece, por miedo, por respeto humano y, también, por un proceso de deterioro cultural que pone en grave riesgo la civilización occidental.

Bien es cierto que, en mi opinión, el materialismo que actúa como carcoma en las estructuras de la civilización occidental no lo tiene fácil para triunfar, aunque lo tiene fácil para destruir lo existente. El materialismo, me temo, solo servirá, como sirve la maquinaria de movimiento de tierras, para dejar libre, expedito, el espacio a otro espiritualismo desconectado de la razón filosófica, retrógrado, pero combativo, que es el islam. El materialismo no es constructivo, pero tiene gran poder de demolición.

Pero profecías aparte, es obligado resaltar aquí que el materialismo, porque es poco exigente, porque ofrece conductas cortoplacistas envueltas en el ropaje seductor del relativismo, que nada exige, está minando los cimientos de la civilización occidental, de la civilización de la libertad que, aunque con innumerables e inmensas deficiencias, ha llevado a la humanidad a la mejora de las condiciones de vida y, también con enormes carencias, a un razonable y efectivo reconocimiento de la dignidad humana o, en todo caso, ha puesto a la humanidad en la dirección de acercarse a tal objetivo.

1.7. *POST SCRIPTUM* DE CREYENTE

Por lealtad al lector y por obligación propia, manifiesto mi condición de creyente, si bien he tratado y trataré de que no condicione mi argumentación a lo largo de este ensayo, de modo que solo en este subapartado haré referencia a criterios religiosos, cualquier otro criterio o argumento que utilice será ético.

Así que, fuera de la argumentación general y desde mi posición de creyente formulo dos preguntas, también en el ámbito de la racionalidad y, además, establezco algunas consideraciones desde mi fe.

1. Aceptando la existencia del Creador (como hipótesis más plausible), que nos ha creado de materia y del espíritu que nos ha trasmitido la inteligencia y la capacidad de amar, ¿puede parecer irracional o injustificado o estúpido que los creyentes llamemos Padre al que, con tanta probabilidad de razón humana, nos creó?
2. Aceptando (como hipótesis más plausible) que solo un espíritu, el de un Creador espiritual, nos ha podido transmitir la capacidad de amar, que sin duda alguna los humanos tenemos, ¿puede parecer a alguien irracional, injustificado o estúpido que pensemos los creyentes que quien nos transmitió la capacidad de amar, con tal alta probabilidad, además de trasmitírnosla nos amara? ¿Sería racional pensar que quien ha transmitido la capacidad de amar, porque la tiene, no amara a su creación?

Sobre estas interrogantes afirmativas, permítaseme algunas reflexiones:

Gerhard Ludwig Müller, cardenal, (*Informe sobre la esperanza*, BAC Popular, 2016) explica que el problema de reconocer que hemos sido creados por *Alguien* está en que supone reconocer que somos fruto de un don y, por tanto, supone reconocer la existencia de una deuda y la exigencia de una conducta.

Evidentemente el relativismo imperante y el materialismo subyacente exigen eludir toda referencia al origen divino del universo y del humano, porque tal referencia impondría la necesidad de orientar el curso de la historia en el sentido congruente a nuestro origen, lo que rechazaría de plano el propio materialismo y las conductas que este ha implantado. El materialismo exige eliminar la vocación trascendente del ser humano.

Resulta obvio que el materialismo necesita rechazar la idea de un Creador espiritual porque propone una humanidad no trascendente, sin principios éticos derivados del que es el *prius*, que es el ser humano, su dignidad. Por el contrario, resulta evidente que para el dualismo antropológico —para lo que aquí llamo el espiritualismo— es imprescindible partir de la Creación, para articular una propuesta humanista.

Durante su visita a Francia, en septiembre de 2008, en el colegio católico de los Bernardinos, ante ilustres autoridades académicas y políticas, Benedicto XVI (*Alfa y Omega*, 2/10/2008), al reflexionar sobre los orígenes de la teología occidental y sobre las raíces de la cultura europea, señaló que los cristianos tenemos que estar preparados para explicar la razón (*logos*) de nuestra esperanza: «Lo más profundo del pensamiento y del sentimiento humano sabe en cierto modo que Él tiene que existir. Que en el origen de todas las cosas debe estar no la irracionalidad, sino la Razón creadora; no el ciego destino, sino la libertad», porque, añado yo, del azar jamás podrá salir ni la exigencia ni la realidad de la libertad individual.

La ciencia no es suficiente para llegar al pleno conocimiento del ser humano. Además de la ética basada en la razón, desde la perspectiva de la naturaleza humana, es necesaria la fe que, sin entrar en contradicción con la razón, es un instrumento necesario para tener una cosmovisión completa del universo y del ser humano, salvo que se afirme que la multimilenaria vocación de trascendencia de los seres humanos sea una irracional tendencia a la superstición, lo cual sería mucho más irracional, porque a la razón no le repugna la fe.

Es muy llamativo y muy cierto que un porcentaje muy elevado de creyentes cristianos viven su fe con timidez, con cierto complejo de inferioridad, evitando su pública proclamación, porque en el fondo de sus almas perciben en su propia fe elementos mágicos o *míticos* que cuesta proclamar sin perder reconocimiento social. Es así porque estos creyentes son ajenos al alto grado de racionalidad que contiene su propia fe en un Creador que nos transmite el espíritu, con razón, voluntad y capacidad de amar. Asombra que los dirigentes religiosos pongan tan poco énfasis, por decir algo, en hacer patente a sus fieles lo que es patente para muchos no creyentes.

El pensador católico Michael O'Brien (*La última escapada*, Libros Libres, 2009) en una entrevista para *Alfa y Omega* (30/7/2009) se expresaba así: «La revolución materialista que se ha apoderado de

Occidente en un abrazo mortal ha llegado a este punto porque nos ha faltado el valor de defender la relación entre verdad y amor, como dice la encíclica *Caritas In Veritate*». Desde luego el relativismo, en el que está subyacente el materialismo, ha llegado a este punto porque quienes congruentes con la razón que nos sabemos formados de materia y espíritu, no hemos sabido o podido o querido defender nuestra posición.

Poco le costaría a Dios desvelar lo que tanto nos confunde. ¿Por qué no lo hace? Porque en ese momento dejaría el humano de ser libre, a tanto llega la importancia de la libertad del humano en el proyecto divino.

Sin el misterio de Su existencia y de Su naturaleza, Dios no habría creado la raza humana de seres humanos libres que conocemos, habría creado una granja de adoradores y, por lo visto, no es lo que pretendía.

Dios nos ha colocado en la imperfección para garantizar nuestra libertad, porque si fuéramos perfectos no seríamos libres de elegir (elegiríamos siempre lo correcto) y si no fuéramos libres no seríamos seres humanos. No ha sido un descuido, es una exigencia lógica. Lo ha hecho así porque ha querido hacerlo así. Como dice el Libro de la Sabiduría 11, 23: «[…] no odias nada de lo que has hecho, si hubieras odiado alguna cosa, no la habrías creado».

Las claves del ser humano libre son el silencio de Dios, si bien Fernando García de Cortázar («Dios nunca está en silencio», *ABC*, 13/5/2020) afirma: «[…] pero los cristianos sabemos que Dios no está en silencio. Lo sentimos en nuestro interior, cuando nuestra plegaria y su respuesta se funden en una sola palabra». El gran teólogo Karl Ranher afirmaba que sentimos la presencia de Dios cuando actúa nuestra bondad. Por pequeña que sea, añado yo.

También es clave para nuestra imperfección vivir en un universo perfectible que permita la intervención del ser humano. El ser humano no podría ser libre siendo perfecto, pero tampoco podría ser libre sin capacidad de gestionar, de transformar, el universo. La humanidad pudo aparecer en un mundo en el que todos los descubrimientos que puedan aflorar en su historia estuvieran a la vista, pero no seríamos cocreadores, sino meros *disfrutadores* del universo, así que el esfuerzo y el sufrimiento que impone nuestra imperfección son exigencias de nuestro destino. Si Dios nos revelara Su misterio en plenitud, ya lo he dicho, el mundo sería una granja de adoradores y Dios nos hizo libres, porque nos quiere libres.

Por lo que se refiere al sufrimiento, los cristianos sabemos que somos Israel caminando por el desierto hacia la tierra prometida y que en el éxodo no puede esperarse otra cosa que no sea dificultad. Los cristianos sabemos que no hemos llegado a nuestro destino, por lo que no nos puede asombrar el encuentro con la dificultad y el sufrimiento. La vida fácil permanente aliena. Cuestión distinta será cómo nos juzgue Dios, siendo patente que no todos hemos sufrido de igual manera ni con la misma intensidad. Supongo que con distinto criterio a nuestra idea de equidad, pero tal preocupación huelga porque tratar sobre la Justicia y la Misericordia de Dios nos supera.

Jesús no es que se solidarizara, que también, con el sufrimiento humano, es que si no hubiera sufrido no sería humano y lo es. El sufrimiento es consustancial al ser humano. No sufrió más que otros muchos crucificados. El abatimiento en el huerto de los olivos fue humano, el sufrimiento en la cruz fue humano. Nada fue sobrehumano en su naturaleza humana.

Nos lo dejó claro el propio Jesús (Mt 25, 14-30) en la parábola del dueño de la finca que sale de viaje y entrega cinco, dos y un denarios a tres de sus empleados para que los gestionaran. Cuando volvió el de cinco los había invertido y le devolvió diez, el de dos le devolvió cuatro y el de uno, que lo había enterrado para que no se perdiera, le devolvió uno. A los dos primeros les confió cargos importantes y al tercero, por negligente y holgazán, mandó que le echaran. Es una llamada al esfuerzo, a la creatividad personal, a la cocreación, a la superación y a la fidelidad, todo lo cual conlleva sufrimiento e incomodidad.

Otra perspectiva para explicar la congruencia de un Creador bondadoso con la existencia del sufrimiento nos la ofrece el profesor José Ramón Busto («El sufrimiento. ¿Roca del ateísmo o ámbito de la revelación divina?», lección inaugural del curso académico 1998-1999 de la Universidad de Comillas, 1998). Para José Ramón Busto, en el contenido del Reino de Dios, tanto en el Antiguo como en el Nuevo Testamento, se incluyen estas tres dimensiones: el perdón de los pecados, el triunfo de la justicia en las relaciones entre los hombres y la reconciliación del hombre con la naturaleza (el sufrimiento y la muerte).

Por lo que a la tercera dimensión se refiere, Dios no quiere el sufrimiento para el humano y propone vencerlo, dice Busto, que es «asimilarlo [...] hacerlo propio [...] compadecerlo por amor [...], el sufrimiento se combate sufriéndolo, porque así fue como Dios hizo presente su Reino en Jerusalén».

Continúa el profesor Busto recordando el dilema de Epicúreo, «¿cómo era posible la existencia del mal si Dios tenía que querer y debía poder acabar con él?». Su respuesta es contundente: «Dios puede y quiere acabar con el sufrimiento [...] [pero] [...] no quiere acabar con él de cualquier manera» y propone el mensaje cristiano: «superarlo desde dentro, redimirlo. El discurso de la Cruz pone de manifiesto la estrategia de la actuación divina».

Concluye Busto:

> El sufrimiento, entonces, en lugar de ser la roca del ateísmo vendría a constituirse en uno de los lugares teológicos de la verdadera religión para servir de sólido punto de apoyo, para negar solo alguna de las falsas imágenes de Dios y ser, en cambio, roca sobre la que edificar la imagen del verdadero rostro de Dios, más próximo a su misterio incomprensible de amor, trascendencia y libertad.

Siempre volvemos a la libertad del ser humano. Sin libertad dejaría de ser un ser humano, pero con la libertad se adentra en la oscuridad, en el riesgo y, por tanto, en el sufrimiento, porque muchas opciones tomadas en libertad suponen optar por el sufrimiento propio o ajeno.

Benedicto XVI ofrece para hacer un mundo más perfecto, desde la libertad, ser transmisores del amor de Dios hacia los demás. «Solo así la tierra se transforma de valle de lágrimas a jardín de Dios [...]». Es el camino cristiano de la perfección personal y del entorno.

Naturalmente, estas explicaciones del porqué del sufrimiento humano solo valen para creyentes, a los que nos asiste la esperanza, por eso las reseño en este subapartado en el que habla el creyente. Puede que los no creyentes llamen a nuestra esperanza autosugestión. Yo creo que no lo es.

El plebiscito histórico de la humanidad, ya referido, que lleva milenios buscando y creyendo encontrar a un padre, a un creador, a un protector, a un ser superior, no es argumento probatorio alguno sobre su existencia, pero llama a reflexionar sobre la ilicitud, desde la ética política más elemental, de cualquier maniobra impeditiva o limitativa de la plena libertad de todo ser humano en la búsqueda de la trascendencia, como se ha venido haciendo desde hace milenios.

Plebiscito histórico que, referido a la historia del cristianismo, se hace patente en el que suscribieron con su sangre los mártires cristianos desde el siglo i hasta nuestros días, si bien tal sacrificio por la defensa de la propia verdad no haga vibrar hoy a muchos, pese a que «[…] en aquella decisión de morir antes que renunciar a la Verdad no hubo nunca odio, agresión a los otros, ni siquiera legítima defensa ni el instinto animal de sobrevivir a toda costa», en palabras del historiador Fernando García de Cortázar («La historia del cristianismo es la historia de nuestros mártires», *ABC*, 1/6/2017).

Tampoco este inmenso tesoro de sacrificio y generosidad sirve para probar la existencia de un Creador, pero hace también reflexionar sobre la ilicitud del empeño en cercenar la vocación milenaria de trascendencia y de manifestarla a los demás, cuando a lo largo de vente siglos se ha puesto semejante empeño en defenderla.

2. Dignidad del ser humano

2.1. CONCEPTO DE DIGNIDAD DEL SER HUMANO

Al aceptar que el concepto de dignidad humana está en debate hasta el extremo de que hay quien piensa en la imposibilidad de alcanzar una definición satisfactoria, me permito reflexionar sobre las características de la misma, para intentar ofrecer un concepto aproximativo.

La dignidad humana se vincula a la vida del humano. La vida, fruto del dualismo antropológico, es la causa y el soporte de la dignidad humana. Nuestra dignidad estriba en que no somos solo materia, sino materia y espíritu, razón por la que somos la especie superior del universo, el centro del universo. Esta primacía, enraizada en nuestra propia naturaleza dual, nos hace ser, a cada humano, un fin en sí mismo.

Javier Gomá («¿Qué es la dignidad», *El País*, 30/7/2016) recuerda a Kant, que distinguía lo que tiene precio y lo que tiene dignidad. «Tienen precio aquellas cosas que pueden ser sustituidas por algo equivalente, en tanto que aquello que trasciende a todo precio y no tiene nada equivalente, eso tiene dignidad. Solo el hombre posee con pleno derecho, incondicionalmente, esa cualidad de incanjeable, fin en sí mismo y nunca medió».

Precisa más Gomá, es «[...] aquello inexpropiable que hace al individuo resistente a todo, incluso al interés general y al bien común: el principio con el que nos oponemos a la razón de Estado, protegemos a las minorías frente a la tiranía de la mayoría y negamos al utilitarismo su ley de la felicidad del mayor número», aquello que recibiéndose sin mérito, dice Gomá, hace a toda la humanidad deudora de cada ser humano.

No puede permitirse que, caprichosamente, se someta este concepto, clave de arco del *status* vital de todo ser humano, a limitaciones o excepciones discriminatorias ni, desde luego, puede admitirse que se someta a forzadas extensiones sin soporte lógico alguno, como serían las derivadas de la tendencia animalista, equiparando la dignidad humana con el *status* de los animales y las plantas.

El propio Javier Gomá («Dignidad y descontento», *El Mundo*, 15/9/2019), refiriéndose al progreso de nuestra civilización tanto en el ámbito material como moral, se preguntaba en referencia a la dignidad humana:

> ¿En qué consiste esta dignificación? [...] la especie humana [...] eleva un ideal humanitario que supone la derogación de la ley del más fuerte [...] y su sustitución por una nueva y revolucionaria ley moral del más débil [...]. Luego Occidente ha crecido en dignidad, esa cualidad incanjeable que posee el individuo y que se resiste a todo intento de colectivización incluso —he aquí lo nuevo— en nombre del interés general y el bien común.

La dignidad humana, efectivamente, en lo que toca a su esencia, no se rinde ante el interés colectivo. Esta es la esencia de su naturaleza.

Y sigue Gomá afirmando que la dignidad humana no solo «[...] estorba a la comisión de iniquidades [...]», sino que «[...] estorba también el desarrollo de justas causas, como el progreso material y técnico, la rentabilidad [...] la utilidad pública. Y este efecto molesto, entorpecedor y paralizante que muchas veces acompaña a la dignidad, que obliga a detenerse y pararse a pensar en ella, nos abre los ojos (a la dignidad humana) que resplandece en aquellos que son estorbos porque no sirven, los inútiles, los sobrantes, que se hallan siempre amenazados por la lógica de una historia que avanzaría más rápido sin ellos».

¿Puede presentarse más gráficamente lo que es la dignidad humana en nuestra civilización occidental?

No existe argumento alguno que pueda poner en rango de equivalencia al humano con cualquier otro ser vivo del universo. Son evidentes los esfuerzos que desde el relativismo imperante se realizan para dulcificar lo que siempre fue una aberración, tal equivalencia.

El único sujeto de derechos es el ser humano. Ni los animales, ni las plantas, ni la tierra son sujetos de derechos ni, desde luego, tienen equiparación alguna con el concepto de persona, en su sentido pleno. La razón esencial por la que el humano es el único ser sujeto de derechos está en su dignidad y la razón material está en que es el único sujeto capaz de asumir las responsabilidades que le pueden ser exigidas en contraposición a sus derechos.

Propongo, en definitiva, el siguiente concepto de dignidad humana básica:

Es el valor otorgado a todo ser humano en razón de sus características inmanentes (razón, voluntad libre, conciencia del bien y del mal y capacidad de amar) que es de carácter absoluto, invulnerable y excluyente; exigible *erga omnes* en toda circunstancia; e irrenunciable.

Al otorgar el carácter de excluyente e irrenunciable a la dignidad humana, no nos estamos apoyando en argumento religioso alguno, sino en la consecuencia lógica de las indiscutibles características inmanentes del humano. Cosa distinta es que los creyentes cristianos, además de aceptar la proposición lógica de la dignidad humana demos un salto valorativo, ajeno a la razón pero no irracional, apoyados en nuestra fe, y otorguemos al ser humano la dignidad humana basada, también, en su condición de hijo de Dios, lo que no siendo conclusión lógica tampoco es incompatible.

Es comprensible esta confusión, porque el reconocimiento de la dignidad humana es de origen religioso, cristiano concretamente, y así el Evangelio está preñado de estas referencias a la paternidad de Dios y a la relevancia del prójimo, basada en la dignidad de hijos de Dios que a todos nos iguala.

Antonio Pelé («Una aproximación al concepto de dignidad humana», www.revistauniversitas.org) llega a la almendra del concepto al decir que es un valor absoluto y que exige una fundamentación solvente de aceptación universal: «[...] el fundamento de este valor [dignidad humana] que encarna un absoluto no puede ser incierto [...]». Este déficit también lo denuncia Javier Gomá, en el artículo antes reseñado, «[...] todavía falta un argumento decisivo sobre la existencia de la dignidad [...] y su contenido».

Pero que no acertemos con la definición adecuada y plena, es decir, universal, de la dignidad humana no supone que sea un concepto inacabado, sino que se está definiendo por sus límites negativos y así se señalan las conductas que atentan contra la dignidad humana.

El propio Pelé recuerda que, tras el desdibujamiento de la raíz religiosa de la dignidad, ésta se funda en las características inmanentes del humano, de manifiesta singularidad respecto del resto de seres y cosas del universo, apareciendo el reconocimiento del ser humano como fin, en sí mismo, y no como medio, como lo son las cosas y los animales.

Al entrar ya en el ámbito histórico del reconocimiento de los derechos humanos, Pelé precisa: «Desde ahora la dignidad humana no solo tiene un alcance vertical (la superioridad de los seres humanos sobre los animales), sino también un alcance horizontal (la igualdad de los seres humanos entre ellos sea cual sea el rango que cada uno pueda desempeñar en la sociedad)».

La modernidad, respecto de la premodernidad de plasmación religiosa, dice Pelé: «[...] interpreta de forma secularizada: el individuo es valioso por sí y no por su parentesco divino», porque si no fuera así el respeto a la dignidad humana solo sería exigible a los creyentes, cuando es una exigencia universal. Además, precisa: «Introduce una novedad: la igualdad jurídica y política de los individuos a pesar de sus posiciones sociales o desigualdades naturales».

Igualmente, Javier Gomá ubica en la Ilustración el nacimiento de la expresión laica de la dignidad humana y, con Tocqueville, afirma: «[...] nada sostiene ya al hombre por encima de sí mismo», precisando el autor que «[...] somos los hombres quienes nos reconocemos unos a otros la dignidad». También reconoce Gomá que en el siglo xx se integró en el concepto de dignidad el de igualdad. «Es, en fin, una dignidad cosmopolita, la misma por igual para todos los hombres y mujeres del planeta».

La dignidad humana, dice Gomá, «es irrenunciable, imprescriptible, inviolable [...], única, universal, anónima y abstracta». Cosa distinta es cómo se hace efectivo concepto tan grandioso.

Recomiendo los artículos reseñados de Antonio Pelé, que hace un interesante recorrido por las vicisitudes históricas del concepto que nos ocupa, y de Javier Gomá, que trata de aproximarse al concepto que no acaba de definirse.

2.2. FORMULACIONES MATERIALISTAS DE EQUIPARACIÓN

Pareciera como si el juego infantil de personificar animales o cosas (el perro Pluto, el coche fantástico, etc.), explicable para mentes infantiles o adultas que buscan el divertimiento, nos haya explotado en la cara para pretender hacerse realidad.

El materialismo ha abierto nuevos caminos apoyándose en ocasiones en un confuso indigenismo, con muy similares rasgos a los nacionalismos excluyentes europeos y llegando a la resurrección de la diosa Pachamama, la madre tierra, madre de la humanidad. El materialismo, efectivamente, se disfraza con semejante ropaje cuasipoético. Si en el mundo desarrollado fue el viejo comunismo el ariete utilizado para romper la civilización occidental, en los países más atrasados el materialismo, en lugar de abrir vías de desarrollo económico, se introduce mediante el poético indigenismo.

Otra expresión del mismo materialismo abre la vía del animalismo, por la que se pretende establecer, muchas veces desde la falsa compasión, un parangón entre el humano y los animales.

Se confunde con patente voluntariedad, porque lo contrario no cabe en cabeza humana, la obligación de los humanos de conservar la tierra, de utilizarla adecuadamente y de utilizar a los animales con criterios racionales, que las leyes establezcan, con un inexistente derecho de la tierra y de los animales. Tirar a una cabra desde un campanario no es un atentado al derecho de la cabra, es un atentado al derecho de los seres humanos a no presenciar salvajadas, que se evitaría tirando un muñeco con forma de cabra, si es que interesara recordar tradiciones salvajes.

El adecuado trato a los animales es una exigencia de humanidad, no de animalidad, porque a los humanos no nos está permitido, desde la conciencia natural con la que nacemos, infligir daños innecesarios a seres vivos, lo que repugna a la mayoría de la humanidad civilizada, sin llegar al absurdo del veganismo, porque los animales no son un fin en sí mismos, sino medios que la naturaleza pone a disposición de los humanos para su alimento, para su ayuda en el trabajo y, también, para su satisfacción, como puede ser el caso de las mascotas.

Desde luego, respecto al trato a los animales, sobre los límites de la licitud e ilicitud de dicho trato, cabría desarrollar un auténtico tratado, baste aquí con establecer el rechazo a reconocer derecho alguno a los animales y a las plantas, porque el único sujeto de derechos es el ser humano, junto con el más radical rechazo por la equiparación entre humanos y animales, porque no se puede negar a los seres humanos la razón, la voluntad libre, la conciencia y la capacidad de amar, lo que les coloca en estadio distinto.

La obligación de conservar la tierra y tratar debidamente a los animales no tiene la contrapartida de un derecho de la tierra y de los animales. La exigencia de buen trato se funda en la racionalidad que distingue a los humanos de los animales. Así, un ser humano tiene obligación de tratar correctamente a un perro, pero ese perro no está obligado a no morderle.

Los animales y las plantas son seres vivos, cuya vida tiene una finalidad en el plan del universo. Los seres humanos deben respetar el carácter teleológico de toda vida, recordando a Aristóteles y a Cameron, referidos en páginas anteriores. Aquí está la razón profunda de la obligación de los humanos de respetar la naturaleza, que se objetiva con más facilidad cuando se precisa el perjuicio que se haya podido o se pueda originar si la utilización de plantas y animales perturba su carácter teleológico, así que toda violencia, contraria a las finalidades específicas de los animales y las plantas, es contraria a la ética.

No puede ocultarse la existencia de teorías que tratan de equiparar al humano, animal racional, con los animales irracionales. Así, traemos aquí algunos párrafos de Frans de Waal (*¿Tenemos suficiente inteligencia para entender la inteligencia de los animales?*, Tusquets, 2016), etólogo especializado en la cognición animal, que da una idea de esta posición.

«Nada queda ya fuera del alcance de los animales, ni siquiera la racionalidad que hasta ahora ha sido el sello de la humanidad».

«No estamos comparando dos categorías separadas de inteligencia, sino considerando la variación dentro de una categoría única. Contemplo la cognición humana como una variante de la cognición animal. Ni siquiera está claro que nuestra cognición sea tan especial si se compara con una cognición distribuida entre ocho brazos con movimiento independiente, cada uno con una propia dotación neuronal o una cognición que permite a un organismo volador atrapar presas móviles en el aire mediante ecos de sus propios chillidos».

«Obviamente, concedemos una importancia inmensa al pensamiento abstracto y al lenguaje [...] pero, en un esquema más amplio de las cosas esta solo es una manera de afrontar el problema de la supervivencia».

Con independencia de afirmaciones sin apoyo alguno, pareciera que Frans de Waal confunde la conciencia, el conocimiento racional y la capacidad de aprehensión de conceptos con la habilidad natural en la utilización de las potencialidades físicas de cada especie animal. Nadie ha discutido nunca que muchos animales tienen habilidades que superan ampliamente las del ser humano, precisamente para garantizar su supervivencia, pero eso nada tiene que ver con la razón, sino con el instinto.

Desde el inicio de estas páginas hemos señalado que el humano también tiene instinto, que en ocasiones le lleva a desarrollar habilidades que nada tienen que ver con la inteligencia y que, quizá, si en tal situación límite usara la inteligencia, procesando la actividad que desarrollar, no alcanzaría el objetivo que la situación requiera, así que el instinto también nos es necesario.

Manuel Alfonseca (*El hombre, ¿un animal más?*, Ciencia y Fe. En el camino de la búsqueda, CEU, 2014), recordando que en la evolución hay puntos críticos, como los que originaron cambios de nivel por agrupación de organismos celulares y pluricelulares, tiene por cierto que el humano sea primo del chimpancé, en el sentido de que «[...] se ha llegado al hombre partiendo de seres evolutivamente similares al chimpancé [...]», pero «[...] hay puntos críticos en la evolución, como parece que los hay, puede ser que el chimpancé se encuentre a un lado del punto crítico (como el agua líquida a 99,9 °C) y el ser humano al otro lado (como el agua en estado gaseoso a 100,1 °C)».

En todo caso, afirma Alfonseca, la diferencia esencial entre el humano y el chimpancé es que: «El hombre estudia al chimpancé. El chimpancé no estudia al hombre».

El ya mencionado Manuel Carreira (*Verdad, ciencia y fe. El hombre, ser racional*, Universidad Peruana, 2015) establece que «[...] la racionalidad se concreta en la búsqueda de Verdad, Belleza y Bien», con lo que se supera la mera habilidad inducida por el instinto, requiriéndose razón y valoración ética.

El mismo autor («Astronomía y creación», curso Santiago de Compostela, 2011) afirma que «La ciencia de hoy no puede menos que confesar que hay una diferencia cualitativa, no solo cuantitativa, entre el hombre y los demás seres vivientes del planeta», y confirma que la ciencia «[...] sí admite como indudable que la especie humana es una, que todos los miembros de la especie tienen igual naturaleza racional y son igualmente sujetos de derechos y deberes, y que el hombre está hecho para vivir en sociedad».

Otra singularidad exclusiva del humano es la de tener no ya memoria sino necesidad de raíces. La razón le exige identificarse, cuando menos conocer su pasado, sus antepasados. Necesita saber por qué está donde está. El ser humano es, esencialmente, histórico y tal carácter histórico de su naturaleza se integra, como exigencia, en su dignidad de ser racional. Resulta obvio que en los animales no se da esta característica.

Vuelvo a reiterar que, a mi juicio, la pretendida equiparación del humano con los animales no tiene otra finalidad que la devaluación del ser superior que constituye el humano, desvalorizando así el espíritu superior que le anima y caracteriza. En el trasfondo de la pretensión está el reduccionismo materialista, aunque no serán pocas las personas bienintencionadas y compasivas que asuman la tesis de equiparación de los humanos y los animales, como los niños se pueden equiparar con el pato Donald, porque les habla en la pantalla.

En todo caso, desde siempre se reconoce al humano, denominado ciudadano tras la Revolución francesa, como único sujeto de derechos. Es doctrina pacífica, desde aquel hito histórico, que el ciudadano es sujeto de derechos y de obligaciones, y es obvio que lo es porque cumple dos requisitos esenciales y complementarios: ser sujeto de deberes, cuando menos del deber de no abusar de su derecho; y ser consciente de ser sujeto de derechos y deberes, es decir, ser responsable de su conducta. Ninguno de los animales conocidos reúne ninguna de las dos exigencias, por lo que otorgarles la condición de sujetos de derecho, como a los humanos, es contrario a la razón. Pero la estrategia no es mala sino, por el contrario, muy buena para un fin perverso, el de rebajar la condición del ser humano.

Cabe señalar que el 12 de diciembre de 2017 se aprobó una proposición de ley, a propuesta del grupo parlamentario Popular, por la que se acordó por unanimidad la modificación del Código Civil, de la Ley Hipotecaria y de la Ley de Enjuiciamiento Civil, a virtud de la cual el Código referido reconoce a los animales el carácter de «seres vivos dotados de sensibilidad» a los que se aplicará «el régimen jurídico de los bienes en la medida en que sea compatible con su naturaleza y con las disposiciones destinadas a su protección» y, por lo que se refiere a los animales de compañía, se regula su asignación entre los cónyuges en el caso de divorcio. Desde luego se les tiene como objeto de derecho, de propiedad y por tanto de apropiación. Curiosamente no se consideran bienes hipotecables ni embargables los animales de compañía, cuando sí pueden ser objeto de apropiación, compra-venta y de dación en pago.

Lo relevante de esta reforma legal es que no se reconoce a los animales como sujetos de derecho, sino como simples objetos de derecho.

Igualmente resalto que la referida reforma no incluye la característica semoviente propia de los animales, junto con la de dotados de sensibilidad, ni referencia alguna al maltrato de árboles y plantas.

Aunque ya está sugerido en líneas anteriores, no vendrá mal insistir en que la interdicción del maltrato a los animales no se funda en su derecho a ser tratados adecuadamente, sino en el derecho de los humanos a no soportar conductas salvajes (7.ª acepción RAE) de sus congéneres ni a que se desaprovechen recursos de la naturaleza, lo que es predicable de las plantas, también seres vivos, y de cualquier otro bien de la naturaleza, porque la humanidad tiene derecho a exigir de todos los humanos el adecuado trato de animales, plantas y demás elementos de la naturaleza, congruente con su finalidad, con independencia, y por encima, del derecho de propiedad que asiste a quienes sean sus dueños.

Este discurso, que pudiera considerarse como una obviedad, lamentablemente es necesario argumentarlo porque la desmesura ha invadido nuestra cultura. El materialismo ha encontrado diversas formas de expandirse y una de las más virulentas y eficaces es el ecologismo, que superando el racional conservacionismo rechaza la titularidad de la raza humana sobre el resto de la naturaleza.

Efectivamente, es patente que se ha producido el tránsito entre el conservacionismo, cuya razón de ser es la exigencia de mantenimiento de la naturaleza para el disfrute racional de los humanos, a los que se les reconoce el dominio controlado sobre el universo, y el ecologismo, que elimina la preeminencia del humano sobre cualquier ser o bien de la naturaleza.

Este tránsito del conservacionismo al ecologismo se ha producido sin que muchos se hayan percatado, como si solo consistiera en otra manera de referirse al mismo movimiento y no es así. El conservacionismo es un movimiento que aplica la lógica de la propia naturaleza y su concepción teleológica, mientras que el ecologismo es una pseudo ideología, de raíz materialista, que impone la alteración del propio orden jerárquico de la naturaleza y, desde luego, elude su concepción teleológica al servicio del ser humano.

Recuerda Luc Ferry («De los animales y de los hombres. El reto ético de una diferenciación», *Claves de la Razón Práctica*, n.º 8, diciembre de 1990) que en la llamada Declaración Universal de los Derechos del Animal, de 1978, puede leerse: «[...] todos los animales nacen iguales ante la vida y tienen el mismo derecho a la existencia [...] el hombre perpetra genocidios cuando en tanto que especie animal solo puede exterminar a los demás animales al precio de una violación de sus derechos más imprescriptibles», y se pregunta si quienes defienden tales derechos «[...] ¿pensaron alguna vez que la Alemania nazi fue uno de los pocos países que prohibieron la vivisección de animales? Cierto es que encontraron en los infrahombres, en los *Untermenschen*, un material de recambio inagotable». Recuerda Ferry cómo Rousseau, refiriéndose a las especies animal y humana las distinguía porque «una elige o rechaza por instinto y el otro por un acto de libertad».

Recomiendo el artículo de Luc Ferry, porque aclara perfectamente la cuestión que nos ocupa, estableciendo la contraposición entre determinismo animal y el indeterminismo humano, y entre la capacidad de perfeccionamiento voluntario del humano e inviabilidad de tal avance en los animales.

Es muy grave que los dirigentes del mundo occidental —incluidos los comunicadores sociales y las autoridades morales— no perciban la deriva irracional, envuelta en una estúpida sensiblería a la que se está conduciendo a la opinión pública.

No quisiera ser reiterativo en exceso, pero son obvias las desmesuras del ecologismo, que es una nueva formulación del materialismo que nos quiere igualar por abajo (hombres y animales), negando el espíritu superior de los humanos, porque aceptarlo conllevaría el abandono de la propia tesis materialista.

Mi empeño en ofrecer una cobertura racional al dualismo antropológico del humano, partiendo de un Creador espiritual, en los términos ya dichos, como piedra angular de las tesis liberales, no es un caprichoso discurso de pretensión teológica, sino la manera de precisar cómo desde el mismo punto de partida las concepciones enfrentadas llevan a destinos radicalmente opuestos.

El materialismo, como es lógico, se opone al dualismo antropológico, lo que supone rechazar, como efectivamente rechaza, el componente espiritual del humano y a partir de tal punto nada tienen en común ambas posiciones.

El bien y el mal, que se reconocen en ambas concepciones, tienen orígenes y causas bien distintas. Para el dualismo antropológico, el bien y el mal tienen su razón de ser en la concordancia de las conductas humanas con la dignidad del ser humano y la subordinación de los demás elementos del universo. Mientras que el materialismo lo funda en la oportunidad congruente con el diseño dirigista de la humanidad.

Por eso digo que son dos concepciones irreconciliables de la vida, lo que deriva en concepciones antitéticas del humano, de lo social y del universo.

Se podría considerar poco razonable que el materialismo rechace el componente espiritual del hombre, pero rechazado que es, todo lo demás, desde la equiparación del hombre con los animales o con cualquier otro bien del universo hasta el control de los individuos mediante la dictadura del proletariado o como la denominen en el futuro, tiene una lógica aplastante. Lo importante es que los que partimos de la otra concepción aportemos una sólida convicción a un necesario debate, que se quiere escamotear, y llevemos nuestra tesis hasta sus últimas consecuencias.

En la mayoría de los casos no hay debate materialismo-dualismo antropológico, porque el ataque materialista es imperceptible, como se hace imperceptible un veneno edulcorado, aunque permanezca intacto su principio activo.

Lamentablemente el Gobierno del señor Sánchez, presionado por su socio Unidas Podemos, tramita un anteproyecto de Ley de Protección y Derechos de los Animales que gestiona la Dirección General de Derechos de los Animales, dependiente del Ministerio de Derechos Sociales y Agenda 2030, en el que se avanza en el proceso de deshumanización que este ensayo denuncia, por asimilación jurídica de los animales con los humanos.

3. Ideas previas

Me parece oportuno hacer en este capítulo de ideas previas, antes de entrar en los supuestos concretos en que se ponen en cuestión el derecho a la vida, unas breves reflexiones sobre la distinción que yo hago entre ética pública y moral privada, sobre lo que yo creo que es la antítesis de la ética pública de la civilización occidental, el progresismo en sus diversas manifestaciones y, también, sobre la objeción de conciencia, que tanto tiene que ver con las actividades que quiebran el derecho a la vida (guerra, aborto, eutanasia), porque es la excepción más relevante a la primacía del cumplimiento de la legalidad.

3.1. ÉTICA PÚBLICA Y MORAL PRIVADA

Con mucha frecuencia no se hace especial distinción entre ética y moral, lo que origina cierta confusión, por lo que creo que merece la pena hacer alguna precisión pues, a mi juicio, el matiz supera lo estrictamente terminológico.

En mi opinión por ética debiera considerarse la valoración que la conciencia social hace del conjunto de conductas lícitas en un tiempo y un espacio determinados, cuya vulneración merecerá el reproche penal o administrativo o simplemente la desaprobación social. La moral, por su parte, hace referencia al ámbito conductual abrazado por un perímetro dentro de la ética más reducido, más restrictivo, que contiene las reglas de conductas que un determinado grupo social se autoimpone en el ámbito personal, normalmente por motivaciones religiosas, y cuyo incumplimiento no es merecedor de reproche alguno por la sociedad.

Las normas éticas obligan a todos los ciudadanos en mayor o menor medida y según el rango de cada norma, mientras que las normas morales solo obligan a quienes voluntariamente las aceptan.

Huelga decir que una específica moral puede franquear las exigencias éticas mínimas, con lo que aquellos aspectos morales que vulneraran la ética serían éticamente ilícitos y, por tanto, reprochables, por ejemplo, la ablación del clítoris y la supremacía del varón sobre la mujer en sus muy diversas expresiones.

Simplificando, si se normaliza (legaliza) lo que es ético, puede ser exigido por el poder político a todos los ciudadanos, mientras que lo moral no puede integrarse en el ámbito de la coerción legítima, salvo en lo que sea coincidente con lo ético legalizado. Será exigible por su legalidad pero no por su moralidad.

El efecto normalizador de la legalización de conductas es, en general, beneficioso, salvo que se legalice una conducta no ética, en cuyo caso tal legalización tiene un efecto pernicioso al disfrazar una conducta éticamente ilícita en una conducta normal (aparentemente ética), como se verá.

La ética de la civilización occidental está fundada en el ser humano libre y, por tanto, señalando un amplio campo de libertad de actuación, necesita ser exigente en sus límites, siempre pocos y preestablecidos, cuyo fundamento solo puede ser la congruencia con la naturaleza y la concepción teleológica del ser humano, para que una vida plena y libre de todos sea posible. En una sociedad ajena a nuestra civilización, el marco lo señala la autoridad en función de sus intereses y de las circunstancias y oportunidades que surjan. Mientras que nuestra civilización genera y se apoya en la ética, que ha de ser la *ratio iuris* de las leyes, que impone rigideces (los límites tienen que ser objetivos y no subjetivos), las sociedades ajenas a nuestra civilización no atienden a la *ética* de nuestra civilización sino a sus peculiares visiones estatistas o teocráticas, como es el caso del marxismo y del islamismo.

Tratando de límites de la ética, y como ejemplo en el ámbito político, nos sirven las palabras del filósofo José Antonio Marina («La Primavera en llamas», *El Mundo*, 19/8/2013): «La ética fija los límites de lo que la democracia puede decidir. Hay derechos que no pueden ser atropellados».

Aunque sea adelantar acontecimientos, sirva este ejemplo. Porque matar a un ser humano es éticamente reprobable está penalizado el homicidio y si, como veremos en su momento, abortar fuera matar un ser humano, el aborto sería igualmente reprobable y, por tanto, debiera estar penalizado. Por el contrario, la utilización de anticonceptivos no abortivos no es éticamente reprobable y no debe estar penalizado, aunque haya morales que impongan a sus seguidores su no utilización.

Hay normas éticas de fuerte exigencia, como es el derecho a la vida, sin la menor duda, y hay normas éticas de menor exigencia, como pueden ser la obligación de cooperar con el mantenimiento del medioambiente o la obligación de cooperar con el interés general mediante el sistema tributario que democráticamente se establezca.

Igualmente puede haber normas morales graves, como en la moral cristiana es el amor al prójimo, y normas morales menos graves de muy distinta graduación, pero ninguna norma moral puede contradecir, por principio, una norma ética.

Desde luego, la ética es espacio-temporal, evoluciona con el tiempo y en función del espacio de aplicación, y así no en todas las zonas geográficas ni en todas las épocas se ha otorgado, por ejemplo, un mismo valor a la vida humana. Todavía hay zonas en el mundo en que el desprecio por la vida es pavoroso. La lógica pretensión de una sociedad civilizada es mejorar en sus valores éticos y, en efecto, así ocurre si revisamos la historia por centurias, aunque haya periodos de retrocesos más o menos profundos.

Esta evolución ética positiva, como está dicho, tiene sus altibajos porque no todos los cambios en la valoración ética de las conductas es consecuencia natural de las variaciones circunstanciales o de cualquier naturaleza de la población y de su mejora en la formación, por virtud de la tendencia humana a la perfección vista con gran perspectiva.

La evolución de la ética no puede imponerse desde el poder sino que debe avanzar por el contraste de tendencias y de corrientes de pensamiento en una sociedad libre, sólidamente formada e informada para la verdad, de modo que estoy plenamente de acuerdo con el profesor Aniceto Masferrer («*Ética pública, democracia y libertad de expresión*», *El Mundo*, 11/8/2021) en que «[…] la ética pública no debiera ser fruto de la voluntad del Estado, ni de poderosos *lobbies* (políticos, empresariales, mediáticos y financieros) sino del resultado del ejercicio de la libertad de todos y cada uno de los ciudadanos, que están llamados, en la medida de sus posibilidades, a configurar la ética pública de su comunidad política».

Ciertamente, en ocasiones estos cambios se producen de manera inducida por el fenómeno del adoctrinamiento de la población, utilizando técnicas constructivistas, no ajenas a cierto grado de coacción social, con las que se consigue alterar, muy frecuentemente de manera imperceptible, los criterios éticos de la población para su mejor manipulación.

Lo mismo que una democracia, régimen perfectible de opinión, puede llegar a corromperse mediante la manipulación de la población utilizando una información dirigista y ofreciendo una formación basada en principios incongruentes con la civilización occidental, los valores éticos pueden distorsionarse con las mismas técnicas constructivistas, instrumentalizando los medios de comunicación y los canales de formación, de modo que la ética imperante no sea la derivada de una natural evolución de la sociedad de tendencia a la perfección, sino la que el constructivismo va imponiendo.

Con lo dicho en párrafos anteriores se hace patente que la ética no surge espontánea o inexplicablemente. Nuestra ética, la ética de la civilización occidental, se funda en cuatro pilares de nuestra historia milenaria, que en diversas ocasiones reseñaré: la filosofía griega, el derecho romano, el cristianismo —entendido como su cristalización cultural (pues no solo es mensaje de salvación)— y el antropocentrismo ilustrado.

En cierta medida tiene un componente religioso, mejor dicho culturalreligioso, y así la interdicción del asesinato tiene su raíz en la norma veterotestamentaria del *no matarás* que Dios transmitió a Moisés en las tablas del Decálogo judaico, precristiano. Así que la civilización occidental embalsa criterios originariamente religiosos que un proceso de inculturización de siglos los ha convertido en valores cívicos.

Volviendo al binomio ética-moral, y teniendo en consideración la presencia actual de ciudadanos de religión islámica en Europa, es patente que en los regímenes de corte islámico no se distinguen sino que se confunden la ética y la moral en normas de carácter religioso que se imponen desde el poder político-religioso y que no resaltan el valor del ser humano como lo hace nuestra civilización. Es la teocracia que en la civilización occidental de nuestro tiempo es de todo punto inaceptable, pero que nuestros conciudadanos islámicos mantienen al establecerse en Europa.

Va de suyo que en los regímenes en que el materialismo se ha impuesto por vía del comunismo, la ética pública, de existir alguna, no ha sido otra que la concurrencia de toda conducta con el interés del Estado o, dicho más cínicamente, con el interés del proletariado, o sea, del partido.

En definitiva, desde la perspectiva ética parto del derecho de todos los seres humanos a la vida, como valor esencial y prioritario en la ética de la civilización occidental, porque es un derecho absoluto inatacable para la sociedad, para los demás congéneres y para el mismo titular del derecho, porque es inviolable, intangible, no susceptible de alteración e irrenunciable.

En pasajes posteriores, al tratar en concreto específicos supuestos de riesgo para el derecho a la vida, procuraré no dejar resquicio argumental alguno para evitar que pueda tildarse de valoración moral lo que yo tengo por exigencia ética.

3.2. PROGRESISMO

Como he señalado en contraposición al criterio de ética de nuestra civilización, creo necesario hacer referencia a la tendencia relativista que pretende trastocarlo, es el llamado progresismo y sus diversos derivados: el feminismo radical, el pacifismo, el buenismo, etc.

Permítanseme unas líneas descriptivas sobre el progresismo que tomo de un debate sobre el liberalismo en el que participé en el Ateneo de Madrid en enero del año 2010. No me desdigo de aquellas consideraciones.

En mi opinión, el término *progresismo* contiene un concepto huero, vacío, porque no expresa nada en concreto.

El progresismo no es más que un subterfugio de la izquierda para ocultar su indefinición ideológica, su pérdida de objetivos y banderas, para enfocar su nuevo objetivo, la demolición de la civilización occidental, deshumanizándola, lo que, ciertamente, no es difícil porque presenta demasiados flancos débiles.

El progresismo es uno de esos significantes vacíos que denuncia José Antonio Marina (*El Mundo*, 27/10/2016) y que son «[…] conceptos con fuerza de arrastre siempre que no se les dé contenido. Sirven para lograr la hegemonía, pero hacen agua cuando se llega al poder».

Si el progresismo se ofrece como único criterio en pro del progreso, quién se va a confesar contrario al progreso y, por tanto, no progresista. Así que ni siquiera existe el término *regresista* en el lexicón político. Existe el de retrógrado, pero solo como insulto, no como autodefinición.

Los términos progresismo/progresista no tienen antinomia en el leguaje político, porque progresismo pretende ser la condensación de todo el bien sin mácula de mal, de modo que quien se excluya de su contorno se hace titular de toda la maldad, esto es lo que se quiere transmitir al hombre-masa, el vulgar pensamiento único. ¿Cabe mayor simpleza intelectual?

Es de sentido común que, según desde qué perspectiva se plantee, el progreso puede considerarse una cosa o la otra y, por tanto, deberá alcanzarse por una u otra vía, incluso aceptando una misma idea de progreso cabrían proponerse diversas vías para su consecución.

Los liberales creemos que la libertad individual es, en sí misma, un instrumento de progreso y que la explotación de las propias habilidades, en un marco regulado de espontaneidad y dinamismo social, genera progreso. Otros, los conservadores y socialistas, creerán que el progreso es la seguridad y la transformación social prediseñada, que se alcanza mediando la intervención pública. Los comunistas, más progresistas que nadie, creen que el progreso es la sociedad igualitaria que se conseguirá mediante la dictadura del proletariado, y así otras mil posiciones más que pudieran formularse.

Así que todos somos progresistas y ninguno regresista, de aquí que insista en que el término progresista en un término huero, vacío, inútil, que solo sirve para agredir y para excluir.

En todo caso, ¿por qué no define el concepto quien lo defiende? Definir un concepto es aislarlo del todo e identificarlo como algo distinto del resto.

Naturalmente, habrá que definir primero el concepto progreso y después el de progresismo. No caerán en la trampa de tratar de describir lo indescriptible.

Para Hayek (*Los fundamentos de la libertad*, Unión Editorial, 1975) el progreso es «[...] el proceso de formación y modificación del intelecto humano; un proceso de adaptación y aprendizaje [...]. Sus progresos [...] [los de la humanidad] [...] consisten en encontrar dónde estaba el error [...]. El progreso, por su propia naturaleza, no admite planificación», y si hay un ejemplo de progreso ese es nuestra civilización occidental, «objeto de envidia y deseo del resto del mundo», progreso que nunca fue planificado, porque las proyecciones seculares no son planificables.

En 1960, en plena coexistencia pacífica, Hayek lo dice claramente al advertir que ambos bloques buscan el progreso pero que «La principal diferencia estriba en que solo los totalitarios saben claramente cómo quieren lograr estos resultados, mientras que el mundo libre puede mostrar únicamente sus logros pasados, dado que, por su misma naturaleza, es incapaz de ofrecer cualquier "plan detallado de su propio desarrollo"».

Es la espontaneidad social de Ortega y Gasset (*La rebelión de las masas*, Austral, 1972) y es el fracaso del marxismo con su falso cientificismo.

¡Cuánto se parece aquella vocación planificadora, barnizada de falso cientificismo, que es el comunismo, al vigente pensamiento único que, arrogantemente, se autoproclama progresista en exclusiva!

¡Cuánto recuerdan aquellos que «[…] saben claramente cómo quieren lograr sus resultados […]» a nuestros progresistas y a sus fracasos!

Pero, realmente, no es novedoso apropiarse de denominaciones. Decía Ortega y Gasset, en la obra citada, en referencia a la derecha y la izquierda, que aplico yo hoy al progresismo, que cuando alguien nos pregunta sobre si somos de derecha o de izquierda (hoy, si somos progresistas), «[…] debemos preguntar al impertinente, qué piensa él que es el hombre y la naturaleza y la historia, qué es la sociedad y el individuo, la colectividad, el Estado, el uso, el derecho. La política se apresura a apagar las luces para que todos estos gatos resulten pardos».

Vuelvo con Hayek, quien, renegando del liberalismo racionalista, también se plantea la denominación de sus ideas y duda de que le sirva hasta el término liberal, cuya connotación americana desprecia, y niega su coincidencia con «[…] quienes en el continente europeo se denominaron liberales [y] propugnaron, en su mayoría, teorías […] impulsando […] más al deseo de imponer al mundo un cierto patrón político preconcebido que el de permitir el libre desenvolvimiento de las gentes». ¿Se dejaría llamar Hayek progresista? No lo creo.

Recuerden que también Karl Popper quería huir de tan pobre alternativa, derecha-izquierda. Siempre sirve para que los arrogantes pensadores de lo políticamente correcto nos dividan maniqueamente entre los tocados por el salvífico dedo de la modernidad, ellos, y los ajenos a su buena nueva, los críticos e incluso los escépticos con el pensamiento único.

Ya habrán advertido que resolver, con arrogancia y altanería, el dilema izquierda-derecha (progresismo-regresismo) a favor de la primera opción es la técnica para hacer obvio lo que en absoluto lo es.

Pero los liberales estamos sometidos a la razón y tenemos que explicarlo todo, de modo que la arrogancia no nos evitaría una justificación necesaria. Articulemos líneas de pensamiento sólidas y dejemos de escupir adjetivos, sin contenido ni utilidad racional, en un debate ideológico honesto.

El denominado progresismo actúa desde posiciones de manifiesto predominio mediático, cuyo sustrato pseudoideológico es el relativismo y que aplica, por su enorme capacidad mediática, una técnica poderosísima de ingeniería social, de constructivismo. Entre sus subproductos está el feminismo de género y androfóbico, del que trato más adelante.

En cuanto a la educación pública, que cayó en manos progresistas (profesorado muy sindicalizado en sindicatos de clase y gobiernos *progresistas*), se convirtió en el más eficaz medio de aplicación de la ingeniería social, que también la usan los nacionalismos excluyentes. Pero no es exclusiva de la educación pública, pues en no pocos centros de educación privada (concertada) se han seguido bobaliconamente los criterios del progresismo acríticamente.

El progresismo, más instrumental que ideológico, es pura estrategia, a lo más pseudoideológica de raíz materialista, aplica una táctica infalible para una sociedad de baja formación, por tanto, acrítica y de costumbres seguidistas del poder, de aquí que el régimen del general Franco durara lo que duró su vida. Dividir la sociedad en buenos y malos, progresistas y retrógrados es estúpido.

El progresismo es la antítesis del pensamiento libre, que es independiente, que se construye desde fundamentos propios, con el límite de lo ético. El progresismo se explicita en el pensamiento único de vocación constructivista, tratando de recrear una sociedad sin la participación de sus miembros, por vía de la inducción de las masas.

Por lo que sea (la presión mediática), a la gente no le gusta que la llamen conservadora, le gusta más llamarlo a otros. A la gente le gusta que la tengan por progresista, aunque no sepa ni pueda saber qué contiene tal término, como he dicho anteriormente. Jaime Mayor Oreja («La decadencia moral nos obliga a refundar la UE», *El Mundo*, 20/2/2019) precisa la llamada crisis de valores afirmando que: «La primera crisis es de valor, en singular: la cobardía. Ese miedo reverencial a opinar distinto de la moda dominante es el primero que hay que superar». Y precisa más: «Los partidos, para ganar las elecciones, creen que hay que seguir la moda dominante». En estas estamos.

Las terminales progresistas califican y descalifican, sistemáticamente, al amigo y al adversario. Jueces progresistas, jueces conservadores; obispos progresistas, obispos ultracatólicos; partidos progresistas, partidos de extrema derecha; políticos progresistas, políticos reaccionarios y ultranacionalistas, etc.

Es de resaltar, por ejemplo, que para el progresismo oficial quienes defendemos la supremacía histórica de la nación española somos ultranacionalistas, mientras que quienes defienden los nacionalismos excluyentes, periféricos y ahistóricos obtienen su *placet*. ¿Por qué es así?, porque los nacionalismos son activos disolventes de la sociedad europea, de su unidad cultural (civilización occidental) que camina hacia la unidad política. Los nacionalismos excluyentes buscan la *Europa de los pueblos*, parque temático de las etnias, el escenario ideal para dinamitar a la civilización occidental, objetivo prioritario del progresismo.

Miguel Ángel Belloso («Cuadernos liberales», *Actualidad Económica*, 24/9/2018) se preguntaba: «O eres de izquierdas o eres un fascista […] ¿Qué hacemos con los supuestos ultraderechistas o con los ultracatólicos imaginarios? ¿Los eliminamos?». ¡Terribles consecuencias las de la irracionalidad!

Por distraído que sea el observador, siempre sabrá quién es el progresista y quién el retrógrado. Es un arma de brutal fuerza que cohíbe a no pocas conciencias.

El progresismo elude toda confrontación ideológica, cualquier debate sometido a las reglas de la razón. El progresismo solo califica y no admite apelación. Quien no sea progresista es reaccionario. El progresismo sustituye a la ideología socialdemócrata, muy debilitada por el relativismo (ausencia o banalización de principios trascendentes), y por el buenismo (apariencia de bondad que supera la razón o la excepciona), siendo también un arma muy ponderosa la ideología de género, a la que dedicaré un capítulo en este trabajo.

Axel Kaiser («Nunca fue tan fácil que te llamen fascista», *Expansión*, 24/7/2019), director de la Fundación para el Progreso, denuncia que igual que en 1948, la novela de Orwell, «Las élites progresistas deciden qué temas son aceptables y qué asuntos no pueden ser objeto de debate. Y ante esa imposición la derecha se amilana y cede […]. Toda opinión que disienta de lo políticamente correcto es automáticamente un postulado de ultraderecha».

El progresismo es tiránico, no permite el libre pensamiento. Así, el profesor Félix Ovejero («Cuando la verdad es reaccionaria», *El Mundo*, 9/11/2018) denuncia un sistema inquisitorial en la investigación académica:

No solo se trata de que las nuevas humanidades ignoren los resultados de la biología (el dimorfismo sexual), las matizadas conquistas del derecho (la presunción de inocencia), la inferencia estadística y, sobre todo, la elemental distinción entre hechos y valores, es que, además, se muestran dispuestas a prohibir la verdad que, por lo que se ve, ha dejado de ser revolucionaria. No incurro en exceso retórico. Sobran los ejemplos de investigaciones frenadas o acalladas porque disgustan sus resultados [...].

Al tratar sobre la investigación de las causas de la homosexualidad veremos cómo el colectivo generista interdicta la investigación sobre aquellas.

En otro pasaje, el profesor Ovejero se reitera en la idea del progresismo tiránico:

Es obsceno arrogarse el monopolio de la voz de los desprotegidos y a la vez reclamar para sí la protección de estos para vetar las críticas. Y sobran muestras de que esa operación la practican no pocos a diario: cuando se acallan las discrepancias en nombre del genuino feminismo; cuando las preguntas se despachan con ofensas (homófobas, racistas, sexistas) obviando el fatigoso trámite de argumentar. Al final, los excluidos realmente existentes acaban oficiando como instrumentos de las carreras profesionales de unos cuantos privilegiados, una suerte de involuntaria guardia pretoriana.

El progresismo tiene su origen remoto en Antonio Gramsci, tras la Primera Guerra Mundial, ante el fracaso comunista en Europa, porque el marxismo se encontró con un muro infranqueable: la civilización occidental. Gil Sánchez Valiente (*La escuela de Francfort, un estudio crítico*, 2014) explica cómo:

Llegó a la conclusión de que los trabajadores nunca reconocerían sus verdaderos intereses de clase hasta que pudieran liberarse de la cultura occidental y, sobre todo, del yugo de la religión cristiana [...]. Sostenía Gramsci que esos dos condicionantes cegaban a la clase trabajadora [...]. Gramsci defendía la estrategia de una revolución pausada y no violenta que se infiltrase en la cultura occidental [...] para destruirla desde dentro.

Giuseppe Flori señala cómo en 1925, en plena dictadura fascista de Mussolini, el partido del que era secretario general Gramsci había establecido que «[...] la dictadura del proletariado era la solución final; pero en Italia había que conseguir antes un objetivo intermedio: el restablecimiento de las libertades democrático-burguesas [...]. [Gramsci] [...] no dudaba de que aquella era la línea justa».

El mérito de Gramsci fue el de percatarse de que el comunismo, como concreción política del marxismo y este como soporte ideológico del materialismo, no podía plantear una batalla, modelo revolucionario, sino una batalla, más que cultural, de civilización. El objetivo sería destruir la civilización occidental para que triunfara el materialismo y eso requería acciones casi siempre no frontales.

En el estúpido fervor *comunistoide* de los sectores universitarios, autodenominados liberales (izquierdistas) de los Estados Unidos, anidaron las teorías gramscianas.

Dice el profesor Jon Juaristi («Wolfe», *ABC*, 1/9/2019) que: «El origen de la ideología progresista actual está en la izquierda estadounidense de la Guerra Fría». Este es el origen inmediato del progresismo, al que yo jamás le otorgaré la categoría de ideología, pues el mediato, a mi juicio, está en Gramsci.

La estrategia se concretaba en la demolición de los elementos claves de la civilización occidental por medio de su devaluación. Las primeras agresiones se dirigieron a la actividad sexual, a la familia, a la educación, etc. Se incorporaron freudianos, marcusianos, foucaulianos, etc., con lo que la integración de la ideología de género, que más adelante analizaremos, tuvo una cómoda recepción en este movimiento multiforme.

Así lo explica Juan Carlos Rodríguez (*La teoría de la hegemonía de Gramsci*, Instituto Juan de Mariana, 2017):

> La clase burguesa se dota además de unos medios (educación, medios de comunicación, religión...) que construyen y refuerzan esa hegemonía cultural, que asienta ideas contrarrevolucionarias. Esta situación abre infinidad de vías de acción, que se resumen en el objetivo de tomar todas las instituciones, romper esa hegemonía burguesa y sustituirla por otra de carácter comunista. [...] La política consiste en tomar, una por una, la miríada de organismos sociales, desde las asociaciones de vecinos a los clubs de lectura, desde las asociaciones estudiantiles a las científicas, y politizarlas para someterlas a la disciplina del «príncipe moderno» (el partido).

Para Gramsci había que sustituir la revolución comunista por una *revolución pasiva*, dando acceso a la intervención de los intelectuales.

Lo que construye y refuerza la hegemonía cultural de la burguesía, en la visión *gramsciana*, no es otra cosa que la civilización occidental. Pues bien, el instrumento de destrucción de la civilización de la libertad y de conquista de la pretensión totalizadora de Gramsci hoy es el progresismo. De aquí que afirme que el origen remoto de esta pseudo ideología sea la concepción *gramsciana*. Para Gramsci, la civilización occidental es una superestructura de la burguesía, cuando es una obra histórica de más de veinte siglos de generaciones, desde luego incompatible con el marxismo y, por tanto, objetivo que destruir.

Huelga decir que la crujía estratégica de Gramsci era la escuela única, así dirá José María Laso Prieto («Las ideas pedagógicas de Antonio Gramsci», *Signos Teoría y Práctica de la Educación*, n.º 4, 1991): «El concepto de escuela única o unitaria desempeña una función relevante en las concepciones pedagógicas de Gramsci. En realidad, es una consecuencia de la visión que el pensador italiano tienen del desarrollo de la sociedad».

Como se ha dicho en los párrafos anteriores, el progresismo no es sino una estrategia, inteligente y efectiva, de demolición de la civilización occidental, dualista, espiritualista, para ser sustituida por el materialismo que es el fundamento del marxismo y que muta en las diversas expresiones sociales ya referidas que resultan más aceptables para una sociedad construida sobre la concepción personalista del ser humano, pero muy distraída.

Tras la Segunda Guerra Mundial, el marxismo volvía a tener el mismo problema de penetración en la Europa occidental, porque no podía mantener su tesis de la dictadura del proletariado por su debilitamiento desde la posguerra mundial, por la aparición de la socialdemocracia y por el batacazo de la caída del muro de Berlín.

Para entonces ya estaba la maquinaria del progresismo engrasada, para dar una salida a un materialismo travestido, edulcorado, acomodado al gusto de la burguesía, por lo que se inició una doble estrategia:

1. *Captación de las masas socialdemócratas*: la socialdemocracia, que había jugado un papel muy relevante en la historia de la posguerra, había quedado desmochada de toda pretensión revolucionaria y ocupaba el centro sociológico del electorado, lo que le daba buenos *réditos* electorales pero le confundía con las propuestas conservadoras y liberales, desdibujando el nuevo mantra progresista.

Había que excitar el ardor revolucionario, pero en la Europa del confort era muy difícil, de modo que había que identificar otros objetivos suficientemente difusos como para que no chocaran de forma descarada con los valores reconocidos por nuestra civilización occidental (pacifismos, igualdad, tolerancia, etc.). Esa fue la estrategia desde pasada la posguerra y, especialmente, desde la caída del muro de Berlín. La oportunidad adecuada resurgiría tras la gran crisis económica de 2007.

En España el éxito de captación del progresismo ha sido muy amplio, y en Francia e Inglaterra, estimable, lo que supone una tragedia política para Europa al haberse quedado, o estar en trance de quedarse, sin una socialdemocracia con soporte ideológico sólido y no marxista.

2. *Lavado de cerebro de la sociedad burguesa*: esta sí, estúpida y perezosa, estuvo dispuesta a comprar gratis, aparentemente gratis, todo lo que oliera a molicie, a desidia envuelta en el celofán del confort: pacifismo radical a costa de libertad, aunque lo predicaran quienes defendieron las tiranías militaristas del viejo comunismo; educación igualitaria y dirigista, negando la prima al esfuerzo y al mérito, con lo que se favorece a los estudiantes mediocres de las clases instaladas en perjuicio de los estudiantes diligentes de las clases populares; despenalización del aborto para convertirlo en un método anticonceptivo, eliminando toda responsabilidad, que queda, en exclusiva, en el fuero interno de la madre; lo nuevo es bueno, por principio; sustitución de la ética por la compasión dulzona e ineficaz y del conocimiento por la emoción; interculturalidad a costa de desandar (o para desandar) el largo camino de la libertad en Occidente; derechos sin límite y sin deberes; desprestigio de cualquier valor que suponga autoexigencia, que no se explique por la simple conveniencia del momento, esto es, relativismo; desbordamiento de la deuda pública para trasladar la responsabilidad al futuro, a los hijos o nietos; rechazo de la democracia liberal y la globalización, sin oferta alternativa y obviando sus ventajas patentes.

Quien defienda tesis cristianas, perfectamente compatibles con la libertad, está en el bando conservador y además es islamófobo, salvo que sea cristiano progresista (¿?), pero quien simpatice con la teocracia islámica será progresista, en tanto que practica el buenismo. Quien sea partidario de que los terroristas salgan de la cárcel sin cumplir sus penas será progresista, por buenista, y quien no, un carca vengativo.

Siempre la descalificación como argumento, porque el argumento es irrelevante o débil y la descalificación eficaz.

Estas características y otras muchas que cabría reseñar son la consecuencia, como he sugerido, de la conjunción de dos elementos: una nueva estrategia del neomarxismo materialista y una burguesía necia y atolondrada, adormecida en el confort, cuya indolencia ha precipitado lo que se denomina pensamiento débil o flácido, que le impide percibir la situación en que se encuentra y que, huérfana de valores, abdica de sus responsabilidades y se presenta dispuesta a suicidarse colectivamente.

Huelga decir que el atolondramiento burgués tiene buena parte de su causa en la abdicación de la intelectualidad occidentalista, apabullada, acomplejada por el ímpetu del progresismo, por inane y vacuo que sea su soporte intelectual. Desde luego, corresponde a la intelectualidad formada en la civilización occidental despertar, avivar el seso de la gran clase media, también de formación y de vocación occidentalista, para que superen el pesimismo en sus propias convicciones, las reactiven y defiendan, pero sin caer en el extremismo populista que, en tiempos de turbación, se apodera de no pocos. En Europa ha surgido una nueva derecha extremosa que no tiene más ideología que el pesimismo.

¡Cómo recuerda el atolondramiento de la amplísima burguesía occidental a la fábula de la rana hervida! Estaba encantada la rana en un puchero de agua fresca sobre el fuego que se tornó en templada y también le agradaba. Según iba subiendo de temperatura la rana se iba adormeciendo con gran satisfacción, hasta que acabó cocida.

Ya está dicho que el mismo término progresismo no quiere decir nada, es un concepto indeterminado, fatuo. Todos los humanos aspiran al progreso, pero cada uno tiene una idea distinta de progreso y de la manera de acceder a él. El no progresista, el *regresista*, no es quien rechaza el progreso, sino quien toma la idea de progreso que le gusta, pero no la que le venden los progresistas oficiales y de oficio. Eso es todo. Que la mitad de los españoles sean regresitas es una afirmación estúpida e intolerable.

El relativismo, constructivismo, feminismo andrófobo, ideología de género, buenismo, pacifismo y ecologismo antiantropológico no constituyen un magma informe surgido de manera espontánea, sino que no son otra cosa que instrumentos del denominado progresismo que, a su vez, no es sino consecuencia del edulcorado relativismo que parte de la negación de cualquier ética preexistente, para acomodarla a la circunstancia y a la oportunidad en que está anclado el materialismo.

En pasaje anterior afirmaba que todos estos instrumentos del relativismo han sido consumidos masivamente por aquellos que no se percataron de que contradecían sus convicciones concretadas en la ética de la civilización occidental, porque se lo han vendido envueltos en buñuelos de viento rociados de azúcar glas para su más *fácil consumo,* puesto que la acomodación a la circunstancia y a la oportunidad siempre es atractiva, y porque la pasividad irresponsable de sus líderes políticos y morales no les hicieron patente la evidencia, ni les prepararon para el debate ideológico.

Concluyo advirtiendo que existe un *progresismo legítimo, pata negra,* valga la ironía, propio de la supremacía moral de la izquierda y un *progresismo sucedáneo,* seguidista, de un sector relevante de la derecha, que ladea sus convicciones para no perder comba. Si buscan lo encuentran.

Se ha hecho optar a nuestra sociedad por el camino de las emociones, de las pasiones, del acceso fácil a eslóganes simplificadores de los problemas abandonando el del conocimiento, la reflexión, el esfuerzo y la ética.

Singularidad del progresismo y mejor disfraz del relativismo es el buenismo. El buenismo no es sino una técnica, demoledora bien es cierto, del progresismo. Tras el buenismo no está la bondad, sino el relativismo.

El buenismo es una actitud intelectual acrítica y aética, por la que se sustituye la valoración de cualquier conducta o línea de pensamiento o de actuación en función de los valores de la civilización occidental, por la simple aceptación de la contraria, basándose —consciente o inconscientemente— en que toda conducta o línea de pensamiento o actuación es buena en *sí misma, por bienintencionada y, por tanto, susceptible de asimilación o pacto.*

No se trata de un nuevo modelo de pensamiento, sino del reconocimiento de que las conductas de los humanos no requieren de soporte ético preestablecido, y que todas pueden ser aceptadas porque los nuevos valores de la convivencia son distintos, más laxos, más líquidos.

¿Cuáles son estos nuevos valores?: el pacifismo como superador de la legítima defensa; el status reconocido sin exigencia de mérito y esfuerzo personal, por adhesión al grupo dominante; la tolerancia, sin medir los valores que se ceden o a los que se renuncia, incluso sin pararse a pensar si se renuncia a derecho propio o a derecho ajeno, porque «la tolerancia es un crimen cuando lo que se tolera es la maldad», según afirmó Thomas Mann; la verdad mayoritaria, porque la verdad la decide la mayoría, aunque esta esté manipulada, de modo que la verdad no requiere de verificación, la dicta la mayoría o, mejor dicho, quien manipula a la mayoría.

El nuevo valor u objetivo es el pacífico e inconsciente desarme de una sociedad adormilada por lo que se denomina ideología flácida, blanda, facilona, de apariencia bondadosa pero irreflexiva, acrítica. Así se han convertido en argumentos frases tan vacías como estas: «No hay por qué», cuando siempre hay un por qué; «¿Qué más da?», cuando siempre da. Si todo hecho, todo fenómeno, tiene su causa, al decir de Leibniz, Descartes, etc., siempre hay un porqué y siempre dará hacer o no hacer algo.

Aunque siempre se ha sabido que la mayoría es imprescindible para asignar el poder y no para determinar la verdad, hay quien cree —o aparenta creer— que la mayoría otorga la razón. Pero no hay vuelta de hoja, a la verdad se llega por la razón, por el conocimiento y por la adecuación de la reflexión a nuestra propia naturaleza humana y a los valores que le sean congruentes.

La verdad existe, aunque no la respalde la mayoría, aunque tenga que vivir en la clandestinidad de una sociedad no interesada en conocerla. La verdad nos precede. Es muy clarificadora la explicación que sobre el relativismo hace Robert Spaemann (*Europa: ¿comunidad de intereses u ordenamiento jurídico*, Fundación Iberdrola, 2004):

> Todos valoramos, pero los relativistas occidentales enseguida ponen sus valoraciones entre paréntesis. Y lo que permanece fuera de los paréntesis es precisamente el relativismo, que confunden con la tolerancia y mediante ese truco lo proclaman como valor supremo. Pero dado que todo el que tiene determinadas convicciones que no está dispuesto a poner en juego se le considera intolerante y puesto que con la intolerancia no parece haber tolerancia, el postulado de tolerancia se anula a sí mismo.

El profesor Fernando García de Cortázar («Un silencio suicida», *ABC*, 1/2/2017), advierte que en España se confunde relativismo con diálogo, así que relativismo, para este autor, es lo que se ha llegado a imponer:

Nada hay verdadero, nada que valga la pena conservar, que ninguna referencia ética debe considerarse permanente, ni ningún signo de civilización invulnerable. Quieren hacernos creer que ninguna tradición es realidad viva entre nosotros, ni ningún rasgo identificador de una cultura fundamento de nuestra existencia. Lo que hay es un vacío al que se arrojan opiniones escépticas, burlonas caricaturas y amargas ironías. Lo que hay es un retroceso inaudito de los elementos constituyentes de nuestra arquitectura cultural.

Miquel Porta Perales («El socialismo buenista», *ABC*, 7/9/2018) advierte que el buenismo se hace columna vertebral de la posición ideológica del PSOE en el año 2001 con dos documentos clave: *Ciudadanía, libertad y socialismo* y *Un partido para la España del siglo XXI*, presentando una amalgama que «[...] amasa y funde el discurso flácido y emocional, el afán utópico, la ingenuidad, la superioridad moral, el sentimiento, el optimismo antropológico, la autoayuda, el antiliberalismo, el populismo. Y la sonrisa». Sugiero la lectura de este artículo, porque es muy descriptivo y así el lector verá reflejados no pocos de sus criterios más o menos elaborados.

Para dejarlo claro, la izquierda es buena, porque sus intenciones son buenas (la mejora de los menos favorecidos) y la derecha es mala porque protege a los ricos e impide el progreso de los pobres. Y para que a la derecha, o a cada persona de la derecha, de cualquier clase social o condición, se le reconozca la bondad que a la izquierda se le presupone, ha de dar muestras de tolerancia, de convicciones sin aristas, de capacidad de relativizarlas. Esta simpleza, repetida hasta la náusea, produce extraordinarios efectos. Así es como Gramsci creía, y con razón, que alcanzaría el leninismo la hegemonía sobre el pensamiento de las sociedades occidentales. Decía Javier Cercas (*El Mundo*, 22/2/2019), autor de la novela *Soldados de Salamina* que: «La historia nunca se repite exactamente, pero sí se repite con máscaras distintas, porque los seres humanos no aprendemos [...]».

Hay que tener muy presente que solo se puede ser tolerante con los propios y exclusivos derechos y las propias convicciones de carácter menor. Ser tolerante con los derechos y convicciones de los demás, el político con los derechos de los ciudadanos es impropio del fiel administrador. Alguien dijo, y lo dijo con razón, que el exceso de tolerancia dejaba de ser virtud.

No puede confundirse el buenismo con la bondad, porque tras el buenismo no se esconde habitualmente la bondad, como muchos biempensantes creen, sino el relativismo, la oportunidad, que es o puede ser la devaluación de los principios, de la ética, y su sustitución por el entreguismo, por la conveniencia y, en el fondo, por la obediencia gregaria a cualquiera.

Pero no nos engañemos, el buenismo no ha surgido espontáneamente alimentado por necios y atolondrados burgueses, no. El buenismo es el instrumento de la izquierda desarmada tras la caída del muro de Berlín, volviendo su mirada a Antonio Gramsci, para retomar el liderazgo de la opinión pública aunque, ciertamente, se haya servido de necios y atolondrados burgueses.

Tanto el buenismo como el constructivismo (ingeniería social), al que en páginas anteriores me he referido, no son sino técnicas de penetración social del autodenominado progresismo. El buenismo, el progresismo en general, es, esencialmente, cortoplacista. No se proponen soluciones a largo plazo, tanto porque su público rechazaría el esfuerzo de pensarlo como porque no es su objetivo.

El objetivo último es destruir lo que denominamos civilización occidental, que dio lugar a una sociedad liberal, única hasta ahora, con capacidad productiva y esperanza contrastada de progreso. Quieren transformar el mundo mediante la deshumanización que el progresismo inocula. Singular huella ha dejado el fenómeno que nos ocupa en la educación.

Es muy recomendable la lectura de las ponencias dictadas por Florentino Portero, Andrés Ollero y otros, recogidas en *El fraude del buenismo* (FAES, 2005), que profundizan sobre este particular.

3.3. OBJECIÓN DE CONCIENCIA

La objeción de conciencia es el derecho de todo ciudadano a negarse a desarrollar una actividad obligatoria por ley, directa y exclusivamente vinculada a la destrucción de vidas humanas concretas, en razón a que dicha actividad vulnera sus principios y convicciones de carácter esencial.

No me cabe duda de que la objeción de conciencia no puede alegarse para dejar de cumplir una obligación legalmente establecida, aunque fuera injusta, si no afecta de manera directa a la destrucción de la vida.

Desde luego no sería aplicable este instituto de la objeción de conciencia en el supuesto de un funcionario, defensor a ultranza del derecho de propiedad, que tuviera que aplicar una injusta ley expropiatoria vigente sobre un determinado ciudadano, porque no afecta al derecho a la vida. Podrá advertir a su superior de la injusticia que se comete y dejar constancia del aviso pero, hecha la advertencia y reiterada la orden, deberá cumplirla.

Es errónea, a mi juicio, la creencia de que el instituto de la objeción de conciencia es aplicable, por ejemplo, a la prestación del servicio militar obligatorio, como ocurrió hace unos treinta años en España, porque en dicha actividad del servicio militar en tiempo de paz no se ponía en cuestión la destrucción de vida humana alguna. Por precisar más, a mi entender, no cabe la objeción de conciencia para portar armas y para manejarlas, por ejemplo, en maniobras militares, sin utilizarlas contra un ser humano.

Cuando la acción armada está legitimada por el interés general y no resultan suficientes los medios que el Estado tiene previstos para tal actividad, los ciudadanos, en determinadas condiciones personales de edad, etc., están obligados a integrarse en dicha acción armada, porque el rechazo a participar en la legítima defensa colectiva incrementa el riesgo de sus conciudadanos y nadie está legitimado para eludir su aportación al bien común.

Es lícito alegar la objeción de conciencia, basada en el derecho a negarse a vulnerar el bien primero de los derechos humanos, la vida. La objeción de conciencia, a mi juicio, únicamente es excepción legítima para cooperar al supuesto bien común cuando el objetante se niegue a participar directamente en la muerte de otros semejantes, utilizando directamente armas mortales o, en otro caso, aplicando cirugías abortivas o eutanásicas, porque siendo el derecho a la vida un derecho absoluto y, por tanto, inviolable, intangible e irrenunciable, a nadie se le puede obligar a violarlo, aunque se dieran las circunstancias para su licitud o legalidad.

La objeción de conciencia no es un nicho para cobardes, pasotas y perezosos, es una solución para personas que mantengan profundas y singulares convicciones en torno al derecho a la vida. Estas convicciones no tienen por qué ser específicamente de carácter religioso, deben ser, en general, de carácter moral, de ética privada, como me he atrevido a denominar a la moral.

Naturalmente no alcanza tal excepción de la objeción de conciencia a la participación indirecta coadyuvando a la defensa colectiva de la sociedad, de modo que, en mi opinión, la objeción de conciencia no alcanza a la negativa a ocupar puestos en la milicia, con el mismo peligro que el de los combatientes, como pueden ser los servicios sanitarios o domésticos o logísticos en campaña, ni a vestir el uniforme militar.

La objeción de conciencia en ningún caso debe plantearse como negativa a la incorporación a filas cuando la situación lo requiera, sino a ocupar puestos de combatiente. La excepción de la objeción de conciencia no alcanza ni a la participación en desfiles militares ni a la participación en maniobras militares, incluso con fuego real, en tanto sean operaciones de adiestramiento sin enemigo objetivo.

En definitiva, la objeción de conciencia solo tiene sentido en estado de guerra o similar circunstancia, en que se pone en cuestión el derecho a la vida. Igualmente sería aplicable el instituto de la objeción de conciencia en intervenciones quirúrgicas de aborto, en aquellos estados en que el aborto esté legalizado y, naturalmente, extensible a acciones propias de la eutanasia.

En el artículo 31.1 del Código de Deontología Médica del Consejo General de Colegios Oficiales de Médicos, fechado en julio de 2011, se define así el derecho a la objeción de conciencia médica: «Se entiende por objeción de conciencia la negativa del médico a someterse, por convicciones éticas, morales o religiosas, a una conducta que se le exige, ya sea jurídicamente, por mandato de la autoridad o por una resolución administrativa, de tal forma que realizarla violenta seriamente su conciencia».

La vigente legislación abortista, como señala el exmagistrado Francisco Soto Nieto («La conciencia y su voz. La objeción de conciencia», *ABC*, 14/9/2014), «[...] apenas cuida de resolver el derecho a objetar», porque el objetivo de esta Ley, preciso yo, no es abortar o no abortar, sino extender la obligación de transgredir valores éticos sustanciales de la civilización occidental y, a la larga, la clase médica irá aceptando el aborto como una práctica clínica más.

Soto Nieto recuerda que el derecho a la vida es el apoyo para legitimar eficazmente a la objeción. Así la Sentencia de 53/1985: «La objeción de conciencia [...] [para oponerse a participar en un aborto] [...] forma parte del contenido del derecho fundamental a la libertad ideológica y, como ha indicado este Tribunal en diversas ocasiones, la Constitución española es directamente aplicable, especialmente en materia de derechos fundamentales».

No alcanzaría, creo yo, a los sanitarios el derecho a la objeción de conciencia respecto de trabajos de atención clínica a personas que vayan a sufrir o hayan sufrido una operación de aborto o a su atención general en cualquier otro servicio que no conlleve la eliminación directa de seres humanos.

El exmagistrado Francisco Soto Nieto, ya citado, precisa que:

> La objeción de conciencia corresponde a todo el proceso que lleva al aborto y no puede ceñirse tan solo al acto quirúrgico postrero determinante de la siega de la vida del feto. Nada se dice de los médicos de atención primaria. Habrá de examinarse en cada caso la índole de la imputada coadyuvancia. Los intervinientes meramente administrativos no creemos que puedan postular un derecho como el que nos ocupa.

No comparto el criterio tan extensivo del magistrado Soto Nieto, como más adelante especifico al tratar del aborto.

En la Ley 2/2010 del aborto se condiciona la objeción de conciencia de los profesionales sanitarios a que «[...] el acceso y la calidad asistencial de la prestación puedan resultar menoscabadas», con lo que la objeción de conciencia queda manifiestamente limitada, contradiciendo su propia naturaleza de derecho fundamental a la libertad ideológica que reconoce la Constitución y el Tribunal Constitucional, como ya está dicho.

Va de suyo que el derecho a la objeción de conciencia no puede reconocerse, únicamente, en los supuestos en que haya personal suficiente para desarrollar la actividad objetada, sino que es un derecho incondicional, aunque no eximirá al objetante de una actuación proactiva en caso de riesgo inminente para su persona y para las personas de su entorno, como ocurría en cualquier circunstancia excepcional en la vida.

El derecho a la objeción de conciencia que libera al objetante de sus obligaciones de defensa nacional o de sus obligaciones profesionales solo puede quedar limitada a las acciones que directamente estén dirigidas a la muerte de un ser humano y no al resto de actividades no necesariamente vinculadas a una muerte (limpieza o aprovisionamiento de quirófano, instrucción militar, etc.).

Es evidente que la objeción de conciencia es una excepción al imperio de la ley y, en consecuencia, y como todas las excepciones a la ley, tienen que ser muy restrictivas, tanto porque el imperio de la ley es esencial en el Estado de derecho como porque la laxitud interpretativa de la excepción la devaluaría, la desnaturalizaría y devendría en su desprestigio.

Desde luego, la objeción de conciencia es una excepción a una obligación legal y, por tanto, debe regularse e interpretarse restrictivamente, pero garantizando su efectiva viabilidad cuando corresponda.

Así como la objeción de conciencia en materia de servicio militar se extendió desmesuradamente, incluyendo la negativa al propio servicio, incluso a vestir el uniforme militar, la objeción de conciencia en materia de intervenciones abortivas queda constreñida en exceso, sometida a las necesidades del servicio, lo que podría hacerla inviable en muchos casos.

Evidentemente, legalizada la eutanasia en España, el suicidio asistido o cualquiera otra de sus formas, los profesionales sanitarios deberían poder ejercer su derecho a la objeción de conciencia, pero hay que pensar que habrá limitaciones efectivas al derecho a objetar.

En junio de 2021, a propuesta del europarlamentario socialista croata Predrag Matić, el Parlamento Europeo, sin capacidad legislativa sobre la materia y por 378 votos a favor, 255 en contra y 42 abstenciones, instó a los Estados miembros no solo a extender el derecho de aborto de manera universal, como *atención médica esencial*, en sus ámbitos nacionales sino, además, a considerar el derecho al aborto como un derecho humano, lo que llevaría a que la negativa de los sanitarios a las prácticas abortivas, lejos de estar amparadas por el derecho a la objeción de conciencia, se convertirían en delitos de denegación de la atención médica. Desde luego, la consideración del aborto como un derecho humano es objetivamente falsa porque no está incluido en la Declaración Universal de Derechos Humanos de 1948 y estándolo, por el contrario, el derecho a la libertad de conciencia, que sustenta la objeción de conciencia que se pretende cercenar.

Este reconocimiento de derecho humano, a favor del aborto, se pretenderá extender también, y a corto plazo, a las prácticas eutanásicas con la misma pretensión de eliminar en este campo la objeción de conciencia médica.

Se plantea el riesgo de que el derecho al aborto no pueda llevarse a cabo si los sanitarios objetan ante tales prácticas, lo que no puede llevar a la conclusión de que la objeción de conciencia obstaculiza un derecho sino, por el contrario, ha de concluirse en que la legislación ha creado un derecho ficticio que los profesionales sanitarios, de manera muy mayoritaria, rechazan por considerarlo un atentado a la vida y, por tanto, contradictorio con la función médica de salvar vidas y contrario a la deontología médica.

Interesa la lectura del informe *Desarrollo de la objeción de conciencia en Europa*, del Grupo de Trabajo Libertad de Religión o Creencia de la Asociación Miraisme Internacional, del que pueden extraerse dos conclusiones:

1. La Carta de Derechos Fundamentales de la Unión Europea establece en su art. 10.2: «Se reconoce el derecho a la objeción de conciencia de acuerdo con las leyes nacionales que regulen su ejercicio». Así que reconoce el derecho a la objeción si bien su regulación será de ámbito estatal, lo cual es una muy débil posición a favor del instituto de la objeción.

El Tribunal de Justicia de la Unión Europea estableció que es materia del Tribunal Europeo de Derechos Humanos, quien reconoce el derecho a la objeción, si bien sujeto a las legislaciones de los Estados miembros.

2. En el ámbito sanitario que nos ocupa, la Asamblea Parlamentaria del Consejo de Europa en su Resolución 1763 (2010), titulada «El derecho a la objeción de conciencia en los tratamientos médicos», en referencia a las prácticas abortivas e eutanásicas declara que ningún hospital ni sanitario puede ser coaccionado, ni responsabilizado, ni discriminado por negarse a realizar dichas prácticas, siempre que informe a los interesados sobre su objeción, les derive a otros profesionales y les atienda en situaciones de emergencia.

Por su parte, el profesor Daniel Capodiferro Cubero («El tratamiento de la objeción de conciencia en el Consejo de Europa», *Ilu. Revista de Ciencias de las Religiones*, Universidad Complutense, n.º 22, 2017) concluye que el art. 9.2 del Convenio Europeo de Derechos Humanos (restricciones legales a la libertad, ante las necesidades de la sociedad democrática y de los demás ciudadanos) permite al Tribunal Europeo de Derechos Humanos configurar la objeción de conciencia como «[...] una facultad subjetiva que cede muy fácilmente ante cualquier otro bien jurídico con el que entre en conflicto. Con ello se consigue caracterizar la objeción de conciencia como el que realmente es en cualquiera de sus supuestos: una excepción puntual en el normal funcionamiento del sistema jurídico».

A mi juicio esta manifiesta tendencia al debilitamiento de la objeción carecería de sentido alguno si se planteara legalmente en términos restrictivos imprescindibles para satisfacer el derecho fundamental del objetor, porque ningún ciudadano quedaría sin atención del derecho a que le realicen prácticas abortivas o eutanásicas, pues sería derivado a otro profesional no objetor.

Bien es cierto que si la objeción de conciencia se generalizara en el sector sanitario, quizá el legislador debiera reflexionar sobre si la despenalización del aborto y de la eutanasia es congruente con los valores éticos de nuestra sociedad.

4. Derecho a la vida del ser humano

4.1. INTRODUCCIÓN

La primera consecuencia de la dignidad humana básica se concreta en el derecho a la vida de todos los humanos, desde que son concebidos hasta que, de manera natural, concluya su vida.

El derecho a la vida de los seres humanos está universalmente reconocido, aunque la laxitud en sus interpretaciones permite que tal reconocimiento no sea efectivo en demasiadas partes del mundo, incluido el denominado primer mundo.

Así la Declaración Universal de Derechos Humanos de 1948, en su artículo tercero, establece: «Todo individuo tiene derecho a la vida, a la libertad y a la seguridad de su persona»; el Convenio de Roma de 1950, de Protección de los Derechos Humanos y Libertades Fundamentales, establece en su artículo primero: «El derecho de toda persona a la vida está protegido por la ley», aunque excluye el supuesto de pena de muerte; el Pacto de Nueva York de 1966, en su artículo 6.1 proclama: «El derecho a la vida es inherente a la persona humana. Este derecho estará protegido por la ley. Nadie podrá ser privado de la vida arbitrariamente», con lo que se deja el portillo abierto a matar de manera no arbitraria; por último, el Convenio de Niza del año 2000, en su artículo 2.1 proclama radicalmente que: «Toda persona tiene derecho a la vida». Como se verá, algunos tratados son menos radicales que otros, para dejar abierta la puerta a la pena de muerte y a otros modos de terminación voluntaria de la vida, algunos de ellos están muy vigentes en numerosos países de nuestra civilización.

El derecho a la vida es un derecho exclusivo de los humanos y no de los animales, porque su justificación está en ser titulares de dignidad humana, lo que no quiere decir que haya una plena e ilimitada libertad de matar animales.

Algunos animales, los domésticos (animales de compañía, ganado para el consumo humano, etc.), en los países libres se transmiten en el tráfico mercantil, con limitaciones que garantizan el control sanitario, la salud pública, etc. Los animales salvajes, las fieras, son o debieran ser *res nullius*, pero gestionadas por las administraciones públicas cuando se encuentran en libertad (lobos, zorros, jabalís, aves, etc.) y por los zoológicos, públicos o privados, cuando se encuentran en cautividad.

En todos los casos referidos, el sacrificio de los animales tiene la correspondiente regulación, bien para evitar la crueldad, bien por razones de enfermedad del animal, o bien por la necesidad de mantener el adecuado equilibrio del ecosistema y, también, para favorecer la alimentación humana.

4.2. PENA DE MUERTE

La muerte no natural, intencionada, de seres humanos en principio está prohibida por la ley, en todos los países civilizados, pero no siempre con la radicalidad que la propia dignidad del ser humano exigiera.

En España, para nuestra honra, está abolida la pena de muerte por virtud del artículo 15 de la Constitución, con la excepción de lo que dispongan las leyes militares en tiempo de guerra. La guerra es una situación de anomalía social absoluta, en la que la experiencia dice que la vida humana entra en crisis. Trataré sobre la guerra y su valoración ética más adelante.

Desgraciadamente, no en todos los países llamados civilizados la pena de muerte está abolida, basta con recordar algunos Estados de los Estados Unidos de América, India, Japón, China, Guatemala y República Dominicana, además de otros muchos de grado de civilización muy deficiente.

La sociedad, con las instituciones judiciales adecuadas, tiene habilitación para reprimir el delito, en garantía de la concordia social y de la libertad de los ciudadanos. Tal habilitación, a mi juicio y al de muchísimos abolicionistas, puede llegar a establecer sanciones económicas y de privación de libertad, pero no alcanza al extremo de arrebatar la vida a un ser humano, por horrendo que fuera su crimen.

En el mundo civilizado no está lejana la fecha en que la abolición de la pena de muerte sea universal, porque las campañas en tal sentido no solo tienen potencia de penetración en la opinión pública sino que, argumentalmente, tienen contundencia tumbativa.

La causa no está en argumentos tan discutibles y poco relevantes respecto de la muerte humana como son los que imputan a la Justicia el riesgo de un fracaso en la averiguación del delito o la ineficacia de la propia pena de muerte o, incluso, la imposibilidad de corregir la sentencia si, tras la ejecución, se constatara la existencia de algún error en su contenido. Creo que estos argumentos no dejan de hacer referencia a aspectos circunstanciales de la cuestión.

La razón profunda de la ilicitud de la pena de muerte —porque estamos ante una cuestión ética y no utilitaria— está en que la sociedad no tiene competencia para destruir la vida de un ser humano.

La vida, ya lo hemos establecido, es la causa y el soporte de la dignidad humana, que es valor absoluto invulnerable, irrenunciable e intangible, no susceptible de alteración ni de excepción de clase alguna.

La sociedad, valorando también razones de dignidad humana, pero en otro rango de gravedad, tiene que resolver el problema de cómo proteger la convivencia cívica y la libertad de los ciudadanos ante los evidentes peligros que originan delincuentes despiadados, terroristas inmisericordes e incluso perturbados mentales, que no hacen discernimiento alguno en torno a la dignidad humana de sus víctimas, ponderando, desde luego, la dignidad de los propios agresores, sin caer en un buenismo devastador que proteja más a los agresores que a sus posibles víctimas.

En nuestra sociedad la cuestión de la pena de muerte es pacífica, asumida de manera casi absoluta, por lo que no creo que sea necesario reiterarse en más argumentos. Lo preocupante son las excepciones injustificadas a esta regla tan general.

4.3. ABORTO

4.3.1. Introducción

Aunque mi pretensión en este ensayo es plantear problemas y ofrecer mi propuesta de solución de manera breve, en el caso del aborto creo necesario entrar más en detalle por dos razones: a) porque es un problema social de primer orden (cerca de 100.000 niños son abortados al año en España y no sé cuántos en todo Occidente) y b) porque es el resultado de una manipulación social descomunal, que hay que hacerla patente, visible.

Así, un intelectual de prestigio como el historiador Fernando García de Cortázar («La libertad se llama dignidad», *ABC*, 14/2/2014) se quejaba del escenario: «No creo que haya espectáculo más doloroso que el de una sociedad que se plantea la cancelación de la vida como un acto de libertad».

Me enfrento a un tema que, lamentablemente, más que controvertido fue declarado cerrado sin haberse abierto a una discusión seria sobre su contenido y consecuencias.

Se dice, con rotundidad, que la cuestión del aborto se agotó en el año 1985 cuando el Gobierno socialista de España presentó el proyecto de la primera ley del aborto, por lo que la segunda ley socialista no exigía reiterar de nuevo la cuestión del aborto, ya asumida por la sociedad, sino que se trataba, simplemente, de ajustar criterios de actuación dando por supuesta la positiva valoración ética del aborto.

A mi juicio, esta interpretación es absolutamente falsa. En 1985 no se abrió un debate sincero y ordenado en la sociedad española sobre la valoración ética del aborto. Se vendió el aborto como el derecho de la mujer a decidir sobre su cuerpo libremente, sin tener que viajar al extranjero, sin considerar que, en cualquier caso y como mínimo, el aborto tendría que ser cosa de dos o de tres, engañando sobre la pertenencia del zigoto, del embrión o del feto al cuerpo de la madre y obviando la esencial pregunta de si el aborto supone o no la muerte de un ser humano.

Lamentablemente, con la ley del aborto promovida por el Gobierno del señor Rodríguez Zapatero en 2010 tampoco se planteó debate alguno de manera ordenada y en igualdad de oportunidades para las tesis contrapuestas, de modo que se impidió que la inmensa mayoría de los ciudadanos acabaran teniendo una idea cabal de lo que, efectivamente, es el aborto y de qué supone realmente.

Así, el profesor César Nombela, catedrático de Microbiología, al ser preguntado si trata de reabrir el debate sobre el aborto (*La Gaceta*, 8/6/2009), contesta:

En España se dice que la discusión sobre el aborto se cerró en 1985 y que ahora estamos discutiendo solo qué forma de aborto. No señor.

En España sigue abierto el problema, porque hay una mayoría o una fracción muy importante de la sociedad, que es por lo menos la mitad, que nos oponemos al aborto.

Por último, el Gobierno del señor Rajoy renunció, sin argumentos medianamente serios, no ya a modificar la segunda ley socialista —según promesa electoral—, sino que ni siquiera se decidió a abrir un gran debate nacional sobre el particular, pese a que disponía de una inmejorable posición política de mayoría absoluta.

En mi opinión, era y es urgente plantear ante la opinión pública, en un debate abierto, la falacia de una argumentación proabortista manifiestamente infundada porque, apoyada en aspectos circunstanciales, elude la cuestión esencial del aborto.

En el mismo sentido, exigiendo un debate serio, se pronunciaba el referido García de Cortázar («La edad de la inocencia», *ABC*, 9/1/2014): «[…] en España es necesario un debate a fondo sobre la cuestión del aborto. Un asunto que atañe tan íntimamente al concepto de la persona, a los límites de la libertad individual y a la preservación de derechos fundamentales».

La cuestión central no está en el hipotético derecho de la mujer a disponer libremente de su cuerpo que, con cinismo sin límite o ignorancia difícilmente imaginable, mantenían y mantienen las feministas radicales y el resto de fuerzas proabortistas, porque ni el zigoto (en las veinticuatro horas de fecundación), ni el embrión (entre el segundo día de fecundación hasta la octava semana), ni el feto (desde la novena semana hasta el alumbramiento) forman parte del cuerpo de la madre un solo instante.

Nadie discute que en la formación del zigoto se unen los veintitrés cromosomas del espermatozoide con los veintitrés del ovocito, así que el zigoto cuenta, desde su constitución, con cuarenta y seis cromosomas y un ADN particular, distinto al del padre y al de la madre, aunque se sabe que quedan trazas de los progenitores hasta la primera división celular.

Es obvio que cuando una mujer aborta no está decidiendo sobre su cuerpo, lo hace sobre un cuerpo ajeno, del que no tiene derecho alguno de propiedad sino, muy al contrario, obligación de tutela.

Era tan necesaria y urgente construir la falacia de la libertad de la mujer para decidir (nosotras decidimos sobre nuestro cuerpo) que se obvió la intervención del varón que aporta su espermatozoide. Había que evitar la necesidad del acuerdo de dos voluntades, porque dificultaría la agilidad que requiere la ejecución del aborto. Aunque el embrión fuera un simple objeto con determinadas potencialidades, eludir la participación del varón en la decisión de abortar es de un descaro intelectual pavoroso.

Pero realmente, vayamos al grano, la cuestión central está en si el aborto supone matar a un ser humano o no, dando por supuesto que matar, en nuestro ámbito ético, es ilícito, porque nadie está habilitado para quitar la vida a nadie, ni siquiera la sociedad en su conjunto.

Con el aborto, desde hace unos años, se ha tratado de hacer una excepción. Lo normal es evitar la cuestión de si es matar o no, aunque en algún caso, con todo descaro, se rechace plantearse la relevancia de la muerte voluntaria. Así, por ejemplo, María Casado («A propósito del aborto», *Revista Bioética y Derecho UB*, n.º 12, 2008) considera que:

> Para poder tratar adecuadamente, en el actual contexto plural, la cuestión del aborto, no es oportuno centrarla en torno a los términos matar y no matar, o justo e injusto, sino más bien en un conflicto de valores y de su jerarquización. En ninguna concepción el aborto es un bien y el reconocimiento del derecho al aborto no implica nunca la obligación de abortar.

La doctora Casado prescinde de la valoración ética y, además, confunde ética y moral, como si fueran alternativas, cuando la moral no puede franquear el límite de la ética, porque sería antiética.

Si alguien quiere un ejemplo radical de relativismo, aquí lo tiene: «en el actual contexto plural» *(¿?)*. Si alguien quiere un ejemplo de exclusión del respeto a la vida humana del ámbito ético, para limitarlo a una exigencia de alguna moral personal, aquí lo tiene. La vida se valora «en el actual contexto plural».

Si no es relevante matar o no matar, si no es relevante lo justo o lo injusto de la eliminación de una vida humana, y esto se dice en una revista de bioética y derecho, da la sensación de que, para la autora, sobran ambas disciplinas, porque el *finisterrae* de la ética es el derecho a la vida humana, y si este es relativo, la ética queda en mera especulación académica.

Pero volvamos a nuestro razonamiento. Si el aborto no supusiera matar a un ser humano y quedara probado que así fuera sobraría hasta la ley, porque ninguna ley es necesaria para extirpar un grano o, incluso, un pulmón entero del cuerpo de la mujer o del varón, cuando razones médicas lo exigen.

Si el aborto supone matar a un ser humano, tampoco tiene sentido la ley de despenalización del mismo, porque matar es un crimen sin paliativos que no puede despenalizarse en nuestro ordenamiento jurídico, que trae causa de los valores contenidos en la ética de nuestra civilización occidental.

Como dice el profesor y académico Alfonso López Quintás (*Las sinrazones del aborto*, Palabra, 2015): «Se rompe el maravilloso consenso a que había llegado la humanidad de adoptar un respeto incondicional ante la vida humana, tan incondicional que incluso se respeta la vida de quienes han privado de ella a sus semejantes».

El historiador y publicista Felipe Fernández-Armesto insistía sobre la inviolabilidad de la vida («El aborto en las aulas universitarias», *El Mundo*, 23/4/2010): «Para mantener una sociedad estable y pacífica, debemos respetar la inviolabilidad de la vida humana».

Como en nuestra sociedad está absolutamente asumido que no es lícito matar, que ni siquiera la sociedad está legitimada para matar al peor criminal, es obligado probar sólidamente la existencia de una excepción, la del aborto, a tan general y radical regla.

En la medicina moderna, ya desde hace muchos años, solo existe un supuesto en el que se estima lícito matar al embrión o al feto, al *nasciturus*, cuando se tiene que optar entre salvar a la madre o al hijo, esto es, cuando se ponen en contradicción radical dos derechos de idéntico valor: la vida de la madre y la vida del hijo. La mujer, o su familia, si esta no puede hacerlo personalmente, opta en función de criterios afectivos, de sus convicciones, de la viabilidad de ambas vidas, etc. En muchos casos, heroicamente, la mujer optaba por salvar al hijo, aunque la ética no exige heroicidades.

La profesora M.ª Dolores Vila-Coro, catedrática de Bioética («Puntualizaciones al manifiesto sobre el aborto», *ABC*, 6/5/2009), así lo ratifica: «Solo se puede despenalizar la muerte de un ser humano cuando hay conflicto entre dos bienes jurídicos del mismo rango: vida de la madre y vida del hijo».

Resulta obvio que estamos ante una cuestión nuclear de la ética de la civilización occidental, porque es nuclear en la ética occidental la interdicción de la muerte voluntaria de un ser humano. Como ya está dicho en apartado precedente, dicha interdicción se extiende incluso a la pena de muerte. ¿Quién puede dudar de que sea cuestión nuclear de nuestra ética occidental matar o no matar a un ser humano?

No es de recibo decir que la ley del aborto no es imperativa y que, por tanto, no obliga a ninguna mujer a abortar a su hijo, si su moral se lo impide, como si se tratara de una cuestión de moral específica y no de ética. En la ética de nuestra civilización occidental, la vida y su defensa es una cuestión capital que ha cristalizado, hace muchos años, en los códigos penales en los que el homicidio, el asesinato y el aborto están tipificados como delitos.

¿A alguien se le ocurriría proponer una ley que permitiera exigir la pena de muerte de un asesino si esta pena fuera congruente con la moral de los deudos de la víctima? La respuesta unánime sería negativa, porque la pena de muerte de un asesino no es una cuestión que afecte a la moral específica del entorno de las víctimas, sino que la interdicción de la pena de muerte es una cuestión ética que afecta al conjunto de nuestra sociedad.

Si abortar es matar, no puede existir una ley permisiva, no obligatoria, del aborto, como no puede existir una ley permisiva para matar cuñados, sobrinas o primos o personas allegadas.

Concluyo esta introducción pretendiendo dejar establecidos dos criterios:

1. No se ha debatido, en la sociedad española, si el aborto supone o no supone matar a un ser humano, muy al contrario se han ofrecido argumentos falsos e inconsistentes, sin dar opción alguna al debate. Yo lo planteo aquí.
2. La valoración del aborto no es una cuestión de moral específica (cristiana, mormona, islámica, budista, etc.), es una cuestión ética, que debe valorarse en razón a los criterios éticos de nuestra civilización y, precisamente, por ser una cuestión ética y no de moral específica estaba, y parcialmente sigue estando, interdictado el aborto en el Código Penal. Por lo tanto, legalizar una conducta de tales consecuencias que estaba penalizada exige un debate social sobre las razones éticas que justifican tal decisión.

4.3.2. Cuestión central sobre la interrupción del embarazo

Desde la perspectiva de la ética occidental, la interdicción de la muerte de un ser humano no puede ponerse en cuestión. Si la interrupción del embarazo supone la muerte de un ser humano, resulta patente que no cabe justificación alguna para su legalización.

Solo cabría, partiendo de la interdicción de la muerte de un ser humano, aceptar una interrupción del embarazo cuando no suponga la muerte de un ser humano. Dicho de otro modo, cabría una interrupción lícita del embarazo, desde la perspectiva ética, cuando aquello que se haya producido tras la fecundación de un ovocito por un espermatozoide no haya dado lugar todavía o no vaya a dar lugar a la existencia de un ser humano.

Preciso aquí que, como siempre en este trabajo, estoy en el ámbito de la ética, porque pudiera presentarse una exigencia moral determinada que negara la interrupción del embarazo aunque no supusiera la muerte de ser humano, en protección de la vida futura. Esta exigencia moral no podría decirse que se encuentre en el ámbito ético exigible *erga omnes*, como tampoco lo estaría la exigencia moral que proscribiera la utilización de anticonceptivos no abortivos o de preservativos, así es que carecería de sentido que se penalizara la utilización de dichos instrumentos.

Consiguientemente la cuestión está en justificar científicamente, no intuitivamente, no presumiblemente, no indiciariamente, que el producto de la fecundación no es un ser humano, porque siendo reconocida la vida humana como el bien más preciado de que la humanidad dispone, en caso de duda, ha de ser de aplicación el beneficio de la duda y el rechazo ético del aborto.

Dicho de otra manera, la presunción lógica es afirmar que un individuo (porque su ADN le individualiza radicalmente) de la especie humana (porque es fruto de la fusión de un espermatozoide humano con un óvulo humano) vivo (porque se desarrolla autónomamente) es un ser humano vivo. Quien tenga datos científicos que invaliden tal presunción que lo haga, y si no puede destruirla con criterios científicos al menos deberá reconocer el beneficio de la duda que protege a la presunción planteada.

En estos mismos términos se expresan Robert O. George y Christopher Tollefsen, jurista y filósofo respectivamente (*Embrión. Una defensa de la vida humana*, Rialp, 2012):

> En primer lugar, los embriones humanos son seres humanos [...].
> Segundo [...] todos los seres humanos son personas desde el comienzo de su existencia, porque la vida de los seres humanos es personal.
> En tercer lugar, todos los seres humanos (precisamente por ser personas) son sujetos de derechos humanos absolutos, incluyendo el derecho a no ser matado intencionalmente.

Así como no es discutible la aplicación del *in dubio pro reo*, que hace referencia a un bien de inferior calidad a la vida, como es la limitación de la libertad o la fama o el patrimonio de una persona, ni se pone en cuestión el *in dubio pro labore* para proteger el más mínimo derecho de un trabajador frente a su empleador, ni obviaría un juez el *in dubio pro consumator*, cuando se tratara de defender cualquier derecho de un consumidor frente a un proveedor, con mucha mayor razón, cuando esté en duda la vida de un ser humano ha de aplicarse el principio *in dubio pro nasciturus*.

Teniendo decidida voluntad de no acabar con vida humana alguna, es obvia la aplicación del principio *in dubio pro nasciturus*, y el profesor Norman L. Geisler («Respuestas de sentido común a los argumentos a favor del aborto», http://espanol.leaderu.com/docs/humanidades/respuestas.html) se pregunta: «¿Debería disparar a un objeto que se mueve en el bosque si no estamos seguros si es o no humano?».

No siendo mi pretensión aportar conocimientos científicos propios en materia de biología, de los que carezco absolutamente, sino que aplico criterios éticos y en último término jurídicos a las explicaciones y afirmaciones de los científicos, que es lo que habitualmente hace un jurista (aplicar el derecho, derivado de la ética, a hechos y supuestos que proponen quienes los conocen), presento algunas posiciones en torno a la cuestión y las valoro desde el puro sentido lógico. A riesgo de que mis valoraciones merezcan severa crítica, quedo al buen juicio de los lectores.

Me ha parecido un ejercicio ordenado, para hacer de manera clara la valoración ética del problema que nos ocupa, seguir al paso los criterios y tesis del informe *Consideraciones sobre el embrión humano* (Instituto Borja de Bioética (IBB), *Revista Bioética & Debat*, n.º 57, vol. 15, 2009), para contrastarlos con criterios antiabortistas representados por los diversos autores que cito y con mis propios razonamientos puramente lógicos.

Haciendo abstracción de la presunción lógica de que el embrión es un ser humano, vamos a seguir los razonamientos del Informe IBB, para tratar de adentrarnos en la lógica abortista, para realizar una crítica ajustada.

Recomiendo encarecidamente la lectura del Informe IBB aludido y las reseñas de los autores citados, porque colocará al lector, aunque sea ajeno al ámbito de la biología, en disposición comprensiva del problema que nos ocupa.

4.3.3. Datos científicos sobre el embrión humano (Informe IBB)

4.3.3.1. ¿Son el zigoto y el embrión un ser humano? Etapas en el desarrollo del embrión humano

Lo cierto es que la ciencia no aporta, todavía, certidumbre radical, incontestable, sobre el inicio de la vida, aunque sí hay indicios que no todos los científicos valoran, otorgándoles igual trascendencia.

Para el Informe IBB, como se verá de seguido, el zigoto carece de valor ético y también el embrión, hasta que no quede implantado definitivamente en la pared del útero materno.

Va de suyo que la falta de certidumbre radical sobre la presunción de ser humano a favor del zigoto y del embrión ni implantado nos coloca, naturalmente, en el ámbito del *in dubio pro nasciturus* como último recurso ético.

Muy resumidamente sigo el itinerario de los primeros días, tras la concepción, en el Informe IBB. La fecundación es un proceso continuo que puede durar varias horas y que da lugar al zigoto. Este comienza a dividirse en células totipotentes (capaces de crear organismos completos). Al séptimo día de la fecundación la blástula está diferenciada en la masa de células internas, que darán lugar al embrión, y el resto dará lugar a la placenta y otros organismos auxiliares del embrión. Afirma el Informe IBB que «antes de la implantación, en ningún caso se puede hablar de aborto, porque aún no se ha iniciado la gestación».

Al final de la segunda semana, el preembrión está implantado y el día decimoctavo comienza la formación de la estructura nerviosa.

Desde el puro sentido común, el hecho de que el preembrión tenga un pequeño número de células (células internas) que se llaman embrionarias, porque son las que realmente forman el embrión, y un gran número de células que se llaman extraembrionarias, porque se dedicarán a la formación de la placenta y otros organismos auxiliares del embrión, no puede hacer pensar que este preembrión carece de interés ético y que, por tanto, no cabe hablar de aborto.

Este dato quiere decir, únicamente, que el preembrión es inicialmente muy pequeño, que tiene muy pocas células y que la naturaleza le aporta mucho material biológico para que pueda engancharse a la madre. Deducir de esta referencia cuantitativa que el preembrión no es un ser humano es una conclusión carente de argumentación, ni tan siquiera indiciaria de veracidad.

El profesor Gonzalo Herranz (*El embrión ficticio. Historia de un mito biológico*, Palabra, 2013), aportando argumentación científica, considera que el propio concepto de preembrión nace de la necesidad de escamotear el valor ético del embrión, para evitar la lógica alarma ante la excesiva destrucción de embriones en las intervenciones de inseminación *in vitro*. Pero dice Herranz, en referencia al neologismo aportado por Clifford Grobstein, que «su fulgor declinó lenta pero inexorablemente», afirmación que sustenta aportando la referencia de un estudio cuantitativo de bibliografía médica de Mario Ferrer (tesis doctoral, Universidad de Murcia, 2007). Años después, se ratificaría la desaparición de este término en el ámbito científico.

Con independencia del origen y la desaparición del término preembrión, el profesor Herranz se opone a la devaluación ética del embrión en la fase previa a su implantación, porque la diferencia numérica de células es irrelevante, siendo contradictorio afirmar que solo una pequeña porción de células (las necesarias) está destinada a la formación del embrión y, a renglón seguido, afirmar que «[...] el embrión solo se forma alrededor de los 14-16 días después de la fecundación», con lo que se «[...] quiere dar a entender que algo es y no es embrión a la vez».

Por concluir con la crítica al argumento de las dos poblaciones de células en el embrión (células embrionarias o internas y células extraembrionarias), que tratan de negar el valor ético del embrión como ser humano, el profesor Herranz afirma: «[...] siendo tan pocas las células que van a formar parte del cuerpo del individuo, se trata de células tan preciosas que ningún argumento cuantitativo podría rebajar su valor», para concluir que: «Decir que solo el día 14 aparece el embrión propiamente tal, que antes no existía, obliga al absurdo de considerar extraembrionario al disco embrionario».

Reflexionemos sobre el criterio del Informe IBB y que, parcialmente, hemos adelantado:

Antes de la implantación en ningún caso se puede hablar de aborto, porque aún no se ha iniciado la gestación. Es en la implantación cuando podemos decir que se dan las condiciones mínimas indispensables para asegurar la posibilidad de crecimiento y desarrollo [...] Antes de la implantación, además, se pueden producir fusiones totales de dos embriones independientes (dando lugar a quimeras) o bien a divisiones totales de un solo embrión (originando individuos independientes), lo que dificulta la consideración de individuo bien definido en esta etapa. Al final de la semana 8.ª [...], el embrión se denomina feto.

La profesión médica no tiene duda sobre la condición humana del zigoto y del embrión, y así lo deja claro en el art. 51.1 del Código de Deontología Médica del Consejo General de Colegios Oficiales de Médicos, fechado en julio de 2011: «El ser humano es un fin en sí mismo en todas las fases del ciclo biológico, desde la concepción hasta la muerte. El médico está obligado, en cualquiera de sus actuaciones, a salvaguardar la dignidad e integridad de las personas bajo sus cuidados».

Percíbase que los colegios médicos denominan personas a quienes están bajo sus cuidados, sin distinción de estar o no anidadas en la pared del útero materno, y lo hicieron público tras la promulgación de la Ley Orgánica 2/2010 de despenalización del aborto del Gobierno de Rodríguez Zapatero. Sabía lo que decía y por qué lo decían.

Desde la perspectiva de la pura lógica caben cinco comentarios a las consideraciones referidas, a las que añadiré aportaciones de valor científico:

1. Traslación del inicio de la gestación al momento de la implantación.

Por lo que se refiere a la traslación del inicio de la gestación al momento de la implantación definitiva del embrión en la pared del útero materno (al final de la segunda semana), me remito al texto del *Diccionario médico* que define así la gestación o embarazo: «[...] proceso de crecimiento y desarrollo fetalintrauterino; abarca desde el momento de la concepción (unión del óvulo y el espermatozoide) hasta el nacimiento».

2. ¿El zigoto es un nuevo individuo?

El zigoto, como ya se ha dicho, en el primer estadio, tras ser fecundado el óvulo por el espermatozoide, está formado por una única célula integrada por los veintitrés cromosomas del óvulo que se unen a los veintitrés del espermatozoide, constituyendo los cuarenta y seis cromosomas del ser humano, surgiendo un nuevo ADN distinto al del padre y al de la madre. Un cuerpo humano nuevo.

La síntesis del ADN se produce en el entorno de las veintidós horas desde la concepción, momento en que se inicia la primera división celular apareciendo dos células *totipotentes*.

El nuevo ADN es la identificación definitiva que el ser humano tendrá desde ese momento hasta muchísimos años después de su muerte.

El referido Geisler no tiene duda al respecto y es contundente, presentándolo como un dato médico:

> Un espermatozoide, con 23 cromosomas, no es un ser humano; tampoco lo es el óvulo, con sus 23 cromosomas. Pero cuando se unen en una entidad con 46 cromosomas, el resultado es un ser humano. Esto es un dato médico. Genéticamente, el huevo fertilizado es un ser humano, con su propio código e identidad características de por vida. De ahora en más [...] [en adelante], es simplemente una cuestión de crecimiento y no de lo que es.

El profesor Gonzalo Herranz, en su obra ya citada, afirma que:

> El zigoto es un ser humano, embrión de una célula que vive una vida muy corta: tan corta que se le acaba al culminar el proceso de fecundación. Al dividirse el zigoto se convierte en un embrión de dos células, cuyos núcleos son ya los que estarán presentes en toda la progenie celular [...].

Afirma Herranz que «la breve existencia del zigoto es el tiempo en que [...] es todavía posible hablar de componentes nucleares [...] maternos y paternos. Pero, terminada la fecundación, los dos primeros blastómeros, con todos sus elementos son ya embrionarios».

Cita nuestro autor a Lee y George, que insisten en la idea: «En la fecundación, el ovocito y el espermatozoide dejan de existir y algo nuevo viene a la existencia: un organismo (el embrión), cuya constitución genética y situación epigenética lo orientan y disponen a desarrollarse en la dirección de la madurez como miembro de la especie».

El profesor Carlos Herranz, tan reiterado, cita a L. M. Silver (*Remaking Eden. Cloning and Beyond in a Brave New World* [«Recordando el paraíso. Clonación y más allá en un valiente nuevo mundo»], New York, 1997), quien describe la fecundación:

Lo que sucede de hecho es que los cromosomas de los dos pronúcleos se duplican separadamente, y entonces las copias de unos y otros se reúnen dentro de un núcleo real solo después de la primera división. Es dentro de cada uno de los dos núcleos presentes en el embrión de dos células donde por primera vez se reúnen las dotaciones de cuarenta y seis cromosomas humanos. La fecundación está entonces terminada.

Un organismo internacional, políticamente neutro, como es la Asamblea del Consejo de Europa, en su Resolución n.º 4.376 (1982), según recuerda el profesor Rafael Navarro-Valls (*Análisis jurídico del proyecto de ley del aborto*, Cuadernos del Foro de la Sociedad Civil, n.º 2, 2009), señaló: «La ciencia y el sentido común prueban que la vida humana comienza en el acto de la concepción y que, en este mismo momento, están presentes en potencia todas las propiedades biológicas y genéticas del ser humano».

Por su parte, el Tribunal de Justicia de la Unión Europea, en la Sentencia de 18 de octubre de 2011, aplica con criterio de elemental prudencia el criterio de que el embrión es un ser humano desde la fecundación.

En su primera cuestión prejudicial, número 35, estableció que:

De este modo, todo óvulo humano, a partir de la fecundación, deberá considerarse un «embrión humano» en el sentido y a los efectos de la aplicación del artículo 6, apartado 2, letra c), de la Directiva, habida cuenta de que la fecundación puede iniciar el proceso de desarrollo de un ser humano.

En su cuestión prejudicial tercera, número 52, precisó:

Procede, pues, responder a la tercera cuestión prejudicial que el artículo 6, apartado 2, letra c), de la Directiva excluye la patentabilidad de una invención cuando la información técnica objeto de la solicitud de patente requiera la destrucción previa de embriones humanos o su utilización como materia prima, sea cual fuere el estadio en el que estos se utilicen y aunque la descripción de la información técnica reivindicada no mencione la utilización de embriones humanos.

En el fallo de la sentencia referida, se estableció que:

El artículo 6, apartado 2, letra c), de la Directiva 98/44/CE del Parlamento Europeo y del Consejo, de 6 de julio de 1998, relativa a la protección jurídica de las invenciones biotecnológicas, debe interpretarse en el sentido de que:

Constituye un «embrión humano» todo óvulo humano a partir del estadio de la fecundación, todo óvulo humano no fecundado en el que se haya implantado el núcleo de una célula humana madura y todo óvulo humano no fecundado estimulado para dividirse y desarrollarse mediante partenogénesis.

Va de suyo que un ovocito estimulado no apto para dar origen a un ser humano no puede considerarse embrión, así lo consideró el abogado general del Tribunal de Justicia de la Unión Europea, Cruz Villalón, en las conclusiones a la cuestión prejudicial planteada por la High Court del Reino Unido:

La exclusión de la patentabilidad en relación con la utilización de embriones humanos con fines industriales o comerciales contemplada en el artículo 6, apartado 2, letra c), de la Directiva 98/44 también se refiere a la utilización con fines de investigación científica, pudiendo únicamente ser objeto de patente la utilización con fines terapéuticos o de diagnóstico que se aplica al embrión y que le es útil.

El artículo 6, apartado 2, letra c), de la Directiva 98/44 excluye la patentabilidad de una invención cuando la información técnica objeto de la solicitud de patente requiera la destrucción previa de embriones humanos o su utilización como materia prima, sea cual fuere el estadio en el que estos se utilicen y aunque la descripción de la información técnica reivindicada no mencione la utilización de embriones humanos.

Este criterio jurisdiccional fue confirmado, dice el profesor Jorge Sánchez-Tarazaga («La dignidad del embrión humano desde la concepción es reconocida por el Tribunal Europeo de Derechos Humanos», *Bioética Press*, 24/9/2015), por la sentencia de la Cámara Europea de Derechos Humanos de 27/8/2015, así que «La decisión es importante tanto por la relevancia del TEDH, como configurador de estándares de protección de los derechos humanos [...] como por consolidar una tendencia judicial contraria a la consideración de los embriones como cosas u objetos carentes de dignidad».

El doctor Nathason, ex director del centro de salud sexual CRANCH de Nueva York y fundador de la Asociación Nacional Proaborto de USA (NARAI), que modificó su criterio y pasó al bando antiabortista, dictó una conferencia en el Colegio de Médicos de Madrid reseñada en el librito *Vida y muerte en el seno de una madre* (Bordallo, 1996), en la que después de explicar las estrategias publicitarias que realizaron, mentiras incluidas, para la defensa del aborto, entra en el fondo de la cuestión: «Quizá alguno piense que antes de mis estudios debía saber puesto que era médico y además ginecólogo, que el ser concebido era un ser humano. Efectivamente sí lo sabía, pero no lo había comprobado yo mismo científicamente».

La doctora Natalia López Moratalla, presidente de la Asociación Española de Bioética y Ética Médica (VII Congreso Nacional de Bioética, 2009) afirmó: «[...] no es coherente que reconocieran que la vida empieza en la fecundación y luego aprobaran el plan de 14 semanas. Esperaba un poco más de sentido común». Hacía referencia a la futura ley del aborto del año 2010.

Igualmente se mantiene en el entorno del Manifiesto de Madrid, al que en líneas posteriores me referiré, que «[...] el embrión unicelular en estado de zigoto es vida humana».

El profesor Nicolás Jouve de la Barreda, catedrático de Genética, también en dicho entorno del Manifiesto de Madrid, diría que «Esta disciplina [...] señala que la concepción es el momento en que se constituye la identidad genética singular de cada persona».

El ya citado César Nombela, catedrático de Microbiología, establece (*La Gaceta*, 8/6/2009) que «[...] el zigoto es una entidad biológica nueva, distinta de los gametos [...] supone el inicio de la nueva vida de cada individuo de la especie [...]. Las evidencias científicas se han ido perfilando desde hace doscientos años. Son cuestiones objetivables, que nadie puede discutir».

La doctora Dolores Vila-Coro, ya citada, aportando mejoras al Manifiesto de Madrid, plantea que «[...] hubiese sido mejor decir de la concepción [...] [en lugar de decir que la vida empieza en el momento de la fecundación] [...] porque así quedarían incluidas la clonación y cualquier fusión de núcleos que también dan comienzo a una vida humana».

Los profesores Robert O. George y Christopher Tollefsen, ya citados, se preguntan:

¿Cuándo comienza a existir el zigoto, el nuevo organismo humano? [...]. Recordemos que durante la formación de los gametos, el número de cromosomas típico de las células humanas se redujo de cuarenta y seis a veintitrés en cada uno de los pronúcleos masculino y femenino. Al unirse estos pronúcleos se mezclan los veintitrés cromosomas paternos con los veintitrés maternos, dando lugar (como escribe William Larse) a «la formación de un zigoto que contiene un único núcleo diploide. Se considera que el desarrollo embrionario comienza en ese momento».

La fecundación entendida como la transformación de dos partes [...] en una entidad única [...] se termina en el momento en que los dos conjuntos de cromosomas se han entremezclado. El zigoto es ahora genéticamente único, y ya tiene un sexo concreto [...]. Como resultado, el nuevo zigoto recién formado es genéticamente diferente a sus dos progenitores.

Todo lo anterior permite concluir que el zigoto comienza a existir no más tarde del momento de la singamia o unión de ambos núcleos [...].

Habrá que reconocer que, cuando menos, es imprudente, si no contrario a la verdad, la afirmación del Informe IBB, no sometiéndose al principio *in dubio pro nasciturus*, de que el zigoto y el embrión, hasta su nidación en el útero, son algo carente de cualquier interés ético, es decir, que no son un ser humano y, por tanto, su eliminación no sería un aborto.

3. ¿Puede aceptarse la idea de que un individuo vivo de la especie humana no es un ser humano vivo?

La verdad es que desde el desconocimiento de la biología, cuesta aceptar que no se tenga por ser humano al individuo vivo de la especie humana. Incluso cuesta entender que se pueda poner en duda.

Veremos tres niveles sucesivos y no concurrentes del Informe IBB:

- Individuo vivo de la especie humana (zigoto y embrión no implantado) que no se tiene por ser humano.
- Embrión implantado que siendo ser humano no se tiene por persona humana.
- Feto humano al que se reconoce la condición de persona, en la semana decimosegunda de la gestación, no antes.

Sobre estas tres situaciones volveremos a tratar.

4. ¿Cabe distinguir entre ser y ayuda para seguir siendo?

El Informe IBB parte de que no se ha iniciado el embarazo hasta que el embrión, con su ADN, no queda implantado en la pared del útero materno, en el final de la segunda semana desde la fecundación, porque hasta tal momento no se dan las condiciones mínimas de crecimiento y desarrollo.

Es bien cierto que el embrión de dos semanas no puede crecer y desarrollarse sin conectarse a la madre, como igualmente cierto es que el niño recién nacido no puede crecer y desarrollarse si se le deja en un desván, al albur de que le amamante alguna gata.

Una cosa es el ser, la existencia de un ser, y otra bien distinta las condiciones en que este ser es capaz de crecer y desarrollarse, de sobrevivir. La fragilidad del embrión, en fase previa a la implantación en el útero, es tal que son muy frecuentes los fracasos, y no pone en evidencia que no es un ser sino su fragilidad que, por otra parte, no está en cuestión. Estos argumentos del Informe IBB son de nula eficacia.

5. ¿Es un impedimento para el reconocimiento del embrión como ser humano el hecho de que este, antes de la implantación, pueda fusionarse con otros embriones o dividirse, creando una quimera o dos individuos?

Es evidente que nada impide que se le reconozca la condición de ser humano a un embrión que llegara a fusionarse con otro, por accidente de la naturaleza, lo que puede acabar convirtiéndose en una quimera, frustrándose como ser humano, o continuando con su condición de ser humano, con mayor o menor grado de anomalía. Si fuera una quimera inviable, la práctica clínica tiene resuelto de antiguo el problema, partiendo de un criterio de certeza de su inviabilidad. Si fuera un ser humano con anomalías, va de suyo que es ilícito eliminarle, porque los seres humanos con anomalías no son de peor condición y de peor derecho que los seres humanos sanos.

El profesor Herranz advierte que, en contra de la creencia habitual, «la gran mayoría de las quimeras se originan como anomalías o errores en la fecundación; no [...] de resultas de la fusión poszigótica de dos embriones ya constituidos». Consiguientemente, cabe deducir de esta comprobación que el argumento de que antes de la implantación del embrión en el útero se evidencia la falta de condiciones mínimas del mismo, porque puede fusionarse o desdoblarse, decae o ha de someterse a duda porque tal riesgo muy probablemente ya se superó pasada la fecundación.

Aunque me reiteraré, advierto que un feto viable, con anomalías, es tan ser humano como un feto sano. En ninguno de los dos supuestos, sano o con anomalías, puede ponerse lícitamente en cuestión el derecho a la vida de cualquiera de ellos.

Por otra parte, es evidente que en caso de desdoblamiento en dos embriones dando lugar a dos individuos puede pensarse en dos hipótesis: 1) que el primer embrión no era un ser humano, porque un ser humano no puede dividirse en dos; 2) que el embrión, desde su fase zigótica, fuera ya dos embriones.

¿Qué tratamiento cabría dar a un embrión que, quizá, con probabilidad porcentual escasa, vaya a desdoblarse en dos?

Desde luego el correspondiente al beneficio de la duda, al *in dubio pro nasciturus*. Veamos las hipótesis:

- Si no llega a desdoblarse, supuesto más frecuente, significa que era desde el inicio un ser humano.
- Si llega a desdoblarse, puede ocurrir:
  –Que fueran desde su origen dos embriones.
  –Que, en cierto momento, no fuera todavía un ser humano, aunque después diera lugar a dos seres humanos.

Desconozco si esta última hipótesis es viable o si siéndolo es identificable el momento en que el embrión aún no es un ser humano, todo ello aceptando, a los puros efectos dialécticos, que el embrión no sea ser humano desde la fase de zigoto. En el peor de los casos, la aplicación del principio *in dubio pro nasciturus* sería de sentido común.

No ya desde la lógica del ignorante, sino desde la ciencia, el profesor Gonzalo Herranz, tan reiterado, avanza una tesis sobre la cronología de la gemelación, al percibir que el modelo reconocido actualmente «no se basa en hechos observados y comprobados sino en conjeturas de apariencia razonable que, sin embargo, no resisten un análisis crítico», en definitiva, es «un constructo hipotético».

El referido doctor Herranz aporta su tesis, susceptible de crítica científica como él mismo advierte, sabiendo que en esa misma línea trabaja el profesor López-Moralla y que, muy simplemente, se construye sobre dos premisas:

Primera premisa: la gemelación se produciría en la primera división del zigoto. En lugar de dar dos blastómeros daría dos zigotos, que sería el único tiempo de la gemelación humana. El zigoto podría adoptar dos tipos: el tipo común, que da origen a dos blastómeros, y el tipo gemelar, que da lugar a dos zigotos.

De modo que, de ser cierta la tesis de Herranz, «se puede proponer que la gemelación pertenece propiamente al proceso de fecundación y que, por tanto, no puede considerarse como un evento posfecundación», esto es, «la gemelación pasa de ser un evento que puede producirse a lo largo de 14 días [...] a ser un evento que se produce alrededor de 24 horas después de la penetración del espermatozoide en el ovocito».

Esta posibilidad en nada perturba la afirmación de Herranz de que el zigoto es un ser humano, aunque podría ocurrir que fueran dos seres humanos.

Segunda premisa: hace referencia a la estructura de las membranas fetales de los gemelos. En caso de haberse producido la gemelación podría darse o no la fusión de las membranas. De no producirse, los gemelos se desarrollarían independientemente, y de producirse la fusión de membranas fetales, los gemelos se desarrollarían unidos, son los gemelos univitelinos o monocigóticos, que parten de un único zigoto que en algún momento se dividirá en dos, duda que impondría la aplicación del *in dubio pro nasciturus*.

Con la tesis del profesor Herranz se pone en cuestión la previsión del Informe IBB, que ubica la posibilidad de fusión o de división de embriones en la fase previa a la implantación del embrión en la pared del útero materno y, por tanto, se destruiría también la posibilidad de defender que «[...] la constitución individual del feto no se completa antes del establecimiento de las relaciones con la madre (implantación)».

En cualquier caso, permítase el beneficio de la duda, pero nunca se presenten suposiciones como hechos incontestables.

4.3.3.2. ¿Puede considerarse persona a un embrión con vida humana?

1. Breve inciso sobre el término persona

El diccionario de la RAE, entre sus diversas acepciones del término persona y a los efectos que nos interesan aquí, asigna el término persona al individuo de la especie humana y, también, al sujeto de derecho; en definitiva, persona es sinónimo de ser humano, en la terminología que utilizo.

Para la RAE, en la primera acepción tratada, el zigoto sería persona, porque es individuo de la especie humana (tiene ADN que le individualiza); para los científicos aquí traídos, el zigoto también es persona, pero para el Informe IBB sería persona solo el embrión implantado en el útero. Según la segunda acepción tratada, sería persona el *nasciturus*, en cualquiera de sus fases, porque en nuestro derecho el *nasciturus* es sujeto de derechos, para empezar, del derecho a la vida, de aquí que se penalicen los abortos, con las excepciones que se quieran.

El artículo 29 del Código Civil proclama que: «El nacimiento determina la personalidad; pero el concebido se tiene por nacido para todos los efectos que le sean favorables, siempre que nazca con las condiciones que expresa el artículo siguiente» y el artículo 30 del Código Civil establece que: «La personalidad se adquiere en el momento del nacimiento con vida, una vez producido el entero desprendimiento del seno materno».

Naturalmente estas reglas del Código Civil tienen efectos civiles, pero indican cuál es la tradición jurídica española sobre el particular, y así el profesor Antonio Gullón, catedrático de Derecho Civil (*Comentario del Código Civil*, Bosch, 2000) precisa que: «Si el concebido nace en las condiciones del art. 30 se ha de entender que la personalidad la tiene no desde el nacimiento sino desde la concepción para todos los efectos favorable». Se hace así patente un derecho que tiene desde su concepción condicionado a su nacimiento.

Por su parte, el *Diccionario jurídico* (Espasa, 2001), entre otras acepciones, señala que: «Persona es todo ser con aptitud jurídica y personalidad [...] que es un atributo reconocido por el derecho [...] [en] [...] [el] [...] que se proyecta la realidad racional y social del hombre».

Realmente, el concepto de persona tiene una dimensión social, en cuanto que capaz de mantener relación jurídica, así que todo ser humano es persona cuando nace y en tal momento se retrotrae el reconocimiento de todos los derechos que pudieran corresponderle al momento de la concepción.

Es un instrumento jurídico por el que todo ser humano nacido puede relacionarse con los demás congéneres y puede ejercitar sus derechos. Naturalmente, al recién nacido, que carece de cualquier capacidad de actuación, se le podrá asignar quien le represente y actúe en su nombre, en pro de sus derechos.

De modo que la distinción que hace el Informe IBB entre ser humano y persona, a los efectos de nuestra discusión, carece de todo sentido, y si alguna vinculación ha de tener con nuestra discusión es que el concebido tendría derecho a que le dejaran nacer, porque tiene derecho a materializar una expectativa cual es la de adquirir, entre otros, el bien de la personalidad.

2. El embrión como ser humano-persona

En mi opinión, lo que el Informe IBB denomina persona es lo que yo vengo denominando ser humano, pese a lo cual voy a realizar el ejercicio de seguir su argumentación.

El informe IBB propone como condiciones biomédicas para poder considerar el embrión humano como persona, atendiendo a las aportaciones de mayor consenso en la biomedicina actual, que «[…] el embrión disponga de información suficiente para darle autonomía biológica e individuación».

Es evidente que la individuación del embrión se produce desde que tiene un ADN distinto al de los padres, y la autonomía biológica es un concepto suficientemente indeterminado como para que no pueda tener relevancia, por cuanto la autonomía biológica del feto se produce al cortarle el cordón umbilical, llevadas las cosas a su extremo. Pero veamos cuáles son estas condiciones que otorgarían al embrión humano «[…] información suficiente para darle autonomía biológica e individuación».

Líneas más adelante, en el Informe IBB, se afirma que: «Reducir todo el ser vivo a su información inicial responde a un punto de vista reduccionista y simplista en el caso humano, de la persona».

Lo cierto es que no deja de ser una valoración sin soporte argumental alguno, porque su información inicial le va a durar toda su vida y muchísimos años después de su muerte, siendo no solo la prueba reina de su individualidad sino, también, de su irrepetibilidad, concepto mucho más radical y profundo.

Efectivamente, el ADN es el instrumento de mayor individuación del ser humano que se conoce, hasta el extremo de ser la prueba evidente de que todos los seres humanos que haya habido y pueda haber, desde el principio de los tiempos hasta que el mundo se acabe, somos distintos, con plena individualización física frente a cualquier otro y que tal característica la tenemos desde el zigoto.

No es ninguna simpleza, ni ninguna reducción de la trascendencia del embrión, advertir que ni hay ni ha habido ni habrá jamás otro embrión igual a ese, porque le ocurre lo mismo que al resto de los seres humanos. Simplismo y macabro reduccionismo es aceptar su eliminación, sin prueba cierta de que no es un ser humano, de que no es una persona.

Repasemos las condiciones que el Informe IBB propone, atendiendo a las «aportaciones de mayor consenso en la biomedicina actual», para poder ser tenido por persona (ser humano) el embrión al que se le reconoce la condición de ser humano:

1. «Constitución genética correcta (producida en la fecundación [...]). Esta constitución por sí sola no implica que haya información suficiente para el nuevo ser».

Los profesores George y Tollefsen, ya referidos, contestarían a esta exigencia así:

> Las autoridades en embriología humana y en biología del desarrollo son unánimes en su respuesta a esta cuestión biológica: el niño y el embrión son el mismo ser vivo, el mismo organismo. Niño y embrión son simplemente dos maneras de referirse al mismo ser vivo, en distintos estadios de maduración.

En sus conclusiones George y Tollefsen establecen que el embrión, desde su concepción, es independiente de sus padres, es un ser humano y «[...] un organismo completo, si bien inmaduro [...] completamente programado y tiene disposición activa a utilizar esta información para su autodesarrollo», como reseñé en pasaje anterior. Ciertamente la condición establecida por el Informe IBB es manifiestamente inconcreta.

2. «Se han establecido las condiciones de implantación que permitan hablar ya de individuación del embrión, de forma que se excluya tanto la división [...] como su fusión [...]».

Esta condición se cumple con la implantación del embrión, al final de la segunda semana de la concepción, aunque se han aportado razones de reconocidos científicos por las que la implantación no aporta condición necesaria alguna al reconocimiento de ser humano.

Ya hemos tratado, en pasaje anterior, que el riesgo de fusión de embriones no pone en cuestión el hecho de que sea o no un ser humano, se queda al albur de que surgiera una quimera o un ser humano viable o no, lo que la medicina siempre ha resuelto éticamente.

Por lo que se refiere a la posibilidad de que un embrión se desdoblara en dos embriones (gemelos), ello no justifica su eliminación, porque quizá el zigoto originario fuera realmente dos zigotos, en lugar de dos blastocistos. En todo caso, debe de primar el principio *in dubio pro nasciturus*.

La posibilidad de que estos dos fenómenos se desarrollaran, no en la primera fase embrionaria, antes de la implantación, sino antes, en la fase zigótica, en la fecundación, presenta una evidente incertidumbre, por lo que hasta que la ciencia no la resuelva no es lícito negar la condición de ser humano, de persona humana, a un embrión, a los efectos de legitimar su eliminación.

3. «Morfología mínima suficiente (en especial, una estructura neurológica inicial básica)».

Es también una difusa exigencia. Ofrezco algunos datos tomados del ya reseñado librito de divulgación *Vida y muerte en el seno de la madre*:

- En el día cuarenta, «[…] la energía del corazón alcanza casi el 20 % de la de un adulto» y «[…] se le pueden hacer electrocardiogramas».
- En el día cuarenta y dos, «se completa el esqueleto y aparecen los reflejos».

En este hito del embarazo considera el Estado de Texas que ya es ilícito el aborto. A mi juicio es éticamente inadecuado este hito de las seis semanas pero, desde luego, mucho menos depredador que el de la normativa española. No obstante, la Cámara Baja de los EE.UU. aprobó, inmediatamente después, un proyecto de ley estableciendo el derecho al aborto en toda la Nación americana. Veremos en qué queda este conflicto competencial, político y ético.

En el día cuarenta y tres, «su cerebro da señales de actividad eléctrica, evidencia absoluta de que ese sistema nervioso funciona coordinadamente. Ya es posible registrar sus ondas cerebrales en un electroencefalograma».

- En el día cuarenta y nueve, «[...] el cerebro está ya completo».
- En el día sesenta, «han terminado los sesenta días más importantes de su vida. [...]. El desarrollo futuro de esta vida consiste únicamente en un refinamiento y aumento de tamaño hasta aproximadamente los 23 años de edad».

No es fácil identificar, del relato antecedente, qué morfología mínima suficiente (en especial, una estructura neurológica inicial básica) puede exigir el Informe IBB al embrión, para ser considerado ser humano, para ser tenido por persona humana.

4. «Puesta en marcha la producción y circulación de todos los elementos fisiológicos imprescindibles entre la madre y el embrión implantado, interrelación que es constitutiva y esencial del embrión».

La interrelación madre-hijo es imprescindible para el desarrollo del embrión, pero no aporta razón alguna para justificar la afirmación de que sea *constitutiva y esencial*. Constitutiva del ser humano, desde luego, no es.

Vulgarizando la cuestión con un ejemplo, podría decirse que la gasolina es imprescindible para que un automóvil funcione, pero en absoluto es *constitutiva* y *esencial* para que un ingenio mecánico sea reconocido como automóvil.

Por otra parte, en el reiterado librito *Vida y muerte en el seno de la madre* se reseñan datos que identifican la puesta en marcha de los elementos fisiológicos fundamentales para la interrelación madre-hijo:

- En el día diecisiete, «el hígado de la nueva vida ha desarrollado sus propias células sanguíneas, la placenta es parte del hijo (fruto de las células extraembrionarias, ya citadas) y no de la madre».
- En el día dieciocho, «[...] se pueden apreciar las contracciones en el músculo del corazón».
- En el día veinte, «aparece la base completa del sistema nervioso [...]» y en este mismo día, dice el profesor Nombela, la sangre del niño circula por sus vasos sanguíneos.

5. «Hasta que no se dan estas condiciones [...] hay vida humana, pero no parece que pueda haber una persona (p. ej., un gameto también tiene vida humana independiente, pero no es persona)».

Cuando se está tratando del riesgo que supone eliminar lo que puede ser un ser humano, no es de recibo que un grupo científico pueda decir que «no parece que pueda haber persona». Aquí vuelve a tener pleno sentido el ejemplo de Geisler. «¿Deberíamos disparar a un objeto que se mueve en el bosque si no estamos seguros si es o no humano?».

Ya está dicho en líneas anteriores que el profesor Geisler ofrece como dato médico el hecho de que, tras la concepción, con la penetración del espermatozoide en el óvulo, el resultado es un ser humano, aunque solo sea una célula, pero con los cuarenta y seis cromosomas que le identificarán de por vida y tras la vida.

Por otra parte, el ejemplo comparando un gameto y un embrión es realmente penoso. Nadie discute que un gameto (espermatozoide u óvulo) no es un ser humano, sino un elemento producido por un ser humano para transmitir la vida, todos sabemos que es una célula transmisora de vida que, sin la unión con un gameto del otro sexo, carece de razón de ser, de destino.

Las diferencias radicales entre gameto y zigoto son que el gameto tiene el ADN del padre o de la madre y no tiene más razón de ser, más destino que fundirse con otro gameto del sexo contrario. Si esto no ocurre, el gameto se destruye, mientras que el embrión tiene un ADN propio, plena individualidad y, además, tiene una razón de ser, un destino, está programado para autodesarrollarse, para vivir en el mundo como otro ser humano más.

En todo caso, en la opinión de otros científicos reseñados, esas supuestas condiciones para ser persona, además de ser humano (¡!), se dan antes de los sesenta días desde la concepción, al final de la octava semana, cuando pasa de embrión a feto, con lo que, por lo menos, ese debiera ser el límite máximo para que el Informe IBB pudiera proponer eliminar lo que todavía, según tal informe, no es una persona, aunque sea un ser humano, y aun despreciando el principio *in dubio por nasciturus*.

El Informe IBB continúa:

> No se puede hablar de vida humana personal […] [porque] […] en el desarrollo de los vivientes, se presentan fases de progresivo despliegue de información propia y también aportada del exterior (la madre […]) que determina la aparición de estructuras y propiedades emergentes que no existen en la fase inicial.

El Informe IBB está describiendo, muy genéricamente, el desarrollo del embrión que llegará a ser un hombre o una mujer con un cuerpo complejísimo, con conciencia, con cultura, etc., lo que no impide que sea un ser humano en su estadio de embrión. Después de nacer, en el niño seguirán apareciendo estructuras y propiedades emergentes que no existían cuando nació.

No puedo evitar la sensación de que el Informe IBB transmite argumentos que yo no capto, porque gran parte de los que capto, o como yo los capto, me parecen inanes, vacuos, para el gravísimo fin que persiguen.

Advierte el Informe IBB: «Estas aportaciones de la biomedicina tienen un valor orientativo importante, aunque no exclusivo, para la consideración de la cualidad personal de un embrión humano».

Reconoce el Informe IBB que estas aportaciones tienen un valor orientativo importante aunque no exclusivo, lo que tratándose de otorgar reconocimiento ético al aborto es realmente grave. No ha destruido la tesis en contrario, que defiende que el zigoto, desde la fecundación y, por tanto, el embrión es un ser humano, ni siquiera nos ha introducido la duda.

Así concluye el Informe IBB: «De su conjunto podría concluir a favor del embrión humano, situado no antes de la implantación completa (día decimocuarto después de la fecundación) ni más allá de la semana 10.ª del desarrollo embrionario (semana 12.ª de la gestación)».

Ya está dicho que esas condiciones para el reconocimiento de persona humana del embrión, que se aceptan a los solos efectos discursivos, se cumplen, como más arriba se ha señalado, entre la 2.ª semana de gestación y la 8.ª, que no es el límite que está proponiendo el propio Informe IBB para otorgar licitud ética al aborto, sin especial causa, hasta la semana 12.ª de la gestación.

El Informe IBB afirma que lo que la comunidad científica mayoritariamente establece es lo que se resume en su contenido, y eso no es cierto porque hay otras tesis, tan científicas, en sentido contrario, como lo demuestra tanto su propia afirmación de que: «Estas aportaciones [...] tienen un valor orientativo importante, aunque no exclusivo», como las consideraciones que aporto en sentido contrario, de distinguidos científicos.

Curiosamente el Informe IBB no hace referencias doctrinales que avalen su afirmación de que yerran quienes afirman que el ser humano es persona humana desde la fecundación, porque niegan «las aportaciones más compartidas por los científicos sobre este punto». También merecería aval científico aquella afirmación de «[...] tomar la ciencia biomédica como única referencia de la determinación del carácter de persona del embrión hace pensar en una actitud materialista y reduccionista en la consideración de la persona».

Desde luego, no hacen falta argumentos para aceptar que defendiendo el derecho del embrión a la vida, en tanto quepa duda alguna, le estamos reconociendo una dignidad y trascendencia que no le reconocen quienes no le otorgan ni el beneficio a la duda. Nuestra posición está reconociendo que el embrión no es un poco de carne, sino que tiene derechos, porque es un ser humano, que es lo mismo que persona humana. Por ejemplo, el derecho a vivir.

Para eludir la acusación de reduccionismo, ¿a qué otra ciencia podríamos acudir? Reduccionismo es eliminar una cualidad, tan trascendente como la condición personal, por vía de sospecha.

La doctora M.ª Dolores Vila-Coro, ya citada, ofreciendo mejoras al Manifiesto de Madrid, afirma que «el zigoto es la primera realidad corporal del ser humano», y debiera haberse establecido que «el zigoto es también la primera realidad personal ya que es persona por el mero hecho de ser individuo de la especie humana que tiene dignidad ontológica».

Y, de paso, aprovecha la doctora Vila-Coro la oportunidad para despejar la duda sobre en qué ciencia hay que apoyarse para resolver la cuestión de la personalidad del embrión:

> El intento de algunos autores de definir el concepto de persona por el método de las ciencias empíricas y deducirlo de la biología conduce al fracaso, porque el concepto de persona pertenece al discurso filosófico, al ámbito de la metafísica y sería dar un paso indebido del discurso de los hechos al de los conceptos universales: una falacia naturalista (Hume).

Recuerda la autora el párrafo del empirista David Hume, en su *Tratado de la naturaleza humana*, en el que explica cómo una relación o una afirmación no es posible que «se deduzca de otras totalmente diferentes».

En mi opinión, desde la biología debe establecerse si el zigoto o el embrión son o no seres humanos, pero siendo reconocidos como seres humanos filosóficamente es indiscutible que el ser humano es persona humana, con dignidad ontológica, como afirma la doctora Vila-Coro.

Reitero por novedosa, asombrosa, la triple diferenciación que hace el Informe IBB:

- Zigoto y embrión humano (no implantado) es un individuo de la especie humana pero no es un ser humano.
- Embrión humano (implantado) es un ser humano pero no es persona humana.
- Feto humano es un ser humano y será una persona humana en torno a la semana 12.ª de la gestación, aunque luego aceptará la práctica de abortos hasta la semana 24.ª, en caso de grave afectación física o psíquica del feto, de cuyo específico supuesto más adelante trato.

Si el Informe IBB acepta la eliminación de seres humanos, personas, para qué tanto circunloquio, qué más da eliminar a quien es persona en la semana 13.ª que en la 35.ª y si el motivo para matarla no es el ser sino sus anomalías. Por qué no extender la práctica a después del nacimiento, porque muchas veces graves anomalías se perciben bien pasado el nacimiento.

4.3.3.3. Frustrado debate científico. Manifiesto de Madrid y contramanifiesto

Para terminar el comentario al primer apartado del Informe IBB, saco a relucir el Manifiesto de Madrid 2009, suscrito por 2.185 científicos y médicos, entre ellos 200 miembros de reales academias, promovido con ocasión de la discusión del proyecto que dio lugar a la ley del aborto de 2010, para resaltar tanto la posición de una parte relevante de la comunidad científica española en diversos aspectos tratados en estas páginas, lo que haré esquemáticamente, como para resaltar el hecho de que las comunidades científica y médica, en España, no son partidarias de las tesis del Informe IBB.

Estas son las más destacadas consideraciones del Manifiesto de Madrid, al que he hecho alusión, que reproduzco muy esquemáticamente:

- «Sobrada evidencia de que la vida empieza en la fecundación». Como ya está dicho, la doctora Vila-Coro considera más preciso ubicar el inicio de la vida en la concepción (penetración del espermatozoide en el ovocito).

- «El zigoto es la primera realidad corporal del ser humano».
- «El embrión y el feto [...] son las primeras fases del desarrollo de un nuevo ser humano [...] [y] [...] no forman parte de la sustantividad ni de ningún órgano de la madre, aunque dependan de esta para su propio desarrollo».
- «La naturaleza biológica del embrión y del feto humano es independiente del modo en que se haya originado [...] reproducción natural [...] reproducción asistida».
- «Un aborto no es solo la "interrupción voluntaria del embarazo" sino un acto simple y cruel de "interrupción de una vida humana"».

Estas opiniones suscritas por lo más granado de la profesión médica y de la biología académica de España no tuvo fuerza para inducir a la duda en torno a una sola de las hipótesis en que se basa el Informe IBB.

Por dar la información completa, el Manifiesto de Madrid tuvo un impacto social limitado, como es natural, pues estos problemas no llegan al gran público si no se organiza un gran debate y tiene el apoyo de los medios de comunicación.

También tuvo su reacción mediante la aparición de un contramanifiesto titulado *En contra de la utilización ideológica de los hechos científicos*, suscrito por diversos investigadores de relieve, encabezados por Ginés Morata, Juan Ávila, Carlos Belmonte, Carlos López Otín, Fernando Hidalgo, Vicente Larraga, Juan Lerma, Roberto Gallego y otros más.

Sus tesis principales fueron:

Objeto del contramanifiesto: «Salir al paso de la creciente utilización ideológica y partidista de la ciencia y la investigación científica en relación con el debate suscitado en torno al anteproyecto de ley de interrupción voluntaria del embarazo».

Es patente que los razonamientos del Manifiesto de Madrid carecen de referente ideológico o partidista. Unos científicos opinan sobre si el zigoto, el embrión y el feto, es o no es un ser humano y aportan unas consideraciones que podrán convencer o no, pero que son consideraciones ubicadas en el campo de la biología y, en absoluto, en el ideológico y menos en el partidista.

Continúa el contramanifiesto:

> Los datos científicos disponibles sobre las etapas del desarrollo embrionario son hechos objetivables, cuya interpretación y difusión han

de estar exentas de influencias ideológicas o creencias religiosas [...] denunciamos el término «científico» al referirse a opiniones sobre las que ni la genética, ni la biología celular ni la embrionaria tienen argumentos decisorios.

¿Cómo se puede negar que los hechos objetivables puedan ser analizados por científicos especialistas en la materia? ¿Qué influencias ideológicas o religiosas pueden percibirse en las afirmaciones del Manifiesto de Madrid, aunque todos sus firmantes fueran agustinos recoletos?

Este contramanifiesto sí que es una pura reacción partidista (lo ideológico es algo mucho más profundo), sin respuestas concretas a afirmaciones concretas. Un contramanifiesto solo tiene sentido si a cada afirmación se le responde con otra de signo contrario, mejor fundada.

¿Puede afirmarse que la genética, la biología celular y la embriología no pueden distinguir si algo es un ser humano o no?

Para el contramanifiesto, «[...] el conocimiento científico no puede afirmar o negar si esas características confieren al embrión la condición de ser humano, tal y como se aplica a los individuos desarrollados de la especie humana. Esto entra en el ámbito de las creencias personales, ideológicas o religiosas».

No se les ocurre pensar que si la ciencia no tuviera respuesta para definir si el zigoto, el embrión o el feto es un ser humano, sería de aplicación el beneficio de la duda, por lo que no es lícito matar algo vivo (porque solo se mata lo que está vivo) que tiene toda la información genética del ser humano, cuyo desarrollo y proceso formativo se conoce casi a la perfección, y que acaba saliendo del claustro materno como un ser humano.

No dice el contramanifiesto que es una cuestión que la ciencia tiene pendiente, simplemente que no es materia de la ciencia. Es puro escapismo.

Las ideologías, los partidos y las religiones que partan de la dignidad del ser humano, criterio que formalmente nadie niega, tienen que estar en contra de matar seres humanos. Y si existiera alguna duda sobre si es o no ser humano, tienen que defender la aplicación del beneficio de la duda y así lo hace la sociedad a diario en muy diversos ámbitos de menor trascendencia.

Recordando a Geisler, si alguien mata a un ser humano reconociendo que tenía duda de si lo que se movía detrás de los árboles era un ser humano o no, cualquier juez del mundo civilizado le condenaría. El mismo criterio es aplicable al zigoto, embrión y feto si se dudara de su condición humana. Pero los abortistas no se plantean la duda, no están en estas exquisiteces.

> Los científicos, como el resto de los ciudadanos tenemos libertad de adoptar en función de nuestra ideas y creencias posturas personales [...] [pero hay que] [...] evitar que se confunda a la sociedad, contaminando problemas de carácter social, y por tanto de convivencia, con argumentos a los que la Ciencia no otorga legitimidad.

Resumiendo, que los abajo firmantes deciden que no se pueden aplicar criterios científicos si conducen a un resultado que no les gusta.

Como han decidido que la ciencia no puede resolver si un feto humano es o no es un ser humano, nada hay que probar sobre tal afirmación. «Díjolo Juan, punto redondo». Los criterios de los científicos que opinan de manera distinta están utilizando la ciencia de manera ilegítima.

Es una condena dogmática en toda regla. No caben contraargumentos frente a los aportados, porque la ciencia no los legitima y están fuera del ámbito científico. ¡Cuántos científicos expulsados del ágora científica de un plumazo!

Además de los distinguidos científicos, ya referidos, que avalan esta descalificación radical de la tesis de sus colegas, suscriben el contramanifiesto muy diversas personas, dignísimas desde luego, pero absolutamente desvinculadas de las ciencias biológicas o médicas, lo que prueba la patente contaminación partidista (ya he dicho que la ideología es algo mucho más profundo). Así aparecen entre las firmas: cineastas, carpinteros, secretarias, sindicalistas, gestores, gerentes, músicos, estudiantes, diseñadores, artistas, informáticos, ciudadanos de profesión desconocida, etc.

Este contramanifiesto tiene todo el aspecto de una reacción atropellada y poco meditada, para ofrecer un titular a la prensa: «La élite científica desautoriza [...] a sus colegas antiabortistas» (*El País*, 27/3/2009).

Es una pena que la reacción al Manifiesto de Madrid no hubiera consistido en la apertura de un debate serio, en el nivel científico que corresponda a la trascendencia de la cuestión planteada.

Lamentablemente, la refutación científico-popular se quedó en un anatema, en una respuesta descalificadora, del más típico corte progresista, que consiste en colocarse en un nivel superior (pese al plantel de los abajo firmantes) y, sin argumentos ni reflexiones, hacer una condena general, inapelable. El intérprete único del progresismo no argumenta, establece, y quien quede fuera merecerá el sambenito de reaccionario, como mínimo.

Estamos en lo de siempre, se quiere dejar el problema del aborto en el ámbito de la moral, de la libertad individual, cuando, creo haberlo demostrado, es una cuestión que solo puede tratarse en el ámbito de la ética y, por tanto, del derecho cuando media algún interés (la vida del feto) que merezca protección singular.

Es desde la ética desde la que nuestra civilización decide si se puede matar o no a un ser humano o si se puede matar o no en la duda de que sea un ser humano. Hace mucho tiempo la sociedad occidental decidió que no se puede matar a un ser humano ni tampoco se puede matarlo teniendo la duda de si lo es o no. No voy a repetir de nuevo el ejemplo del doctor Geisler.

4.3.4. Consideraciones éticas sobre el embrión humano (Informe IBB)

En este segundo apartado del Informe IBB se repasan las tres posiciones que se presentan en esta confrontación: a) persona desde la fecundación, b) persona en estadios posteriores a la fecundación y c) otros criterios.

Repaso las tres posiciones siguiendo el contenido del Informe IBB:

4.3.4.1. Persona desde la fecundación, apoyada en criterios biológicos

Dice el Informe IBB que para los defensores de esta posición:

> Desde la fecundación y hasta el nacimiento, el desarrollo embrionario y luego fetal es un contínuum en el que no es posible señalar claramente líneas de demarcación [...] [lo] [...] que les permite asegurar que, desde la fecundación estamos ante una persona humana, o bien aplicando el beneficio de la duda, ante la probabilidad de que este nuevo ser sea una persona.

Parece evidente que presenta una mayor coincidencia o unidad interna el grupo de científicos que defienden la tesis de que hay vida en el momento en que el espermatozoide penetra en el óvulo y surge el zigoto con cuarenta y seis cromosomas y un ADN propio y diferente al de los padres, y que esta nueva vida es independiente de la de la madre, tesis que podría representar la afirmación del doctor Geisler: «Esto es un dato médico. Genéticamente, el huevo fertilizado es un ser humano, con su propio código e identidad características de por vida. De ahora en más [...] [en adelante] [...], es simplemente una cuestión de crecimiento y no de lo que es».

Desde luego, si hay vida y está individualizada, aunque muy dependiente, esta vida solo puede ser vida humana.

En la duda, como ya está dicho, hemos de partir de una presunción cargada de lógica: si en el seno materno hay un individuo (porque tiene ADN singular, que lo individualiza), de la especie humana (porque ha surgido de la fusión de un espermatozoide humano y un óvulo humano), que está vivo (porque evoluciona autónomamente, se autodesarrolla), es razonable afirmar que solo puede ser un ser humano vivo, una persona.

Curiosamente, el Informe IBB hace un reproche a quienes le contradicen por algo que no aparece en documento científico alguno contra el aborto: «[...] esta posición, basándose en el carácter sagrado de la vida humana desde la fecundación [...]». Nada más alejado de la verdad. ¿En qué pasaje o en qué referencia a los autores reseñados se hace la más liviana mención «al carácter sagrado de la vida?». En ninguno. Esto sería, objetivamente, anticiencia, trampa.

Desde luego, en mi redacción tampoco, y ello por la propia naturaleza de los argumentos biológicos de los autores y por mi defensa de la aplicación de la ética, y no de la moral, para decidir sobre la licitud del aborto.

Es una maniobra torticera de devaluación de la tesis de la vida desde la fecundación, utilizando la convicción del carácter sagrado de la vida humana que los cristianos profesan, porque creen que Dios es su autor y no porque se inicie en la fecundación o en cualquier otro momento, que es una cuestión fáctica que solo la ciencia está llamada a resolver.

Se trata de arrumbar la valoración del aborto al ámbito moral, al ámbito de la conciencia personal, porque ninguna moral es exigible desde el poder político, desde la legalidad. Así se camina hacia la despenalización total del aborto. Así se justifica la despenalización, sin mayor argumento.

La vida humana es el mayor bien de la especie humana, por lo que su defensa, desde la veracidad científica o desde la duda razonable (*in dubio pro nasciturus*), es una exigencia de razón que se impone a la propia especie.

Es lamentable esta torticera maniobra, por otra parte desvinculada del propio contexto del Informe IBB y de todas las argumentaciones científicas que, a favor de la consideración como ser humano del zigoto, se hayan hecho a lo largo de los años, salvo desde propuestas exclusivamente religiosas pero no científicas.

Naturalmente, las autoridades morales y cualquier particular tienen pleno derecho a hacer esta formulación de la sacralidad de la vida humana, pero en absoluto puede admitirse como un argumento científico en defensa de la vida del *nasciturus*, ni puede condicionar el reconocimiento de su valor ético, por ser innecesario, ni puede ser argumento de política legislativa.

Por el contrario, dos líneas más abajo el Informe IBB se refiere al contenido sustantivo de las tesis a favor de la condición de ser humano desde la concepción, sin referencia específica a autor alguno, en cuyo contenido no se atisba su fundamentación en convicción moral o religiosa alguna. Léase: «[...] en cada momento de su desarrollo, hay una estructura humana, y es esta unidad de todo el proceso la que le confiere su individualidad y su dignidad ontológica», que es argumento ajeno aunque no contradictorio, con la proclamación del carácter sagrado de la vida humana.

¿Cómo se puede imputar de argumento moral, por definición acientífico, y redactar seguidamente lo contrario de lo que se imputa?

La clave de la oposición científica al aborto se basa en los datos de hecho relativos al zigoto, embrión y feto y, por otro lado, en el carácter ético, no moral, desde el que debe justificarse la ilegitimidad de su despenalización.

4.3.4.2. Persona en estadios posteriores a la fecundación

Primer estadio del Informe IBB:

> En los primeros estadios de desarrollo, el embrión [...] no tiene individualidad clara ni autonomía biológica [...]. Es vida humana, pero no parece razonable atribuirle carácter personal. Aun así se reconoce que el embrión [...] no es cosa banal [...] porque es vida humana y [...] puede llegar a ser persona.

No hay manera de explicar la diferencia entre que un ser tenga vida humana y que este mismo sea un ser humano vivo.

Esta diferenciación es irreal, puro voluntarismo para degradar al embrión, que se acepta sea humano, pero no que sea ser humano (¿?).

La individualización la tiene ya el zigoto con el ADN, y si se aclarara en qué consiste la autonomía biológica, cabría responder que no es mayor después que antes de su nidación en el útero. Sí es menos frágil después, pero nada tiene que ver con que sea o no un ser humano. La dependencia o autonomía biológica o fragilidad no definen su naturaleza.

Segundo estadio del Informe IBB: «Al final del proceso de implantación dispondría de la información suficiente que le dará autonomía biológica e individualización».

La nidación del embrión no mejora su individuación, ni su naturaleza de ser humano, como está reiterado.

El Informe IBB no explica por qué «las obligaciones morales hacia el embrión implantado tendrían que ser mayores que en los primeros estadios de su desarrollo». No aporta razones, son intuiciones, sin soporte siquiera indiciario.

Si se le puede eliminar, incluso después de implantado el embrión (como más adelante mantiene el IBB), para qué le sirven las obligaciones morales que genéricamente reconoce. Meses después de implantado, el feto podría ser eliminado y no se le reconocería ni el derecho a tener un nombre que le recuerde ni a ser enterrado dignamente, tratándole como despojo o residuo sanitario.

Tercer estadio del Informe IBB:

> La consideración ética que se reconoce al embrión humano se hace depender de la organogénesis cerebral. A partir de ese momento […] ya tiene una mínima y suficiente constitución genética, morfología, fisiología e individuada. Para reforzar esta última posición, algunas opiniones recurren por analogía al argumento de los criterios de muerte cerebral: si es un criterio para determinar la muerte de una persona, hay que aplicar el mismo criterio al otro extremo de la vida […] persona hasta la aparición de las primeras funciones cerebrales, alrededor de las 6-7 semanas tras la fecundación.

El argumento de la actividad cerebral merece alguna precisión. La inactividad cerebral en la muerte va acompañada de otros muchos signos manifiestos, como el cese de la respiración, la inmovilidad absoluta, etc. En el «otro extremo de la vida», antes de la actividad cerebral, hay otras muchas pruebas indubitadas de vida, como es la misma mitosis y todo el proceso de autodesarrollo del embrión.

Si nadie discute que tras la penetración del espermatozoide en el óvulo se crea una célula con cuarenta y seis cromosomas y se inicia un proceso que a las veintidós o veinticuatro horas llegará a que esa célula se haya convertido en dos células *totipotentes*, no hace falta prueba de actividad cerebral alguna para constatar que hay vida en el zigoto y luego en el embrión, por lo que el argumento analógico decae.

En todo caso ya está dicho, y así lo reconoce la frase anterior del Informe IBB, que entre los días cuarenta y cuarenta y tres puede practicarse al embrión un electrocardiograma y se registran ondas cerebrales en la semana 6.ª. Si es así, ¿por qué legitima el informe IBB el aborto hasta la semana 12.ª y hasta la semana 24.ª en caso de grave afectación física o psíquica del feto?

Si el embrión es persona humana en la semana 6.ª, con el criterio del Informe IBB, porque hay respuestas eléctricas en cerebro y corazón, ¿cómo puede aceptar el aborto, prácticamente libre, hasta la semana 12.ª y, en caso de malformaciones del feto, con carácter excepcional incluso si pasa de la semana 24.ª? ¿Es un ser humano? ¿Hasta cuándo se le puede matar?

Por otra parte, cabe decir que para ser reconocido como persona el embrión debiera tener una mínima y suficiente constitución genética, morfología, fisiología e individuada, esto es, una generalidad, es decir, muy poco o nada.

¿Por qué? ¿Qué es una mínima y suficiente? ¿Quién pone el límite de cada una de esas características para reconocer al embrión la condición de ser humano? ¿Le vale la producción de células sanguíneas en el día diecisiete o las contracciones cardiacas del día dieciocho o el esqueleto en el día cuarenta?

No se sostienen tales difusas exigencias para que el ser *humano incompleto* pase a ser *humano completo*, es decir, persona. El concepto de persona hace referencia a lo ontológico. No se es más persona teniendo desarrollados los brazos que no teniéndolos. Se es persona desde que el embrión tiene todo el potencial individualizado, personalizado, para concluir su proceso en el vientre materno y nacer.

Ya he adelantado que el Informe IBB, en caso de ciertas afecciones en el feto, legitima el aborto hasta la semana 24.ª y con excepciones (¿?) hasta más avanzada la gestación. Y adelanto que el IBB legitima éticamente también la demanda de aborto derivado de una violación.

¿Qué más da que se le tenga por persona o no si luego se lleva el límite de su legítima liquidación a periodo en que, sin duda, el propio informe la considera persona? Es una elucubración en vacío.

4.3.4.3. Otros criterios

1. Afirman los partidarios de un aborto más libre aún que: «El valor del embrión humano no está en […] su hipotética dignidad intrínseca u ontológica […] sino en la intencionalidad de los padres, su deseo de tener un hijo, lo que le da al embrión-feto su valor moral, su estatuto de persona».

Puro subjetivismo, los padres deciden qué es lo que es. ¿O solo uno de ellos? Para unos serían personas desde su etapa de zigoto, para otros en su etapa de embrión o de feto y en otros casos no serán personas nunca, esto quedaría al gusto de los padres o solo de la madre. Las cosas inertes y los seres, incluidos los humanos, son lo que son, no lo que se quiera o se crea que son.

¿Qué argumento hay para extender lo que se predica del recién nacido a cualquier otra edad del humano mientras existan sus padres y puedan revisar su intencionalidad o su deseo?

Este criterio para legitimar el aborto, por absurdo que pueda parecer, es el aplicado en el supuesto de libertad incondicionada del aborto en las catorce primeras semanas del embarazo, en la Ley 2/2010 del Gobierno del señor Rodríguez Zapatero, que más adelante comentaremos.

2. Otra posición del aborto libre se fundamenta así: «La autoconciencia, la racionalidad y el sentido moral […], sentido del pasado y del futuro, capacidad de relacionarse, comunicarse y respetar a otros» serían condiciones básicas para ser considerado persona.

Huelga cualquier comentario. La autoconciencia parece que llega a los dieciocho meses y podría estirarse más. Por esta vía, habría que despenalizar el asesinato.

4.3.5. Posicionamiento del Informe IBB. Sus conclusiones

4.3.5.1. Valor ético del embrión. Ser humano o no

1. Dice el informe IBB:

Hay suficientes argumentos desde el punto de vista biológico, ético y jurídico para afirmar que al embrión humano hay que otorgarle un valor diferenciado, distinguiendo entre la fase previa a la implantación y la fase posterior a la implantación que lo hace ponderable —en uno y otro momento— con otros valores que puedan concurrir con él. Ello no significa que no se le haya de otorgar protección.

Va de suyo que si diferencia el valor ético del embrión en uno y otro estadio (antes y después de la implantación) es porque considera que en el primero no es un ser humano y en el segundo sí lo es. Veamos si lo mantiene a lo largo de sus conclusiones.

El Informe IBB no ha aportado argumentos de mediana solidez sobre el diferente valor ético del embrión antes y después de la implantación. Los recuerdo: a) embrión con pocas células internas y muchas extraembrionarias; b) tras la implantación tiene condiciones mínimas para el crecimiento y el desarrollo; c) antes de la implantación pueden producirse fracasos, quimeras y procesos de fusión; y d) negación de la individuación del embrión, a pesar de tener ADN, antes de la implantación.

Todas estas argumentaciones son débiles y fácilmente impugnables.

Al tratar sobre si el embrión es persona, además de ser humano, se apoya en las argumentaciones anteriores: a) que dispongan de información suficiente (¿cuál es la suficiente?) para darle autonomía biológica (¿?) e individuación (¿además del ADN?); b) constitución genética correcta (¿?); c) riesgo de fusión y división del embrión (ya se ha explicado que nada afecta a la condición de ser humano); d) morfología mínima (¿?); y e) la interrelación madrehijo es constitutiva y esencial en el embrión. Esta interrelación es imprescindible para el desarrollo del embrión, pero no es constitutiva del ser humano.

Todas las condiciones exigibles para algo tan trascendental como es reconocer a un ser humano como persona y su derecho a vivir se presentan como vaguedades caprichosas: *suficiente*, *autonomía biológica* (no definida), *correcta*, *mínima*, *interrelación constitutiva* que afecta a su mantenimiento.

Llega el Informe IBB a la conclusión de que en el embrión, antes de la implantación, hay vida humana, pero no es persona. ¿Dónde está la argumentación para tan rotunda afirmación?

Para colmo, el valor ético del embrión, incluso después de la implantación, ha de ser ponderado por otros valores que no enumera, lo que deja la puerta abierta a otros criterios (¿quizá juicios de oportunidad, quizá consenso social, sublimando el valor de la opinión pública?) para aceptar alguna otra causa justificativa del aborto, no puede ser por otra razón.

¿Dónde está la reflexión científica?

4.3.5.2. Procesos anticonceptivos

A mi juicio, por aclarar el razonamiento, son éticamente lícitos todos los procesos anticonceptivos que no sean abortivos, esto es, que intervengan como impedimento de la penetración del espermatozoide en el óvulo.

Para simplificar la argumentación, eludo todo comentario que pueda referirse a los efectos secundarios negativos de la utilización de anticonceptivos no abortivos, cuyo uso sería eventualmente contrario a la ética, por sus eventuales efectos negativos pero no por su carencia de efectos abortivos.

El Informe IBB, siguiendo su lógica, se reitera en que «[…] desde el momento de la fecundación del óvulo hasta la finalización del proceso de implantación en el útero materno, aproximadamente alrededor del día 14.º […], las intervenciones sobre el embrión humano o sobre los gametos masculinos y femeninos entendemos que pueden ser éticamente aceptables».

Para el Informe IBB es anticonceptivo todo método que evite la fecundación o *muy eventualmente* su implantación. Considerando que «[…] todas ellas […] [técnicas contraceptivas] […] son aceptables desde un punto de vista ético».

Esta posición en materia de anticoncepción es coherente con la posición global del informe IBB, lo que no se entiende por qué toma la precaución de advertir que la eliminación del embrión no implantado ha de realizarse *muy eventualmente* si creen que no es un ser humano.

No se entiende lo que quiere decir. No se entiende si tiene una limitación cuantitativa o circunstancial. Desde luego, si los miembros del grupo interdisciplinar creen sinceramente que el embrión no es ser humano hasta su definitiva implantación, no veo qué razón puede tener semejante prevención, lo que me hace pensar que no es otra cosa que una conseja nacida de su propia duda y, en la duda, insisto, mejor abstenerse.

4.3.5.3. Embriones sobrantes

Reconoce el Informe IBB la licitud ética de las tecnologías de reproducción artificial, dando por hecho que la consecuencia es la aparición de embriones sobrantes que podrán dedicarse a la procreación en sus titulares o, previa donación, en otras parejas ajenas, así como a la investigación, dando por lícita tal práctica pese a la evidencia de que estos embriones fruto de la fecundación *in vitro* no van a llegar a implantarse en útero alguno.

Para justificar esta situación, surge así la tesis de que los embriones nacidos de la fecundación *in vitro* no son seres humanos hasta que aniden en algún útero, tesis que se extiende a los embriones de origen natural. Para quienes aceptan la hipótesis de que la fecundación concluye en la nidación en el útero, en los casos de nacimiento en laboratorio no podría hablarse de fecundación *in vitro* sino de inseminación *in vitro*.

A mi parecer, desde la hipótesis de la condición del embrión como ser humano y desde la aplicación del principio *in dubio pro nasciturus*, la producción de embriones sobrantes es ilícita, aunque pretenda el buen fin de la procreación por una pareja que no pueda conseguirlo por los medios naturales. Los embriones sobrantes serán dedicados a la investigación y, al final, eliminados, salvo que se donen a otras parejas necesitadas, lo que originará problemas de otro orden, como veremos.

La ciencia humana avanza pero siempre está limitada, como todo lo humano. Tratar de avanzar a costa de la vida humana es un atajo éticamente ilícito. Podrá alegarse que la consecuencia de facilitar a una pareja el éxito de la procreación bien merece que queden unos embriones sobrantes, y tal afirmación sería aceptable si estos no fueran seres humanos.

Nadie, salvo el doctor Mengele y sus partidarios, defendería una investigación clínica que requiriera matar a un ser humano ya nacido. Pues si el no nacido es también ser humano, la consecuencia debe ser idéntica.

Estamos siempre dando vueltas sobre el mismo concepto o, si se quiere, sobre la misma duda, y tendremos siempre que llegar a la misma conclusión: si desde la fecundación el zigoto es un ser humano, es una monstruosidad permitir la fabricación de embriones sobrantes, aunque sea para un buen fin, y si fuera dudosa su condición de ser humano, es de aplicación el principio *in dubio por nasciturus*. Solo la certeza científica de que el zigoto o embrión no fuera un ser humano podría permitir su eliminación o su destino para otros usos.

Desde luego, la fecundación *in vitro* con destino a la procreación fuera de la pareja aportante, que es una manera de utilizar embriones sobrantes, es de una ilicitud ética de rango menor a la del aborto, porque no se están eliminado seres humanos, pero se les está privando del conocimiento de su identidad, porque nunca sabrán quiénes son sus padres reales, salvo que una ley imponga la obligación de identificar al donante y de informar al hijo tras su mayoría de edad. Todos tenemos derecho a conocer nuestros orígenes, pero los niños que nazcan de embriones donados, sin la referida precaución legal, nunca lo podrán saber y la mayoría siempre estarán equivocados.

No sobrará traer aquí el artículo 56.2 del Código de Deontología Médica del Consejo General de Colegios de Médicos, de julio de 2011, ya referido, que dice: «El médico no debe fecundar más óvulos que aquellos que esté previsto implantar, evitando embriones sobrantes».

Es evidente que los profesionales de la medicina imponen la obligación de evitar embriones sobrantes, y si lo hacen es porque les otorgan un valor ético que no tienen los despojos humanos, como sería un brazo amputado.

4.3.5.4. Fase de implantación o embarazo

Es la fase en que el embrión ha alcanzado la implantación en el útero, pasado el día 14.º de la penetración del espermatozoide en el óvulo. Así concluye el Informe IBB: «Entendemos que hay una vida humana en proceso de desarrollo, con unidad e individualización, aunque no siempre con todos los elementos necesarios propios o derivados de su interacción con la madre para considerarse un ser humano completo».

¿En qué se distingue una vida humana de un ser humano completo?

¿Existen seres humanos incompletos?

¿Cuáles son los elementos necesarios propios o derivados que le faltan, y cuya falta permite hablar de *ser humano incompleto*?

Sigue el Informe IBB: «Esta vida humana es digna de ser protegida con mayor intensidad».

La protección de este embrión, *ser humano incompleto*, ¿se merece llegar al extremo de interdictar su eliminación intencionada o no llega a tanto? Si se le puede eliminar, ¿qué otra protección podría merecer?

Concluye el Informe IBB: «Tampoco creemos que se pueda hablar de la vida del embrión como un valor absoluto, sino que es ponderable, en caso de conflicto grave, con otros valores».

Salvando el conflicto entre la vida de la madre y la del hijo, que no pone en cuestión lo absoluto de ambos valores, sino que reconoce su igualdad y cuya situación está resuelta por la buena práctica médica desde hace muchísimos años, ¿qué valor puede triunfar en una confrontación frente a la vida del embrión, al que se reconoce vida humana?

¿La voluntad de la madre, la voluntad de los padres (¡vaya lío!), una salud «insuficiente» del embrión?

Es terrible la falta de rigor descriptivo y racional de esta conclusión del Informe IBB, porque en absoluto está fundada en argumentos sólidos, contrastados con otros estudios científicos, sino que se caracteriza por la imprecisión injustificada. La vida del embrión «[...] no es un valor absoluto, sino que es ponderable, en caso de conflicto grave, con otros valores».

¿Cuáles pueden ser esos casos de conflicto grave? ¿Quién decide si lo son? ¿Frente a qué otros valores se pondera para que triunfen los casos de conflicto grave sobre la vida humana del embrión?

Va de suyo que todas las intervenciones clínicas, en pro del embrión, son éticamente aceptables. Para llegar a tal conclusión sobre el Informe IBB, salvo que se trate de echar una de cal antes de la de arena. Llegará el día en que se realicen intervenciones del embrión fuera del útero, pues bienvenidas sean si se realizan en favor de la vida del embrión, pero este no es el caso que nos ocupa ni nos preocupa.

4.3.5.5. Sobre la interrupción del embarazo

Hay que recordar, para entender esta conclusión del Informe IBB, su hipótesis en el sentido de que el embarazo no empieza hasta que no ha anidado el embrión en el útero, esto es, en la tercera semana.

La expresión interrupción del embarazo es una manera de evitar la brutalidad del término aborto que, todavía, hiere a muchas personas.

El Informe IBB es claro en este punto: «Hablamos de interrupción del embarazo o aborto [...] [hablamos de] [...] poner punto final a la gestación, provocando la muerte del embrión o feto [...]», por eso se puede decir con rigor que el aborto es la muerte.

Aquí viene un triple salto mortal, con la inconcreción que caracteriza al Informe IBB:

Partiendo de la protección del embrión, que tiene vida humana, y de que hay que favorecerla, *hacer todo lo posible* para que llegue a buen fin, el Informe IBB pone un pero, congruente con su idea indefinida de que la protección es ponderable con otros valores porque no es un valor absoluto, y así concluye: «No obstante, somos conscientes de que hay múltiples factores que pueden concurrir en una gestación, implicando un conflicto de valores que una reflexión ética rigurosa ha de tener en cuenta».

Hasta este punto la reflexión ética rigurosa no ha aparecido, porque el lector del Informe IBB navega en la inconcreción.

«En este contexto, es interesante plantear el tema desde la vertiente de los derechos de la mujer y la protección que merece el no nacido, aunque no sea un titular jurídico de derechos».

Decir que el no nacido no es titular jurídico de derechos, además de un redactado muy poco jurídico y redundante, porque bastaría decir que no es titular de derechos, es una barbaridad jurídica o una mentira descomunal. Acudo a los canonistas clásicos: «Mentir es no decir la verdad, sabiendo que no es la verdad y teniendo obligación de decir la verdad».

El no nacido siempre, desde su concepción, tenía reconocido el derecho a la vida, razón por la que el aborto estaba penado en el Código Penal. La ley de 1985 del señor González mantuvo tal interdicción incorporando una despenalización de la que trataré. Incluso en la ley del aborto de 2010 del señor Rodríguez Zapatero, el Código Penal interdicta la muerte del feto, a partir de la semana 14.ª, con una serie de excepciones.

Resumiendo, el zigoto, el embrión y el feto han sido, desde siempre, titulares del derecho a la vida, reconocido explícitamente en nuestro derecho positivo y, desde siempre, el derecho de la madre a su vida ha podido ponerse en contradicción, cuando el caso lo ha requerido a juicio de los profesionales de la medicina, frente al derecho del hijo.

Porque nuestro derecho ha reconocido, desde siempre, que la madre y el hijo tienen igual derecho a la vida, aunque en situación límite haya que tomar la decisión de salvar uno a costa del otro.

Sobre la contraposición del derecho de la mujer y la protección del no nacido, destaco un párrafo del Informe IBB que merece atención:

En efecto, al tomar una decisión sobre la interrupción de la gestación entran en conflicto dos valores: el de la autonomía reproductiva de la mujer y el de la vida del feto. Se trata, por tanto, de un dilema moral de difícil resolución [...] que ha de ponderar la gestante desde sus propios valores, que le permitirá tomar una decisión en conciencia. La vida del feto y del futuro bebé depende de que la mujer se vea capacitada para asumirla responsablemente.

Efectivamente, este párrafo merece dos puntualizaciones:

1. A la hora de abortar, cuando al embrión ya se le reconoce vida humana por el Informe IBB, este no propone la entrada en colisión del derecho a la vida del feto con el derecho a la vida de la madre, lo que propone es enfrentar al derecho a vivir del embrión con el derecho de la madre a su *autonomía reproductiva*, es decir, a repensar si quiere tener un hijo.

A la madre se le otorga una segunda oportunidad, con lo que el aborto se convierte en un instrumento anticonceptivo.

Hablando claro, a la madre embarazada se le otorga el derecho de decidir libremente sobre la vida del hijo y tal concesión no es ética.

2. El Informe IBB plantea el problema del aborto como un dilema moral y no ético. Adviértase que no es una utilización ambivalente de los términos moral y ética, sin intención alguna, sino que es una específica traslación al ámbito moral, privado, al ámbito de su libertad y responsabilidad, de lo que es una cuestión ética, de orden público, *strictu sensu*.

Así como matar a una cuñada o a un primo o a un extraño está éticamente interdictado y así lo prevé el Código Penal, matar un hijo queda en el ámbito de la libertad individual.

Dice el Informe IBB que a la mujer, ponderando sus propios valores, se «[...] le permitirá tomar una decisión en conciencia», si mata o no a su hijo, porque, embrión o feto, es un ser humano al que no ha de proteger la ley.

«La vida del feto [ya no es embrión] y del futuro bebé depende de que la mujer se vea capacitada para asumirla responsablemente».

Bastaría que la mujer percibiera un sentimiento de incapacidad para asumir la responsabilidad propia de las madres, para tomar la decisión de abortar. ¿Cabría extender esta calificación moral, despenalizada, al hijo ya nacido, cuando la sospecha de incapacidad se haga efectiva?

¿Cabría extender esta calificación moral, despenalizada, a cualquier otra persona que origine en la mujer tanta o mayor sensación de incapacidad para la asunción de responsabilidades que la de criar un hijo, como pudieran ser los casos de cuidado de ancianos y de hijos discapacitados, la convivencia con familiares alcohólicos, el padecimiento de sevicias, etc.?

Para aliviar tan brutal posición, se afirma que «no se trata de una decisión banal y, desde la ética, [...] no se puede afirmar que haya un "derecho a abortar"».

Si la mujer puede optar, desde su personal perspectiva moral, entre abortar o no, es obvio que se le otorga el derecho a abortar. Todos los ciudadanos tenemos derecho a hacer todo aquello que no está prohibido.

«No podemos hablar del aborto propiamente como un bien del cual se pueda derivar un derecho moral. Aunque jurídicamente se equipare a un derecho. En este sentido, despenalizar no ha de implicar normalizar».

Tiene el buen gusto de decir que el aborto no es un bien, aunque, desde luego, no pueda decir que sea un mal porque, a juicio del Informe IBB, sería congruente con la apreciación moral, en conciencia, de la mujer. Y sería conciencia recta porque estaría siguiendo el criterio experto del Informe IBB.

En su afán de edulcorar su conclusión, trata de relativizar la despenalización, para advertir que «despenalizar supone reconocer el problema de los embarazos no deseados o [...] con dificultades [...], dando opciones a su solución».

No es discutible que la penalización de la muerte intencionada tiene como *ratio iuris* la protección de la vida humana, de modo que no es racional tratar de devaluar la despenalización eludiendo que conlleva desprotección.

Efectivamente, en el ámbito ético es en el que la protección a la vida se considera de orden público y, por tanto, se penaliza su vulneración, con los atenuantes que en cada caso pudieran darse, o incluso con la eximente plena de haber resuelto una situación límite de confrontación entre el derecho a la vida de la madre y el de la vida del hijo. Eximente que juega tanto si se optara por salvar la vida de la madre como si se optara por salvar la vida del hijo.

En lugar de proponer una acción proactiva de difusión del valor de la vida humana y otras actuaciones públicas de ayuda a las mujeres embarazadas con dificultades, se propone convertir en lícito lo que es manifiestamente ilícito. No voy a poner ejemplos de otros problemas socialmente extendidos que podrían resolverse convirtiendo sus aparentes soluciones ilícitas en lícitas.

Otro problema añadido es que el informe apuesta por la despenalización ante determinadas dificultades para llevar adelante el embarazo y ni las limita, ni las jerarquiza, ni las sugiere, porque solo la madre puede graduarlas, lo que es prueba patente de que el ámbito de la moral no es el adecuado para la protección de la vida humana. El ámbito ético es el adecuado para hacer efectiva tal protección de la vida, por medio de la ley.

En un documento de pretensión científica no se pueden albardar ni rebozar los conceptos para disimular su contenido. Si la mujer tiene *derecho moral (¿?)* a abortar, para lo cual es menester despenalizar el aborto, se está normalizando el aborto, legalizándolo, adecuando la norma a la opinión moral.

En la ley de 1985 se legalizaron unos cuantos supuestos, aunque el aborto seguía genéricamente penalizado por ser una cuestión de orden público, de ética y no de moral, con independencia de la consideración que nos merezcan aquellas despenalizaciones, de las que trataré. Si el aborto se tuviera por una cuestión moral, como estima el Informe IBB, carecería de sentido alguno que estuviera penalizado.

En la ley de 2010, el aborto es libre, sin causa, hasta las 14 semanas y, además, en los supuestos en que se prevean malformaciones en el feto, el aborto está legalizado *sine die*. En otros supuestos el aborto sigue penalizado, lo que supone que sigue entendiéndose que es una cuestión de orden público, de ética, aunque las penas sean equiparables a delitos menores de los que originan la muerte de un ser humano.

Sigue el Informe IBB afirmando que «[...] nadie quisiera tener que tomar la decisión de interrumpir la gestación».

Ojalá fuera cierto que nadie quiere abortar, pero los números parecen decir otra cosa. En España se producen entre 95.000 y 99.000 abortos al año, cifra descomunal que permite pensar que la mayoría de las circunstancias que concurren en cada uno de ellos no pueden ser calificadas de dificultades insuperables, realmente impeditivas de la continuación del embarazo. El profesor Geisler, ya citado, advierte que en diez años se han producido en los Estados Unidos de América 14 millones de abortos. En páginas siguientes ofrezco datos estadísticos oficiales sobre la práctica abortiva en España.

Es oportuna, llegado este punto, la cita del profesor Alfonso López Quintas, ya referido, quien tiembla ante la falta de solvencia en los razonamientos abortistas: «Asusta prever a qué excesos contra los derechos humanos podemos llegar si confundimos dificultad y conflicto, y si tomamos este como recurso legal para aniquilar una vida en formación».

El Informe IBB justifica el aborto como un mal menor, siendo el mal menor la vida de un tercero, y reconoce explícitamente la existencia de un tercero vivo, al que se le mata. Así dice: «[...] se trata de un mal a un tercero para evitar otros males proporcionalmente peores».

¿Qué mal existe peor que la muerte? Es asombrosa la falta de soporte argumental de las afirmaciones más trascendentes del Informe IBB.

Quizá los redactores del Informe IBB pudieran tomar en consideración la idea de que, en el mundo occidental, el aborto se ha convertido en un simple sistema anticonceptivo que poco tiene que ver con la solución de determinadas situaciones límite que siendo mucho menos numerosas que las cifras reseñadas, podrían resolverse con un sistema adecuado de ayudas a la familia.

El Informe IBB hace dos reflexiones que debemos analizar, porque son paralelas a mi argumento central, presentando dos niveles paralelos a mis conceptos de ética y moral que terminológicamente asumo, pero no nos distraeremos en disquisiciones no esenciales.

El Informe IBB denomina *ética cívica* a lo que yo denomino ética y *ética de máximos de orientación cristiana*, a lo que yo denomino moral, aunque luego manejen los conceptos de manera sorprendente.

Así denomina *ética cívica* al conjunto de *mínimos universales que velan por la convivencia pacífica de morales plurales*. Ciertamente estos mínimos desgraciadamente no son universales sino más bien occidentales, pero dejemos la cuestión. Hay que suponer que entre estos *mínimos universales que velan por la convivencia pacífica de morales plurales* estará el reconocimiento de la vida humana como valor supremo absoluto.

Pues bien, desde esta *ética cívica* el Informe IBB respeta «[...] una despenalización de la interrupción de la gestación para aquellas personas que [...] no se ven capaces de asumir la gestación».

Para que desde una *ética cívica* se pueda despenalizar la muerte de vidas humanas, tendrá que establecerse que la defensa de la vida como valor absoluto no está entre los objetos de tal *ética cívica*, sino únicamente como valor relativo.

Jugando con las palabras se puede llegar a conclusiones contradictorias.

Por lo que se refiere a la denominada *ética de máximos de orientación cristiana*, que yo denomino moral (en este caso sería moral cristiana), para el Informe IBB: «[…] el valor moral inherente a la vida del feto introduce consideraciones que no pretendemos imponer ni al espacio público donde se ha de garantizar la pluralidad, ni al Estado que, sin sesgos ideológicos, debe garantizar la imparcialidad».

En este párrafo se condensa, muy principalmente, el error sustancial del Informe IBB, que se patentiza en cuatro razones:

1. Porque no cree que el valor inherente a la vida del feto, que reconoce como vida humana, represente un valor absoluto, exigible *erga omnes*. Esto es, no reconoce que la vida humana, por el hecho de estar en fase fetal, tiene pleno valor ético, cuya destrucción debe ser penalmente interdictada.

2. Porque parece creer que otorgar a la vida humana valor absoluto es una peculiaridad de la moral cristiana, que el Informe no comparte en muchos de sus párrafos, y que, como tal moral particular, no se puede imponer fuera del ámbito confesional, cuando la vida humana como valor absoluto es la clave de la ética de la civilización occidental.

3. Porque llega a estas conclusiones sin argumentos de mediana solidez. Si el embrión, desde su implantación en el útero, y después el feto, desde luego, tienen vida humana, no aporta razón alguna para considerar que esta vida no tenga un valor absoluto protegido frente a todos, *erga omnes*, menos frente a otra vida que tenga idéntico valor, que es la excepción histórica a la interdicción del aborto.

4. Porque parte del error de que la pluralidad de pensamiento alcanza a pensar que matar a otros no es una conducta execrable, que requiera de reproche social y penal. Porque parte de que la interdicción de la muerte de un ser humano es una opción ideológica o religiosa.

Cabría formular al grupo interdisciplinar redactor del Informe IBB una serie de preguntas que en el documento no encuentran respuesta:

¿Con qué argumentos, de razonable solidez, afirma que el zigoto unicelular o el bicelular, ambos con sus cuarenta y seis cromosomas y ADN singular, no es un ser humano?, ¿por qué tampoco lo es el embrión antes de su implantación en el útero? y ¿por qué sabe que el embrión definitivamente implantado es un ser humano?

¿Desde el punto de vista ontológico, qué ha cambiado tras la nidación, además del aseguramiento de los nutrientes y de la oxigenación?

¿Qué certeza científica tiene sobre las hipótesis con las que llega a la conclusión de que eliminar vidas humanas es lícito, por el hecho de que estén todavía protegidas por el claustro materno?

¿Con qué argumentos construye la tesis de que el embrión implantado y el feto, hasta doce semanas, tiene una vida humana de menor rango que la del feto tras las doce semanas?

¿Por qué cree que un feto con grave afectación física o psíquica, que no tenga comprometida su viabilidad y que es vida humana completa, según el Informe IBB, desde la 12.ª semana, puede ser eliminado hasta la semana 24.ª y, excepcionalmente, después también? ¿Qué excepciones serían hábiles?

¿Podría afirmar que un feto de veinticuatro semanas y con síndrome de Down no es un ser humano completo? ¿Lo sería después de nacer?

En el Informe IBB se percibe un esfuerzo voluntarista por encontrar la manera de justificar lo que un ambiente socialmente prefabricado reclama.

Nuestro mundo camina hacia lo fácil, sin consideración *ética* de tipo alguno y las élites intelectuales han abdicado de su función para hacer seguidismo de las masas, en lugar de orientarlas y sugerirles modos de vida concordantes con los valores que dignifican nuestra condición humana.

4.3.5.6. Demandas de aborto cuya licitud sostiene el Informe IBB

1. Grave riesgo para la salud de la madre

Ha de precisarse que la excepción clásica a la interdicción del aborto fue la existencia de un conflicto surgido entre derechos iguales, ante un riesgo cierto para la vida de la madre, a juicio de los profesionales de la medicina intervinientes. El riesgo para la salud, además de ser una excepción muy genérica, no confronta derechos de igual valor, pues la salud de la madre, sin riesgo para su vida, es de menor valor que la vida del hijo.

Vuelve a confundirse dificultad con conflicto.

Para el IBB esta excepción no está sometida a plazo alguno. Partiendo de que el hijo tiene vida desde el zigoto, en cualquier momento podrá entrar en conflicto con la vida de la madre. Evidentemente, cuando el feto pueda sobrevivir fuera del claustro materno, el conflicto desaparece.

La opción entre la vida de la madre y la del hijo corresponde adoptarla a la mujer, en primer término si le es posible, y a la familia, con preferencia del padre de la criatura, si la madre no pudiera decidir. Puede producirse el supuesto de que la elección corresponda a los médicos, cuando la crisis se plantee sorpresivamente, debiendo aplicarse el criterio del pronóstico de supervivencia que sea más favorable.

La muy citada doctora M.ª Dolores Vila-Coro coincide en que no se legitima el aborto por un riesgo de salud de la madre, y menos de la salud psíquica.

2. Grave afectación física o psíquica del feto

Discrepo de la conclusión a la que llega el Informe IBB, que otorga licitud ética del aborto incluso pasada la semana 24.ª.

El valor de la vida del feto con anomalías no es menor que el valor de la vida del feto *perfecto*, razón por la que nunca puede ser esta una excepción a la interdicción penal del aborto.

Lamentablemente, hemos sido testigos silenciosos del exterminio de miles de personas con anomalías. Ya casi no se ven por nuestras calles y plazas niños y chicos de menos de 20 o 25 años afectados por estas anomalías. Desde hace muchos años se lleva un férreo *control de calidad* en la natalidad.

Mantengo el principio, jamás rebatido solventemente, de que la vida humana es un valor absoluto y que no hay vidas humanas de valor relativo.

El profesor Guillermo López (*Aborto y contracepción*, Eunsa Astrolabio, 2009) dice:

> Es de ley natural [...] que el único estándar sobre el cual se pueden conservar los derechos humanos es el hecho de que toda vida humana es un valor inviolable, y que todos, y especialmente el débil, tenemos igual título de protección por la ley y de respeto por parte de otro hombre, y que nadie puede afirmar con respecto de ninguna persona que su vida no vale la pena vivirla.

¿Quién puede afirmar que la vida de una persona con síndrome de Down no merece la pena vivirse?

En el supuesto de que las anomalías del feto lo hagan inviable, corresponderá a la buena práctica médica la extracción del feto inviable, considerando la certeza de la inviabilidad y los riesgos para la madre. Tampoco en este supuesto de inviabilidad del feto tiene sentido plantearse plazo alguno, pues habrá de actuarse cuando surja la certeza de la inviabilidad, con el exclusivo criterio médico y bajo su responsabilidad deontológica.

3. Embarazo por violación

Dice el Informe IBB: «La dignidad de la mujer violada […] no puede hacer exigible el sacrificio de llevar adelante una gestación fruto de esta agresión […] desde el punto de vista ético, consideramos que el simple hecho de haber sido víctima de una violación podría justificar la demanda de aborto».

La reflexión ética del Informe IBB no hace referencia alguna a la muerte de un ser humano, es una reflexión compasiva, buenista, no ética, sino aética.

Es patente que la violación es una tragedia irreversible y no cabe más acción que la condena del violador y la eventual indemnización, si dispusiera de bienes el agresor o de una indemnización pública en caso contrario, para sufragar el futuro del hijo y, desde luego, la prohibición de comunicarse con el hijo hasta su mayoría de edad, salvo acuerdo con la madre.

Es absurdo pretender hacer justicia con la vida del hijo. ¿Alguien se atrevería a proponer la pena de muerte para el violador? ¿Por qué se propone, sin justificación alguna, la pena de muerte del hijo inocente?

¿Alguien cree que con el aborto se repara la ofensa a la madre violada? La violación es una gravísima ofensa irreparable. Tan irreparable como el aborto. Un daño no se repara con otro, se acumulan y pesan sobre la madre.

El Dr. Norman L. Geisler advierte que: «Raramente ocurre la concepción como resultado de la violación […]. Pero los pocos bebés que son concebidos de una violación también tienen derecho a vivir».

La vida del ser humano es un bien absoluto que no puede someterse a un bien de mucho menor rango como es la manifiesta contrariedad de la madre violada, al tener un hijo contra su voluntad.

La vida de un ser humano no puede depender de la voluntad de nadie, ni de sus padres. Los padres pueden optar libremente por buscar o no una nueva vida, pero hecha presente la nueva vida, ya nadie tiene poder para eliminarla. Como nadie tiene poder, ni la sociedad entera, para eliminar la vida de un asesino múltiple (tenemos muchos ejemplos de terroristas, violadores, etc.), tampoco tiene nadie poder para eliminar la vida de un ser humano que llega sorpresivamente e incluso contra la expresa voluntad de la madre.

Será muy infrecuente el caso de una madre violada que haya traído a su hijo al mundo y al cabo de uno o dos años tenga la tentación de eliminarlo.

Ciertamente, en situaciones excepcionales, se han dado muchos supuestos de violaciones con resultado de embarazo, como en los casos de violaciones masivas por la soldadesca durante periodos de invasiones y guerras. De aquellas atrocidades quedaron hijos de violadas. Tengo la convicción de que la inmensa mayoría de las madres aceptaron plenamente a sus hijos.

Se juega, en estas ocasiones trágicas, con la incapacidad de reflexión profunda de muchas madres, con la imposibilidad de imaginarse al hijo en sus brazos, con la imposibilidad de verle la cara para facilitar decisiones que, con el hijo en su regazo, muy pocas madres tomarían.

Si no somos congruentes con la defensa de la vida, desde el reconocimiento radical de la dignidad del ser humano, estamos eliminando las bases de nuestro modo civilizado de vivir en libertad.

4. Razones personales diversas: emocionales, culturales, económicas

El Informe IBB afirma: «[...] que para la mujer embarazada son de suficiente entidad para pedir la interrupción del embarazo. Hay que tener muy en cuenta nuestro contexto actual, social y cultural y los antecedentes vividos en España desde 1985».

En efecto, desgraciadamente nuestro *contexto social y cultural* es adverso para la tesis que aquí defiendo, porque es fruto de una machacona campaña de devaluación de los valores de nuestra civilización, empezando por el derecho a la vida del feto, al que se ha vapuleado de manera inmisericorde desde la ley de 1985, de apariencia restrictiva pero, realmente, de libertad abortiva plena por el escape del riesgo de salud psicológica de la madre.

Cabe preguntar a los redactores del Informe IBB si su estudio se limita a plegarse a la realidad negativa que vivimos, dándola por buena e inevitable o la considera negativa y propone un esfuerzo de cambio social serio, para recuperar los soportes básicos de carácter ético sobre los que reconstruir una regla de conducta ética.

Si el ambiente es adverso, como consecuencia de la ingeniería social de que ha sido víctima nuestra sociedad, con el agravante de la abdicación de la clase intelectual, lo ético no es partir de este escenario negativo, dándolo por bueno, porque sería garantía de que el resultado también será negativo.

Efectivamente, mediante instrumentos de ingeniería social se ha transmitido a la sociedad la idea de que abortar no es sino un derecho de la madre a desprenderse de un corpúsculo que lleva en su vientre, que nada afecta al derecho a la vida, que no es matar a su hijo. Que es lo que le conviene para no tener problemas innecesarios; que la oposición al aborto es una cosa de curas, de algunos curas para ser más preciso, y de quienes quieren mantener a toda costa las viejas ideas de una sociedad cavernícola y nacional-católica.

Se ha transmutado la verdad de las cosas, eludiendo todo debate serio y de amplia difusión. Hoy la inmensa mayoría de los españoles defiende el derecho a la vida en cualquier faceta, sin la menor duda, pero creen que el aborto no entra en este paquete. Pronto tratarán de convencerles de que hay que sacar del paquete del derecho a la vida, también, a los viejos, a los lisiados, etc.

Se entiende, reconoce el Informe IBB, fruto de la aplicación fraudulenta de la ley de 1985, que «[…] la realidad de la sociedad se impone en una línea de aceptación del aborto a petición. Esta actitud laxa hace exigible un replanteamiento […] que […] recoja la situación real que se da en España en materia de aborto».

Los errores no se aceptan, esto no solo es cobardía sino también irracionalidad. Los errores se corrigen o se intentan corregir.

¿Si proliferan los robos en domicilios y las ocupaciones de estos, habría que acomodarse a la realidad y despenalizar estos actos delictivos? Me parece un argumento tan irracional que lo considero impropio de un documento universitario.

Lo exigible a quienes quieren aportar sus esfuerzos científicos para ofrecer racionalidad a nuestra sociedad es que asuman el enfrentamiento con la adversidad del ambiente y que se guíen por los valores éticos que consideren deban rescatarse, previa profunda reflexión que, sinceramente, echo en falta en el Informe IBB.

Por maltratado que esté hoy en nuestro contexto social y cultural el derecho a la vida del embrión, hay que defender que si tiene vida humana es un ser humano vivo que nadie tiene derecho a eliminar.

Hay que defender que, si no se puede tener hoy certeza científica absoluta del momento en que se inicia la vida humana, tras la penetración del espermatozoide en el óvulo, ha de aplicarse el principio *in dubio pro nasciturus*, porque como señalaba el profesor Geisler, no sería lícito disparar al bosque cuando no se sabe si lo que se mueve es un animal de caza o un ser humano.

La batalla no es cómoda, por el contrario, es incomodísima, pero no está perdida, porque el reconocimiento de la vida humana como valor absoluto está mayoritariamente asumido en nuestra sociedad occidental. Basta explicar que el aborto no es una simple interrupción del embarazo, como se pretende aparentar, desconectado del derecho a la vida, sino que es matar a una persona.

Tengo para mí que —no lo veré yo, quizá sí mis hijos o mis nietos— nuestra sociedad acabará considerando como genocidio este *aquelarre* de sangre que supone matar —solo en España más de 95.000 niños al año— frívolamente y con plena libertad, aunque se quiera aparentar cierta regulación.

Continúa el Informe IBB confrontando dos opciones radicalmente distintas:

> El contexto de esta sociedad moralmente plural [...] en un Estado que se define como laico [...] que hace muy difícil justificar un marco legal que se rija por criterios de determinada moral que pide una protección absoluta al derecho de la vida, sin matices [...] el otro extremo, que exige un derecho al aborto también sin matices.

Yerra el Informe IBB al considerar el derecho del embrión a conservar su vida humana como una exigencia propia de *una determinada moral*. Ya está reiterado que el derecho a la vida es un derecho que no está ubicado en el ámbito moral, sino en el ámbito ético, como lo prueba el hecho de que siempre ha estado penalizado el aborto en el Código Penal y ahora sigue estándolo, en pleno fervor abortista, aunque muy parcialmente.

Esta livianísima protección penal de la vida del concebido y no nacido, pero protección penal al fin y al cabo, prueba que no estamos ante una exigencia de orden moral, sino ante una exigencia de orden ético, propia de nuestra civilización. Me parece escandaloso que un informe universitario caiga, sistemáticamente, en semejante error conceptual.

Es evidente que un Estado aconfesional, como el español, e incluso laico, ni debe ni puede incluir en la legislación penal limitaciones morales que no estén claramente integradas en la ética de nuestro ámbito occidental, porque reitero, probablemente en exceso, que el derecho a la vida del concebido es una cuestión ética, de orden público, no de singularidad moral que afectaría a la libre conciencia individual.

Sigue el informe IBB:

> Teniendo en cuenta este contexto, creemos que el aborto a petición regulado por una ley de plazos en que se establece como único requerimiento el hecho de que sea practicado antes de un tiempo determinado de la gestación debería entenderse como la respuesta jurídica a una situación ya presente y tolerada en nuestra sociedad [...]. Respecto al plazo, entendemos que establecerlo en 12 semanas como máximo garantizaría suficientemente que se haya podido diagnosticar el embarazo y que la gestante disponga de un tiempo de reflexión y ponderación de su decisión.

Para esta conclusión sobran todos los circunloquios anteriores.

Cabe preguntar a los autores del Informe IBB si la situación de hecho a la que aluden (la realidad de la sociedad se impone en una línea de aceptación del aborto a petición) es, a su juicio, satisfactoria o merecería que las élites, los universitarios como ellos, trataran de modificarla por vía de la convicción.

El plazo en que sería lícito el aborto no se coloca antes del momento en que el Informe IBB estima que hay vida humana (2.ª semana), aunque obvie otros criterios científicos, ni cuando le consta que hay actividad eléctrica en el cerebro y el corazón del embrión (semana 6.ª), siguiendo su propia teoría, lo coloca en la semana 12.ª, para dar tiempo a que la mujer tome su decisión y estima la posibilidad de extenderlo hasta después de la 24.ª semana, para el caso de que el feto tenga anomalías graves pero compatibles con la vida.

El Informe IBB no cree que la vida humana sea un valor absoluto solo equiparable a otra vida humana, por el contrario considera que la vida humana es equiparable a otros valores que los designa la propia madre, por lo que este informe trivializa la vida humana de manera realmente sorprendente.

Aporta aquí el Informe IBB una de cal y otra de arena: «Nos manifestamos contra la interrupción del embarazo, que siempre supone poner fin a una vida humana iniciada, pero también reconocemos la existencia de graves cuestiones técnicas y éticas que se presentan y plantean situaciones que piden ponderar valores en conflicto».

Cabe asimismo preguntar a los redactores del Informe IBB si este criterio de ponderar el *poner fin a una vida humana* con otros *valores en conflicto* sería aplicable también a cualquier vida humana en cualquier otra situación de su proceso vital en que surja un serio conflicto, desde el embrión a la ancianidad. No tendrán razones para negar tales posibilidades.

Nadie, desde la lógica más elemental, puede negar que la ponderación entre distintos valores exige, como condición previa, un claro grado de equiparación entre los mismos, que no se da entre *la autonomía reproductiva de la mujer y la vida del feto*, porque lo único equiparable a una vida humana es otra vida humana.

A pesar de ello el Informe IBB resume su contenido a favor de la vida:

> Optamos por una seria opción a favor de la vida, apreciando adecuadamente el respeto a la naturalidad de los procesos que la vehiculan. [...] este posicionamiento resulta especialmente significativo en relación con el momento en que el embrión está suficientemente estructurado e individualizado para poder ser considerado persona. [...] esta actitud la tomamos como una propuesta ofrecida desde la adscripción espiritual cristiana.

Pero lo cierto es que el Informe IBB propone (según sus autores, desde la moral cristiana) que el aborto puede producirse una vez reconocida la vida humana en el embrión y hasta que haya suficientes signos de que el feto es una persona (semana 12.ª) y, en casos excepcionales, hasta la semana 24.ª, e incluso después.

El problema, disculpas por la reiteración, está en que la eliminación de una vida humana no está en el ámbito de la moral sino en el ámbito de la ética, por eso se protege penalmente la vida humana en todas las circunstancias menos en el específico caso de la legalización del aborto, en mi opinión, sin justificación ética alguna. En todo caso, no tengo claro que la moral cristiana se exprese con la laxitud y ambigüedad con que el Informe IBB la presenta, pero esto es harina de otro costal.

El Informe IBB no ha probado, ni tan siquiera lo ha intentado, que el embrión tenga vida humana solo a partir de su implantación en el útero, es una mera presunción de su viabilidad; tampoco ha aportado prueba científica alguna, ni tan siquiera indicio sólido, de que el feto pase de tener vida humana a adquirir la condición de persona humana en la semana 12.ª.

Realmente, en dos pasajes se hace referencia al plazo en que estima éticamente viable el aborto sin causa específica (esta expresión es mía) durante las primeras doce semanas del embarazo. En el caso de grave afectación física o psíquica del feto y en el caso de grave riesgo para la vida o salud de la madre, aunque, solo excepcionalmente, podría llegar a las veinticuatro semanas de embarazo.

Es obligado recordar que el Informe IBB, partiendo de las aportaciones biomédicas existentes, afirma en forma orientativa y no exclusiva que «[…] se podría concluir a favor del inicio del carácter personal del embrión humano situado no antes de la implantación completa ni más allá de la semana 10.ª del desarrollo embrionario (semana 12.ª de la gestación)».

El Informe IBB ni toma en consideración la duda que su propia afirmación contiene ni su propia limitación a casos excepcionales cuando se está tratando de la vida de una persona.

Plantear que la despenalización del aborto «[…] lo entendemos como un gesto de comprensión y acogida hacia las personas que se encuentran en circunstancias difíciles que pueden convertir el inicio de la vida en una carga muy pesada» es una sorpresa mayúscula.

Estamos tratando de si se debe o no legalizar el aborto; no alcanzo a entender a qué vienen los gestos de comprensión y acogida. Desde luego no se referirán a los 99.149 niños españoles eliminados el año 2019 ni a los 88.269 del año 2020, porque son muchos gestos de incomprensión y de rechazo. No tengo duda de que también podrán tenerse *gestos de comprensión y acogida* para las madres que hayan optado por defender la vida de sus hijos, pese a todo.

En cualquier caso, ¿a qué viene la alusión al *gesto de comprensión y acogida*? ¿Quién hace tal gesto? ¿Quién comprende? ¿Quién acoge? ¿Quién se constituye en árbitro caritativo para comprender y acoger a uno y condenar y rechazar al otro?

¿Por qué utilizar esta terminología *curil* y acientífica en un informe que pretende aportar racionalidad?

¿No ha reflexionado el grupo redactor del Informe IBB sobre si la cifra de abortos/año en España es fruto de las difíciles circunstancias de tantas madres/año o es la conversión del aborto en un método anticonceptivo, por la vulgarización con que se está tratando la relevancia de la vida humana en el seno materno?

Según los datos del Ministerio de Sanidad y Consumo, en el año 2008 se realizaron 115.812 operaciones de aborto, de las cuales el 96,83 % tuvieron como motivación la salud de la madre (recuérdese que en aquella época se legitimaba el aborto por riesgos psicológicos de la madre). El 34,53 % del total de abortos se practicó sobre mujeres de menos de 24 años y el 11,27 % sobre mujeres de más de 35 años, periodo vital del mayor riesgo. Estos datos no son coincidentes con los que aporta el profesor Guillermo López (*Aborto y contracepción*, Eunsa Astrolabio, 2009), también referidos al Ministerio de Sanidad, pero doy por buenos los reseñados actualmente en la página web de este Ministerio.

El Ministerio de Sanidad ofrece una tabla de los abortos realizados en España en el periodo 2008-2020, junto con otros muchos datos, cuyo resumen ofrezco:

Año	Total abortos	Tasa/1.000 mujeres
2020	88.269	10,33
2019	99.149	11,53
2018	95.917	11,12
2017	94.123	10,51
2016	93.131	10,36
2013	108.690	11,74
2010	113.031	12,47
2008	115.812	11,78

En el año 2020, las mujeres que abortaron se descomponían en la siguiente tabla de edades en tasa por 1.000 mujeres: < 19 años: 7,41 %; 20 a 24 años: 15,81 %; 25 a 29 años: 15,39 %; 30 a 34 años: 13,43 %; 35 a 39 años: 9,60 %; > de 40 años: 3,97 %. Así que en la franja de edad de entre 20 y 34 años se concentra el 44,63 % de los abortos del año 2020.

La tabla por edades y número de abortos en el mismo año de 2020 es la siguiente: < 15 años: 257; 15 a 19 años: 8.407; 20 a 24 años: 18.288; 26 a 29 años: 19.279; 30 a 34 años: 18.569; 35 a 39 años: 15.738; 40 a 44 años: 7.057; > 44 años: 674. En la franja de 20 a 34 años suman 56.136 abortos en el año.

En el mismo año 2020, los abortos practicados, discriminados por semanas de gestación, ofrece el siguiente resultado: < 8 semanas: 71,85 %; 9 a 14 semanas: 28,83 %; 15 a 22 semanas: 5,16 %; > 23 semanas: 0,16 %.

Las causas que motivaron el aborto en el mismo 2020, son las siguientes: a petición de la madre: 90,87 %; por grave riesgo de la vida o salud de la madre: 5,73 %; por anomalías del hijo: 3,10 %; por anomalías del hijo incompatibles con la vida o con enfermedades incurables: 0,31 %.

Entre las mujeres que abortaron el año 2019 (no hay datos del 2020), el 64,12 % lo hicieron por primera vez; el 23,56 % por segunda vez; el 7,78 % por tercera vez; el 2,70 % por cuarta vez; el 0,95 % por quinta vez; y el 0,86 % por sexta o más veces. Es patente que existe una tendencia llamativa a la reiteración en el aborto.

También en 2020, el 84,51 % de los abortos se practicaron en centros privados, mientras que el 15,49 % se practicaron en centros públicos de salud, de lo que puede deducirse el interés comercial de esta actividad, aunque se percibe una ligera tendencia al aumento de estas prácticas en centros públicos.

De los 88.269 abortos practicados en 2020, el 64,12 % está vinculado a mujeres nacidas en España; el 7,53 % a nacidas en el resto de Europa; el 5,17 % a nacidas en África; el 20,81 % a nacidas en América; el 2,21 % a nacidas en Asia; y el 0,01 % a nacidas en Oceanía.

5. Incomparecencia del padre

En las páginas dedicadas al análisis del Informe IBB solo me he referido a la madre, nunca al aportante del espermatozoide. Efectivamente, el informe no otorga derechos, ni protagonismo alguno, en el proceso de concepción y embarazo al padre, como si el feto surgiera por generación espontánea. Pura contaminación de un feminismo andrófobo e injusto.

Esta misma ausencia del padre se percibe en todas las leyes y en la literatura abortista. No se puede meter al padre porque la decisión se complicaría. Es más fácil poner de acuerdo a uno que a dos.

No es de recibo, porque está fuera de la razón, que en la decisión previa al aborto, el Informe IBB no imponga alguna exigencia de aportación de la voluntad del padre del ser humano que tiene su vida en vilo.

4.3.5.7. Opinión sobre la posición y conclusiones del Informe IBB

Mi opinión del conjunto del Informe IBB es muy poco favorable, no ya porque contenga criterios distintos de los míos, sino porque carece de argumentos sólidos para apoyar sus consideraciones, se deja llevar por un buenismo compasivo con quien pretende eliminar una vida humana y olvida cruelmente la vida humana de quien no puede defenderse. No ha querido prestar su voz a quienes no tienen voz pero sí vida.

Al inicio de este capítulo sobre el derecho a la vida, me he permito advertir que tras el buenismo imperante no está la bondad, sino el relativismo.

Lo que en el Informe IBB se percibe es un ejercicio voluntarista, acrítico típicamente relativista, que le permita concluir en lo que una opinión pública inducida hacia la irrelevancia del aborto quiere oír. Así lo dice expresamente: «La realidad de la sociedad se impone en línea de aceptación del aborto a petición».

El IBB podría haber estado en la batalla intelectual y cultural para una correcta formación de la opinión pública, bombardeada por el *lobby* abortista, defendiendo sus posiciones, pero prefirió asumir los frutos impuestos por la ingeniería social para aceptar o cooperar en la creación de una apariencia de nueva ética, que se contradice radicalmente con la vigencia del derecho a la vida que la ética occidental mantiene en todos los demás supuestos.

4.3.6. Breve repaso a las leyes proaborto de España

4.3.6.1. Ley Orgánica 9/1985. Gobierno de Felipe González

Aquella fue una ley de despenalización del aborto, modificando el artículo 417 del Código Penal, para los siguientes tres supuestos:

1. «Que sea necesario para evitar el grave peligro para la vida y la salud física o psíquica de la madre, previo dictamen médico, salvo situación urgente y sin límite de tiempo».

Lo correcto hubiera sido no despenalizar el aborto sino establecer una circunstancia eximente, al supuesto de grave riesgo para la vida de la madre, de acuerdo con tradición médica indiscutida.

No es congruente con la ética occidental extender la despenalización a supuestos de riesgo de la salud, en genérico, y menos en la referencia a la salud psíquica, porque además de haber sido el coladero de la ley de 1985 y su fracaso, no puede equipararse la salud, en general, y la salud psíquica, en particular, de la madre con la vida del hijo. Una vida solo puede equipararse a otra vida.

Por otra parte es de muy dudosa conexión la salud psíquica de la madre con su embarazo.

2. «Que el embarazo sea consecuencia de un delito de violación […] dentro de las 12 primeras semanas de la gestación».

Me remito a lo tratado al analizar las demandas de aborto que el Informe IBB considera como éticamente lícitas, entre las que se encuentra el supuesto de embarazo por violación.

Recuerdo que el aborto no repara la ofensa a la mujer embarazada, solo traslada el castigo al hijo. Curiosamente ningún abortista propone la pena de muerte para el violador, puestos a excepcionar el derecho absoluto a la vida, empecemos por los culpables. Advierto que la sugerencia es solo a efectos dialécticos, porque también el violador tiene derecho a la vida.

Ya está dicho, a lo largo de los pasajes anteriores, que la tragedia de la violación es irreversible y no cabe más acción que la condena del violador y la eventual indemnización, si dispusiera de bienes el violador o de una indemnización pública, para sufragar el futuro del hijo, además de prohibir al violador el acceso al hijo hasta su mayoría de edad.

La vida del ser humano es un bien absoluto, por lo que la crueldad de la violación no puede legitimar la eliminación de una vida humana.

La gran trampa del aborto está en que se coloca a la madre en la tesitura de decidir, en su peor momento psicológico, antes de hacerse a la idea de que en unos meses tendría a su hijo en el regazo, hijo al que la inmensa mayoría de las madres defendería contra todo.

3. «Que se presuma que el feto habrá de nacer con graves taras físicas o psíquicas […] dentro de las 22 primeras semanas de la gestación».

Ofende a la razón pretender eliminar una vida porque no venga en perfectas condiciones. Es palpable cómo se están eliminando los niños con síndrome de Down y no porque la anomalía se haya superado (en agosto de 2017 surgió la noticia de que podría corregirse esta anomalía en el embrión, a no mucho tardar), sino porque hay una tendencia mayoritaria en favor del exterminio de los niños con anomalías congénitas.

Ya está tratado en pasajes anteriores que el supuesto de feto inviable no es el caso que aquí se describe. La medicina tradicional tiene sobradamente resuelta esta situación. Se procederá a la extracción del feto cuando se tenga certeza de la inviabilidad y las demás circunstancias clínicas lo aconsejen.

¿Por qué sería éticamente aceptable eliminar a los niños con deficiencias genéticas en el vientre materno y no lo sería cuando ya hubiera nacido? Esta pregunta no tiene respuesta ética alguna, pero sí respuesta práctica, después de nacer, después de haberle visto y abrazado, muy pocas madres permitirían el asesinato de su hijo, por lo que hay que facilitar las cosas antes, mediante el aborto.

Con qué facilidad se modifican los criterios de la opinión pública! Hace sesenta años la Europa libre se escandalizaba al descubrir la manipulación genética que el régimen nazi había realizado en Auschwitz y otros campos de exterminio a las órdenes del Dr. Mengele, con poblaciones de personas con síndrome de Down, gemelos, enanos y gigantes destinados a la investigación genética y después a los hornos crematorios.

El objetivo del Dr. Mengele era garantizar la limpieza de la raza aria y aprovechar los *excedentes* para investigaciones antropológicas.

Hoy los hijos de aquellos escandalizados, convertidos en población ignorante, hedonista y acrítica, aceptan el exterminio de niños con anomalías congénitas, porque lo que les importa es evitarse molestias, desconociendo que estos niños desechados son una fuente inagotable de cariño en una familia, además de que tienen el mismo derecho a la vida que sus padres.

4. «Las penas por producir el aborto incumpliendo las condiciones para la despenalización son de 1 a 3 años para el sanitario y de 6 meses a 1 año para la madre».

Pónganse estas penas en comparación con las que a la sazón se imponían, no ya al asesinato sino al homicidio, sin añadirle agravante alguno.

Desde luego, ni señal de la autorización del padre.

Al tratar sobre los aspectos jurídicos del aborto, volveré sobre esta misma ley.

4.3.6.2. Ley Orgánica 2/2010. Gobierno de Rodríguez Zapatero

El aborto es un derecho de la embarazada. Pasa de delito a derecho.

Si en esta ley de 2010 se reconocía al aborto como derecho de la madre embaraza, en junio de 2021 el Parlamento Europeo, por mayoría relativa (378 votos a favor, 255 en contra y 42 abstenciones), instaba a los Estados miembros a la legalización del aborto y su reconocimiento como derecho humano, en parangón con los reconocidos en la Declaración Universal de Derechos Humanos de 1948, cuando esta Declaración consagraba la libertad de conciencia como un derecho humano, lo que parecía suponer la consolidación de nuestra civilización tras la Segunda Guerra Mundial.

El catedrático Javier Martínez-Torrón (*ABC*, 1/7/2021) lamentaba que «[…] el movimiento pro derechos humanos que surgió con fuerza tras la Segunda Guerra Mundial pretendía precisamente acabar con el totalitarismo moral» , en referencia a las imposiciones del radicalismo, y en un sorprendente giro «[…] la Europa contemporánea vuelva por esos fueros en un retroceso incomprensible».

Estos son los supuestos de legalización en la Ley 2/2010:

1. «En las 14 primeras semanas de gestación […] siempre […] que se haya informado a la mujer sobre los derechos, prestaciones y ayudas públicas de apoyo a la maternidad, se puede abortar sin que medie causa específica alguna, con la libre voluntad de la mujer […] [y que] […] hayan transcurrido tres días desde la información».

Es una regla de aborto libre, sin más, sin necesidad de alegar causa justificativa alguna. Se establece el derecho a eliminar una vida ajena, la del propio hijo. No es que se despenalice el delito, es que deja de ser delito para convertirse en un derecho de la mujer embarazada y no de quien la fecundó.

Este supuesto de libertad incondicionada de abortar se funda en el criterio, comentado en el Informe IBB, por el que la dignidad y el valor moral del embrión o el feto lo establece la intencionalidad de la madre, realmente, de su deseo de que el hijo siga viviendo o de que no siga viviendo.

Para el profesor César Nombela, catedrático de Microbiología («Cinco días, catorce semanas, nueve meses», *ABC*, 21/4/2009): «El aborto supone poner fin a una vida humana […]. Limitar el derecho a vivir, a haber superado catorce semanas de desarrollo fetal carece de justificación. ¿Por qué no ocho o diez y seis?».

Evidentemente, en este primer supuesto de libertad absoluta de aborto se incluirían los supuestos de embarazo por violación.

2. «Que no se superen las veintidós semanas de gestación y siempre que exista grave riesgo para la vida o salud de la embarazada».

Vale mi comentario anterior. Sería más razonable otorgar la consideración de circunstancia eximente al supuesto de grave riesgo para la vida de la madre, por el principio de equiparación de dos derechos de idéntico valor, la vida de la madre y la vida del hijo, aunque nunca hizo falta tal eximente, porque la buena praxis médica lo resolvía con pleno consenso social.

Desde luego, no es equiparable la salud de la madre, excluido el riesgo de su vida, con la vida del hijo y, en consecuencia, éticamente será una conducta ilícita.

Es un supuesto sobradamente tratado en este trabajo.

3. «Que no se superen las veintidós semanas de gestación y siempre que exista riesgo de graves anomalías en el feto».

Ya he comentado esta situación. Desde la perspectiva ética no tiene justificación alguna eliminar una vida porque no venga con la perfección que se desearía.

No es tolerable eliminar a los niños que vienen con anomalías compatibles con la vida, como puede ser el síndrome de Down.

Detrás de una aparente conmiseración por el niño, está el también aparente beneficio de los padres, la comodidad de evitarse una vida al servicio de una persona discapacitada, pero no saben el chorro de cariño que se han perdido, como ya he dicho.

A ojos vista están desapareciendo prácticamente los niños con síndrome de Down. Tras la prueba pertinente, se opta por su eliminación. No se ha erradicado la enfermedad, quizá lo sea pronto, pero se han erradicado los niños con síndrome de Down y con otras anomalías.

4. «Cuando se detecten anomalías fetales incompatibles con la vida [...] y cuando se detecte en el feto una enfermedad extremadamente grave e incurable».

En el primer supuesto de anomalías incompatibles con la vida, esto es, de feto inviable, habrá que estar al juicio clínico. Respecto de la certeza de la inviabilidad del feto y del momento adecuado para su extracción, es una situación que puede tratarse como un aborto natural, mereciendo el tratamiento clínico correspondiente. En este supuesto, no tiene relevancia el plazo de gestación transcurrido.

En el segundo supuesto de enfermedad grave o incurable, estamos en la misma situación que la prevista cuando se elimina una vida porque anuncia anomalías, compatibles con la vida, siendo ilícita semejante eliminación.

El feto con enfermedad extremadamente grave, que fuera compatible con la vida o con anomalías irreversibles, como el síndrome de Down, pueden ser abortados en cualquier momento de la gestación, antes del nacimiento, lo cual es manifiestamente irracional.

5. Por lo que a las penas se refiere, cuando se practique el aborto fuera de los casos permitidos se prevén las siguientes penas: «Para el sanitario, prisión de 1 a 3 años e inhabilitación especial de 1 a 6 años. Para la madre, multa de 2 a 24 meses».

Son muy bajas las penas por el aborto tras las 14 primeras semanas, especialmente para la madre, cuya conducta tiene la agravante de parentesco y es la más obligada a proteger la vida que lleva en su seno.

Es obvio que el legislador no quiere reconocer, ni tan siquiera en los supuestos no incluidos en la ley, que el aborto es matar. Bastará para comprobarlo comparar estas penas con las penas previstas para el homicidio (10 a 15 años) y el asesinato (15 a 25 años).

Realmente, con las penas previstas, puede decirse que está despenalizado todo tipo de aborto.

Los plazos solo servirán para justificar al profesional que quiera oponerse a practicar este tipo de aborto. Hago mera referencia al reconocimiento de la objeción de conciencia en la presente ley y remito al lector al tratamiento general de dicho derecho profesional realizado en apartado anterior.

Desde luego, ni la menor referencia a la autorización del padre en la ley que me ocupa.

Mediante Ley Orgánica 11/2015, se impuso la obligación de que junto con el consentimiento de la mujer menor de edad, que se sometía a la intervención, contara la de sus padres o tutores.

4.3.6.3. Anteproyecto de ley del ministro Ruiz Gallardón

Este anteproyecto no tuvo acceso al Parlamento, lo retiró el Gobierno.

Sus características pueden concretarse en que eliminaba piezas importantes de la ley de 2010, tales como el aborto como derecho; el aborto libre en las primeras catorce semanas; y el supuesto de riesgo grave de anomalías para el feto, manteniendo tres supuestos en que el aborto queda despenalizado.

Hubiera sido un claro avance a favor de la vida del no nacido, en términos aritméticos, si se hubiera promulgado aunque, como se verá, no parte del respeto radical al principio del derecho absoluto a la vida del no nacido.

He aquí los supuestos de aborto previsto en este anteproyecto de ley, que no fue tramitado en el Parlamento.

1. «Para evitar un grave peligro para la vida o la salud física o psíquica de la embarazada [...] dentro de las 22 primeras semanas de gestación».

Cuando el riesgo afecta a la vida de la madre, de igual valor a la vida del hijo, el aborto es lícito, si así lo decide la propia gestante o las personas de su entorno, caso de que ella no estuviera en condiciones de hacerlo. Carece de sentido señalar un plazo para la toma de la decisión acordada.

Sin embargo, cuando el derecho enfrentado a la vida del hijo es la salud de la madre, sin riesgo para su vida, no es lícito poner en paridad derechos de distinto valor, optar por la eliminación de la vida del hijo, según razones ya expuestas.

2. «En el caso [...] de existencia en el feto de alguna anomalía incompatible con la vida».

Ya hemos tratado el supuesto reiteradamente, no se trataría de un aborto provocado sino de la ayuda a un aborto natural, siempre que medie certeza sobre la inviabilidad del feto.

No se entiende por qué, en el anteproyecto del señor Ruiz Gallardón, se equipara este supuesto de inviabilidad, que por sí mismo sería una circunstancia eximente, con el grave riesgo para la salud psíquica de la madre, que es causa de naturaleza bien distinta y de graduación variadísima.

3. «Que el embarazo sea consecuencia de un hecho delictivo contra la libertad o indemnidad sexual [...] dentro de las doce primeras semanas de gestación».

He descalificado reiteradamente este supuesto de aborto, derivado de embarazo por violación, en pasajes anteriores, dando por reproducido lo ya argumentado.

Por lo que se refiere a la sanción penal a los sanitarios intervinientes en supuestos no despenalizados, se les impondrían penas de entre cuatro y ocho años de prisión e inhabilitación especial entre tres y diez años, si no mediare el consentimiento de la madre y de uno a tres años de prisión e inhabilitación de uno a seis años si mediare el consentimiento de la gestante.

Es evidente que las penas a los sanitarios son menores que las previstas para los delitos de asesinato y homicidio, sin que tenga explicación alguna tal rebaja, aunque fueran superiores a las previstas en la ley de 2010.

Asombrosamente, para la embarazada que demandara o consintiera un aborto, cuyas circunstancias no estuvieran entre las que dan lugar a la despenalización, el anteproyecto de ley del señor Ruiz Gallardón preveía la despenalización total de su conducta, lo cual constituía un absurdo jurídico porque se trataría de un supuesto en el que el legislador, interdictando la eliminación del *nasciturus*, despenalizara la demanda o el consentimiento de tal eliminación, con el demagógico e irracional argumento de que ninguna mujer debe ir a la cárcel por causa del aborto, que en tal caso sería un delito, según alguna declaración pública del ministro. Es algo tan irracional eximir de pena a quien delinque, que solo se explica como un gesto demagógico para que tuviera mejor andadura parlamentaria su proyecto.

¿Qué derecho asiste a la madre para matar a su hijo cuando la ley se lo prohíbe? Ninguno. ¿Qué razón podría haber para que no ingresara en prisión? Ninguna.

¿Por qué no despenalizar el infanticidio ejecutado por la madre? ¿Por qué no despenalizar el asesinato o el homicidio ejecutado por una mujer, contra su cuñada o contra su primo?

¿Qué absurda irracionalidad, de feminismo irracional, se ha colado en la mente colectiva para que estas cosas no produzcan alguna reacción entre nuestra población?

El grado de irracionalidad con la que unos y otros han tratado el régimen del aborto es realmente espectacular y todo para montarse en la ola de un feminismo desquiciado e irracional que carece de fundamentación lógica y que no protege a las mujeres, sino que las carga con tan graves responsables.

En el anteproyecto del señor Ruiz Gallardón, tampoco el padre de la víctima tiene la menor presencia. Diríase que, para todos los legisladores del aborto, los espermatozoides se adquieren en el comercio al detalle.

4.3.7. Consideraciones jurídicas sobre el embrión

4.3.7.1. Previsiones de los tratados internacionales

Recomiendo, para revisar la protección de la vida en los tratados internacionales, un breve opúsculo del ya mencionado catedrático y académico de la de Jurisprudencia y Legislación, Rafael Navarro-Valls, *Análisis jurídico del proyecto de ley del aborto* (Documento del Foro de la Sociedad Civil, n.º 2, 2009).

Señala Navarro-Valls que: «El derecho al aborto [...] no está expresamente reconocido en ningún tratado internacional suscrito por España [...]. Más bien todo lo contrario, si nos fijamos en expresas manifestaciones contenidas en dichos instrumentos». El autor repasa diversos textos:

- Declaración Universal de Derechos Humanos de Naciones Unidas (París, 10/12/1948): «Todo ser humano tiene derecho, en todas partes, al reconocimiento de su personalidad jurídica [...] [art. 3] todo individuo tiene derecho a la vida, a la libertad y a la seguridad jurídica [...] [art. 25.2] la maternidad y la infancia tienen derecho a cuidados y asistencias especiales».
- Declaración de los Derechos del Niño (NU, 20/11/1959): (preámbulo) «[...] el niño [...] necesita protección y cuidados especiales, incluso la debida protección legal, tanto antes como después del nacimiento [...] [art. 4] [...] incluso atención prenatal y posnatal [...]».
- Convención sobre los Derechos del Niño (Resol. 44/25, 20/11/1989): «Se entiende por niño todo ser humano menor de diez y ocho años de edad, salvo [...] mayoría de edad [...] [art. 6]. Los Estados Partes reconocen que todo niño tiene derecho intrínseco a la vida. Los Estados Partes garantizarán en la máxima medida posible la supervivencia y el desarrollo del niño».
- Pacto Internacional de Derechos Civiles y Políticos (1966): «Todo ser humano tiene derecho inherente a la vida [...]. Nadie será privado arbitrariamente de la vida».
- Declaración de los Derechos de los Impedidos (Resol. Asamblea Gral. ONU 3447, 9/12/1975). Derecho 3: «[...] el impedido tiene esencialmente derecho a que se respete su dignidad humana [...] tiene los mismos derechos fundamentales que sus conciudadanos».

Recuerda Navarro-Valls que el art. 96.1 de nuestra Constitución establece que los tratados suscritos por España forman parte de nuestro ordenamiento y en lo atinente a derechos fundamentales serán «[...] pauta para interpretar las normas relativas a derechos y libertades».

Concluye el autor afirmando que:

> Ningún tratado internacional en materia de derechos humanos [...] reconoce el derecho al aborto ni en consecuencia demanda de los Estados partes su despenalización. No puede afirmarse, subsiguientemente, que el aborto forme parte de las obligaciones internacionales asumidas lícitamente por España [...]. Bien al contrario [...] muchos de estos textos se inclinan por la decidida protección del concebido y no nacidos.

Advierte Navarro-Valls que la referencia en la exposición de motivos de lo que fue proyecto de la ley de 2010, en torno a la posición favorable al aborto de determinados organismos internacionales (Cuarta Conferencia Mundial sobre la Mujer, Beijing, 1995, y la Asamblea Parlamentaria del Consejo de Europa, 2008), «son documentos [...] [de] [...] valor programático o de recomendación, huérfanos, sin embargo, de todo efecto jurídicamente vinculante».

Por el contrario, dice Navarro-Valls, la Conferencia de El Cairo (1999) «[...] niega, en primer lugar, que el aborto deba considerarse como método de planificación familiar [...] instando [...] a los Gobiernos [...] a reducir el recurso al aborto mediante la prestación de más amplios y mejores servicios de planificación de la familia».

Por otra parte, frente a la tendencia abortista de las agencias de la ONU, el 22/10/2020 se suscribió por treinta y dos naciones de América, Europa, Asia y África, a las que se sumarían tres *más*, la Declaración de Ginebra: Consenso, cuyo objetivo fue «[...] el fomento de la salud de la mujer y el fortalecimiento de la familia». Entre sus formulaciones programáticas está el rechazo al aborto como derecho internacional o universal y, desde luego, la afirmación de que «[...] en ningún caso se debe promover el aborto como método de planificación familiar», porque «[...] el derecho a la vida es inherente a la persona humana», proclamando que «[...] el niño [...] necesita de protección y cuidados especiales [...] tanto antes como después del nacimiento».

Esta Declaración propugna para la mujer «[...] el grado máximo de salud que se pueda lograr, sin incluir el aborto».

La pandemia Covid-19 impidió que se pudiera presentar la Declaración en la Asamblea Mundial de la Salud de Ginebra, pero llegó a publicarse como documento oficial de Naciones Unidas el 7/12/2020, si bien al acceder a la presidencia de los EE. UU. Joe Biden ordenó la retirada de la firma de EE. UU. en la Declaración, con manifiesta pérdida de eficacia.

La Declaración, sin EE. UU., tiene escaso valor político, pero no deja de constituir un polo de resistencia que convendría potenciar.

En definitiva, el derecho internacional público no tiene entre su contenido ni el reconocimiento del aborto como derecho universal a favor de nadie ni como instrumento de la *autonomía reproductiva de la mujer.*

4.3.7.2. Perspectiva constitucional

Opiniones sobre el artículo 15 de la Constitución

Es esta una pura visión normativa, de traslación de lo ético a la norma jurídica, que debiera ser el resultado del debate sobre el aborto. Si es una cuestión ética, hay debate sobre su eventual despenalización, sus límites y circunstancias. Si es una cuestión moral, no hay posible debate de legalidad, porque no tiene sentido alguno legislar sobre cuestiones de moral.

Como el debate no ha existido, sino en ámbitos muy restringidos y la campaña abortista ha sido muy efectiva, se ha producido, como ya está dicho, una mutación en la opinión pública sobre un aspecto del derecho a la vida.

El derecho a la vida está constitucionalizado y así lo dice el artículo 15 de nuestra Constitución: «[...] todos tienen derecho a la vida [...]», cosa distinta es que tan genérica declaración se quiera o no llevar al ámbito del *nasciturus.*

A mi juicio, el derecho a la vida hubiera estado mejor ubicado como un derecho prioritario y de tratamiento privilegiado, en el artículo 10.1, pasando su actual texto al apartado 2 y sucesivamente al 3. Los que tenemos edad y memoria sabemos que no fue así porque no se quiso cerrar la puerta al aborto en la Constitución de 1978.

¿A qué todos se refiere la Constitución al decir *todos*? Desde mi punto de vista se refiere a todos los que tengan vida, y mi impresión es que toda otra interpretación pudiera considerarse escapista y, desde luego, forzada.

Dicho de otra manera, ¿quién tiene derecho a la vida? El que tiene vida y no el que pudiera llegar a tenerla.

Y ¿quién tiene vida? El que tiene capacidad de autodesarrollarse, aunque sea dependiente de otro para alimentarse, como el zigoto, el embrión, el feto, el bebé, el niño, el adolescente, el joven y cualquier otra persona, en cualquier edad de su vida que necesite de otra persona para atender a sus necesidades vitales. Por requerir de ayuda no dejará de tener vida.

El diccionario de la RAE define así la vida, en primera acepción: «Fuerza o actividad interna sustancial mediante la que obra el ser que la posee».

En este concepto encaja como un guante el zigoto unicelular que con su fuerza interna sustancial es capaz de pasar, mediante la mitosis, de unicelular a bicelular y después es autocapaz de seguir multiplicando sus células, que primero serán totipotentes (capaces de crear organismos completos) y después pluripotentes (capaces de crear todo tipo de tejidos) y unipotentes (capaces de crear un único tipo de tejido), con lo que el zigoto acabará autoconvirtiéndose, por sí mismo, porque tiene vida propia, con el alimento y oxígeno que le aporte su madre, en un organismo completo capaz de razonar, actuar, optar y amar.

De modo que el *todos* del artículo 15 de la Constitución tiene interpretación sobrada y consistente a favor de la vida, pero siempre se supo que era el portillo del aborto.

El término *todos* del artículo 15 de la Constitución sustituyó, por enmienda, al original texto que decía *todas las personas*, lo que era lógico porque en el Código Civil, como veremos, entonces se tenía por persona a la que había vivido separada de la madre veinticuatro horas, de modo que la intención manifiesta era incluir al *nasciturus* en el *todos*, pero el Tribunal consideró que tal argumento «[…] no permite afirmar que sea titular del derecho fundamental […]», porque se mantiene cierta ambigüedad al utilizarse en otros textos legales el término *todos* solo para los nacidos, como veremos de seguido.

También en diversos convenios internacionales los derechos fundamentales se refieren a personas nacidas y no al *nasciturus*.

157

Más bien los tratados hacen una defensa global y genérica del derecho del niño a nacer, como ya hemos visto siguiendo al profesor Navarro-Valls.

Recuerda el ex magistrado del Tribunal Constitucional José Gabaldón («¿*Derecho a abortar?*», *ABC*, 9/12/2009) que en «[...] la Declaración de los Derechos Humanos todo individuo tiene derecho a la vida» y que, por tanto, el «todos» del artículo 15 de nuestra Constitución significa claramente *todo individuo humano*. El «todos» no es limitativo, en absoluto, el «todos» es totalizador, valga la obviedad.

Sentencia del Tribunal Constitucional sobre la Ley Orgánica 9/1985

Hasta la fecha, el Tribunal Constitucional ha dictado tres sentencias sobre la materia, muy esquemáticamente reseño la primera y principal:

La Sentencia 53/1985 de 11/4/1985 que resuelve el recurso previo de inconstitucionalidad interpuesto contra el proyecto de la que sería la Ley Orgánica 9/1985 del Gobierno del señor González.

La cuestión central de esta Sentencia está en establecer el alcance de la protección constitucional del *nasciturus*, reconociendo previamente el Tribunal que la vida humana comienza con la gestación y termina con la muerte, porque es un *continuum* que «[...] la gestación ha generado un *tertium* [un tercero] existencialmente distinto de la madre [...]» y que el nacimiento es el tránsito del nuevo ser de una vida en el seno materno a una vida en sociedad. Todo lo cual impone la protección del primer periodo de vida.

Aunque el Informe IBB se apoya en esta Sentencia, que le es próxima a su tesis, no es cierto que «[...] para el TC, el embrión antes de la implantación tiene una consideración diferente a la del embrión implantado [...]», porque la Sentencia establece como principio que la vida humana comienza con la fecundación.

No obstante lo dicho, el Tribunal mantiene que «[...] al *nasciturus* le corresponde también la titularidad del derecho a la vida [...] [porque] [...] es un bien jurídico constitucionalmente protegido por el artículo 15 de nuestra norma fundamental». Pero esta protección no tiene carácter absoluto «[...] pues, como sucede en relación con todos los bienes y derechos constitucionalmente reconocidos, en determinados supuestos puede y aún debe estar sujeto a limitaciones [...]», salvo el bien de la vida, precisamente.

Esto es, está protegido aunque en determinadas circunstancias se le puede matar. Ciertamente la protección no parece mucha. Si no tiene carácter absoluto, la protección es porque no se considera que su vida sea un derecho absoluto, luego no es sujeto de derecho sino objeto protegible.

La Sentencia da un salto mortal, porque no aduce una sola razón ontológica para afirmar que el *nasciturus* carece del derecho fundamental, absoluto, a la vida, y solo es un bien jurídico constitucionalmente protegido. A mi juicio, el Tribunal Constitucional yerra porque estamos ante una cuestión ontológica. Si el zigoto, embrión o feto es un ser humano vivo, como reconoce el Tribunal, tiene el mismo derecho absoluto a la vida que el ser humano nacido.

El Tribunal no ha aportado, ni podrá aportar razón ontológica alguna para fundar su argumento, basado en interpretaciones fútiles de carácter terminológico, muy discutibles, que contradicen la voluntad de quien propuso el término *todos* y en aquel entendimiento fue votado.

El Tribunal Constitucional podía haber acudido al artículo 29 del Código Civil, que históricamente reconoce los derecho del *nasciturus*, dando por obvio el derecho a nacer para hacerlos efectivos, tanto que «[...] el concebido se tiene por nacido a todos los efectos que le sean favorables», de modo que argumentos había. De aquí que tenga la percepción de que hubo un ejercicio de escapismo hacia lo políticamente correcto, que es el sino de nuestro tiempo.

El salto mortal es doble, cuando menos, porque no solo degrada jurídicamente al *nasciturus*, eliminando el carácter absoluto de su derecho a la vida, porque reconoce que tiene vida desde la fecundación «[...] es un *tertium* [...] distinto de la madre», dice el Tribunal Constitucional, sino que, además, lo degrada ontológicamente, de ser un ser vivo a ser un objeto. Lo que carece de toda lógica y razón. Si es un ser vivo, tiene vida y, por tanto, no es un objeto.

Este doble salto mortal permite ya cualquier solución que quiera dársele a la cuestión que nos ocupa. Creo que sí, que fue un ejercicio de escapismo, porque lo políticamente correcto pesa mucho.

En otro orden de cosas, degradado ya el valor ontológico del *nasciturus*, a mi juicio sin base alguna, la Sentencia plantea otra cuestión no ya ontológica sino jurídico-penal y se pregunta si, en este marco conceptual del *nasciturus* degradado ontológicamente, puede establecer el Estado una exención de responsabilidad en determinados delitos y circunstancias, por la que se «[...] excluya la punibilidad en forma específica para ciertos delitos [...]», respondiendo afirmativamente, atendiendo a las características del conflicto que pueda plantearse, como es el conflicto entre la vida del hijo y «[...] la vida y dignidad de la mujer [...] dada la especial relación del feto respecto de la madre».

El Tribunal considera que «[...] existen situaciones singulares o excepcionales en las que castigar penalmente el incumplimiento de la ley resultaría totalmente inadecuado». El Tribunal tenía que haber establecido, con precisión, esas situaciones singulares y no dejar sin atar cuestión tan principal. Si no lo hizo fue porque se haría patente que tales situaciones singulares carecían de rango comparativo al derecho de la vida.

La única protección jurídica de la vida es el reproche penal, si este y su pena se eliminan se está eliminando su protección jurídica. No cabe otra equiparación a la vida del hijo que la vida de la madre, cualquier otro derecho es de rango inferior a la vida del hijo. El Tribunal Constitucional no podrá motivar que la vida del hijo se rinda ante ciertos conflictos y situaciones singulares, que bien podrían tenerse en consideración mediante la aplicación de circunstancias atenuantes de la responsabilidad, pero nunca despenalizando, desprotegiendo radicalmente la vida de un ser humano vivo, como el propio Tribunal reconoce.

Por lo que se refiere al supuesto de embarazo por violación, concluye el Tribunal que «[...] soportar las consecuencias de un acto de tal naturaleza [...] [la violación] [...] es manifiestamente inexigible». Nuevamente se trata al *nasciturus* como un objeto y se le castiga con la muerte por un hecho que no cometió.

En el supuesto de graves taras físicas o psíquicas del feto, el Tribunal entiende que mantener el embarazo es la «[...] imposición de una conducta que excede de la que normalmente es exigible a la madre y a la familia [...]».

Sobre la eliminación de la vida del feto por violación de la madre o por padecer graves anomalías compatibles con la vida, he reiterado en tantos pasajes mi denuncia de ilicitud que libero al lector de su reiteración.

¿Y si las taras físicas o psíquicas se descubren al nacimiento, podría matarlo? Parece que no podría. ¿Y por qué dos o tres meses antes sí hubiera podido? El Tribunal no otorga el mismo valor a las personas sanas que a las deficientes. ¿Por qué no va a exigir a la familia el cuidado de una persona con taras y sí va a exigir a la familia el cuidado de jóvenes problemáticos?

Por exclusión, afirma el Tribunal, la declaración de no punibilidad de unos supuestos supone «[...] delimitar el ámbito de la protección penal del *nasciturus* [...]», de modo que no se podrá eliminar el embrión en el resto de supuestos no previstos, pero abrió la puerta, con su degradación ontológica del *nasciturus*, a la Ley 2/2010 y a las que en el futuro vengan.

Por último, en la clamorosa ausencia del padre en el texto legal, el Tribunal considera que no es inconstitucional dada la «[...] peculiar relación entre la embarazada y el *nasciturus* [...]», por lo que la «[...] decisión afecte primordialmente a ella [...]». *Primordialmente* no quiere decir en exclusiva, que es la realidad. Es inexplicable.

El padre tiene algún derecho en esta decisión, negarlo repugna a la razón, y si la madre tiene una peculiar relación con el *nasciturus*, ésta hace referencia a la singular obligación de tutela y cuidado.

En definitiva, la Sentencia 53/1985 del Tribunal Constitucional, a mi juicio, hace un muy inadecuado tratamiento del derecho a la vida del *nasciturus*, sin fundamento ontológico alguno, sometiéndole a un rango muy inferior al debido, también sin justificación.

Esta Sentencia constitucionaliza la peor posición posible para el *nasciturus*, porque reconociéndole vida humana y la protección constitucional del artículo 15 le rebaja a la condición de objeto y le somete a derechos de mucho menor rango que el de la vida humana.

A los efectos que nos interesan en el presente trabajo, las Sentencias del Tribunal 212/1996, de 19/12, y 116/1999, de 17/6, mantienen la tesis central de la Sentencia 53/1985, ya comentada, no aportando nada nuevo a la cuestión aquí tratada.

Sentencia del Tribunal Constitucional pendiente, sobre la Ley Orgánica 2/2010

Veremos cómo interpreta ahora el Tribunal Constitucional el artículo 15 de la Constitución y qué contenido otorga al término *todos*, pues aún tiene pendiente el recurso contra la Ley Orgánica 2/2010, interpuesto el año 2010, que duerme el sueño del desinterés de magistrados y de recurrentes.

La confianza en el Tribunal Constitucional no puede imponerse a nadie, se tiene o no se tiene. Personalmente estoy en el segundo grupo. Los años que lleva sobre la mesa el recurso permite pensar que se está esperando a que la sociedad española tenga por descontada la barbaridad legalizada en la Ley 2/2010 y, con algún retoque de atrezo, sin mellar lo sustantivo, vuelva la Ley 2/2010 casi como entró en la justicia constitucional.

Desde luego la futura sentencia del Tribunal Constitucional, cuando se promulgue, ya no podrá justificar el aborto en «situaciones singulares y excepcionales», como lo hizo la sentencia del mismo Tribunal comentada en líneas anteriores, porque los datos ofrecidos sobre la práctica del aborto en el último decenio hace patente que una mayoría importante de quienes se someten a la misma lo utilizan como mero instrumento anticonceptivo. Su retraso les va a permitir conocer lo que debió ser futuro y ahora es pasado.

Nada me alegraría más que se pudiera ridiculizar mi pesimismo.

En abril de 2018, veinticuatro asociaciones antiabortistas recogieron firmas para solicitar a este Tribunal una rápida resolución del recurso, recordando que en su interposición se solicitaba una *tramitación preferente y sumaria* por estar en juego miles de vidas humanas. Igualmente remitió el escrito a las instituciones que designan a los magistrados por si los magistrados incurrieron en la única causa de cese de sus cargos, cual es *dejar de atender con diligencia los deberes de su cargo*. No tuvo efecto alguno el requerimiento.

Coincido con el obispo de San Sebastián, José Ignacio Munilla (*Religión en Libertad*, 12/5/2019) en que presentado el recurso hace más de once años, porque se presentó el 1 de junio de 2010, su falta de resolución «se acerca a la prevaricación». No es tolerable más de diez años de silencio ante un asunto del que dependen muchas vidas humanas.

No obstante mi razonado pesimismo, me uno al criterio del profesor Navarro-Valls, reflejado en el opúsculo ya referido, entendiendo que la Sentencia del Tribunal Constitucional 53/1985, que a continuación comento, si bien otorga licitud a la despenalización del aborto «[…] en supuestos de grave conflicto de situaciones e intereses […]», en «[…] la totalidad de la doctrina plasmada en la Sentencia […] 53/1985 […] obstan por completo a la consideración como "derecho al aborto" […]», lo que animaría a esperar que en el recurso contra la ley de 2010 podría declarar inconstitucional la idea del aborto como derecho, e incluso el aborto sin causa en las catorce primeras semanas de gestación.

4.3.8. ¿Por qué se excluye en Occidente el derecho absoluto a la vida del no nacido?

Es obligado preguntarse por qué la sociedad occidental que unánimemente sostiene que la vida humana es un bien absoluto inatacable y que los poderes del Estado, apoyados en la legislación democrática, han de actuar contra quien vulnere tan consolidada creencia colectiva abre una brecha que excluye del derecho absoluto a la vida al no nacido.

Probablemente, para llegar a esta situación han influido factores de diversa naturaleza. En todo caso, es patente que, globalmente, la sociedad occidental está en una fase de devaluación de su bagaje ético y hasta de su propia identidad, muy grave, por mor del avance arrollador del progresismo, al que ya me he referido en pasaje anterior.

En mi opinión, España se puso a la vanguardia de este movimiento al salir de la dictadura, en no pocos casos dirigido por quienes salían del entorno influyente de la dictadura, tratando de erradicar todo cuanto en aquella sociedad hubiera, aunque fuera ajena al hecho político de la propia dictadura. Creo que en España ha habido una desertización ética superior a la de las demás naciones de Europa y se ha producido más bruscamente.

En esta carrera, los intelectuales y los medios de comunicación se han puesto en primera fila para evitar ser tachados de franquistas, reaccionarios y cualquier otro calificativo más, porque en este proceso los calificativos tienen mucha importancia, como ya hemos tratado.

Muy pocos grupos mediáticos o políticos se atreven hoy a abandonar o cuestionar el dogma progresista.

Los líderes morales también cayeron en la tentación, probablemente creyendo que así se acercaban más a quienes pretendían guiar. El resultado no fue muy favorable, porque la sociedad, aunque fuera distraída, tenía olfato y aceptó la oferta cortoplacista y atractiva de los auténticos progresistas, predicadores del materialismo, y dio la espalda a los neoprogresistas. El resultado es patente.

Ya me he referido, al tratar sobre el progresismo en pasaje anterior, a cómo utiliza la estrategia de la descalificación como instrumento de eliminación de criterios adversos.

En materia de aborto la descalificación es continua. Así lo explica el profesor de Ética en la Universidad de California Juan A. Herrero

Brasas («Aborto: no es cuestión de mapas», *El Mundo*, 18/3/2014): «[...] la estrategia por parte de los sectores contrarios [...] [abortistas] [...] consiste en presentar a quienes discrepan de ellos como extremistas de derechas o miembros de sectores clericales [...]».

Dice Mikel Azurmendi («La política es una guerra civil... por otros medios», El Mundo, 13/4/2019) que: «Lo que se pretende es desprestigiar el valor de la vida y decir que es cualquier cosa, como el aborto, una vida interrumpida y tratada como un grano».

Pongo algunos ejemplos referidos al momento en que se trataba en los medios de comunicación sobre el proyecto del señor Ruiz Gallardón. Todo menos tratar de la cuestión central, y para ello lo mejor es politizar las cosas y regar de descalificaciones el debate.

El expresidente Rodríguez Zapatero («Democracia, consenso y aborto», *El Mundo*, 20/1/2014) afirma: «En una sociedad democrática, las leyes deben estar al lado de la libertad de los ciudadanos», lo que es una simpleza muy propia de su autor. Por su parte, el exmagistrado Martín Pallín da por concluido un debate que nunca se abrió seriamente: «Reabrir el debate del aborto solo se explica por dogmatismo, ignorancia o soberbia».

Así, Isabel Serrano, ginecóloga, M.ª Luisa Soleto y sesenta personas más («Diez razones para no cambiar la ley del aborto», *El País*, 20/2/2013), oponiéndose al proyecto del señor Ruiz Gallardón, dan diez razones sin la menor consideración hacia la víctima: 1) funciona (la Ley 2/2010); 2) respeta a las mujeres; 3) es conforme a la Constitución (a esta fecha aún no hay sentencia del Tribunal Constitucional); 4) respeta mejor la vida en formación (*¿matándola?*); 5) es mayoritaria en Europa; 6) no distingue entre pobres y ricas (la muerte nunca lo ha hecho); 7) la población está conforme; 8) hace la práctica del aborto más segura y equitativa; 9) es una ley eminentemente preventiva; y 10) derogarla supone un retroceso social de décadas.

343 escritores, actores, etc. («Hombres contra la ley del aborto», Proyecto Gallardo, *El País*, 21/3/2014) proclaman:

> Aquí no hay término medio. Estar con las mujeres o con la ley Gallardón, con los reaccionarios que sueñan con la Edad Media [...]. El Gobierno no soporta que la gente tenga capacidad de decisión [...]. La batalla por la igualdad y la dignidad de las mujeres nos involucra a todos como ciudadanos [...]. La ley es retrógrada desde el punto de vista moral [...].

1.150 artistas, académicas y profesionales (*El País*, 23/1/2014) declaran: «Invocamos la libertad de conciencia como único rector de nuestras decisiones. Nos negamos a aceptar una maternidad forzada y a la intervención de cualquier profesional o instancia de poder en nuestra decisión [...]».

De todo menos razonamientos en torno al no nacido.

Así están las cosas porque se lanzó, desde hace muchos años, desde los ochenta, una campaña descomunal a favor del aborto. No han sobrado mentiras, se han explotado indefiniciones sobre la existencia de la vida humana en el embrión y se han explotado, también, situaciones de aturdimiento y de desconcierto de muchas mujeres, hasta que el aborto se ha hecho, para muchas personas, algo connatural con nuestro mundo.

La idea central, clave, de esta campaña ha sido: *La mujer decide.* Sobra toda razón, da igual que el feto sea o no parte de su cuerpo; da igual que el feto se haya hecho entre dos; da igual que tenga vida o que no la tenga. *La mujer decide.* El derecho a elegir no se cuestiona. Los criterios con que la mujer decida es un asunto irrelevante. *La mujer decide.*

Pero ha habido otros actores de presencia casi imperceptible porque, ciertamente, pronto hicieron *mutis por el foro.* Son los intelectuales, los líderes morales, los educadores. ¿Quién va a querer aparecer ante su público como un reaccionario? La desbandada fue prácticamente absoluta. He aquí la importancia de los calificativos. Tienen un efecto demoledor.

No me estoy refiriendo solo a la campaña del aborto, me refiero a la cobardía generalizada de los intelectuales, líderes morales y educadores frente a la avalancha del progresismo, ausentes en multitud de facetas de la vida, impasibles ante la sustitución de principios por simplificaciones, por eslóganes.

Desde luego, no puede ocultarse la abdicación de los padres que se han visto superados por un vendaval que ni sabían de dónde venía, pero que sabían de su fortaleza inconmensurable. Es el vendaval de una opinión pública manipulada, víctima del constructivismo, que arrasa todo, empezando por su lícita e imprescindible autoridad moral.

Las víctimas directas han sido los jóvenes que han amanecido en una sociedad con valores absolutamente desprestigiados pero sin sustitución por ningún otro soporte intelectual solvente.

Frente a cualquier exigencia ética siempre cabe la respuesta del «¡qué más da!». No hay maldad en la respuesta sino, sencillamente, desconocimiento, ausencia de valores congruentes con su condición de ser humano.

En el orden de las costumbres privadas, es muy relevante el hecho de que, en este escenario de descontrol, se ha impuesto la precocidad en el inicio de las relaciones sexuales y su banalización con desvinculación de cualquier lazo afectivo. La naturalidad con la que estas relaciones salen de la intimidad para publicitarse, afectando a un ámbito relevante de la experiencia humana como es la sexualidad, ha desarmado moralmente a la ciudadanía.

Hoy el aborto es defendido o comprendido por hijas, madres y abuelas, además de por los hombres, de todas las capas sociales, aunque no hayan pensado un segundo sobre el particular, pero por si les toca, porque «[…] los que tenemos hijos, no podemos hablar […] quién sabe si mañana […]».

Hay un monumental engaño en la vulgarización del aborto y, también, muchas ganas de dejarse engañar. El progresismo no pretende convencer, se limita a hacer cotidiano, natural, lo que le interesa.

Estas son las razones que, a mi juicio, han permitido que la sociedad occidental, que tiene al derecho a la vida humana como un derecho absoluto, inatacable, haya aceptado, mansamente, que se excepcione del principio general del derecho a la vida, el derecho a la vida del no nacido.

La práctica del aborto está en la calle, es libre, se ha extendido por toda la sociedad occidental y quienes estimamos que es una práctica contraria a la ética de nuestra civilización. Hemos de saber que nadamos contra corriente pero, también, que nuestras razones son muy sólidas y no tardará en llegar el día en que los abortos masivos, prácticamente tomados como instrumento anticonceptivo, sean tenidos por un auténtico genocidio.

No lo digo *a humo de pajas*. En la reciente encuesta realizada en veintiocho países por IPSOS Global Advisor, *Miradas globales sobre el aborto* (2021), se concluye que, por lo que se refiere a España, la opinión favorable a la legalización del aborto se ha reducido en ocho puntos, del 88 % al 80 %, desde 2014 a 2021. Son partidarios del aborto en todo caso el 59 %; solo en determinadas circunstancias, el 22 %; solo en caso de riesgo de muerte de la madre, el 7 %; en ningún caso, el 1 %; y NS/NC, el 11 %. Como se verá hay margen para dar la batalla con información, aunque sea cuesta arriba.

Concluyo afirmando que el movimiento abortista es un mecanismo más del progresismo desintegrador, de aquí que coincida con la afirmación del profesor López Quintas, ya referido: «[...] el verdadero propósito de la ley abortista no consiste tanto en resolver problemas humanos perentorios cuanto en lograr a medio plazo una transformación radical de la actitud ética de las gentes». El objetivo del movimiento abortista es quebrar un pilar esencial de la civilización occidental, es derecho a la vida.

4.4. MUERTE DIGNA Y DISPOSICIÓN DE LA PROPIA VIDA

4.4.1. Introducción

Son muy intensas las fuerzas que, partiendo de una visión materialista de la vida, disfrazada de compasión, mantienen la pretensión de que se legalicen las diversas fórmulas de disposición voluntaria de la vida y que tal disposición se convierta en un derecho al que la sanidad pública deba atender sin excusa.

No es menos cierto que los avances de la medicina han puesto a disposición de los seres humanos del llamado primer mundo enormes posibilidades para realizar el tránsito de la vida a la muerte con un alto confort y, en muchos casos, con plenas garantías de no padecer dolores insoportables aunque sí el de la penosa situación de saberse en el tránsito definitivo.

En este comentario trataré de ser más breve que en el dedicado al aborto, fundamentalmente porque los criterios éticos aplicables son los ya tratados, aquellos que consagran el derecho absoluto a la vida reconocido como inviolable, intangible o inalterable e irrenunciable, en este caso referido a los ya nacidos.

La cuestión que nos ocupa ha de repasarse desde un amplio espectro que va desde la asistencia al agonizante en una muerte digna a la eutanasia y al suicidio asistido, y también al fenómeno social del suicidio. No son supuestos comparables, desde luego, pero sí son fronterizos.

Como método discursivo utilizaré el del comentario y comparación de varios textos de alcance distinto y carácter normativo: leyes autonómicas; la Proposición de Ley de Derechos y Garantías de la Dignidad de la Persona ante el Proceso Final de su Vida, promovida por el grupo parlamentario de Ciudadanos; la Propuesta de Ley Nacional de Cuidados Paliativos, de Profesionales por la Ética; la Proposición de Ley sobre la Eutanasia, promovida por el grupo parlamentario Unidos Podemos-En Comú-Podemos-En Marea; y la Ley Orgánica 3/2021 de Regulación de la Eutanasia, del Gobierno de coalición PSOE-Podemos que, con variaciones, sigue la propuesta originaria del PSOE.

Junto a dichos textos de vocación normativa presento otros de carácter doctrinal, tales como el denominado *Hacia una posible despenalización de la eutanasia*, del ya conocido Instituto Borja de Bioética (IBB) y su respuesta por Médicos Cristianos de Cataluña (miembro de la Federación Internacional de Médicos Cristianos), así como el estudio titulado *Eutanasia y suicidio asistido: debate necesario*, del Centro de Estudios Andaluces, con lo que podremos contrastar un amplio abanico de posiciones, que pueda ayudar a repasar el conjunto de problemas que las materias presentan, con orden y relativa brevedad.

Antes de entrar en materia, se hace obligado establecer la radical diferencia entre dos muy distintos instrumentos de aproximación al tratamiento del proceso de muerte de un ser humano.

Nada tiene que ver el denominado tratamiento paliativo en el proceso de muerte o asistencia a una muerte digna, que analizaré en primer lugar, con la conocida eutanasia y el suicidio asistido.

A su vez, tanto las técnicas paliativas como las eutanásicas y de ayuda al suicidio son aplicables en supuestos claramente diferenciados, a saber: a) en momento previo a la muerte natural, con pronóstico de imposible supervivencia y b) en situación de postración permanente e irreversible, sin riesgo inmediato de muerte. Así, por ejemplo, el presidente francés Macron, ante la petición de una autorización para morir con dignidad planteada por un ciudadano de cincuenta y siete años que llevaba postrado treinta y cuatro por una enfermedad degenerativa y dolorosa, le contestó que «[…] su deseo de recibir ayuda activa para morir no está autorizada en nuestro país […]», por cuanto que en Francia se autoriza la sedación, pero solo si el paciente tiene un pronóstico vital negativo a corto plazo (*ABC*, 6/9/2020). Efectivamente, no se pedían cuidados paliativos contra el dolor o para atenuar su postración, sino la práctica del suicidio asistido o una acción eutanásica.

Se mantiene que eutanasia y suicidio asistido son dos figuras claramente diferenciadas, lo que pudiera ser cierto desde la perspectiva jurídico-penal, porque cabe diferenciar al actor de la muerte del colaborador necesario para suicidarse, pero no parece razonable mantener ninguna diferencia para analizar su valoración ética.

4.4.2. Cuidados paliativos o asistencia a una muerte digna

4.4.2.1. Consideraciones generales

Puede dudarse de que sea necesario regular el tratamiento clínico del final de la vida, porque la práctica médica vigente, no suficientemente generalizada, se desarrolla con plena racionalidad y sentido humanitario, siguiendo protocolos preestablecidos.

Creo que puede decirse que, en España, en la segunda decena del siglo XXI, disfrutamos de una práctica no suficientemente generalizada, de espera de la muerte con razonable confort para el enfermo, sin sobreactuaciones para dilatar innecesariamente el óbito, ni precipitaciones indebidas. La técnica de la muerte digna se conoce y se practica eficazmente, solo hay que extenderla a todo el territorio nacional.

Lo digo con conocimiento de causa, porque en el año 2010 falleció mi padre, con noventa y dos años, en un centro público de Madrid, y en 2014 falleció mi madre, con noventa y cuatro años, en otro centro público, esta vez de Bilbao. En ambos casos, mis padres fallecieron tras unos días de agonía y se aplicaron protocolos de sedación apropiados a cada situación. Mi padre tuvo relativa conciencia hasta pocas horas antes de morir y mi madre la había perdido previamente. En sendos casos la actuación médica se ajustó al más estricto respeto por los enfermos, por su situación y por el natural discurrir de las cosas, resultando obvio que actuaban atendiendo a preestablecidos protocolos, de muy similar factura.

El doctor Manuel Martínez-Selles (*Eutanasia. Un análisis a la luz de la ciencia y la antropología*, Madrid, 2019), para establecer el marco de los cuidados paliativos, trae la idea del National Cancer Institute: «Los cuidados paliativos son un concepto de atención al paciente que incluye a profesionales de la salud y a voluntarios que proporcionan apoyo médico, psicológico y espiritual a enfermos terminales y a sus seres queridos».

Desde luego, sigue Martínez-Selles, uno de «los principales cuidados paliativos es el control del dolor y de otros síntomas […]», pero también es objetivo «[...] la paz, la comodidad y la dignidad», para que el paciente esté lo «[...] más alerta y cómodo posible».

El Dr. Jacinto Bátiz, jefe de Cuidados Paliativos del Hospital San Juan de Dios de Santurce (Vizcaya), afirmaba a *Actuall* el 24/1/2018: «[...] llevo 24 años trabajando en cuidados paliativos y a mí todavía ningún paciente me ha pedido la eutanasia [...]» y en el periódico *BILBAO* de enero de 2018 afirmaba: «Un paciente al que le quitas el dolor te dice que no se quiere morir»; lo que refleja que la medicina tiene respuesta a las situaciones sufrientes de la agonía, haciendo innecesaria la eutanasia.

El director del Centro de Humanización de la Salud, el camilo José Carlos Bermejo, afirma que «La OMS recomienda no empezar la casa por el tejado y empeñarse más en planes, programas y servicios de cuidados paliativos que caminar por la vía de la despenalización o legalización de la eutanasia» (*Religión Digital*, 07/6/2018).

La pretensión generalizada de una vida digna para todos los ciudadanos incluye, desde luego, la de una muerte digna en términos objetivos, de atención clínica, en términos subjetivos, de libertad, lo que exige atender a la voluntad expresada por las personas que se encuentren en ese trance y, también, en términos de legalidad, congruente con los criterios éticos a los que toda norma imperativa debe responder.

Es evidente que es lícito pretender un mínimo sufrimiento físico y psíquico en el tránsito hacia la muerte, aunque la propia situación impone una cierta aflicción, salvo en el caso de la muerte repentina. Igualmente lícito es evitar un alargamiento escaso de la vida a costa del llamado *encarnizamiento terapéutico* u *obstinación terapéutica* o insistencia desmesurada para el mantenimiento de una vida por tiempo irrelevante y sin utilidad terapéutica para el enfermo.

Médicos Cristianos de Cataluña (*¿Despenalizar la eutanasia? Respuesta de Médicos Cristianos de Cataluña al Informe del IBB*, agosto 2005), de cuyo trabajo más adelante trataré con alguna amplitud, advierte que el *empecinamiento* o *encarnizamiento terapéuticos* «[...] incluyen una intencionalidad viciada en origen [...]», mientras que la *obstinación terapéutica* «[...] puede ser consecuencia de un celo exagerado [...]», lo que puede merecer distinta consideración ética.

Naturalmente ambos objetivos, la evitación de sufrimientos y la consideración de la libre voluntad del paciente, en el ámbito de la ética y la legalidad, se constituyen en obligación para los profesionales sanitarios y así lo establece el Código Deontológico del Consejo General de Colegios Oficiales de Médicos, de julio de 2011, en su artículo 36.

Por el contrario, no es éticamente lícita para los profesionales sanitarios la aceleración indebida de la muerte, que constituiría una práctica eutanásica, interdictada por el Código Deontológico ya referido. No se puede considerar como tal, como práctica eutanásica, la desconexión de las medidas de soporte vital cuando la situación del enfermo es irreversible y estas medidas solo le mantienen artificialmente con vida y no le permiten recorrer de forma natural el camino inevitable hacia la muerte.

Los profesionales de la medicina no pueden desoír la orden del enfermo, debidamente instruido, negándose, total, parcial o gradualmente, a un tratamiento aunque suponga un relativo adelanto del momento del fallecimiento. En mi opinión, siempre debiera reflejarse la petición del paciente o de su representante por escrito y no siendo posible la firma de aquel, con la firma de dos testigos. La atención a esta petición de desistimiento nunca puede suponer la dejación del resto de tratamientos congruentes con la situación sanitaria del enfermo.

No obstante, si la negativa del enfermo al tratamiento pudiera comportar riesgo de muerte cuando originariamente tal riesgo no existiera, los profesionales sanitarios deberán comunicar la situación a la autoridad judicial, previo informe del Comité de Ética del Centro, para que resuelva en derecho.

El mismo recurso a la autoridad judicial, previo informe del Comité de Ética del Centro, será procedente cuando el profesional sanitario tenga cualquier duda sobre la situación creada, con más razón, cuando el enfermo sea un menor de edad o discapacitado actuando por medio de representante.

Personalmente no tengo duda de que los familiares del enfermo están, éticamente aunque no legalmente, obligados a transmitirle, en la forma más adecuada posible, la cercanía del momento final. Sin duda alguna, los profesionales sanitarios han de cumplir esta obligación si no lo hacen los familiares o, mejor dicho, si no les consta que lo hayan hecho.

Creo que sería absolutamente ilícito —y para los profesionales es un incumplimiento grave de sus obligaciones (art. 15 Código Deontológico)— ocultar la cercanía de la muerte movidos por falsa sensiblería, porque quien va a morir tiene derecho a saberlo por si deseara ordenar sus intereses personales o transmitir alguna instrucción o, simplemente, para despedirse de sus deudos.

Los profesionales de la medicina tienen que saber que no es infrecuente que algunos familiares pretendan eludir su obligación para que el paciente no realice acciones que ejecutaría si conociera su situación terminal. Piénsese en el interés por evitar un cambio testamentario.

Cualquier tratamiento en que se prevea la reducción relevante o la anulación de la conciencia del paciente exigirá que los profesionales sanitarios se hayan asegurado de que se informó de su situación al paciente y se le otorgó cierto tiempo para ordenar sus intereses y transmitir su última voluntad. Esta información debe realizarse en el momento en que se tenga certeza de la irreversibilidad de la situación y la cercanía de la muerte, para hacer eficaz la pretensión que persigue.

El momento final puede ser recibido por el enfermo de diversas maneras, con o sin sufrimiento físico y, desde el punto de vista psíquico, con una actitud serena y confiada, con una angustia moderada y tolerable o con una angustia muy intensa que requiera de intervención médica.

Por lo que se refiere al sufrimiento físico, no cabe duda de que ha de reducirse en lo posible o eliminarse, ponderando el grado de sedación que en cada caso se requiera. Entiendo que no es lícito sedar con mayor intensidad de la necesaria, con el objeto de enajenar al enfermo del trascendental momento que está viviendo, con las dos excepciones que de seguido señalo.

Desde luego, la sedación terminal para evitar el dolor no puede considerarse como una acción eutanásica y así también lo estima el profesor Javier de la Torre de la Universidad de Comillas (*La eutanasia*, enero 2021)

El responsable en Holanda de la Coalición para la Prevención de la Eutanasia, en el XXII Congreso de la Federación Española de Asociaciones Provida, Henk Reitsema (*ABC, Alfa y Omega*, 17/4/2019) recomendaba que:

> Los países que legislen sobre paliativos deberían incluir buenas salvaguardas frente a los tratamientos que acorten la vida. La sedación debiera centrarse en la reducción de síntomas con la menor pérdida de conciencia posible y no en alcanzar una sedación profunda continuada. Si esta es necesaria un segundo médico debiera confirmarlo.

La segunda opinión puede sustituirse por una consulta al Comité de Ética del hospital.

El profesor Javier de la Torre, ya referido, tiene por *sedación paliativa* a «[...] la disminución deliberada de la conciencia del enfermo una vez obtenido el oportuno consentimiento, mediante la administración de los fármacos indicados y a las dosis proporcionadas, con el objetivo de evitar un sufrimiento insostenible [...]».

Las dos excepciones referidas son: que el enfermo haya comunicado previa y claramente que no desea ser consciente de su final o que la angustia con que viva el postrer momento sea lo suficientemente intensa como para que el médico o la familia lo sugieran. En ambos casos los profesionales de la medicina deberán actuar atendiendo a la expresa voluntad del agonizante, procurando no alterar el curso final previsible y en caso de duda elevar consulta al Comité Ético del hospital.

Resulta patente la conveniencia de que los ciudadanos, antes de prever cercana la muerte, suscribamos un testamento vital que recoja nuestras últimas voluntades y, específicamente, el tratamiento que deseemos para nuestros momentos finales, difundiéndolo entre las personas que consideremos adecuadas, así como incorporándolo al registro autonómico correspondiente, porque es la manera más eficaz de ejercer nuestra libertad personal en el momento en que nuestra voluntad esté disminuida.

El derecho al registro del testamento vital ya se practica en España, si bien los formularios ofrecidos son muy rígidos y no permiten al testador hacer una mínima explicación personal de su voluntad. Cuando menos se exigiría un espacio no inferior a cinco líneas para que el testador pueda hacer las precisiones necesarias, tras la cumplimentación del formulario.

También debiera corregirse la exigencia de que los representantes designados por el testador acepten el encargo previamente, pues puede resultar incómoda esta petición al testador, cuando en el derecho español el representante designado para cualquier actuación, incluido el albacea, ha de aceptar el encargo en el momento de su actuación sin necesidad de conocimiento previo del encargo.

En la proposición de ley del grupo de Ciudadanos se añade la exigencia de habitación individual para los momentos finales. En algunos hospitales ya existe esta prevención y urge extenderla a todos, asignando unas habitaciones para tal uso.

No se discute que sea cierta la dificultad de extender los cuidados paliativos a la totalidad de los enfermos que la puedan necesitar, de aquí la afirmación que hizo el representante de Ciudadanos, Francisco Igea, al presentar su proposición de ley (*El País*, 28/3/2017): «Esta ley es necesaria porque defendemos la igualdad de todos los españoles, también para morir [...] más de 50.000 pacientes al año mueren sin unos paliativos de calidad porque sigue existiendo el ensañamiento terapéutico, quien cree que puede imponer el dolor a sus pacientes por sus creencias».

En similares términos se expresó el coordinador del Observatorio de Atención Médica Final de la Vida de la Organización Médica Colegial, el doctor Marcos Gómez Sancho (*ABC*, 27/6/2018), con motivo de la toma en consideración del Proyecto de Ley de la Eutanasia del PSOE en el Congreso de los Diputados:

> Lo urgente y prioritario es atender a los 75.000 enfermos que en España están pasando un sufrimiento intenso que sería evitable si tuvieran acceso a una unidad de cuidados intensivos [...]. La Asociación Española contra el Cáncer estima que hay 30.000 enfermos de más de 65 años que viven solos. Son mayores y frágiles. Su mejor opción puede ser morir.

Casi un año después (*ABC*, *Alfa y Omega*, 17/4/2019) el mismo doctor Marcos Gómez Sancho señalaba que:

> Cada vez hay más enfermos crónicos complejos o con enfermedades incapacitantes pero supervivencias largas y problemas añadidos de todo tipo. [...] Sí, va a hacer falta dinero, y mucho. La sociedad tiene que preguntarse qué estamos dispuestos a hacer. Lo urgente no es aprobar la eutanasia ni el suicidio asistido sino poner recursos.

Este es un problema de medios que, como dice el antropólogo Mikel Azurmendi (*El Mundo*, 13/4/2019): «No se explica que en un país rico como el nuestro alguien tenga que matarse para evitar el dolor y la soledad, para eso están los paliativos», pero parece que existe amplio consenso en que no se llega a toda la nación con estos medios.

El problema no está en la incapacidad de solucionar el problema del dolor, en su amplio sentido, sino en que las técnicas y los medios conocidos para aliviarlo no se puedan extender allí donde son necesarios. Es un esfuerzo que corresponde a la sanidad pública, sustancialmente.

Se hace evidente la necesidad de una red de cuidados paliativos y, desde luego, de solidaridad con los que se encuentran en tan grave situación. Efectivamente, así parece que es, porque afirma María Martínez López («Cuidar es caro y la eutanasia será gratis», Foro de la Familia, 25/10/2018): «El 17 de septiembre, el Consejo de Europa publicó nueve recomendaciones para una correcta implantación de los cuidados paliativos. España solo cumple dos», y continúa afirmando que: «El número de pacientes que necesitarían esta atención en nuestro país y no la reciben ha pasado desde 2015 de 50.000 a 75.000, según la Sociedad Española de Cuidados Paliativos (SECPAL)».

Gloria Rabanaque, médico rural y jefe del centro de salud de la comarca castellonense del Alto Palancia, de población dispersa y de avanzada edad, afirma que (*El País*, 27/10/2018): «[…] sufren pluripatologías y están polimedicados […] acompañar en los últimos días es importante […]. Mueren de una manera u otra en función de la formación y actitud de los profesionales de atención primaria que los atienden». Este es el auténtico problema que resolver, llevando la acción paliativa hasta donde sea necesaria, en hospitales comarcales y, probablemente, mediante unidades móviles.

Según EAPC Atlas Europa 2019 de Cuidados Paliativos (*ABC*, 20/12/2020), España ocupa un puesto muy atrasado en el *ranking* de cuidados paliativos. Si el primer puesto, que ocupa Austria, dispone de 2,2 servicios por 100.000 habitantes, España dispone de 0,6. Solo dos países de la UE están en peor situación: Malta (0,4) y Grecia (0).

En todos los grandes hospitales públicos y en bastantes privados existen protocolos para el tratamiento del proceso de la muerte, por lo que el ensañamiento u obstinación terapéutica no son viables o de muy difícil aplicación. En todo caso, si existiera alguna excepción, el enfermo y normalmente sus familiares pueden exigir a la dirección del centro y a la autoridad judicial, si fuera necesario, la aplicación de las técnicas de asistencia a una muerte digna y el consiguiente traslado allí donde existan los equipos y medios adecuados.

El doctor Xavier Gómez Batiste (*ABC*, 20/12/2020) concluye que:

> La atención paliativa hospitalaria o domiciliaria bien planificada y bien hecha previene muchos problemas y evita que los pacientes recurran a urgencias o terminen ingresados en las unidades de agudos

[...]. Cuando se hace esto, cuyo objetivo no es ahorrar dinero al SNS [...], se obtiene un resultado adicional que es la optimización de los recursos.

Es de resaltar, señala el doctor Gómez Batiste que: «Del 35 al 45 por ciento de las camas para enfermos agudos están utilizadas hoy por pacientes con necesidades paliativas», lo que es un perjuicio para el sistema.

Lo propio es que la sanidad pública se dote de un sistema de asistencia domiciliaria o en centros sanitarios regionales, mediante equipos móviles humanos y técnicos adecuados para atención inmediata y especializada y porque «[...] entre el 50 y 70 por ciento de las personas mayores tienen necesidades de atención paliativa». Esto hace pensar que en las residencias geriátricas debieran dispensarse estos cuidados bien con un servicio estable o bien con servicios móviles.

Parece evidente que lanzarse a la imposición de la eutanasia sin haber agotado las posibilidades del sistema de cuidados paliativos es una manifiesta voluntad no ya de *matar moscas a cañonazos*, sino de imponer el desprecio sobre el valor de la vida, con manifiesta finalidad constructivista.

Derecho sobre la historia clínica

En otro orden de cosas, y por lo que se refiere a lo dispuesto en la Ley 41/2002 básica reguladora de la autonomía del paciente y de sus derechos y obligaciones en materia de información y documentación clínica, creo necesario establecer que la historia clínica es de propiedad compartida entre los profesionales actuantes y el paciente y que, siempre que lo solicite, se le deberá hacer entrega de testimonio literal de la mismas, incluidas las anotaciones subjetivas de los médicos, porque reflejan su real actuación profesional y la situación clínica del enfermo.

Esta prevención será útil tanto para trasladarla a otro centro sanitario o a otro profesional como para utilizarla en caso de cualquier eventual reclamación. Sin la completa información que refleja la historia clínica no será posible conocer, con el detalle debido, la actuación médica que se trata de trasladar a otro profesional o que se pretende evaluar.

Sugiero la modificación del artículo 18 en el doble sentido de que el paciente o sus deudos, si hubiera fallecido este o esté imposibilitado, no solo tengan derecho de acceso a la historia clínica, sino que tengan derecho a recibir copia literal de la misma.

4.4.2.2. Proposición de Ley del grupo parlamentario de Ciudadanos

La proposición de ley promovida por Ciudadanos con amplio consenso no tenía ninguna disposición que pudiera comprometer valores éticos en el momento de la muerte, porque recogía los criterios básicos de la buena práctica clínica ya generalizada en España.

Curiosamente, el grupo parlamentario de Ciudadanos algún año después apoyó con sus votos la aprobación de la Ley Orgánica 3/2021 de Regulación de la Eutanasia, en plena contradicción con su proposición paliativa.

4.4.2.3. Propuesta de Ley Nacional de Cuidados Paliativos, de Profesionales por la Ética

Este es un texto muy sintético que reconoce el valor ético de la asistencia a una muerte digna, aunque hace precisiones discutibles:

• Considera práctica eutanásica la retirada de la alimentación y la hidratación «[…] aunque sean proporcionadas y bien indicadas clínicamente».

No puedo estar de acuerdo con esta afirmación si tales indicaciones clínicas se producen ante una situación de muerte irreversible y sedación profunda. La alimentación e hidratación, en situación terminal, no haría más que alargar la agonía, lo que se convertiría en una forma de obstinación, en lugar de dejar que la naturaleza vaya encontrando su final.

Es de señalar, no obstante y a estos efectos, que la Congregación para la Doctrina de la Fe, de la Iglesia católica, afirmó, según recogía el periódico católico *Alfa y Omega* (03/5/2018), que en caso de pacientes en estado vegetativo: «[…] la administración de agua y alimento, aunque se lleve a cabo por vías artificiales, constituye siempre un medio natural de conservación de la vida, no un acto médico. Su uso se debe considerar, en principio, ordinario y proporcionado, y como tal moralmente obligatorio». Evidentemente este dicasterio eclesiástico se está refiriendo a la situación vegetativa no terminal.

La cuestión está en qué situación es aplicable este criterio. No es la misma situación la de un enfermo en estado vegetativo que se encuentre en situación agónica que si no se encontrara en tal situación agónica. Probablemente, mantener la hidratación y la alimentación a un enfermo en situación terminal irreversible no haga más que dilatar de manera innecesaria y agotadora para sus familiares el final, mientras que excluyendo ambos apoyos se facilita un final reposado, menos traumático e inevitable.

Llegados los últimos momentos, no puede valorarse de manera distinta la retirada de tratamientos e instrumentos de apoyo, como el respirador artificial, y la retirada de la hidratación y los alimentos, porque el mantenimiento de ambos tipos de cuidados se dirigen al mismo fin de la prolongación precaria y penosa de la existencia.

Advierte el reiterado profesor Martínez-Selles (*Eutanasia. Un análisis a la luz de la ciencia y la antropología*, RIALP, 2019) que:

> Para algunos, prolongar la hidratación y la nutrición puede considerarse ensañamiento terapéutico […]. El enfermo […] en espera […] de un final natural tiene derecho a una asistencia sanitaria básica (alimentación, hidratación, higiene, calefacción, etc.) y a la prevención de las complicaciones que se derivan del hecho de estar en la cama.

Este sería también el caso de la cura de escaras.

Como ya he señalado, discrepo de que entre los elementos de esa asistencia sanitaria básica sea éticamente obligatoria la prestación de la alimentación y la hidratación en los momentos terminales de la irreversible agonía del paciente que solo sirve para alargar más que la vida el tránsito a la muerte. Naturalmente, la designación del momento-frontera corresponde al médico con sus conocimientos y criterio deontológico.

• La posibilidad de producir sedaciones irregulares.

Esta es una preocupación de Profesionales por la Ética que hace, entre otros aspectos, su propuesta excesivamente restrictiva y limitativa de las posibilidades de los cuidados paliativos.

Siempre se podrán cometer irregularidades y eutanasias encubiertas, como se pueden producir homicidios que se tratan de ocultar a la policía.

Por otra parte, la actuación del médico no se produce en la reserva de un quirófano, sino ante la presencia de los familiares del paciente, que pueden ofrecer sus criterios y formular sus reclamaciones si perciben alguna anomalía en la conducta médica. Naturalmente, se exige diligencia en los familiares.

Un médico tiene derecho a negarse a una sedación cuando la encuentre contraindicada o precipitada. La atención del médico a la voluntad del paciente está limitada porque esta ha de ser congruente con la «buena práctica médica» (art. 36.4 del *Código de Deontología Médica*).

La sedación terminal, incluso la más profunda, es un derecho del paciente, en cuanto que concurran las circunstancias que permitan considerarla como «buena práctica médica», de modo que el médico no podrá negarse a la misma porque no es una acción eutanásica, como ya he justificado en páginas anteriores.

• El poder final que se otorga al médico, afirman los Profesionales por la Ética, «supone la vuelta al paternalismo médico y rompe la alianza terapéutica […] basada en la confianza».

A mi juicio no existe un desmedido poder final en manos del médico, porque el paciente —o sus familiares— puede rechazar los tratamientos y llegar a impetrar la intervención del Comité de Ética y del poder judicial, lo que no obsta para reconocer la situación de primacía que ocupa el médico en tan trascendental momento, como profesional y como persona cualificada e independiente, respecto de intereses familiares de cualquier orden.

• Presión sobre el médico y los centros sanitarios, con sanciones colegiales y de otro orden si no cumplen con los «nuevos» derechos del paciente.

Tampoco me parece justificada esta prevención de Profesionales por la Ética. Si algún médico considera que el cumplimiento de los tratamientos de la asistencia a una muerte digna contradicen sus convicciones en materia del derecho a la vida humana, tendrá que presentar ante el Comité de Ética del centro sanitario en el que preste sus servicios un escrito denunciando las eventuales vulneraciones éticas y solicitando la corrección de las anomalías detectadas.

Si la situación tuviera singular gravedad, siempre podrá reseñarlo en la historia clínica, informar a los familiares e incluso formular denuncia ante el juzgado de guardia.

En mi opinión, por corresponder los tratamientos que nos ocupan a conductas universalmente aceptadas como éticamente lícitas, salvo supuestos excepcionales, no cabe plantear la objeción de conciencia. Así lo ha considerado la Asamblea del CGCOM celebrada el 18 de mayo en Melilla, según se hizo público en declaración de 21 de mayo de 2018.

4.4.2.4. Precisiones sobre la asistencia a una muerte digna

Me permito definir la asistencia a una muerte digna así: es el tratamiento médico destinado a atender el proceso de la muerte cuando la enfermedad ya no tiene tratamiento eficaz y la atención medica ha de dirigirse al confort del enfermo, sin pretender adelantar el final y sin vulnerar sus derechos fundamentales ni las disposiciones legales, eliminando sus dolores físicos y psíquicos y haciendo, todo ello, compatible con el respeto a las instrucciones que libremente haya dado.

A efectos conclusivos tiene sentido traer aquí el artículo 36 del Código Deontológico del Consejo General de Colegios Oficiales de Médicos, actualizado en julio de 2011, en lo que se refiere a la muerte digna:

1. El médico tiene el deber de intentar la curación o mejoría del paciente siempre que sea posible. Cuando ya no lo sea, permanece la obligación de aplicar las medidas adecuadas para conseguir su bienestar, aun cuando de ello pudiera derivarse un acortamiento de la vida.
2. El médico no deberá emprender o continuar acciones diagnósticas o terapéuticas sin esperanza de beneficios para el enfermo, inútiles u obstinadas. Ha de tener en cuenta la voluntad explícita del paciente a rechazar dicho tratamiento para prolongar su vida. Cuando su estado no le permita tomar decisiones, tendrá en consideración y valorará las indicaciones anteriormente hechas y la opinión de las personas vinculadas responsables.
3. El médico nunca provocará intencionadamente la muerte de ningún paciente, ni siquiera en caso de petición expresa por parte de este.
4. El médico está obligado a atender las peticiones del paciente reflejadas en el documento de voluntades anticipadas, a no ser que vayan contra la buena práctica médica.
5. La sedación en la agonía es científica y éticamente correcta solo cuando existen síntomas refractarios a los recursos terapéuticos disponibles y se dispone del consentimiento del paciente implícito, explícito o delegado.

Es de común aceptación que una buena práctica paliativa, como la que se lleva a cabo en muchas instituciones públicas y privadas de España, donde existen medios adecuados, hace absolutamente innecesaria la propuesta de prácticas eutanásicas, formuladas siempre desde posiciones ideológicas materialistas, cuya pretensión es ir profundizando en su estrategia de devaluación del ser humano y de su cosificación.

4.4.2.5. Posibilidad de vivir los últimos momentos en el hogar

El reiterado profesor Martínez-Selles hace evidente que «[...] la muerte se ha medicalizado y generalmente acontece en los centro hospitalarios [...] en ambiente frío, con personas extrañas y sofisticados aparatos [...] [que] [...] le producen miedo, incertidumbre y angustia», y esta evidencia le hace traer el criterio del especialista en bioética, el Dr. George Annas, de la Universidad de Boston, quien afirmó: «[...] la única forma realista de mejorar el cuidado del paciente con enfermedades terminales es dejarlos en casa, evitando su traslado al hospital al final de su vida».

No es mala esta propuesta, en los casos en que fuera posible, para lo que sería necesario un servicio de atención domiciliaria, cuando menos en las zonas de menor capacidad hospitalaria y como ideal en todo el territorio nacional.

4.4.3. Eutanasia y suicidio asistido

4.4.3.1. Mapa europeo de la eutanasia

Según reportaje periodístico (*La Razón*, 26/10/2018), está interdictada la eutanasia activa, pero no la pasiva (la eliminación de alimentación e hidratación en situación terminal), en: Austria, Bulgaria, Croacia, Chipre, Chequia, Dinamarca, España, Estonia, Finlandia, Francia, Alemania, Grecia, Hungría, Irlanda, Italia, Lituania, Letonia, Malta, Eslovenia, Polonia, Suecia, Reino Unido, Noruega y Suiza.

Está legalizada la eutanasia activa, en la que un médico interviene, en Bélgica, Holanda, Canadá, Luxemburgo, Nueva Zelanda y Colombia. El suicidio asistido se permite en Finlandia, Suiza, Alemania, Japón, Austria, en algunos Estados de EE. UU.

(Washington, Oregón, Colorado y Vermont) y, también, en Australia (Estado de Victoria). En España está promulgada la Ley Orgánica 3/2021 de Eutanasia, que incluye el suicidio asistido (aporte para la autoadministración del producto letal), promovida por el Gobierno PSOE-Podemos y de cuyo contenido trato en los siguientes pasajes.

Comentaba el catedrático holandés de la Universidad de Turingia, Paul Frissen (*ABC*, 9/6/2019), que en Holanda:

> La eutanasia se ha convertido en una práctica médica normal, lo que lleva a una frontera inquietante. Lo extraño en Holanda es que hay una opinión muy sólida entre políticos, entre la gente, incluso entre los médicos, de que la muerte por eutanasia es un método excelente para garantizar la regulación del final de la vida.

Frissen hizo una inquietante revelación: «[...] solo hace dos años que se investigan casos irregulares, eso dice mucho de lo que se ha hecho o se ha dejado de hacer», desde que fue aprobada en 2002.

Henk Reitsema advertía en el mismo reportaje que en Holanda: «Tiene la pinta de que se están aplicando bastantes eutanasias por la puerta de atrás, bajo guisa de sedaciones terminales». Efectivamente, el profesor Martínez-Selles (*Eutanasia. Un análisis a la luz de la ciencia y la antropología*, RIALP, 2019) confirma la realidad eutanásica de Holanda en la que se ha hecho realidad el riesgo de la denominada *pendiente resbaladiza*, sobre la que volveré a tratar, pues:

> Hace años se reconocieron cifras importantes de casos de eutanasia no solicitada [...]. En el momento de despenalizar la eutanasia la Corte Suprema holandesa exigió cinco condiciones: petición del paciente enteramente libre y voluntaria; petición estable, bien considerada y persistente; sufrimientos intolerables sin perspectiva de mejora; eutanasia como último recurso; y deber del médico de consultar con un compañero independiente con experiencia [...]. La historia muestra que estos límites «infranqueables» se han ido traspasando.
>
> [...] El control social es también prácticamente nulo, pues los médicos frecuentemente no la notifican [...] la mitad de los casos de eutanasia no se comunican [...].

Esta generalizada conducta holandesa hace perder la confianza de, sobre todo, los ancianos en los hospitales porque sospechan de su liquidación.

El presidente de la Asociación Española de Derecho Sanitario y doctor en Derecho, Ricardo de Lorenzo y Montero (*El Español*, 10/2/2020), señala que:

> La Asociación Médica Mundial declara el deber hipocrático del médico de conservar la vida y proscribe, por tanto, cualquier acción conducente a acabar con ella [...]. La eutanasia, que es el acto de terminar deliberadamente la vida de un paciente, incluso a petición del paciente o a petición de parientes cercanos, no es ética y debe ser condenada por la profesión médica [...]. La Asociación Médica Mundial contempla, para el alivio del dolor y de otros síntomas aflictivos, el uso adecuado de nuevos analgésicos, entre otras medidas, que consiguen suprimir o aliviar el dolor y otros síntomas aflictivos en la mayoría de los casos [...]. La Asociación Médica Mundial recomienda que todas las asociaciones médicas nacionales elaboren una política nacional sobre atención primaria.

4.4.3.2. Consideraciones generales

La eutanasia es la acción de acabar con una vida humana, de manera deliberada y protocolizada, con permiso del paciente o de sus representantes, con el objetivo básico de evitar a este sufrimientos intolerables. Martínez-Selles es más explícito: «La eutanasia no es una técnica, un recurso de la medicina: la excluye, la sustituye [...]».

La eutanasia prevé aplicarse a un enfermo terminal o en fase previa a la terminal o a enfermos con enfermedades incurables aunque no esté próxima la previsión de su muerte. Se dispone la presencia de un médico o de personal sanitario a su cargo en la ejecución del protocolo correspondiente.

Aunque jurídicamente eutanasia y suicidio asistido tienen consideraciones y consecuencias jurídico-penales distintas, en el orden de la ética, que aquí interesa, tales diferencias son irrelevantes.

La cuestión ética central se concreta en dar respuesta a dos cuestiones:

- ¿Puede primar el derecho al ejercicio de la libertad individual, de la autonomía de la voluntad, sobre el derecho a la vida?

   La autonomía de la voluntad es de rango jerárquico inferior al derecho a la vida, que es absoluto e irrenunciable.

- En cualquier caso, ¿es lícita la eutanasia para evitar sufrimientos, existiendo cuidados paliativos que consiguen el objetivo sin producir la muerte?

Ya está dicho que, al tratar de los cuidados paliativos, sería ética la retirada de la alimentación y de la hidratación, con sedación graduada con criterio médico de necesidad manifiesta, porque su mantenimiento solo tendería a una prolongación precaria y penosa de la agonía, de modo que la sedación terminal no puede considerarse como acción eutanásica.

Pasamos a repasar diversos textos, la mayoría proeutanásicos, para contrastarlos con las dos cuestiones planteadas.

4.4.3.3. Proposición de Ley sobre la Eutanasia, de Podemos

A tenor del texto presentado por Podemos al Congreso de los Diputados, el texto que pretendía convertir en ley incluía dos conductas que legalizar: la eutanasia, propiamente dicha, y el suicidio médicamente asistido.

La eutanasia, propiamente dicha, en la que interviene «[...] un médico [...] para causar la muerte rápida, eficaz e indolora a una persona con una enfermedad grave que conduce necesariamente a su muerte o que padece de sufrimientos físicos o psíquicos que ella considera intolerables. El solicitante formula su petición libre, expresa, informada y reiteradamente».

El suicidio médicamente asistido se produce cuando un paciente en las mismas circunstancias clínicas referidas en el párrafo anterior solicita de forma libre, expresa, informada y reiterada a un médico los medios necesarios para suicidarse y este se los facilita, asistiendo al proceso de su muerte.

No cabe duda de que la eutanasia y el suicidio asistido, aunque se describan mediando la intervención de un médico y con exigencias de libre voluntad, de hecho pueden producirse sin intervención médica y sin permiso del paciente.

Ambas conductas son aplicables a las dos posibles situaciones clínicas del paciente. Realmente, ambas conductas tienen la misma estructura ética, siendo mucho más relevante el análisis de los supuestos clínicos en que se encontrara el paciente, para llevar a cabo, legalmente, cualquiera de las dos operaciones:

- Enfermedad grave que le conduce necesariamente a su muerte, sin que tengan que mediar sufrimientos físicos o psíquicos.
- Enfermedad que, en principio, no le conduce a la muerte, de la que se derivan sufrimientos que el paciente considera intolerables.

En el primer supuesto clínico, no mediando el padecimiento de sufrimientos por el enfermo, carece de sentido actuación alguna y menos de la trascendencia de la eutanasia. Si el enfermo fuera *víctima,* siquiera sea del sufrimiento derivado de la angustia de la muerte, bastaría con que se le aplicaran las técnicas de asistencia a una muerte digna, previstas para el caso, pues, como ya se ha adelantado, con ellas se hace innecesaria la idea de la eutanasia.

Éticamente carece de justificación adelantar la muerte del paciente, sin ninguna otra razón que no fuera la impaciencia por morir o el afán devaluatorio de la dignidad humana como estrategia política.

En el segundo supuesto clínico, las circunstancias pueden ser muy diversas, desde sufrimientos físicos o psíquicos, que podrían atenderse mediante técnicas paliativas, hasta la situación de permanente inmovilidad, aunque no padeciera dolores físicos.

A mi juicio, esta última situación clínica es la que merece una mayor atención desde la perspectiva ética, porque puede encerrar situaciones realmente dramáticas, razón por la que es la que más airean los propagandistas de la eutanasia. Recuérdese el caso del suicidio asistido de Ramón Sampedro, del que se produciría un largometraje.

Esta situación de postración irreversible es una de las más adecuadas para que surja la compasión activa porque, muy probablemente, la mejor medicina que puedan recibir estos pacientes sea la compañía de familiares, amigos y voluntarios que estén dispuestos a compartir el tiempo y ahogar la soledad del enfermo. El vicepresidente de la Sociedad Española de Cuidados Paliativos, Alberto Meléndez (Portantos.es, mayo 2021), afirmó que: «Hay que recuperar el prestigio de cuidar», y precisó que tal recuperación exige superar la idea tradicional de la prioridad de la mujer en los cuidados. Pero la aplicación de la eutanasia, o el suicidio asistido, por compasiva que sea la intención, es un atentado injustificado contra una vida humana.

No se vea frialdad y lejanía en mis palabras. Aunque el escenario que se describe está repleto de sufrimientos ciertos, un análisis como el que pretendo exige colocarse a cierta distancia, para enlazar argumentos y no caer en raptos compasivos, que en nada mejoran las situaciones referidas.

Ha de quedar claro que cuando no existe inminencia o proximidad de muerte no estaríamos ante un supuesto de *buena muerte*, que es lo que significa eutanasia, sino ante un supuesto de *muerte anticipada*, en griego *proretanasia*, una muerte en frío, anticipada sin saber en cuánto tiempo y, en muchas ocasiones, sin saber por qué.

4.4.3.4. Análisis de la declaración del IBB: *Hacia una posible despenalización de la eutanasia*

Nuestro ya conocido IBB emitió en enero de 2005, y que yo sepa no ha modificado su criterio, una declaración titulada *Hacia una posible despenalización de la eutanasia*, cuyas claves esenciales repasaré sucintamente:

La definición de eutanasia que se ofrece es la siguiente:

> Eutanasia es toda conducta de un médico, u otro profesional sanitario bajo su dirección, que cause de forma directa la muerte de una persona que padece una enfermedad o lesión incurable con los conocimientos médicos actuales que, por su naturaleza, le provoca un padecimiento insoportable y le causará la muerte en poco tiempo. Esta conducta responde a una petición expresada de forma libre y reiterada, y se lleva a cabo con la intención de liberarle de este padecimiento, procurándole un bien y respetando su voluntad.

Esta definición es más restrictiva que la contenida en la proposición de ley de Podemos, ya comentada, pues no incluye el suicidio asistido ni el supuesto de enfermedad irreversible que no lleve aparejada la proximidad de la muerte, que es precisamente el problema más complejo de los supuestos que cabe tratar en este ámbito.

No considera el Informe IBB la retirada o no aplicación de tratamientos que se consideren desproporcionados o fútiles, por cuanto estas actuaciones han de considerarse en el marco de una adecuada práctica médica, lo que supone que la eutanasia no sería ética en tanto sea viable la utilización de los adecuados cuidados paliativos.

En su ya conocido discurso ambivalente, el IBB «[…] apuesta por la vida […] [la vida es un don] […] no ignora ni excluye la exigencia de saber asumir y afrontar sus acontecimientos más difíciles de modo responsable».

La Declaración IBB, publicada en 2005, asegura que «[…] en el Estado español [*sic*] es aún muy minoritaria la asistencia a los enfermos en fase terminal con un tratamiento adecuado del dolor y del sufrimiento (unidades de cuidados paliativos) [...]. Una mayoría de pacientes mueren en condiciones precarias, con un sufrimiento innecesario [...]».

Aunque así fuera, aunque hubiera una cifra mayoritaria de personas que no pueden recibir cuidados paliativos al final de sus días, lo propio es que la Declaración IBB reclamara el fortalecimiento de los sistemas de asistencia para una muerte digna en todos los hospitales públicos y privados, pero no tiene sentido que compatibilice la queja por la falta de atención paliativa con la reclamación de la eutanasia.

Por otra parte, aunque su definición de eutanasia la limita a supuestos de padecimientos insoportables y proximidad de la muerte, la mezcla con otro tipo de sufrimientos, que nada tienen que ver con el escenario en que ubica la *eutanasia,* como excepción al valor ético de la vida aporta tales dosis de subjetivismo que sería necesaria una legalización muy abierta de la eutanasia, sin los límites que su propia definición establece.

Así afirma el IBB:

> También es una realidad en el Estado [*sic*] español que las personas mayores, enfermas, a veces solas, no disponen de los medios necesarios para considerar que su calidad de vida es aceptable y que vale la pena continuar viviendo. Pensiones muy bajas [...], precarias viviendas, soledad y falta de entorno afectivo [...] muchas veces acompañan a un estado grave de salud y llevan a manifestar deseos de morir.

Apostillo que las personas, los ciudadanos, están en la nación española y no en el Estado español.

Así que propone al Estado «emprender este tipo de políticas sanitarias y sociales con carácter prioritario paralelamente al planteamiento de una despenalización de la eutanasia».

Después de ofrecer un panorama desolador de la situación sanitaria de los ciudadanos españoles y después de plantear un amplísimo ámbito causal justificativo de la eutanasia —o así lo parece— propone la despenalización de la eutanasia en términos restrictivos, de modo que «la despenalización de la eutanasia debería exigir la concurrencia de unos requisitos imprescindibles».

- «Enfermedad que producirá próximamente a la muerte», derivada de una patología irreversible.

- «Sufrimiento insoportable», aportando como hipótesis el fracaso de los cuidados paliativos o su inaccesibilidad. No parece razonable pensar que en España se dé el supuesto de que sea más fácil llevar a cabo la eutanasia (médico, fármacos, Comité de Ética, plazos, etc.) que la atención paliativa. Si así fuera, lo urgente no es la eutanasia sino la generalización de la medicina paliativa.
- «Consentimiento explícito del enfermo», como única opción digna para liberarse del sufrimiento. «Sin embargo, en ninguno de estos casos [...] [pacientes con bajo nivel de conciencia sin previa expresión de voluntad, discapacitados mentales, niños o recién nacidos] [...] se podrá aplicar una eutanasia en los términos que hemos descrito, ya que faltará el elemento de la voluntariedad».
- «Intervención médica en la práctica de la eutanasia».
- «Visto bueno del Comité de Ética».

Parece que para el IBB solo sería ética la eutanasia cuando fuera inviable la asistencia de cuidados paliativos, cuando la práctica de la asistencia a una muerte digna no existiera o fracasara, o estaría aceptando la eutanasia por quedar bien, porque las hipótesis requeridas lo que merecerían, más bien, sería exigir la urgente implantación de un Plan de Cuidados Paliativos que cubra el territorio nacional, con unidades móviles que atiendan a las zonas de dispersión demográfica, etc.

Ciertamente lamento repetir la opinión que ofrecí sobre el Informe IBB en torno al aborto. Estamos en esta Declaración del IBB ante un documento vacuo, sin soporte discursivo, que no profundiza en la valoración ética de la vida humana y no entra en la casuística que la proximidad a la muerte genera, para entregarse, aparentemente, a la eutanasia, pero cuando la concreta en su práctica, recula y la condiciona al fracaso de un tratamiento para la asistencia a la muerte digna, lo cual no tiene presencia en la práctica clínica.

Da la impresión de ser un juego de salón para airear el espantajo de la eutanasia y dejarlo después en una práctica subsidiaria sin utilidad práctica. O, peor, como me parece a mí, para dejar la puerta abierta a esta práctica, lo que requeriría que un Instituto de Bioética ofreciera una reflexión laxa sobre la viabilidad de la eutanasia.

Hoy, el criterio médico garantiza la plena eficacia de la atención al paciente, aun cuando acorten ligeramente la vida, dato este que quizá el Informe IBB no tenía a su disposición en el año 2005.

El doctor Eduardo Bruera, director del Departamento de Cuidados Paliativos del MD Anderson Cancer Center (Houston), lo explicó en el Congreso Nacional de SECPAL, en junio de 2018 (*Alfa y Omega*, 25/10/2018): «Cuando enferman, las personas ven otro sentido a su vida. Se ajustan a esa realidad y muy pocos terminan diciendo que desean morir». En el mismo trabajo periodístico María Martínez López concluía: «Tampoco es una reclamación de los médicos. En una encuesta de la OMC en 2010, más del 70 % de los profesionales estaban en contra de despenalizar esta práctica y solo el 10 % estaría dispuesto a aplicarla».

4.4.3.5. ¿Despenalizar la eutanasia? Médicos Cristianos de Cataluña (MCC)

Incorporo en este subapartado comentarios en respuesta al Informe IBB, formulados por Médicos Cristianos de Cataluña (agosto 2005), que mantiene tesis antieutanásicas para facilitar su estudio comparado.

Este documento, de una entidad católica, surge como respuesta a la Declaración IBB, también católica, por lo que voy a tomar sus argumentaciones éticas y no considerar sus aportaciones de moral católica, irrelevantes en este trabajo.

La primera consideración de MCC es que la definición de eutanasia del IBB supone una declaración de intenciones, más que un acotamiento del término, e incorpora un juicio ético positivo.

Porque una eutanasia practicada sin intervención médica también es eutanasia. Porque una eutanasia practicada sin permiso del paciente también es eutanasia.

En cualquier caso, dice MCC: «[…] una acción que causa de forma directa la muerte de una persona no es un acto médico», a tenor de los códigos deontológicos vigentes.

Por lo que se refiere a la existencia de un *sufrimiento insoportable*, MCC lo rechaza como argumento válido a favor de la eutanasia, porque «[…] el sufrimiento se puede tratar eficazmente» de modo que, sigue MCC, «la mejor respuesta a una petición de eutanasia no es originar la muerte del paciente sino tratar eficazmente el sufrimiento […] [porque] […] una de las obligaciones del médico es suprimir el dolor o al menos aliviarlo […] y dar apoyo y consuelo al enfermo que padece».

Insiste MCC en que: «Dados los recursos de la medicina de que disponemos y la experiencia de las unidades de curas paliativas, no compartimos la consideración de que, con adecuado tratamiento, se produjeran situaciones extremas y conflictivas que llevasen a pedir la eutanasia».

Para MCC la sedación paliativa es la respuesta al fracaso de otras medidas de control del sufrimiento y recuerda el criterio del doctor Porta, coordinador asistencial del Servicio de Curas Paliativas del Instituto Catalán de Oncología: «Cuando eres capaz de aliviar el dolor y ofreces la posibilidad de vivir el final de la vida con dignidad la gente no quiere que le ayudes a morir».

A mayor abundamiento, MCC mantiene que pese a que la utilización de determinados fármacos «[…] para aliviar el sufrimiento pueden acortar la vida […] [siempre] […] que no exista un tratamiento alternativo que carezca del efecto secundario […] es éticamente correcto».

De modo que MCC afirma que no existe el supuesto clínico por el que la atención paliativa, por su fracaso en un enfermo terminal, pueda requerir ser sustituida por la eutanasia, que es el único supuesto, pese a sus previas elucubraciones, en el que la Declaración IBB legitima la eutanasia *(fracaso de los cuidados intensivos o su inaccesibilidad)*. Puros fuegos de artificio del IBB.

Por lo que se refiere a la inaccesibilidad de la asistencia para una muerte digna, cuesta imaginarse, en España, un supuesto en que no pueda trasladarse al enfermo en ambulancia o en helicóptero, como ocurre habitualmente en los accidentes de tráfico o de montaña. Pero, en todo caso, es una clara área de mejora de nuestra sanidad pública.

En cuanto a la comentada extensión que hace el IBB , más literaria que efectiva, de los supuestos de eutanasia para las situaciones sociales, emocionales, etc., que carece de sentido a ojos vista, MCC denuncia que se está confundiendo *dignidad de la vida* y *calidad de vida* y se pregunta, en tales supuestos, «[…] ¿quién puede poner entonces límites a la petición de eutanasia?».

Concluye MCC considerando que «[…] aceptar la eutanasia como posible solución paralelamente con otros medios es renunciar a una buena praxis médica y hacerse cómplice de la realidad que denuncia» (carencias sociales, económicas, afectivas, etc.).

En otro orden de cosas, puede ponerse en duda, mantiene MCC, la libertad de quien toma la decisión de morir sufriendo, pero más relevante me parece la referencia a que quien sufre no conozca que existen medios para aliviar su dolor, supuesto que solo cabría en pacientes no informados, figura hoy rara en el ámbito de la atención médica.

MCC pone en duda la vigencia de las normas muy restrictivas con que se propone la eutanasia, porque en los países en que ya se ha legalizado y se ha integrado en la cotidianeidad, la laxitud de su práctica es manifiesta, y así recuerda, en Bélgica y Holanda, la eutanasia practicada a niños deficientes, a personas dementes, etc. En Holanda se producen más de 1.000 eutanasias sin petición expresa del paciente.

Así lo explica MCC:

> Las leyes permisivas aprobadas para dar solución a determinados casos extremos y dramáticos acaban creando una mentalidad —por la propia dimensión educativa que tiene la ley— que acepta soluciones semejantes a situaciones no tan extremas, hasta convertirlas en un hecho socialmente admisible que se lleva a cabo por motivos cada vez más nimios.

Es el riesgo de la *pendiente resbaladiza* que se ha hecho real en Holanda.

En mi opinión, es comprensible este fenómeno de laxitud práctica, porque quien acepta la fórmula de matar en casos extremos no otorga valor negativo alguno al hecho de matar, y se comprende su tendencia expansiva a la aceptación de supuestos más o menos similares a los aplicables.

Recuerda MCC la advertencia del Tribunal Europeo de Derechos Humanos que, a su vez, se refería al Tribunal Supremo de Canadá y al Comité de Ética de la Cámara de los Lores que entendieron:

> Sería imposible evitar abusos y se crearía un clima que animaría a los enfermos a recurrir a esta vía para dejar de ser una carga, en vez de garantizarles un apoyo y asistencia adecuados. Un Estado que legislase la eutanasia, pues, actuaría contra el derecho a la salud de sus ciudadanos.

Además de las contraindicaciones sustantivas de la eutanasia, es de considerar el riesgo de tendencia a la laxitud que este tipo de excepciones a la regla general producen, y estamos hablando de fomentar, inevitablemente, abusos en materia tan delicada como la vida humana.

MCC denuncia una estrategia en favor de la llamada *cultura de la muerte*: «[...] conjura contra la vida [...] que avanza como una gota de aceite en la conciencia de nuestra sociedad», que sigue seis pasos: 1) infamación de los valores preestablecidos; 2) confusión semántica y moral; 3) deformación de la realidad; 4) desprecio de otras soluciones; 5) creación de opinión pública a favor; y 6) exigencia de referendo legal.

Me interesa mucho resaltar cómo el documento de MCC recuerda la conocida distinción entre actos humanos y actos del hombre y la mujer. Los primeros hacen referencia a las acciones libres del ser humano, mientras que los actos del hombre y la mujer son aquellos no derivados de su libertad, sino de su corporeidad, por ejemplo, el movimiento respiratorio o del corazón, la digestión, la actividad onírica, etc.

Pues bien, la muerte es un acto del hombre y la mujer, como lo es su nacimiento, ambos son ajenos a la voluntad de su protagonista, por lo que no cabe impetrar la libertad para alterarlos. Se puede impedir el nacimiento y se puede provocar la muerte de un ya nacido, por sí mismo o por otro, pero son actos ilícitos, desde la perspectiva ética, porque no está en el ámbito de la libertad trasladar un acto del hombre y la mujer a la condición de acto humano.

Matar o matarse a sí mismo es un acto humano, y es contrario a la ética. Morirse es un acto del hombre y la mujer y como tal es ajeno a la libertad y a la ética.

Mientras que la dignidad humana es absoluta e incuestionable y obliga tanto a los demás congéneres como a uno mismo, la autonomía del ser humano no es absoluta y así existen limitaciones a esa autonomía al actuar en la sociedad y limitaciones también a la hora de producirse daños a sí mismo.

4.4.3.6. Ley Orgánica 3/2021 de Regulación de la Eutanasia

Hay que empezar por señalar que la Ley Orgánica 3/2021 de Regulación de la Eutanasia promovida por el Gobierno PSOE-Podemos fue apoyada en el Congreso de los Diputados con 202 votos, los del PSOE y Podemos, los de BNG, ERC, Junts per Catalunya, Más País, Bildu, PNV, CUP y también por los de Ciudadanos (Cs), pese a su propuesta de una ley de cuidados paliativos eficaz, pero mereció el rechazo frontal, por unanimidad y sin ningún voto particular, del Comité de Bioética de España, el 9 de octubre de 2020, porque «[...] existen sólidas razones sanitarias, éticas, legales, económicas y sociales para rechazar la transformación de la eutanasia en un derecho subjetivo y en una prestación pública».

El presidente del Comité, el constitucionalista Federico Montalvo Jääskeläinen (*Alfa y Omega*, 22/10/2020), denunció que esta ley de la eutanasia se tramitó excluyendo los informes de todos los departamentos ministeriales y de los organismos consultivos del Estado, al no hacerlo como proyecto de ley sino como proposición de ley, «[...] sustrayendo estas voces para tomar la decisión lo más rápidamente posible [...]». Considera Montalvo que la hipótesis de que se parte, en el «[...] sentido que la sociedad quiere la eutanasia; [...] [es] una hipótesis para mí [...] totalmente errónea». En definitiva, para Montalvo y para el Comité de Bioética de España «no existe el derecho a morir, pero sí a no sufrir».

Igualmente, el Consejo General de Colegios Oficiales de Médicos (CGCOM) recordó sus principios deontológicos estableciendo que «[...] el deber del médico [...] [es] [...] intentar la curación o mejora del paciente siempre que le sea posible. Cuando no lo sea, permanece la obligación de aplicar las medidas adecuadas para conseguir su bienestar, aun cuando de ello pudiera derivarse un acortamiento de la vida».

A mayor abundamiento, ciento sesenta juristas (ochenta y dos catedráticos, setenta y cuatro profesores de treinta y siete universidades y varios académicos) solicitaron del Congreso de los Diputados la paralización de su tramitación por «[...] contraria a la dignidad de las personas y a sus derechos fundamentales, garantizados por el Derecho Internacional y, en todo caso, contraria a los artículos 10, 14, 15, 43.3, 49 y 50 de la Constitución española». A su juicio, la ley de eutanasia «constituye una grave amenaza a la seguridad de los más mayores y enfermos de la sociedad» e incumple con «[...] el deber de volcar más bien el mayor empeño en el cuidado y atención de los mayores y enfermos graves».

Estos juristas solicitaron que se ponga en marcha un Plan de Cuidados Paliativos generalizado a toda la población, como remedio seguro para garantizar la muerte digna de todos los españoles.

¿Por qué tanto empeño en oponerse a la clase médica y a la académica en materia tan importante? ¿Por qué eludir los dictámenes previstos en la tramitación de una ley orgánica de tanta trascendencia? Porque su preocupación no está orientada a un mejor o peor tratamiento sanitario de los enfermos en estado grave, sino a la implantación de un sistema que rompa con los valores de la ética de la civilización occidental, que desde la izquierda radical se tildan de valores tradicionales o anticuados.

Así puede decirse que esta ley de eutanasia es una conquista política ajena a las técnicas y criterios sanitarios. Es el triunfo del proceso de deshumanización en que el progresismo materialista está empeñado.

Compatibilidad de principios esenciales

En el preámbulo se advierte que la legalización y regulación de la eutanasia «[…] se asienta sobre la compatibilidad de unos principios […] los derechos fundamentales a la vida y a la integridad física y moral […] [con] […] la dignidad y libertad y la autonomía de la voluntad», porque se busca «respetar la autonomía de la voluntad de poner fin a la vida».

También el preámbulo hace referencia a la compasión como motor del movimiento eutanásico, pero es una compasión inactiva que busca que otro, el Estado, resuelva el problema aunque sea a cañonazos, mientras que hay una compasión activa que se convierte en acompañamiento, en proximidad, en consuelo.

He aquí la clave jurídica del texto que nos ocupa. Efectivamente, el redactor solo reconoce el derecho a la vida y de manera no plena, porque no reconoce el deber de conservar la vida como derecho irrenunciable que es.

Creo que ya me he referido a cómo nuestro ordenamiento jurídico impone a los encargados de la seguridad pública y a cualquier ciudadano, en la medida de sus posibilidades, bajo riesgo de ser imputado por omisión de socorro, impedir que una persona se suicide o se corte un brazo con una radial, y esto es así porque el derecho a la vida y a la integridad física es irrenunciable.

La irrenunciabilidad de derechos, tanto fundamentales como no fundamentales, es un valor capital de nuestra civilización que no puede empezar a deshojarse como si fuera una cebolla.

Sobre esta misma materia, la ya citada catedrática de Filosofía del Derecho Ana M.ª Marcos («La falacia de la ley de la eutanasia», *El Mundo*, 12/9/2020) considera, siguiendo el criterio establecido por el Tribunal Constitucional:

> En las sentencias 120/1990 y 137/1990 con ocasión de la huelga de hambre de los presos del Grapo […] [que] […] el derecho a la propia

muerte es un *agere licere*, un libre actuar, no un derecho subjetivo que implique la posibilidad de movilizar el apoyo del poder público para llevarlo a cabo.

Resulta obvio que el deseo de morir no puede implicar el derecho a que la sociedad tenga obligación de atenderlo, sin entrar en otras consideraciones a las que de seguido me refiero.

La teoría del *agere licere*, del libre actuar, en absoluto puede llevarse al extremo de reconocer el derecho al suicidio, porque sería tanto como reconocer la libertad de renunciar definitivamente a la libertad. Sería tanto como aceptar que la quiebra del *instinto de conservación* no es una alteración psíquica radical de la propia víctima. Sería tanto como derogar el deber de socorro que se impone a los ciudadanos y la sociedad (a las autoridades) ante un intento de suicidio evitable.

Derecho a la vida versus *autonomía de la voluntad*

El preámbulo afirma que es un proceso de compatibilización, aunque realmente lo es de confrontación de derechos: «[…] el derecho a la vida puede decaer a favor de los demás bienes y derechos».

Es de común aceptación que existe una jerarquización de derechos y que prima el de interés superior sobre el de interés inferior. El derecho a la vida es el primero, porque si decae el derecho a la vida todos los demás desaparecen, ya que se quedan sin sujeto.

¿A cambio de qué derecho desaparece la vida en la eutanasia y, mucho más, cuando no se divisa próxima la muerte? Quizá a cambio de algún ahorro sanitario o al de alguna molestia de atención y acompañamiento.

Pero más concretamente, la contraposición del derecho a la vida frente a la autonomía de la voluntad (para morirse) merece algún comentario.

Afirma, también, el preámbulo que «[…] no existe un deber constitucional de imponer o tutelar la vida a toda costa y en contra de la voluntad del titular al derecho a la vida».

En cuanto a la defensa de la vida *a toda costa* tenemos los medios de comunicación preñados de ejemplos de cómo se defiende la vida a toda costa, por funcionarios públicos, incluso a expensas de la vida de los propios funcionarios. Piénsese en los rescates de montañeros, piénsese en el rescate de víctimas de la mar, piénsese en la lucha contra el terrorismo. Se equivoca el redactor, porque nuestra civilización está basada en la supremacía de la vida frente a cualquier otro derecho y existen personas, cuya función es arriesgar su vida para asegurar la de los demás, a las que no siempre se les expresa el aprecio debido.

Por lo que se refiere a la primacía de la autonomía de la voluntad, y su posicionamiento frente a otros muchos derechos de menor rango que el de la vida, es conocido por todos que desde mediados del siglo XX surgió el denominado fenómeno de la *crisis de la autonomía de la voluntad*, de tal manera que la voluntad de las partes se somete a determinados límites en sus relaciones civiles, mercantiles, laborales, etc., para proteger derechos de mucho menos rango que el derecho a la vida.

En nuestro tiempo la autonomía de la voluntad pierde vigor pero no el derecho a la vida hasta que, sin fundamento ético alguno, se ha impuesto el aborto y la eutanasia, pero no debido a que la libertad individual florezca, que no florece, sino porque se impone un proceso de deshumanización que tiene mucho que ver con el fracaso, o cumplimiento imposible, de los objetivos históricos de la izquierda.

Que un derecho se reconozca como absoluto —tal es el caso del derecho a la vida— supone que prevalece frente a cualquier otro derecho, como sería el de la autonomía de la voluntad, pues de lo contrario no podría mantenerse que el derecho a la vida es un derecho absoluto.

El derecho absoluto es irrenunciable y la permisión del suicidio sería la quiebra del deber de socorro, como ya está dicho en líneas anteriores.

Objeto de la ley, evitar el sufrimiento

La pretensión de esta ley, según su preámbulo, es atender a lo que considera una demanda social dándole una «[...] respuesta jurídica, sistemática, equilibrada y garantista» mediante la eutanasia, que la define como «[...] el acto deliberado de dar final a la vida de una persona [...] con el objeto de evitar su sufrimiento».

Realmente la demanda social a que se refiere el texto es absolutamente inexistente. Sí hay demanda, ciertamente, de cuidados paliativos. Lo normal no es querer morirse, sino pretender no sufrir innecesariamente.

Lo lógico hubiera sido, de mantener tozudamente la necesidad de la eutanasia, que esta se presentara como alternativa ante el eventual fracaso de los cuidados paliativos, pero no es así, la ley que comento no queda condicionada a la falta o ineficacia de los cuidados paliativos, actualmente carente de regulación en el ámbito nacional.

Bien es cierto que al tratar del consentimiento informado, en el artículo 5.1.b) se exige entre la información que ofrecer la posibilidad de acceso a los cuidados paliativos, pero no como paso previo, sino como alternativa.

Al ser cierto que la medicina actual dispone de soluciones eficaces para paliar el sufrimiento de los pacientes a los que se pretende aplicar la eutanasia, su justificación ética, desde el punto de vista de la necesidad, resulta imposible. Cosa distinta será que actualmente no lleguen los cuidados paliativos a todos los que pudieran necesitarlos, como ya está señalado, lo que exigiría una ley de generalización de los cuidados paliativos, con la correspondiente asignación presupuestaria, antes que la de la eutanasia.

La Ley Orgánica 3/2021 legaliza y protege la conducta eutanásica del sanitario aun cuando se presentaran disponibles, al pie de la cama del enfermo, los cuidados paliativos que garantizaran científicamente la evitación de los dolores que la eutanasia pretende evitar drásticamente.

De aquí que esta ley no trata de resolver el problema que se deriva de los enfermos que padecen graves sufrimientos, abriendo el abanico de las posibilidades de su mejor atención, sino que pretende, única y exclusivamente, abrir la puerta a la eutanasia con la intención de dar un paso más en el proceso de deshumanización y devaluación del valor absoluto que a la vida se reconoce en la civilización occidental. Esta ley tiene una pretensión política muy de fondo y ninguna pretensión sanitaria.

Supuestos de aplicabilidad de la ley

1. «Sufrir enfermedad grave e incurable [...] la que por su naturaleza origina sufrimientos físicos o psíquicos constantes e insoportables sin posibilidad de alivio que la persona considere tolerable, con un pronóstico de vida limitado, en un contexto de fragilidad progresiva».

En este caso, parece que existiendo una posibilidad de alivio no sería aplicable la eutanasia, pero se añade una coletilla de subjetividad:

«[…] alivio que la persona considere tolerable». La interpretación razonable de esta norma exigiría que la intolerabilidad del alivio sea razonablemente comprendida por los médicos, de modo que, en este supuesto, la aplicación de la acción eutanásica sería impugnable si la ciencia pudiera certificar la existencia de medios de alivio de razonable tolerancia para el caso de que se tratara.

Es evidente, incontestable, que el derecho no puede someterse a lo que no tenga justificación razonable y que el derecho no puede legitimar lo que desde el conocimiento profesional no se tenga por razonable. Ninguna norma puede establecer una tolerancia caprichosa, como tampoco el abuso de derecho.

Este aspecto de la tolerabilidad caprichosa podría dar mucho juego en el ámbito penal si algunos de los deudos denunciaran la extralimitación médica.

2. «Padecimiento grave, crónico e imposibilitante […] que lleva asociado un sufrimiento físico o psíquico constante e intolerable para quien lo padece».

Esta circunstancia se completa con otras tres: «[…] que no permita valerse por sí mismo», que afecte a la «[…] capacidad de expresión o relación» y que conlleve «[…] un sufrimiento físico o psíquico constante e intolerable para quien lo padece».

La invalidez, por sí sola, no puede justificar la eutanasia, y de hacerlo por la intolerabilidad de su sufrimiento estaríamos, igualmente, ante la exigencia de la racionalidad de dicha intolerabilidad, como ya está dicho.

La discapacidad de expresión y relación también exige que origine un sufrimiento constante e intolerable que, como está dicho, no cabe dejarlo a la subjetividad del paciente, sino que debe ser reconocido clínicamente como sufrimiento razonablemente intolerable.

Sin duda caben en esta hipótesis la inmovilidad y el aislamiento. La vida de quienes así sufren también es un derecho fundamental e irrenunciable, que puede tener, además de los paliativos clínicos que correspondan, el paliativo de la compañía y la proximidad. Volveré sobre el particular.

3. Proximidad de la muerte. La referencia al *pronóstico de vida limitado* es vacua porque todos los seres humanos tenemos una vida limitada. Solo tendría sentido si se entendiera para el caso de que existiera un diagnóstico de muerte inminente o razonablemente

próxima. Parece que esta es la interpretación *lógica*, pero solo para el supuesto de *enfermedad grave e incurable.*

Por lo que se refiere al supuesto de *padecimiento grave, crónico e imposibilitante*, no cabe duda alguna de que la Ley de Regulación de la Eutanasia no está pensada para la atención al paciente en situación de muerte inminente o muy próxima, sino para casos en que no está diagnosticada tal proximidad. Es decir, es un adelanto puro y duro de una muerte que no está previsiblemente próxima.

Es curioso que ante el riesgo de pérdida de capacidad para otorgar el consentimiento para la eutanasia, el artículo 5.1.c) prevea la reducción de plazos para realizar la acción eutanásica. En la circunstancia descrita, lo normal será la pérdida de conocimiento del paciente, con lo que los sufrimientos, físicos o psíquicos, desaparecerán y el apoyo eutanásico sobraría. Pareciera que la *buena muerte* (eutanasia) quisiera ganar a *la muerte natural*, con lo que se convierte, realmente, en *muerte anticipada*, en *proretanasia*. Parece como si el objetivo legal fuera no perderse una eutanasia.

En el caso de los agonizantes o de muerte manifiestamente inminente, supuesto que no preocupa al legislador, hay sufrimientos físicos (respiratorios, musculares, etc.) que se eliminan con facilidad, y otros de carácter psíquico, llamémoslos ordinarios, que se refieren a la angustia de la situación previa a la muerte, al temor a lo desconocido, etc., que se tratan mediante una medida de sedación, como he tratado al analizar los cuidados paliativos.

4. En sentido negativo es importante establecer que quedan excluidos de toda práctica eutanásica las personas con discapacidad mental que no puedan otorgar el consentimiento, de modo que cuando la ley comentada trata sobre discapacidades solo puede referirse a las discapacidades físicas sobrevenidas como consecuencia del padecimiento que pudiera justificar la acción eutanásica y no a las personas con discapacidad mental incapaces de autorizar su eliminación. Así lo considera la Convención de Naciones Unidas sobre los Derechos de las Personas con Discapacidad, que garantiza su derecho a la vida y a la integridad personal de las mismas.

Así lo entendió el Comité de Naciones Unidas sobre los derechos de las personas con discapacidad (*ABC*, 16/12/2020), entidad que remitió, durante la tramitación parlamentaria, un escrito condenando la posibilidad de que el texto legal *permita la eutanasia por motivos de discapacidad.*

Procedimiento garantista

La ley de PSOE-Podemos contiene un procedimiento formalmente garantista cuidadamente regulado y con unos tiempos de tramitación que dilatan la toma de decisión lo que, desde luego, facilita al paciente la revocación de su petición (dos solicitudes con un mínimo de quince días entre ambas y dos procesos deliberativos del médico responsable con el paciente; informe del médico consultor en un plazo máximo de diez días, que se comunicará al paciente; Comisión de Evaluación, dos días más un máximo de siete días; resolución favorable y ejecución, por el médico responsable, de la ayuda a morir, en máximo siete días; en caso de resolución no favorable, máximo veinte días; y un máximo de sesenta días para que la Comisión de Control resuelva sobre el cumplimiento de las condiciones).

Dicho lo cual, resulta evidente que por su propia naturaleza las prácticas eutanásicas crean graves problemas de limitación y control. Así la catedrática de Filosofía del Derecho Ana M.ª Marcos del Cano («La falacia de la ley de la eutanasia», *El Mundo*, 12/9/2020) advierte que la garantía no puede ser plena: «¿Dónde fijar los límites de la eutanasia? ¿Cómo ser capaces para decidir quién padece una depresión?». Siendo obvia la existencia de la *pendiente resbaladiza*, es más importante analizar la sustantividad de la ley que hace referencia al derecho a decidir la propia muerte que el riesgo de la extralimitación de ese supuesto derecho que, desde luego, tiene su importancia.

Parece evidente que si los sufrimientos son intolerables, el paciente deberá ser sometido a cuidados paliativos ínterin cursa el proceso eutanásico, y si dichos cuidados fueran efectivos, decaería, o debiera decaer, la causa eutanásica porque faltaría la causa (*sin posibilidad de alivio que el paciente considere tolerable*). Si probada la eficacia de los cuidados paliativos a lo largo de casi un mes, se persistiera en la acción eutanásica es obvio que no se estaría buscando la evitación de sufrimiento sino provocando la muerte anticipada.

Objeción de conciencia

En la ley comentada se reconoce el derecho de los profesionales a la objeción de conciencia, lo que supone una garantía que merece ser resaltada, si bien el portavoz socialista en la materia, el diputado José María Fernández (*Diario Médico*, 22/10/2018), en su tramitación parlamentaria advirtió que «La ley admite la objeción del médico, pero no la objeción colectiva [...]. Pero, en todo caso, hay que garantizar la prestación del servicio». Iremos viendo cómo se combina la prestación de un servicio que se declara público y gratuito con el derecho, desde luego individual, a la objeción de conciencia.

La clase médica ha de estar en guardia porque la Organización Médica Colegial y también la Asociación Médica Mundial rechazan la eutanasia y defienden los cuidados paliativos, y así Serafín Romero, presidente de la primera, afirmó que «La eutanasia va en contra de la profesión médica».

Me remito a lo tratado sobre objeción de conciencia en apartado anterior específico sobre la materia, en torno al debilitamiento del derecho a la objeción en el marco comunitario. En todo caso, cabe resaltar el problema que plantea la exigencia legal de previa inscripción en el registro de objetores de conciencia, lo que plantea un conflicto respecto de la protección de reserva de las convicciones éticas, ideológicas o religiosas de los sanitarios. Así lo denuncia el Comité de Bioética de España en su informe sobre la objeción de conciencia respecto de prácticas eutanásicas (21/7/2021) pues «[...] entraña un riesgo de violación del derecho a la libertad ideológica de los objetores registrados».

Como es natural, en el mismo informe el Comité de Bioética advierte de la obligación del sanitario objetor, durante el periodo de casi un mes en que se tramita el proceso eutanásico, de *acompañar* al enfermo que solicita la eutanasia y de «[...] intentar averiguar y discernir las causas que conllevan a dicha petición de adelantar la muerte [...] [y] proponer las garantías para su posible resolución o paliación».

Nubes negras se ciernen sobre esta institución de la objeción de conciencia pues, como está reiterado en páginas anteriores, en junio de 2021 el Parlamento Europeo instó a los Estados miembros a generalizar el derecho del aborto, entendiéndolo como derecho humano, con la consecuencia de imponer a los profesionales sanitarios la obligación de realizar operaciones abortivas, lo que hay que suponer que acabará alcanzando al derecho de objeción en el ámbito de la eutanasia.

Desde luego, las empresas hospitalarias privadas en absoluto pueden estar sometidas a la obligación de desarrollar en sus instalaciones acciones eutanásicas. Ningún paciente puede exigir que un centro sanitario privado tenga que desarrollar semejante actividad. Si el centro privado acepta las prácticas eutanásicas, queda sometido a la Ley Orgánica 3/2021.

Técnicamente no sería este un supuesto de objeción de conciencia sino de autolimitación de las actividades profesionales y empresariales a los ámbitos de sus principios y objetivos fundacionales. Es un supuesto de libertad de empresa.

Proximidad de la muerte

Ya he avanzado que la ley que nos ocupa no prevé más que los supuestos de *enfermedad grave e incurable* y *padecimiento grave crónico e imposibilitante*, a las que une la exigencia del sufrimiento pero no la de la proximidad de la muerte.

Cuesta aceptar como eutanásicas las prácticas que ayudan a morir a quienes no tienen a la vista el riesgo de muerte. El propio preámbulo, en su tercera línea, nos tranquiliza advirtiendo que eutanasia quiere decir en griego *buena muerte*, pero no se está regulando la buena muerte sino la *muerte anticipada*, la *proretanasia*.

Así que el título de la ley pareciera referirse a la situación de muchos agonizantes que sufren en su agonía. Pues no, se refiere a enfermos sufrientes que, en principio, no tienen la muerte próxima. De los agonizantes con sufrimientos, que son miríadas y no todos en las mejores condiciones, ni media palabra, porque referirse a estos casos llevaría exigir la generalización de los cuidados paliativos, que son la antieutanasia.

Conclusiones a la ley de la eutanasia

Esta ley adolece de los defectos propios de la institución que defiende, la eutanasia, incrementados por el hecho de erradicar la referencia a los cuidados paliativos y, concretamente, a su generalización imponiendo la existencia de protocolos adecuados en todos los centros sanitarios públicos y privados. Así como la eutanasia no puede imponerse a la centros privados ni a los médicos por su derecho a la objeción, la ley, una ley de cuidados paliativos, podría imponer a todos los centros sanitarios que reciban o puedan atender a enfermos terminales y pongan a disposición los adecuados protocolos de cuidados intensivos, porque es una incuestionable exigencia deontológica. Los protocolos de cuidados paliativos debieran estar visados y actualizados por la Organización Médica Colegial en cuanto que garante de la deontología médica.

Brevemente resumo lo que considero los más graves defectos de la ley que analizo:

1. Prima la autonomía de la voluntad sobre el derecho a la vida, lo que supone una alteración caprichosa incompatible con la ética de la civilización occidental. Incompatibilidad reconocida en nuestra sociedad, salvo en lo que hace referencia al aborto y la eutanasia, por mor de la ingeniería social de que es víctima Occidente, en un alocado proceso de deshumanización.

Traigo a estas líneas el criterio del profesor y filósofo Ignacio Sánchez Cámara («El sentido de la vida que se acaba», *ABC*, 2/6/2018): «La aceptación de la eutanasia niega la condición personal del hombre, y entiende que la vida no vale en sí misma, sino que se acepta a beneficio de inventario: cuando el balance es negativo, se repudia».

El doctor don Marcos Gómez Sancho, ya referido, presidente de honor de la Sociedad Española de Cuidados Intensivos (*ABC*, 27/6/2018), afirmaba que:

> Matar a los que sufren nunca puede ser progresista; lo reaccionario es acabar con los enfermos indefensos y lo progresista es cuidarlos [...].
>
> Cuando lleguemos a ese momento y los cuidados intensivos estén generalizados en nuestro país, estoy convencido de que serán casos muy residuales. Confío en que entonces la sociedad se movilice como cuando ahora se ve a alguien a punto de tirarse por una ventana y llamamos a los bomberos, a la policía [...].

El reiterado doctor Martínez-Selles fue elegido presidente del Colegio de Médicos de Madrid, en otoño de 2020, en plena tramitación de la Ley de Regulación de la Eutanasia, levantando la bandera de su oposición a la misma, frente al presidente saliente defensor de esta, y que ofrecía la apariencia pública de que la clase médica estaba a favor de la misma, demostrando con su victoria electoral que la gran mayoría de médicos madrileños «[...] tiene una opinión contraria a la eutanasia».

2. Propone como objetivo la eliminación del sufrimiento, mediante la eutanasia, sin comprobar la eficacia de los cuidados paliativos, lo que es un contrasentido. Aunque conceptualmente también fuera éticamente rechazable, sería más tolerable regular el servicio de cuidados paliativos, con carácter obligatorio en toda la nación y, si se

quiere como sustitutiva, en casos muy excepcionales, la eutanasia. Al menos se reduciría su efecto depredatorio.

En el Balance de los Estados Generales de la Bioética en Francia de 2018, que el Parlamento actualiza cada ocho años, se optó por superar la escasez de cuidados paliativos, en lugar de promover la eutanasia activa que, como está dicho, rige en muy pocos países del mundo.

3. La ley comentada no ofrece un sistema de eutanasia, de buena muerte, sino de adelanto de la muerte, de *proretanasia* o muerte anticipada, al ser aplicable cuando la muerte no está en el horizonte del paciente.

4. Es una contradicción, que creará graves problemas jurídicos a médicos y a familiares, tramitar el procedimiento de ayuda a morir sin haber agotado, y en muchos casos ni iniciado, la vía de los cuidados paliativos, porque la toma de la opción de la muerte será contradictoria con la exigencia de que no exista otra posibilidad de alivio, pues la coletilla *que el paciente considere tolerable*, si fuera caprichosa podría crear conflictos incluso de orden penal.

5. Aunque sea anecdótica, cabe resaltar la regla de acortar el procedimiento eutanásico cuando se haga inminente la pérdida de capacidad para decidir del paciente, lo que descubre más que un afán sanitario un afán eutanásico.

Cierro esta conclusión sobre la ley de eutanasia aportando texto de personas y entidades de relieve en el ámbito de la bioética.

Federico Montalvo, presidente de la Comisión de Bioética (*ABC*, 6/6/2019), ya expresaba su inquietud porque se instale en España, como se instaló en Holanda, la *cultura de la muerte*, cuando el proyecto era solo de los socialistas, afirmando: «Tengo muchas dudas, bastaría con hacer una reforma del Código Penal como ha hecho Alemania para atender casos muy puntuales [...]. Diferente es que se establezca un modelo público de eutanasia. Me inquieta que nos instalemos en la cultura de la muerte como ha hecho Holanda».

El Comité de Bioética de España, en sesión de 30 de septiembre de 2020, aprobó un informe sobre la ley de eutanasia, cuyas conclusiones resumo esquemáticamente:

1ª. «Existen sólidas razones para rechazar la transformación de la eutanasia y/o el suicidio asistido en un derecho subjetivo y en una prestación pública [...] por razones de fundamentación ética de la vida, dignidad y autonomía».

2ª. Todo deseo eutanásico «[...] debe ser siempre mirado con compasión, y atendido con una actuación compasiva eficaz que conduzca a evitar dolores y procurar una muerte en paz».

3ª. «Legalizar la eutanasia y/o el auxilio al suicidio supone iniciar un camino de desvalor de la protección de la vida humana cuyas fronteras son harto difíciles de prever, como la experiencia de nuestro entorno nos muestra».

4ª. «La eutanasia y/o el auxilio al suicidio no son signos de progreso sino un retroceso de la civilización».

5ª. «La mirada compasiva [...] creemos que ya está reconocida normativamente en nuestro Código Penal», como lo prueba el hecho de que no existan sentencias condenatorias por supuestos eutanásicos desde hace décadas.

6ª. «La protección integral y compasiva de la vida nos lleva a proponer la protocolización, en el contexto de la buena praxis médica, del recurso a la sedación paliativa frente a casos específicos de sufrimiento existencial refractario. Ello, junto a la efectiva universalización de los cuidados paliativos [...]».

La Asociación Española de Bioética y Ética Médica (*ABC*, 2/8/2021) pidió a los sanitarios, al entrar en vigor la ley de la eutanasia, que «[...] no colaboren con la eutanasia [...] [que] [...] no puede considerarse como un acto propio de la profesión de la salud [...] [ni puede ser] [...] englobada en la ayuda sanitaria al final de la vida», porque el nuevo derecho a morir «[...] atenta contra la salud pública».

4.4.3.7. Eutanasia y suicidio asistido: un debate necesario

El trabajo titulado *Eutanasia y suicidio asistido: un debate necesario*, cuyos autores fueron Fernando Aguiar, Rafael Serrano del Rosal y Dolores Sesma del Policy Paper (Centro de Estudios Andaluces, noviembre 2009), merece también nuestra atención.

Este estudio parte de la existencia de un consenso generalizado en el que se reconoce al enfermo terminal como un individuo autónomo que puede decidir libremente cómo y cuándo quiere morir.

Creo necesario aportar un matiz a esta afirmación: todo enfermo terminal tiene derecho a que se le procure una muerte digna, dentro de las posibilidades de que dispone la medicina en cada momento y que actualmente son muy avanzadas, y así reconoce el estudio que: «Los modernos sistemas sanitarios están en condiciones, pues, de acercarse al ideal de una buena muerte, humanizando de esta forma el proceso de morir», aunque advierte insuficiencias que supongo habrán ido reduciéndose en el último decenio.

La muerte no es un acto voluntario del ser humano, la única voluntad que puede aportar el humano es aceptar que ha llegado su final y hacerlo con más o menos resignación o con más o menos dignidad.

Los seres humanos no podemos, sin vulnerar nuestra propia naturaleza, elegir el momento y el modo de nuestra muerte aunque podamos dar instrucciones para que se nos acompañe clínicamente de la forma más digna y menos dolorosa posible.

En cualquier caso, el planteamiento del estudio comentado parte de «un avance hacia la cultura de la buena muerte», limitada por la interdicción de la eutanasia y el suicidio asistido y se pregunta:

> Por qué un enfermo, terminal o no, que no tiene una enfermedad incurable y padece grandes sufrimientos, no puede acabar con su propia vida, ejerciendo así su autonomía y su libertad, con la ayuda de un profesional [...].
>
> Por qué un médico no debe causar de manera intencionada la muerte de un paciente terminal que se lo solicita de forma reiterada en pleno uso de sus facultades para aliviar su sufrimiento.

En otras palabras, por qué «[...] en España [...] [no] [...] [se] [...] admite aún el auxilio médico al suicidio y la eutanasia».

El estudio trata de dar respuesta a las objeciones éticas que a la eutanasia y al suicidio asistido puedan presentarse. Aunque no mantiene mi criterio de distinción entre ética y moral, hay que entender que se refiere a la ética, salvo que explícitamente se refiera a la moral cristiana.

Esquemáticamente analizo los criterios del estudio:

1. La petición libre de eutanasia puede hacerla cualquier enfermo que conserve sus plenas facultades cognitivas o que, previamente, haya ordenado esta práctica en su testamento vital o en similar instrumento. En los casos de personas discapacitadas que nunca pudieron pedir la eutanasia, el juez designaría un representante que tome la decisión por el paciente incapaz.

La petición libre de eutanasia no presenta más problema que el de establecer si el ser humano tiene, en términos éticos, libertad para decidir quitarse la vida, de lo que trataré al analizar el fenómeno social del suicidio, en páginas posteriores.

Por otra parte, parece evidente que no cabe apoderamiento judicial con la facultad de quitar la vida a un ser humano, aunque en el estudio se indique que en Holanda se aplica este criterio. Podría el juez, por su propia autoridad, decidir que se ejecute la eutanasia a una determinada persona que no la haya autorizado por imposibilidad objetiva, solo si una ley (injusta) lo estableciera.

2. La muerte es un mal, pero bien es cierto, dice el estudio, que «[...] no podemos afirmar que la eutanasia y el suicidio sean siempre males mayores que las enfermedades que padecen quienes solicitan tales prácticas, no son rechazables sin más como males absolutos».

3. El estudio plantea una muerte rápida como ideal de muerte digna:

> Inyectar morfina y retirar los soportes vitales (hidratación, alimentación parenteral) a sabiendas de que el paciente morirá no tiene por qué ser moralmente [en mi terminología querría decir, éticamente] mejor que causar directamente la muerte de quien sabemos que va a morir. Puesto que la LET puede retrasar la muerte del enfermo durante días, lo que atenta contra el ideal de una muerte rápida (y por tanto contra la dignidad de los pacientes) dejar morir a un enfermo sedado puede resultar moralmente [...] [éticamente, en mi leguaje] menos razonable que causar intencionadamente una muerte rápida con todas las garantías. De nuevo la eutanasia puede ser el mal menor frente a una muerte más lenta [...].

Este alegato merece dos elementos de crítica:

- Nadie ha dicho, ni consta en ningún consenso que la muerte rápida sea más digna que la muerte lenta, trato de explicar de seguido que, a mi juicio, es más bien al contrario.

La muerte es el punto final de un proceso natural y la dignidad consiste en que durante ese proceso el paciente no esté sometido a humillaciones de ninguna naturaleza, ni a sufrimientos, ni a manipulaciones innecesarias y, mucho menos, interesadas.

Muy al contrario, una muerte razonablemente lenta, de unas horas de duración, garantizando el confort del agonizante, puede servir para que los familiares íntimos le acompañen, con el silencio, con la mirada, con serenidad, haciendo lo que quizá en ningún otro momento de la vida hicieron. Y si el agonizante tiene algún grado de conciencia, si la sedación no es profunda, algo de ese misterioso momento estará viviendo quien se despide.

La muerte rápida, con una inyección letal, más que en una despedida enternecedora nos hace pensar en la ejecución de un penal o en la inyección a una vieja mascota.

En materia de dignidad en el momento final, las dos alternativas que describo no tienen comparación. Así lo creo sinceramente.

- Cuando el momento final sea patente para los médicos, la sedación y la retirada de la alimentación y la hidratación no hace sino permitir el curso natural de lo inevitable, con dignidad, sin sufrimiento, permitiendo a sus deudos interiorizar el trascendental momento, por eso creo que la muerte rápida e indolora no es un mal menor, sino una oportunidad perdida, la última.

No es lo mismo este final en la serena espera de lo inevitable mediante la retirada de la hidratación y de la alimentación (casi ningún médico tiene por eutanásica esta práctica), que la muerte rápida y programada.

Discrepando con lo que digo, coinciden los redactores del estudio y los Profesionales por la Ética, ya comentados. A mi juicio, aunque lo manifiesten por razones opuestas, ambos carecen de razón. Desde luego, si alguna razón tuviera alguno de ellos, que creo que no, nunca tendrían la suficiente como para justificar la eutanasia ni para dificultar el tránsito alargándolo innecesariamente, obstinadamente.

Conviene recordar que no estamos en una disquisición académica, estamos debatiendo sobre si se puede matar a un enfermo o si, por el contrario, debemos *perder el tiempo* acompañándole en una muerte confortable.

4. El estudio, dando por buenas sus hipótesis —cosa que no comparto, como ya está dicho— se plantea la eutanasia, al menos para dar solución a *casos irresueltos* ante los que los «[...] profesionales de la sanidad sí tendrán obligación moral [...] [éticas, en mis términos] [...] de causar intencionadamente la muerte a pacientes informados y de auxiliar en el suicidio [...]».

Insisto en mi oposición. Es más fácil que la medicina encuentre solución para esos *casos irresueltos*, si los hay, que justificar la muerte intencionada de muchos seres humanos, aunque solo fuera un único caso.

Dejo una pregunta en el aire a la que se debe responder: ¿cabe que las técnicas de asistencia a una muerte digna, en España, puedan fracasar en el objetivo de garantizar una muerte sin sufrimientos a algún paciente? Los médicos nos dirán si es posible que los cuidados paliativos puedan fracasar. Lo que sí puede ocurrir es que los cuidados paliativos falten en muchos casos, pero eso se resuelve estableciéndolos de manera generalizada, no adelantando la muerte de los pacientes, aunque esta segunda solución sea mucho más barata.

Responde el profesor de Bioética Emilio García-Sánchez («Un experto sobre la eutanasia: es absurdo la muerte por compasión cuando el dolor se puede aliviar», *Religión Confidencial*, 20/6/2017):

> Eliminar el dolor a través de la muerte, cuando ya es posible controlarlo y aliviarlo, equivale a amputar un brazo para curar un dedo. [...] nadie debería morir a manos de otro por la lástima de un dolor no paliado. Existiendo los cuidados paliativos no tiene sentido seguir hablando ni de muerte compasiva ni de eutanasia.

Dice además: «[...] una excesiva sentimentalización de la compasión —hipertrofia— puede desembocar en un resultado antagónico: la impiedad». No parece desviado denominar impiedad a matar por compasión y así concluye: «[...] al desvincular la compasión de la razón práctica, se produce una confusión ética que la hace errar en su esencia, anulando su racionalidad, por dejarse embaucar por meros sentimientos, que quita el sentido real de la compasión».

5. El estudio que analizamos presenta la llamada *pendiente resbaladiza de la eutanasia y el suicidio* como un argumento débil. Ciertamente, si fuera un argumento sería débil, porque se referiría a un futurible, no a una propuesta lógica. No es un argumento, es un riesgo accesorio, de gravísimas consecuencias, que se ha hecho realidad en Holanda y en Bélgica, como ya lo he calificado en párrafos anteriores.

Por lo que se refiere a la práctica eutanásica en Holanda («La propuesta de Ciudadanos sobre muerte digna, a examen», *La Gaceta*, 2/4/2017): «Donde la eutanasia ha sido aprobada, la primera víctima ha sido la libertad individual. [...] la presión existente para que los ancianos y enfermos renuncien a la vida cada día es mayor».

En 2010 la eutanasia se aplicó a los pacientes inconscientes, obviamente privados de toda capacidad de decidir. Según Reiner Mansch, profesor de Medicina de la Universidad de Gotinga, hasta el 25 % de las muertes asistidas no son a petición del paciente sino que se deben a «la incapacidad de los familiares para continuar con la situación del enfermo hasta el final» […].

Otro estudio de la misma universidad —realizado sobre una muestra de 7.000 casos— ha establecido que le ha sido aplicada la eutanasia a un 11 % de pacientes […] [sin que] los médicos se molestaran en preguntarles. Para el Dr. Verhagen […] alguien debe decidir por aquellos que no pueden hacerlo por sí mismos […].

El sistema ha cobrado vida propia […]. Según la prestigiosa revista *The Lancet*, el 40 % de todas las defunciones que se producen en Holanda está precedido de actuaciones médicas para acelerar la muerte.

Por lo que se refiere a Bélgica, «[…] se están liquidando tanto niños que nacen con deformidades como ancianos […]», eludiendo la información previa a los familiares. Que *el anciano se encontraba deprimido,* puede ser una justificación *a posteriori.*

No puedo certificar estos datos, de aquí que aporte su origen. Cualquiera podrá verificar su exactitud o inexactitud. Sea como fuere, parece evidente el riesgo que se deriva de una vulgarización del proceso de la muerte, una vez aprobada su legalidad. Así como el aborto se ha convertido, en España, en un auténtico instrumento anticonceptivo, también, muy probablemente se daría el abuso en el ámbito de la eutanasia.

Pero no se tome como un argumento, sino como un riesgo razonable, tan grave que mutaría la conciencia colectiva sobre la muerte, como está mutando la conciencia colectiva sobre la vida, con la vulgarización del aborto.

¿Por qué se va a abusar en materia de aborto y no en cualquier otra?, se preguntan los redactores del estudio. Desde luego, el riesgo del abuso existirá siempre pero, en este asunto, además de la buena intención que busca ahorrar sufrimientos, que ya se ahorran por la vía de la asistencia a la muerte digna, hay en su trasfondo otra pretensión deshumanizadora, que quiere reducir al ser humano a un puro mecanismo material, cuyas vida y muerte están sometidas a la misma lógica utilitarista de cualquier otra cosa material.

El aborto y la eutanasia no son solo propuestas compasivas, aunque personas de buena voluntad así las tomen, son elementos de una campaña de deshumanización con posibilidades de éxito, porque nuestra sociedad vive en una lógica chata, emocional, ajena a nuestra civilización occidental generadora de una ética culta de razón, congruente con nuestra naturaleza.

6. El estudio quiere desmontar la sacralidad de la vida como argumento contra la eutanasia.

Cada cual puede pensar lo que quiera sobre la naturaleza de la vida; personalmente creo que la vida es sagrada. Lo importante, a los efectos de nuestra reflexión, es que la sacralidad de la vida nunca será un argumento que utilizar porque, como he reiterado hasta la saciedad, estamos debatiendo en el ámbito de la ética y no de la moral.

Nada más hay que decir, porque no es la sacralidad de la vida un argumento que pueda presentarse contra la despenalización de la eutanasia.

7. Por último, el estudio comentado, como argumento a favor de la legalización de la eutanasia y del suicidio asistido, advierte que *la población española está mayoritariamente a favor de la eutanasia*, lo que puede que sea cierto, si bien es cierto que es una adhesión no informada, intuitiva, en pro del menor sufrimiento, sin tomar en consideración la existencia de otros medios para alcanzar el mismo objetivo sin tan traumática solución.

Igualmente es cierto, al menos en buena medida, que *en España ha penetrado ya en general una cultura de la buena muerte*, aunque no me parece cierto que la mayoría, ni muchísimo menos, llegue a distinguir las diversas técnicas de posible aplicación y que, como dice el estudio, esa mayoritaria opinión *trasciende a los cuidados paliativos*. Por el contrario, comparto íntegramente la conclusión del estudio que intitula «[...] necesidad de mayor conocimiento social».

De aquí que, llevando el agua a su molino parte de que:

> Los argumentos morales [...] [éticos en mis términos] [...] en contra de la eutanasia y el suicidio asistido no son definitivos [...] y puesto que la opinión pública española parece que acepta estas prácticas, no es legítimo hurtar a la sociedad el debate sobre estos temas, reduciéndolos a una cuestión puramente legal. [...] la eutanasia y el suicidio asistido son fenómenos sociales que deben debatirse públicamente.

8. No puedo estar más de acuerdo con la necesidad de un debate público, amplio, abierto, sincero sobre la eutanasia y el suicidio asistido y, como lo señalé en el apartado del aborto, también sobre el aborto.

Solo abriendo los graves problemas al conocimiento público existe alguna posibilidad de que sean encuadrados debidamente por la opinión pública. Desde luego no es la táctica del progresismo, no la aceptarían sus centros dogmáticos.

He llamado la atención sobre estos últimos aspectos del estudio para resaltar que una opinión pública no informada no es una opinión por muy pública que sea.

Cuatro conclusiones del Dr. Manuel Martínez-Selles

Muy brevemente reseño las cuatro conclusiones del trabajo del doctor Martínez-Selles que cierran adecuadamente el presente apartado.

- Pendiente resbaladiza: «La historia nos demuestra lo rápido que se llega a la eutanasia en enfermos psiquiátricos, dementes, ancianos vulnerables y recién nacidos discapacitados». Esta *pendiente resbaladiza* no es un argumento sustantivo contra la eutanasia, ya lo he adelantado, pero sí es un riesgo manifiesto y de gravísimas consecuencias, por el descontrol que invadiría a esta práctica.
- Falta de autodeterminación real: en los momentos finales de la vida y en otros similares es fácil que el paciente caiga en depresión, momento en que la libre determinación está muy reducida. Lo propio, ante el estado de depresión, es tratar de aliviarla y no hacer irreversible decisiones que requieren serenidad y que no pueden tomarse en situación de debilidad.
- Reducción de cuidados paliativos: la práctica de la eutanasia legal alivia a las Administraciones de su obligación de invertir en cuidados paliativos. Quienes establecen la legalidad de la eutanasia es porque quieren promocionarla, por lo que sería absurdo que promocionaran, a su vez, los cuidados paliativos que son la antieutanasia.

  Apoya este criterio el doctor Alberto Meléndez (*ABC*, 20/12/2020), quien afirma: «[...] la nueva normativa [regulación de la eutanasia] pone a los pacientes ante disyuntiva un poco cruel entre seguir sufriendo o acabar con su vida». En el debate parlamentario surgió este mismo problema, y así el parlamentario del PP, José Ignacio Echániz, afirmó que: «Con unos raquíticos cuidados paliativos nunca habrá verdadera libertad para elegir».

- Deformación del sentido médico: «El deber de todo médico de intentar curar y/o mejorar a sus pacientes desaparece con la eutanasia [...]. La eutanasia es contraria al juramento hipocrático e implica una ruptura deontológica con grandes consecuencias sobre la profesión médica».

4.4.4. La muerte voluntaria. El fenómeno social del suicidio

No estamos ante un problema ético, porque más del 90 % de los suicidios tienen como protagonista a una persona con enfermedad mental grave. Si lo traigo a estas páginas es solo para dejar constancia del fenómeno extraordinariamente grave que afecta a la humanidad. En el mundo, el suicidio se lleva más de 800.000 vidas al año, según la OMS, y en España más de 3.600 vidas. En el año 2017, 3.679 vidas (916 mujeres y 2.718 hombres), más de 10 personas al día; en 2018, 3.539 vidas (920 mujeres y 2.617 hombres); y en 2019, 3.671 (900 mujeres y 2.771 hombres), según datos del INE. En el año 2020 se suicidaron 3.941 personas (2.930 hombres y 1.011 mujeres).

Para hacer una comparativa fácil, en España se suicidan más del doble de personas de las que mueren en accidentes de tráfico, cuyas cifras van a la baja, mientras que la tendencia de los suicidios va ligeramente al alza. Así fallecieron en accidente de tráfico, en 2017, 1.830 personas; en 2018, 1.806; en 2019, 1.755; y en el año 2020, 1.370, descenso imputable al periodo de confinamiento pero que en suicidios como consecuencia de la pandemia se produjeron casi tres veces más suicidios (2,7).

Según FEAFES (Afrontando la realidad del suicidio. Orientaciones para su prevención, 2006), las enfermedades mentales más vinculadas al suicidio en España son los trastornos afectivos (depresiones y trastornos de bipolaridad), que suponen un 15 % de suicidios, un 56 % de intentos de suicidio y un riesgo de 8,5 veces superior al de la población general; la esquizofrenia, con una tasa de suicidios entre el 10 % y el 13 % de suicidios y un 40 % de intentos; los trastornos de ansiedad, que llevan a un 20 % de intentos de suicidios; los trastornos de personalidad, que aumentan en seis veces el riesgo de suicidios respecto de la población en general; los trastornos de conducta alimentaria, que presentan una tasa de suicidios entre el 15 % y el

39 % (menos en la anorexia nerviosa que en la bulimia nerviosa); y los trastornos derivados del consumo de drogas y sustancias alcohólicas, que suponen del 20 % al 25 % de los suicidios.

El presidente de la Fundación Española para la Prevención del Suicidio (*El Mundo*, 15/11/2020) establece que entre la población en general la letalidad por intentos de suicido (1 consumado de cada 20) es mucho menor que la que se experimenta entre ancianos (1 de cada 3). Los hombres son más proclives al suicidio que las mujeres.

Por franjas de edades, los datos de 2020 arrojan los siguientes datos de, suicidios: < 15 años: 17 (7 varones y 7 mujeres); entre 15 y 29 años: 300 (227 y 73); entre 30 y 39 años: 411 (313 y 98); entre 40 y 49 años: 754 (571 y 178); entre 50 y 59 años: 854 (600 y 254); entre 60 y 69 años: 572 (425 y 147); entre 70 y 79 años: 488 (354 y 134); entre 80 y 89 años: 425 (330 y 95); > 90 años: 123 (98 y 25). Con estos datos del INE se deduce que en 2020 se suicidaron una media de 11 personas al día, el 8,7/100.000 de una población de 47,3 millones y un 7,4 % más que en 2019.

En la vejez las causas más frecuentes son la discapacidad, la dependencia y la soledad (viudedad).

Además de los suicidios consumados, han de considerarse los intentos que se frustran pero cuya tendencia a la nueva intentona es muy elevada. Los suicidios consumados se estiman entre un 10 % y un 14 % de los intentados y los momentos más proclives para realizarlos coinciden con las primeras etapas de la enfermedad, tras las altas hospitalarias, en las crisis psicóticas y en los primeros momentos de los procesos de recuperación, también según FEAFES, que advierte que normalmente quien intenta suicidarse emite avisos que su entorno debe estar preparado para captar, para apoyarle, animándole, acompañándole, y para asistirle o dirigirle al profesional adecuado.

La muerte voluntaria, el suicidio, exige la muy difícil superación de la barrera protectora de la vida que llamamos *instinto de conservación*, según ya he tratado en páginas anteriores, lo que hace suponer la presencia de graves alteraciones psíquicas que no pueden merecer reproche penal alguno, de aquí que desde hace muchos años no exista pena alguna aplicable a los supervivientes de un intento de suicidio. Realmente, el que se suicida no es él, el que le suicida es otro que se ha metido en él, por eso al suicida no se le puede imputar el suicidio, es a otro inexistente al que ha de imputársele, que le ha robado más que la voluntad de vivir, la vida.

Naturalmente, el Código Penal, en su artículo 143, prevé penas para los inductores al suicidio (de 4 a 8 años de prisión), para los cooperadores necesarios (de 2 a 5 años de prisión) y para los cooperadores que participen en su ejecución (de 6 a 10 años), si bien para los cooperadores en los supuestos de ayuda al suicidio de enfermos que lo soliciten, lo que el comentarista del Código Penal (Ed. Codex, 2001) denominaba *forma larvada de eutanasia*, que ya hemos tratado, la pena prevista es inferior en uno o dos grados a las señaladas para inductores y cooperadores necesarios, rebaja que parece premiar lo que yo tengo por exceso de compasión. También estaría penada la omisión del deber de socorro en un supuesto de intento de suicidio evitable (art. 195 CP).

Doy por reproducidos mis criterios en torno a la prevalencia del derecho absoluto de la vida, a la presunción de alteración psicológica de la víctima y al deber de socorro para quien se encontrara tal situación, frente a cualquier teoría en defensa de la permisión del suicidio.

Los especialistas reclaman más medios de prevención del suicidio y, concretamente, un Plan Nacional de Prevención del Suicidio, integrado en la Estrategia en Salud Mental del Sistema Nacional de Salud, como lo hacía Aitana Rivera García (*Perfil y evaluación del paciente con conducta suicida en la urgencia hospitalaria*, Máster de Psicología General Sanitaria, curso 2015-2016) y lo reiteran las asociaciones interesadas por el problema como es la ya referida FEAFES.

La reclamación de un Plan Nacional de Prevención del Suicidio y la exigencia de más recursos sanitarios de prevención, con más presencia de psicólogos en la sanidad pública, con dispositivos de emergencia más sólidos, etc., no es una exigencia desproporcionada, teniendo en cuenta el despliegue de medios para la prevención de los accidentes de tráfico, que producen la mitad de muertes que el trágico fenómeno social del suicidio.

Es evidente la falta de planificación de la prevención del suicidio, la falta de información y de educación de la población que permita el apoyo y la ayuda a las personas que se encuentran en el abismo de la vida, pues una sola palabra, dicha con acierto y oportunidad, puede salvarles.

Es oportuno traer a estas líneas una referencia de interés del jefe de Psiquiatría del Hospital Clínic de Barcelona, Eduardo Vieta

(*El Mundo*, 27/3/2021), quien se queja de la poca atención que la Administración dedica a la psiquiatría, tanto en prevención de enfermedades como en promoción de la salud mental y, de manera específica, discrepaba del silencio que cubre el fenómeno social del suicidio, bajo el *mito de que si se habla de él hay más*, precisando que:

> Nadie se suicida porque ve una noticia y dice: «Ah, pues yo voy a hacer lo mismo». No se contagia la idea de suicidarse, se puede contagiar el método o la oportunidad, y por eso todo depende de cómo se cuente. Si no se habla de las estadísticas, ni se hacen anuncios bien hechos como con el tráfico, seguiremos igual durante años.

En el informe anual 2020 de la Fundación ANAR se reflejan las graves consecuencias negativas del confinamiento, del aislamiento y de las tragedias familiares (enfermedades, hospitalizaciones y fallecimientos) derivados de la pandemia Covid-19 en los menores. ANAR recibió en 2020 un 145 % de llamadas por planes o intentos de suicidio. Como está dicho, según el INE, los suicidios en el primer año de la pandemia (2020) incrementaron en el 7,4 %, respecto de 2019, lo que supuso 270 suicidios más. Así la ideación suicida se incrementó en un 244 %, la ansiedad en un 280 %, la baja estima en un 212 %, la agresividad en un 124,5 %, el duelo en un 24,5 % y el maltrato infantil en las familias pasó del 13 % al 15,8 %.

4.5. GUERRA JUSTA

En torno a esta materia, en la civilización occidental, desde el siglo v, se ha mantenido una teoría estable acerca de los requisitos que han de darse para que un conflicto bélico pueda calificarse de justo; si bien en los últimos tiempos han surgido criterios alternativos a la doctrina tradicional y, desde luego, también circunstancias singulares que requieren ajustes en la formulación de la propia doctrina tradicional.

En el mundo helénico Platón y Aristóteles ya reconocían la idea de causa justa para legitimar una guerra, con lo que disponían de lo que en el futuro se denominaría *ius ad belum* («derecho a la guerra») no solo para repeler un ataque adverso, sino para atacar en previsión de una agresión próxima o inminente. También establecieron reglas de minimización de los efectos negativos de la guerra, como son la creación de los emisarios o embajadores, que abrían vías para el acuerdo, el arbitraje sobre las cuestiones en litigio, la sustitución de la batalla por la lucha de dos guerreros (denominado *combate vinculante*), la tregua y, desde luego, el acuerdo de paz, que siglos después se integraría en el *ius in bello* («derecho en la guerra»).

En Roma, la consolidación del derecho permite otorgar solidez a los criterios de justa causa y surge la idea de la prescripción de los derechos en litigio, *y así*, en palabras del contraalmirante Víctor H. Larenas Quijada («Reflexiones sobre la guerra justa», *Revista de la Marina*, 1993), Cicerón partía de que:

> La moderación y el uso de los recursos de la inteligencia, en vez de la fuerza, deberían ser la norma general de comportamiento en situaciones conflictivas. Existiendo dos maneras de combatir, dice Cicerón, basada una en la discusión, que es propia del hombre, y otra en la fuerza, patrimonio de los animales, solo ha de recurrirse a la última cuando no sea posible emplear la primera.

De modo que, para Cicerón, «el fin que persigue la guerra es la paz».

Gráficamente César Vidal («La doctrina de la guerra justa», *La Ilustración Liberal*, n.º 10, diciembre 2001) explica que:

> En Roma prevaleció mucho más un concepto que hoy podríamos denominar de «seguridad colectiva». Lo que proporciona legitimidad a las guerras, primero, de la República posteriormente, del Imperio era la necesidad de asegurar una zona de estabilidad internacional. Que esa noción no estuvo exenta de intereses bastardos está fuera de duda pero, en cualquier caso, proporcionaba un límite teórico a los conflictos bélicos.

Con la llegada de la doctrina de Jesús de Nazaret y la difusión del cristianismo, sigue César Vidal, en los primeros siglos de nuestra era se produce un cambio radical, con lo que denomina *ética del exceso*, que impone el amor al enemigo y el perdón al ofensor; se abre un periodo en el que el cristianismo proscribe la guerra sin excusa alguna, hasta que la asunción de responsabilidades políticas por los cristianos, tras la oficialidad del cristianismo a partir de Constantino, impone la necesidad, a la hora de ejercitar la obligación de amar al enemigo y perdonar al ofensor, de discriminar entre el ámbito personal, en el que se mantiene la radicalidad de la obligación, y el ámbito público, en el que se reconoce la licitud de la defensa del interés general.

Esta es a grandes rasgos la doctrina de la guerra justa que diseñó uno de los padres más brillantes de la Iglesia en el siglo v, san Agustín, sobre la que santo Tomás de Aquino construiría en la Edad Media un más elaborado *corpus* integrado en la doctrina escolástica, basado en la legítima defensa, desde luego aplicado con mayor rigor y exigencia en el ámbito personal que en la esfera pública, por afectar a la idea del interés general.

La doctrina tomista exigía tres condiciones para calificar una guerra como justa: declaración por el legítimo titular del interés general; que tal declaración se funde en una justa causa; y, además, la recta intención del declarante, no pretendiendo más que la reposición del mal o su evitación.

El creador del derecho internacional público y de la economía moral cristiana, en el umbral de la Edad Moderna, el dominico Francisco de Vitoria, mantiene los mismos criterios (causa justa, proporcionada al mal de la guerra; evitación de daños a inocentes; y deslegitimación de las guerras de religión). La guerra justa no es sino una excepción a la prohibición general de la guerra, que impone la moral cristiana, imperante en la época.

Desde esta perspectiva, señala Ricardo Muñoz Juárez (*Teología de la guerra*, Speiro, 1973) que el padre Vitoria concluyó en el «*licet christianis militare et bella gerere*» («los cristianos pueden ejercer la milicia y hacer la guerra») (*Relecciones teológicas*, tomo II, Madrid, 1934), afirmando la doctrina victoriana que «[…] a la guerra, no solo [es] lícita sino inclusive obligatoria», cuando se apoya en una causa justa.

En el mismo ámbito de reflexión está Lutero, agustino de formación, quien daría paso a la interpretación de ética civil de Hugo Grocio que, como recuerda César Vidal, es antecedente de las convenciones de La Haya y Ginebra.

Como ya adelantaba, en esta clarísima tendencia doctrinal hacia la limitación del derecho a la guerra se perciben dos líneas de prevención de distinta orientación: *ius ad bellum*, aquella que limita el derecho de guerra a la causa justa y el *ius in bello*, la que establece los límites de actuación en el desarrollo de la propia guerra, para limitar las atrocidades y tratar de humanizarla en lo posible, como sería la prevención del trato a los inocentes (niños, mujeres y personas ajenas a la guerra), del trato a prisioneros, de la destrucción de propiedades del vencido, la preparación de la paz, etc., para limitar el daño a lo imprescindiblemente necesario para alcanzar la victoria, para garantizar la paz y para la recuperación del perjuicio originado.

A estos efectos, es de gran interés el trabajo de Ángela M.ª Arbeláez Herrera («La noción de guerra justa. Algunos pensamientos actuales», *Analecta*, vol. 1, n.º 2, Medellín, Colombia, enero-junio 2012) en el que recuerda cómo en los tratados de Westfalia de 1648, se deslegitimó, como ya había hecho el padre Vitoria, la religión como causa justa de guerra, aludiendo también a los tratados de la Haya y de Ginebra, en los que sucesivamente se fue modificando la protección de heridos, del personal médico y de los hospitales, iniciándose el proceso de codificación de un derecho internacional humanitario que llegaría hasta las convenciones de 1972 y de 1993, sobre guerra bacteriológica y química y el Tratado de Okawa, de 1997, sobre minas antipersonas, siempre en el marco del *ius in bello*.

La profesora Arbeláez cierra este excurso histórico con la aparición de la ONU, en 1945, que condenó la guerra, como actividad ilícita, con la excepción del supuesto de legítima defensa. Quien tuviera esperanza en la eficacia de la ONU pronto la vería frustrada al surgir la Guerra Fría, así que su capacidad «[...] se vio limitada y la noción de guerra justa volvió a relegarse a los estudios teóricos y de academia». Pese a ello, el ya mencionado contralmirante Larenas («Reflexiones sobre la guerra justa», *Revista de la Marina*, 1993) mantiene un optimismo que ojalá esté justificado, al recomendar que «[...] debemos confiar cada vez más en la autoridad y capacidad de Naciones Unidas y sus Estados miembros en su esfuerzo por controlar las disputas entre las naciones».

En los tiempos del armamento nuclear se plantea una nueva objeción para plantearse la idea de guerra justa, dados los devastadores efectos que una conflagración nuclear o bacteriológica podría producir en toda la humanidad. El dilema se plantea en la hipótesis de que el bando asistido por la razón, observando las exigencias propias de la guerra justa, deba o no utilizar estos instrumentos devastadores ante el riesgo de que el enemigo, que dispone de similares instrumentos, los utilice injustamente y antes.

En mi opinión, la disponibilidad de armamento de destrucción masiva exige una mayor reflexión previa pero, ante la evidencia de que dicho armamento existe, también, en manos de los hipotéticos causantes ilegítimos del peligro de guerra, convierte la acción armada devastadora del bando legitimado en una acción de guerra justa, porque la utilización del armamento de destrucción masiva se convierte en una acción proporcionada al grave riesgo de que el bando no legitimado se adelantara en su misma utilización. Solución contraria a esta propuesta sería, dice Ricardo Muñoz Juárez *(Teología de la guerra*, Speiro, 1973), que «[...] el sino de los hombres quedara a merced de los tiranos de Dios y sin conciencia».

Es de recomendar la lectura del citado trabajo del capellán de la Armada don Ricardo Muñoz Juárez porque hace un detallado repaso de la doctrina cristiana en materia de guerra justa, con amplia y reconocida bibliografía, reflejando adecuadamente el planteamiento que sobre la materia podríamos denominar como teoría occidental de la guerra justa.

Aunque es obvio, es de señalar que la ética occidental está conformada, está dicho, por la filosofía griega, el derecho romano, la dignidad de la persona que aportó el cristianismo y el antropocentrismo de la Ilustración, de aquí que la actualización de la doctrina, en este caso católica que realiza don Ricardo Muñoz Juárez, tiene relevancia, doctrinal e intelectual, a la hora de actualizar los criterios éticos de la civilización occidental.

Siguiendo con las aportaciones de la Iglesia católica a la ética de la guerra, el especialista vaticano en geopolítica y amenaza nuclear, el arzobispo Silvano Tomasi, explica (*Alfa y Omega*, 15/3/2018) cómo pese a haberse superado, al menos formalmente, la Guerra Fría, lo cierto es que «[...] la doctrina disuasoria se aplica todavía hoy, por desgracia», porque hemos vuelto al ambiente de la Guerra Fría y en este marco, en el que se constata que se ha duplicado el número de países que disponen de armas nucleares, el papa Francisco señalaba que la salida a la paz es «[...] el diálogo y el desarme total», lo que es tan cierto como imposible.

Recordaba Silvano Tomasi que el Tratado de Prohibición Completa de Ensayos Nucleares de 7 de julio de 2017, que condenaba no solo su uso sino la tenencia de armamento nuclear, fue suscrito por 122 países, pero por ninguno de los principales tenedores de la bomba atómica (EE. UU., Rusia, China, Francia, Corea del Norte, etc.), con lo que quedó el reflejo de la voluntad de la mayoría de los países del mundo pero no la de los que debían expresarla.

El Vaticano aporta una fuerza diplomática relevante, autoridad moral y las mejores intenciones, pero la realidad es que la doctrina disuasoria, a la que alude Tomasi, sigue siendo mucho más eficaz, en términos de seguridad, que el diálogo y no se atisban posibles cambios en el escenario, lo que obliga a adoptar, en esta materia, posiciones realistas.

Probablemente Michael Walzer (*Guerras justas e injustas. Un razonamiento moral con ejemplos históricos*, Paidós, 2001) sea reconocido en la actualidad como el líder de la teoría occidental de la guerra justa, por quienes aceptan la vigencia de tal teoría, que en poco o en nada se separa de su formulación tradicional, con lo que puede decirse que Walzer ratifica en nuestro tiempo las doctrinas agustiniana, tomista y vitoriana a las que nos hemos referido.

La profesora Arbeláez, explicando las tesis de Walzer, formula las dos posiciones antagónicas, la realista, de carácter ético, que legitima la acción armada en la idea de la guerra justa, y la pacifista, que es una singularidad del buenismo, que rechaza cualquier legitimación de una acción armada.

Recuerda Arbeláez que Walzer funda su teoría de la guerra justa sobre el argumento exclusivo de la agresión, tanto a la soberanía del Estado como a su integridad territorial. La agresión a un Estado independiente debe calificarse como crimen por la sociedad internacional, porque esta se reconoce formada, precisamente, por Estados independientes. Naturalmente esta guerra justa puede ser de carácter defensivo, de respuesta a la agresión o de carácter ofensión, en razonable previsión de una agresión, estando legitimados tanto el Estado víctima como los Estados que consideren necesaria su intervención para asegurar la paz en la región, porque Walzer defiende el internacionalismo y el multilateralismo en la defensa de los valores de la paz y el orden internacional, frente al exclusivismo clásico de la intervención norteamericana.

Quizá interese precisar, con Arbeláez, que al tratar Walzer sobre *el ius in bello* («el derecho en la guerra») mantiene los criterios tradicionales de humanidad, y así considera ilícito, por ejemplo, matar a un soldado herido o hecho prisionero, porque prima su condición humana, mientras que es lícito matar a un soldado enemigo en un momento en que este descansa porque su indefensión, sabiendo que está en guerra, no le protege.

Walzer ratifica la tradicional doctrina del doble efecto por la que es lícito desarrollar acciones bélicas sabiendo que pueden afectar, además de a los combatientes, a los no combatientes. Va de suyo que cuanto más límite sea la situación que se plantee, mayor obligación de afinar, desde la perspectiva ética, las causas y consecuencias de una acción armada de estas dimensiones.

Además del referido texto de Michael Walzer, sugiero también del mismo autor *Reflexiones sobre la guerra* (Paidós, 2004), y debiera tenerse en cuenta el trabajo de Jorge Navarrete Poblete («Reflexiones sobre la guerra. Cinco razones para volver a leer a Michael Walzer», *Revista de Filosofía, Derecho y Política*, enero 2009, www.revistauniversitaria.org), que hace referencia a la obra de Walzer y que trata sobre la guerra de Irak, de tan enormes consecuencias geopolíticas y humanas tanto en la región afectada como en el debate político de Occidente sobre su licitud y oportunidad. Walzer consideró ilícita la posición de Sadam tratando de defender su régimen tiránico y también la de los EE. UU. porque, para el objetivo lícito de derrocar a Sadam, se utilizaron medios desmesurados (*El País*, 8/4/2003).

Señala Jorge Navarrete Poblete que el adjetivo *justa* que añade Walzer al sustantivo guerra ha de entenderse en sentido laxo, «[...] significa justificable, defendible, incluso moralmente necesaria [...] nada más que eso». Personalmente suscribo la precisión, porque la licitud de la guerra justa es una excepción al principio general de interdicción ética de la guerra.

Realmente, en nuestro tiempo, el concepto de guerra justa se aproxima mucho al de guerra humanitaria, porque la ética occidental solo considera lícita una acción armada, defensiva u ofensiva cuando su causa protege valores esenciales que afecten a la vida de las personas, a su libertad y a los demás derechos humanos, en cuyos casos la llamada a la acción armada debe extenderse a los miembros de la comunidad internacional, en los términos que razonablemente corresponda. Steven Navarrete Cardona («¿Puede ser la guerra justa y humanitaria?», *El Mundo*, 24/2/2015) alude a los criterios de John Rawls (*El derecho de gentes*, Paidós, 1999) y, naturalmente, a Michael Walzer.

Dejo aquí planteado el problema de la defensa multilateral de Occidente, ya casi inevitable porque los Estados Unidos no aceptan seguir pagando en solitario, con dólares y soldados, su defensa y porque sería muy razonable sustituir el sistema de gendarme único por el de la defensa multilateral, aunque se tenga que modificar la costumbre europea consolidada de no hacer esfuerzos presupuestarios ni humanos en materia defensiva.

La defensa multilateral de Occidente requiere, desde luego, establecer, convenir previamente las hipótesis de intervención armada con la suficiente precisión como para evitar ambigüedades en el momento en que tal intervención sea necesaria. Europa tiene que madurar en esta materia.

Por encima de los aspectos concretos de la guerra de Irak, en el debate que se derivó vuelve a surgir la confrontación entre los partidarios de la teoría de la guerra justa, que se llaman realistas, y los pacifistas que «[...] niegan razón moral alguna para empuñar un arma contra otro ser humano». Advierte Navarrete cómo Walzer denuncia «[...] que los argumentos pacifistas lejos de solventarse en profundas raíces morales, tienden a evitar la discusión ética respecto de estos asuntos, negando la evidencia de que muchas veces —para preservar el orden donde reine la paz— no tenemos más elección que la de luchar para lograrlo», y más adelante precisa que «[...] detrás de ciertas manifestaciones del pacifismo radical no solo hay mucha ingenuidad, sino también una gran dosis de irresponsabilidad» y, añado yo, de connivencia con el adversario de la civilización occidental.

En reseña bibliográfica de la doctoranda Melody Fonseca (*Guerras justas: de Cicerón a Iraq*, Ed. Fondo Cultura Económica, 2009; Relaciones Internacionales, n.º 13, febrero, 2010, www.relacionesinternacionales.info, relativa a la obra de Alex Bellamy), describe la obra de Bellamy como un esfuerzo de reformulación de la teoría tradicional de la guerra justa, repasando tanto el *ius ad bellum* como el *ius in bello* y añadiendo el *ius post bellum*, como conjunto de obligaciones que corresponderían al vencedor de la contienda.

En esta reformulación de la teoría tradicional, se ponen de manifiesto *los nuevos tipos de amenazas* o *nuevos conflictos armados* en referencia al terrorismo y a la *acción preemptiva*, que supone la intervención ante la inminencia de un ataque (es un neologismo derivado del inglés en el que se distingue la guerra preventiva —riesgo futuro— de la preemptiva —riesgo inminente—). Bellamy acepta con cautela los bombardeos aéreos, perfectamente conocidos desde la Segunda Guerra Mundial, que plantean un gran dilema moral (para mí, ético) porque se prioriza la vida de los combatientes sobre la de los no combatientes en campo adversario, con gravísimos efectos que dejo aquí señalados porque afectan a los límites y exigencias de la intervención humanitaria.

En la obra referida, Bellamy apunta cómo «[...] la tradición de la guerra justa ha intentado regular el modo en el que se declara y se lleva a cabo la guerra. Según sus contextos históricos, ha evolucionado desde el pensamiento teológico al secular; y se ha mantenido en la tensión entre el derecho positivo y el natural». Como Walzer, de quien se siente heredero confesando que le gustaría que su obra fuera *una nota a pie de página de guerras justas e injustas*, ratifica la vigencia actualizada de la doctrina tradicional de la guerra justa y así, dice la recesionista Fonseca, que «Bellamy parte de la aceptación de un sistema internacional en el que el pensamiento occidental sobre el Estado, la democracia y los derechos humanos se ha universalizado. Al resto de Estados no les queda otra opción que participar con las reglas establecidas».

Creo en la superioridad ética de la doctrina occidental de la guerra justa, no puedo coincidir con el optimismo de Melody Fonseca, quien da por supuesta la asunción de nuestra doctrina por quienes tienen sus orígenes ideológicos y culturales en las antípodas de la civilización occidental.

También he de referirme a la posición de revitalización de la doctrina de la guerra justa de James Turner Johnson, tomada del extracto de la tesis doctoral de Giovanni Pleitez Flórez («La propuesta de James T. Johnson en La doctrina de la guerra justa en el contexto norteamericano reciente: George Weigel, Michael Walzer y James T. Johnson», *Cuadernos Doctorales, Teología*, n.º 56, 2010).

Johnson (*Can Modern War Be Just?*, Yale, 1984) es un profesor católico que discrepó de la posición de la Conferencia Episcopal USA, reflejada en la carta de 1983 titulada *The Challenge of Peace*, que analizó la teoría de la guerra justa desde la perspectiva de la presunción contra la guerra, posición que Johnson califica de criptopacifista.

La carta de los obispos americanos se centra más en garantizar los principios prudenciales (esperanza de éxito, proporcionalidad y último recurso) que los principios deontológicos (legítima autoridad, la causa justa y la recta intención), que son los que prioriza Johnson.

Recomiendo la lectura del extracto de la tesis de Johnson, ya que refleja muy bien la posición de la doctrina norteamericana sobre la guerra justa, estudiando a Weigel y Walzer. La causa justa la incardina Johnson en el bien común internacional, superando la dicotomía defensa-agresión, otorgando especial relevancia al estudio de la recta intención de la autoridad legítima, que promueva una guerra que pretende lícita. En este análisis Johnson no considera el riesgo de conflagración nuclear porque percibe que los conflictos armados de nuestra época son regionales y se percata de que la mentalidad nuclear al analizar la guerra justa está obligando a asumir un *pacifismo funcional*.

Resumo, siguiendo al doctor Pleitez, los tres criterios en que se condensa la posición de Johnson son: a) «[...] la fuerza militar puede ser concebida como una herramienta de buen gobierno [...]»; b)

«[…] la guerra justa desde una teoría de buen gobierno tiene como horizonte la búsqueda de la paz en el ámbito internacional»; c) «[…] cuando un gobierno soslaya los derechos de su propia población, tal comportamiento le despojaría de su autoridad con lo que la intervención militar en sus asuntos internos no prescindiría de los derechos de la integridad y territorialidad nacional», lo que supone una revisión del concepto de soberanía, sometido a los valores de justicia, paz y orden internacional.

La doctrina de la guerra justa es una construcción propia de la civilización occidental, haciéndose presentes en su construcción los cuatro pilares reiterados que la conforman, y así, la profesora Arbeláez denomina a esta disciplina derecho internacional en Occidente, cuyo estudio parte de *una lectura moral de la guerra*, aunque mejor se diría lectura *ética* de la guerra.

Siendo la doctrina de la guerra justa un producto de la civilización occidental, su penetración e integración sincera y eficaz, en áreas en las que los valores de la civilización occidental tienen mínima implantación, resulta de dudosa viabilidad. Me refiero a las zonas de intensa y exclusiva islamización, a las zonas en que la colonización no se aprovechó para transmitir valores culturales occidentales, como es el continente africano, y a aquellas zonas que sufren el adoctrinamiento materialista. Pero a este cuadro poco favorable, debemos añadir la dificultad que Occidente presenta para asumir su propio producto, a la vista de la profundísima crisis de valores que asola el mundo occidental, como lo patentiza el pacifismo progresista de fuerte implantación.

Resulta evidente que, como no se otorga en nuestros días y en todos los países de la tierra un mismo valor a la vida, a la libertad individual y al destino del ser humano en el mundo, la doctrina de la guerra justa tiene una descomunal dificultad para implantarse satisfactoriamente y convertirse en una regla de conducta universal.

Así que partiendo de posiciones radicalmente distintas es imposible conciliar objetivos básicos comunes.

En la recensión de Melody Fonseca se reseña cómo Alex Bellamy hace mención a los *Estados tanto jueces como jurados* —el Consejo de Seguridad de la ONU como a otras instituciones internacionales, como La Corte Internacional de Justicia— que *poseen mayor autoridad moral*, aunque, a mi juicio, son instrumentos convencionales de contención más que titulares de alguna *auctoritas*, por lo que en cualquier momento pueden perder su eficacia relativa.

La razón de la ausencia de ese órgano internacional con *auctoritas* es la ya descrita. Las disensiones culturales e ideológicas en nuestro mundo son demasiado profundas, no reflejan solamente meros intereses contrapuestos, sino que están basadas en radicales diferencias en la concepción del mundo, del origen y del destino de los seres humanos.

También en el trabajo de la profesora Arbeláez y en el del contralmirante Larenas, ya referidos, se alude a la función arbitral de la ONU, y del *statu quo* que representa su Consejo de Seguridad de la ONU.

A mi juicio, no es la ONU el gran organismo internacional con *auctoritas* para actuar de árbitro solvente y fiable, para garantizar la paz y el progreso en el mundo. La ONU es una salida en falso de la Segunda Guerra Mundial, seguramente inevitable, y así, en el año 2020 contaba con 193 Estados miembros, de los cuales escasamente 35 están regidos por regímenes realmente democráticos.

Bastará una somera observación del funcionamiento de los organismos y funcionarios de Naciones Unidas para deducir que este organismo internacional está en permanente elaboración de productos troquelados por la concepción materialista del mundo, influyendo enormemente en las zonas menos favorecidas, mientras que el primer mundo, el mundo occidental, parece ser ajeno a la estrategia destructiva que se despliega.

5. Derecho a la certeza paterno-filial

5.1. DERECHO A VERIFICAR EL CONOCIMIENTO PATERNAL

Me parece de interés y de actualidad señalar un aspecto positivo anejo al derecho a la vida, cual es el derecho de los hijos a averiguar la identidad de los progenitores y viceversa, en caso de que tal identidad no resultara diáfana.

Desde luego, el derecho a la certeza de la filiación y la paternidad/maternidad es imprescriptible, y su ejercicio debiera contar con el suficiente soporte administrativo y judicial para hacerlo efectivo de manera inmediata.

A mi juicio, el derecho a conocer, de manera indubitada y no solo mediante la presunción judicial, la identidad de los progenitores y el de estos de identificar plenamente a sus hijos es superior a cualquier otro derecho de quien fuera limitado para coadyuvar en la investigación, como pueden ser los de intimidad e integridad (posible perjuicio físico), cuando mediaren *indicios serios* de veracidad de la paternidad/maternidad o filiación que se pretendiera reconocer. Se trata, en definitiva, de llegar a la verdad material en asunto sobre derecho tan relevante.

La ciencia ofrece hoy, con la investigación sobre el ADN, un procedimiento no invasivo, cómodo y barato para identificar la identidad de los progenitores y de los hijos de cualquier persona. No es comprensible que un juez no pueda actuar coercitivamente para realizar la prueba cuando estime la existencia de indicios serios sobre la posibilidad que se investiga. No se comprende que se permita hacer efectiva tal negativa aunque, como señala el Tribunal Constitucional, la negativa injustificada tenga el efecto, no de confesión presunta, pero sí de indicio probatorio, habitualmente muy cualificado, que puede llevar al juez a declarar la paternidad instada.

Insisto en que el derecho de quien reclama conocer si es padre o hijo de otra persona, mediando indicios serios, es de tal relevancia ética y, por tanto, jurídica que no puede resolverse por vía indiciaria, sobre todo cuando el perjuicio por el requerido análisis de ADN es insignificante.

Abusar de un derecho es ejercerlo a toda costa, incluso mediando grave perjuicio para un tercero y escaso o nulo beneficio para su titular. Como es lógico, el abuso de derecho está interdictado por el ordenamiento jurídico.

En mi opinión debe establecerse la obligación legal de la aportación de la prueba a requerimiento del juez, incluso empleando la fuerza mediante breve retención para la extracción de la muestra de saliva o de sangre. A mayor abundamiento, esta reforma legislativa debiera conllevar la precisión de que podrá solicitarse la prueba biológica, con levantamiento de la declaración de cosa juzgada, en aquellos casos en que se haya reconocido la paternidad de manera indiciaria en sentencia firme, por negativa a la realización de dicha prueba, porque el interesado tiene un derecho, superior a cualquier otro de los que aparecen en el proceso, a tener certeza científica sobre la paternidad que le interesa.

Sobre esta cuestión de la certidumbre sobre la paternidad, existen en los medios de comunicación dos casos que quisiera comentar, a modo de ejemplo, para llevar a su radicalidad el principio que sostengo.

En primer lugar, me referiré a un supuesto puramente teórico, porque las reclamaciones planteadas fueron rechazadas por falta de indicios serios. Lo relevante para mí es comentar la absurda teoría, difundida en los medios de comunicación, de que no era posible que tales reclamaciones pudieran prosperar por aplicación del inciso inicial del artículo 56.3 de nuestra Constitución. Me refiero a las reclamaciones de paternidad formuladas contra el rey emérito, don Juan Carlos I.

A mi juicio, es desmesurada la interpretación que extienda la inviolabilidad del rey y su no sujeción a responsabilidad, a las materias civiles y menos a materia tan grave, que la Constitución consagra en su artículo 39.2, *in fine*: «La Ley posibilitará la investigación de la paternidad». Tal hipótesis sería reconocer al jefe del Estado poco menos que el derecho de pernada y a sus eventuales hijos la negación, *in radice*, del derecho a conocer a su progenitor.

El segundo caso que comentar se refiere al rosario de supuestos de entrega de hijos recién nacidos en instituciones públicas o privadas, por personal sanitario, incluso religioso, a padres que aparentaban ser biológicos o adoptivos con opacidad del origen real del recién nacido, lo que ha dado lugar a no pocas tragedias de hijos tratando de conocer sus orígenes.

Asombra que las administraciones públicas no hayan tomado, desde hace años, cartas en el asunto para dotar de los medios necesarios a las investigaciones pertinentes.

Produce espanto que haya habido personas que arrancaran de sus padres a recién nacidos para entregarlos a otras personas. Parece muy verosímil que algunas pertenecieran a órdenes religiosas, tratando de convertirse en el propio Dios, eligiendo los padres de los recién nacidos.

Lo más asombroso es que las autoridades eclesiásticas no hayan tomado parte activa en la indagación del asunto desde que el escándalo surgió en 2010, que no hayan realizado investigaciones internas —con traslado a la autoridad judicial, si fuera el caso, de cuanta información dispusieran— y que no hayan exigido, incluso bajo pena de excomunión, a quienes les debieran obediencia la confesión de todos los casos habidos, con aportación de todos los detalles necesarios, para reparar, en parte al menos, el inmenso mal originado.

Igualmente, es lamentable que las autoridades civiles no se hayan esmerado en aclarar todos los supuestos en que la duda se hiciera presente, disponiendo fondos y recursos de cualquier naturaleza y con las modificaciones legislativas que resultaran necesarias, desde la imposición de la prueba del ADN hasta la remoción de obstáculos formales de valor jurídico manifiestamente inferior, pasando por la declaración de imprescriptibilidad de las acciones pertinentes.

Tengo la sensación de que no se ha querido dar la importancia que esta tragedia merecía, pero nunca es tarde para hacerlo con todo empeño, poniendo el Estado, y cualquier otra entidad afectada, todos los medios necesarios, porque estamos tratando sobre un derecho radicalmente vinculado al de la vida. No haberlo hecho antes o no hacerlo ahora pone de manifiesto el gravísimo desorden de conducta de sus causantes y coadyuvantes.

En mayo de 2017 un grupo de eurodiputados visitó a las autoridades civiles y eclesiásticas españolas para requerirles el apoyo no prestado hasta la fecha, para posibilitar el descubrimiento de paternidades vulneradas desde recién terminada la Guerra Civil hasta el decenio de los ochenta del siglo xx, lo que tiene mayor gravedad si cabe. Como es obvio, y se señala en la noticia de la visita de los eurodiputados (*El País*, 5/6/2017), el tiempo corre en contra de los afectados, porque se van muriendo quienes pueden dar cuenta de los hechos acaecidos.

En noviembre de 2018 se presentó en el Congreso de los Diputados, por el PSOE y otros grupos parlamentarios de izquierda, incluido el grupo de Ciudadanos, pero con la aprobación de toda la Cámara, la proposición de ley sobre bebés robados en el Estado español, cuyos objetivo son: a) búsqueda de la verdad; b) acción de la justicia sobre los hechos ocurridos; c) reparación integral de los daños; y d) garantía de no repetición.

Los mecanismos previstos para la consecución de los objetivos señalados son los siguientes: a) creación de la Comisión sobre el Derecho a la Identidad; b) creación de una fiscalía especial sobre la materia; c) creación de una unidad judicial especializada en localizaciones; d) obligación de puesta a disposición de archivos y registros de cualquier tipo de entidad, para facilitar las localizaciones.

Como ya está dicho, se trabaja contra el tiempo cuyo inexorable transcurso va eliminando indicios, pruebas y personas, por lo que no tiene mucho sentido perder más tiempo en la aprobación de la referida proposición de ley, que la disolución de las Cámaras a principios de 2019 la retrasa *ad calendas graecas*.

Merece resaltarse el *Informe sobre derechos de los hijos a conocer sus orígenes*, aprobado el 15 de enero de 2020 por el Comité de Bioética de España, cuyas claves fundamentales resumo:

1. Propone, en los mismos términos que la Asamblea Parlamentaria del Consejo de Europa, la eliminación de la norma legal que establece «[…] el régimen de anonimato en la donación de gametos para la reproducción humana asistida».

2. Defiende, como lo hace también la Asamblea referida, la irretroactividad de las donaciones anónimas de gametos que se hubieran producido durante la vigencia de la norma actual, para no defraudar «[…] las expectativas de aquellos que donaron bajo el régimen actual». Es discutible desde el punto de vista de la defensa del valor que se pretende proteger, pero también es razonable, desde el punto de vista de los graves efectos sociales y de confianza en la ley que produciría la retroactividad del nuevo régimen.

3. Propone el Comité el establecimiento de un Registro Nacional en el que se reflejen las operaciones que se deriven de la nueva

regulación, para garantizar la plena eficacia y seguridad del derecho del hijo nacido mediante la reproducción asistida, para controlar el uso que los centros médicos hagan de los gametos donados y para que en caso de donaciones múltiples del mismo donante a diversos centros, «[...] minimizando los problemas de consanguinidad inadvertida en el futuro». [Que] «[...] genera riesgos de uniones endogámicas inadvertidas».

4. En este ámbito, el Comité afirma radicalmente que «[...] el interés superior del menor primará sobre cualquier otro interés legítimo que pudiera concurrir», siendo este principio el que deberá regir todo el proceso de reproducción asistida. Corresponderá al hijo establecer el grado de satisfacción que requiera en torno a la identidad del progenitor.

5. Corresponde al Estado «[...] implementar los medios materiales y personales necesarios para poder valorar en cada caso qué supone el interés superior del menor», incluyendo el «[...] asesoramiento, apoyo y acompañamiento», extensible a padres y donantes.

6. «El Estado tiene el deber de protección tanto respecto de los hijos como de la propia institución familiar».

7. El Comité no propone, únicamente, un cambio legal, sino «[...] un verdadero cambio de cultura en el ámbito de la reproducción humana asistida y de las relaciones entre los padres, los hijos nacidos de técnicas de reproducción humana asistida y los progenitores».

5.2. VIENTRES DE ALQUILER O MATERNIDAD SUBROGADA

5.2.1. Consideraciones generales

Las dificultades que muchas parejas encuentran para la procreación de hijos, por el medio natural, suponen un grave problema que no puede minimizarse y que requiere respuestas en las actuales circunstancias del conocimiento científico.

Desde la perspectiva de los derechos del futuro hijo, cabe distinguir entre la inseminación artificial de una mujer ajena a la pareja con el esperma del varón o con esperma anónimo y la implantación, a esta mujer ajena, de un embrión fruto de la fecundación *in vitro* con óvulo y espermatozoide de los miembros de la pareja.

En el primer caso, la madre natural es la mujer que presta no solo su vientre, sino también su óvulo para la procreación y, desde luego, será la madre natural del hijo a quien dará a luz. El padre será el varón de la pareja que recibirá al niño o un desconocido si se fecundó por un esperma anónimo. Así que nacerá huérfano de madre y quizá también de padre. Es un manifiesto atentado al derecho del niño a tener madre y padre.

En el segundo caso, los padres serán la mujer y el varón de la pareja, mientras la mujer que preste su vientre no será, en ningún caso, la madre del hijo que dará a luz, sino solo quien acoge el óvulo fecundado y lo gesta.

Si el destino del hijo es un varón o una mujer para vivir en régimen monoparental o para vivir con una pareja homosexual, el perjuicio al niño es mayor porque, además de negarle el conocimiento de sus orígenes, se le impide vivir en una familia con referentes masculinos y femeninos, aspecto que trato más adelante al estudiar la homosexualidad.

Nadie puede negar a un varón o a una mujer la realización de su deseo natural de tener hijos, pero tal deseo no puede llevarse a cabo limitando los derechos básicos del hijo, como es el derecho a nacer en una familia plena, con madre y padre, lo que requiere la constitución previa de una pareja en la forma legal, estable, que se tenga por conveniente. En la medida de lo humanamente posible, los progenitores deben ofrecer a su progenie un *hábitat* confortable, empezando por un nido familiar y, desde luego, un origen genético diáfano.

No es justo, a mi juicio, satisfacer lícitos deseos personales limitando derechos sustanciales al hijo que ha de llegar, como es el derecho a una madre que le reciba en el día de su nacimiento y a desarrollarse en un entorno familiar adecuado. Limitar un derecho tan básico, de manera premeditada, yo lo califico de egoísmo éticamente ilícito.

Es una evidencia de nuestra propia naturaleza que un ser humano no es capaz de procrear sin la participación de otro de sexo distinto. Como es también evidente que las parejas formadas por personas del mismo sexo no son capaces de procrear. La procreación en nuestra especie no solo exige la intervención de dos humanos de sexo distinto y, por tanto, complementarios, sino que, además, demanda una larga maduración del nacido, al menos de dieciocho años, y esa maduración requiere de un nido familiar, de una familia compuesta por madre y padre, que le ofrezca afectos y referencias de diferente naturaleza, lo que yo llamo una familia en plenitud.

Es objetivamente injusto y, por tanto, éticamente ilícito, negar, premeditadamente, a un hijo su derecho a nacer en una familia plena, compuesta de madre y padre. Aparece la sospecha de que se está abriendo la puerta a los *niños mascota*, para satisfacer egoísmos o apariencias de plenitud familiar en parejas del mismo sexo o en personas que rechazan establecer una relación estable con una persona de distinto sexo al suyo.

Es obligado, desde el punto de vista estrictamente racional, rechazar cualquier acusación de homofobia a la imputación de ilicitud ética de cualquier fórmula de asignación (por vientre de alquiler o por adopción) de niños a personas de vida en solitario o a parejas del mismo sexo porque, sin poner en cuestión la libertad de la vida en solitario ni la de la vida en pareja del mismo sexo, debe primar el derecho de los hijos a vivir la familia en plenitud.

Reafirmar la legitimidad y la libertad de la vida en pareja del mismo sexo no supone aceptar que la libertad de esta pareja llegue a donde no puede llegar sin vulnerar derechos de quienes, por su edad, no pueden defenderse. Proclamo mi derecho a razonar con libertad, sin que nadie me acuse de homófobo ni de odiar a nadie, porque solo odio la imposición, aunque ya sé que el progresismo tiene el derecho acusatorio adquirido y consolidado.

Por lo que a las madres que prestan su cuerpo se refiere, cabe decir que, presumiblemente, prestan su servicio mediante precio, lo que supone no solo la banalización del embarazo, sino la degradación de la mujer que, por necesidad económica, se somete a semejante oficio y, en ocasiones, de manera reiterada.

Por otra parte, es evidente que la solución que ofrece el supuesto de implantación de un embrión fecundado *in vitro* plantea el gravísimo problema del riesgo de embriones sobrantes, que la propia deontología médica rechaza (Código de Deontología CGCOM, art. 56.2). Sobre la muerte de embriones sobrantes, fecundados *in utero* o *in vitro*, y su utilización en la investigación ya he advertido de su ilicitud ética, al tratar del aborto, por suponer la muerte de seres humanos.

Una práctica relativamente extendida, buscando el menor coste posible, consiste en el acuerdo privado, mediante chats especializados, entre una mujer que desea tener un hijo y un donante que ofrece su semen, normalmente mediante precio, efectuando la operación de manera extrasanitaria, con un bote de muestras analíticas y una jeringuilla (ABC, 1/3/2021).

Este rudimentario sistema contraviene la ley de reproducción asistida, tanto en materia de seguridad sanitaria (control sanitario del donante y garantía en la manipulación) como del obligado anonimato del donante, asumiendo la mujer graves riesgos para sí y para el futuro hijo. Según lo pactado puede quedar rastro de la identidad del padre o no. Cualquier pacto de desentendimiento sería nulo de pleno derecho si el padre fuera localizable.

5.2.2. *Diversos documentos y otras aportaciones*

5.2.2.1. Informe del Comité de Bioética de España sobre maternidad subrogada, de 16 de mayo de 2017

Este informe no fue aprobado por unanimidad sino por mayoría. El sector minoritario del Comité, en esta materia, consideró que «[…] aunque aceptan en línea de principio que esta práctica podría regularse de modo que compaginara la satisfacción del deseo de unos de tener un hijo con la garantía de los derechos e intereses de los otros, no alcanzan a ver la fórmula de hacerlo en el contexto actual».

Pese a que en España la maternidad subrogada siempre fue rechazada, como lo está en la vigente ley sobre reproducción humana asistida de 2006, no tiene plena eficacia porque los ciudadanos españoles que desean practicarla pueden hacerlo suscribiendo contratos en países con normativas mucho más permisivas y logrando, con posterioridad, inscribir la filiación del hijo así nacido en el Registro Civil de España, contraviniendo el criterio del Tribunal Supremo.

La mayoría del Comité de Bioética de España propuso en el informe referido tres criterios de actuación para solventar el problema de las filtraciones en España de los efectos no queridos derivados de las normativas extranjeras.

1. Extensión de la nulidad de los contratos de maternidad subrogada a los suscritos en el extranjero, mediante la reforma legal que proceda y llegar a «[…] considerar la posibilidad de recurrir a otras medidas legales que reforzaran su cumplimiento» si resultara insuficiente esta medida.

2. «Hacia una prohibición universal de la maternidad subrogada internacional», de modo que se eliminen estas situaciones de hecho, se busque la legislación adecuada y se persiga a las agencias y personas dedicadas a este negocio. El problema es que no todos los Estados en que este tráfico se produce están dispuestos a actuar tan contundentemente con las mujeres que utilizan esta práctica por necesidad.

3. «Transición segura». El Comité resalta la preocupación, ya mencionada, de evitar «[...] el efecto colateral de dejar desprotegidos a los niños que nacen en estos procesos. Para ello se garantizará que su filiación en el extranjero se realice conforme a la doctrina establecida por el TS».

¿Cuál es la doctrina establecida por nuestro Tribunal Supremo?

La Sentencia de la Sala de lo Social del Tribunal Supremo de 22/3/2018 (347/2018) en recurso de casación para la unificación de doctrina, en congruencia con sentencias anteriores de la misma Sala de los Social (25/10 y 16/11 de 2016), mantiene que el menor nacido como consecuencia de un contrato de maternidad subrogada tiene derecho a las prestaciones sociales de la Seguridad Social. Deja claro que «En todo caso, la nulidad de pleno derecho de dicho contrato de gestación por sustitución, establecida en el art. 10 de la Ley 14/2006, de 26 de mayo, no puede perjudicar la situación del menor».

Para una más precisa información sugiero las lecturas del trabajo del catedrático de Derecho del Trabajo y Seguridad Social Jesús R. Mercader Uguina («La creación por el Tribunal Supremo de la prestación por maternidad subrogada: a propósito de las SSTS del 25 de octubre de 2016 y de 16 de noviembre de 2016», *Cuadernos de Derecho del Trabajo*, vol. 9, n.º 1, marzo 2017), así como el de la doctora Olaya Godoy Vázquez («La gestación subrogada en la jurisprudencia del TEDH, TJUE y Tribunal Supremo», *Anuario de la Facultad de Derecho de la Univ. Extremadura*, n.º 34, 2018).

El problema de fondo está en que el Estado que considera nulos los contratos de maternidad subrogada se encuentra ante la situación de hecho de un nacional que pretende registrar, normalmente en oficina consular, a un recién nacido sin que aparezca la madre natural. Todas las sentencias del Tribunal Supremo y de los tribunales europeos (TEDH y TJUE) tratan de asegurar las prestaciones sociales a menores nacidos de una maternidad subrogada, pero ninguno entra en el fondo relativo a la nulidad de dichos contratos de subrogación por sustitución, de modo que la justicia no tiene norma eficaz para hacer efectiva la nulidad del contrato de subrogación legalmente promulgada.

Hasta que el rechazo de la lacra de la maternidad subrogada no se universalice, creo que solo caben determinadas medidas:

1. No se entendería por maternidad subrogada, a estos efectos de rechazo de la inscripción en el Registro Civil, la gestación de un embrión fecundado por espermatozoide y óvulo de quienes insten la inscripción, previa comprobación de los ADN.

   No estoy otorgando licitud ética a este supuesto, pero no cabe duda de que al ser el menor hijo de quienes concibieron el embrión, es jurídicamente intolerable que no puedan asumir en plenitud sus derechos y deberes paternales. Cabría establecer algún régimen sancionador, cuando menos a las agencias o terceros intervinientes.

2. Que el Registro Civil español, en sede judicial o consular, no inscriba a ningún menor nacido como consecuencia de un contrato de maternidad subrogada, impidiéndose en consecuencia su ingreso en territorio español, si el menor nació fuera de España.

3. En caso de que se comprobara que los solicitantes, mujer u hombre, carecieran de vínculo genético con el menor, lo lógico sería que Asuntos Sociales se hiciera cargo del niño y gestionara su acogimiento y ulterior adopción según el régimen establecido.

   En este caso debiera tenerse en consideración el hecho de que el menor lleve conviviendo, en régimen familiar, un tiempo determinado, cuatro o cinco años, con los llamados padres de intención. Esta medida inhibiría, en buena medida, pretensiones que la legalidad declara ilícitas.

4. Si se confirmara que el solicitante de la inscripción resultara tener vínculo genético con el menor, habiendo renunciado a los derechos de maternidad la gestante contratada, no habría más remedio que reconocerlo así en el Registro Civil, pero estableciendo un régimen de control de la situación del menor, mediante seguimiento periódico por la Administración competente hasta su mayoría de edad.

En definitiva, no es fácil enfrentarse jurídicamente al problema ante una situación de hecho, cual es la existencia de un menor con riesgo de quedar en el limbo jurídico. Las dos claves para acabar con esta lacra serían: ilegalización universal de la subrogación, lo que resultará muy difícil de conseguir, y la obstaculización del acceso de nacionales con hijos de este origen, en los países que tengan prohibida la maternidad subrogada.

5.2.2.2. *Informe Familia 2017. La modernidad de una sociedad familiar.* El movimiento «No somos vasijas»

Este informe confeccionado por la Universidad Pontificia de Comillas, que analiza diversos aspectos de la familia, hace una específica referencia al fenómeno de los vientres de alquiler o maternidad subrogada, advirtiendo que ya nacieron 20.000 niños por este método en el mundo y que en España pueden existir en torno a los 1.000 niños nacidos por esta vía.

Este método es ilegal en España, aunque por razones de protección al menor, desde 2009 la Dirección General de Registros admitió la inscripción de estos niños. El Tribunal Supremo en Sentencia de 16/10/2016 reconoció el derecho de los progenitores que han adquirido sus hijos por gestación subrogada a cobrar las prestaciones por maternidad por cuanto que «dichas prestaciones están diseñadas para la protección de los menores y no como recompensa a los progenitores».

El Tribunal Superior de Madrid desestimó la subrogación de un matrimonio español en Moscú, ante la negativa del Consulado de España en Moscú, confirmada por la Dirección General del Registros, de emitir un salvoconducto para viajar a España, como hijo del matrimonio, al no mediar una resolución judicial rusa en la que conste la identidad de la madre gestante.

La Sección Cuarta de la Audiencia de Baleares ha ratificado la sentencia de un Juzgado de Primera Instancia de Ibiza (*ABC*, 19/5/2021), reconociendo la maternidad de una mujer soltera que contrató un vientre de alquiler en Moscú, careciendo de vínculo genético con la hija. Pese a la prohibición de estas prácticas en España, los juzgadores entienden que es prioritario el derecho de la niña a vivir en su entorno familiar con plena estabilidad y seguridad jurídica.

Subregalia, empresa del grupo empresarial Dídac Sánchez, es una empresa con ámbito internacional, que mantiene este negocio de la maternidad subrogada, estableciendo un sistema contractual por el que las gestantes «[...] no puedan arrepentirse ni reclamar ningún tipo de derecho posterior sobre su hijo», lo que podrá servir en aquellos países en los que no se tenga por nula la renuncia a derechos futuros y, de manera especial, derechos tan personalísimos. En el informe de la Universidad de Comillas se reseñan datos de costes, que aquí no es necesario precisar.

El movimiento «No somos vasijas» se opone a este método de vientres de alquiler, con el siguiente decálogo de razones:

1. «El derecho a decidir de las mujeres en materia de derechos sexuales y reproductivos».

    Es de suponer que se refiere a las protagonistas de esta actividad, quienes o están sometidas por su extrema pobreza o viven en esclavitud.

2. «La maternidad subrogada no solo impide a las mujeres la capacidad de elección sino que además contempla medidas punitivas si se alteran las condiciones del contrato».

3. «La llamada maternidad subrogada se inscribe en el tipo de prácticas que implican el control sexual de las mujeres».

4. «Alquilar el vientre de una mujer no se puede catalogar como "técnica de reproducción humana asistida"».

5. «El "altruismo y generosidad" de unas pocas no evita la mercantilización, el tráfico y las granjas de mujeres comprándose embarazos a la carta».

6. «Porque cuando la maternidad subrogada "altruista" se legalice, se incrementa también la comercial».

7. «No aceptamos la lógica neoliberal que quiere introducir en el mercado a los vientres de alquiler ya que se sirve de la desigualdad estructural de las mujeres para convertir esta práctica en nicho de negocio que expone a las mujeres al tráfico de la reproducción».

    Debo precisar que el hecho de que el mercado se corresponda con la lógica liberal (no alcanzo a evaluar el término *neoliberal*) no supone que la lógica liberal fomente el tráfico de vientres de alquiler. Desde los códigos liberales más antiguos se han excluido del tráfico comercial todos los derechos considerados personalísimos, de modo que esta afirmación es manifiestamente gratuita (art. 1.271 Código Civil, *rex extra commercium*). Hubiera bastado con decir que lo que no aceptan es incorporar al tráfico comercial los vientres de alquiler, sobrando el adorno literario tan innecesario como falso.

8. «La llamada maternidad subrogada tampoco se puede inscribir como algunos pretenden en el marco de una "economía y consumo colaborativo", la pretendida "relación colaborativa" esconde el "consumo patriarcal" por el que las mujeres se pueden alquilar o comprar de manera total o parcial».

Tampoco es aceptable vincular el tráfico de vientres de alquiler con el «consumo patriarcal», si supiera exactamente lo que es, porque los adquirentes en este tráfico suelen ser matrimonios.

9. «Porque nos afirmamos en llamar a las cosas por su nombre, no se puede ni se debe describir como gestación subrogada un hecho social que cosifica el cuerpo de las mujeres y mercantiliza el deseo de ser padres-madres».

10. «La perspectiva de los derechos humanos supone rechazar la idea de que las mujeres sean usadas como "contenedoras" y sus capacidades reproductivas sean compradas. El derecho a la integridad del cuerpo no puede quedar sujeto a ningún tipo de contrato».

En materia de discernimiento público de la subrogación, el informe de Comillas advierte cómo en la sociedad española ha penetrado la conciencia popular de que esta práctica no es perversa sino un *elemento de progreso*, por la resonancia de las adquisiciones realizadas por personajes de la vida social, lo que no empece que se haya abierto un debate sobre la ética de esta práctica.

Soledad Gallego-Díaz se preguntaba:

> ¿Es el cuerpo humano una propiedad privada? […]. Cuando las mujeres reclaman «mi cuerpo es mío», «mi útero es mío», a lo que se refieren es a que quieren tener plena autonomía sobre su cuerpo, como cualquier otro ser humano. No debe ser fácil encontrar feministas que opinen que su cuerpo es una mercancía, sometido al mismo régimen de propiedad de otros objetos, comercializable por contrato mercantil.

A este planteamiento responde Noelia Osés que aplicando las tesis abortistas contraataca, «[…] porque defiendo el derecho de la mujer a decidir sobre su propio cuerpo». «Después de desgañitarse gritando mi cuerpo es mío, yo decido, para defender el aborto, hasta

ellas ven la contradicción en prohibirle a una mujer ahora decidir sobre su propio cuerpo».

En mi opinión, tiene razón Soledad Gallego-Díaz, en el sentido
de que el derecho sobre el propio cuerpo no es ilimitado, porque ningún derecho es ilimitado. El problema está en que también tiene razón Noelia Osés cuando, para justificar el aborto y otras prácticas,
afirma que se incurre en patente contradicción cuando se pretende
que el derecho al propio cuerpo sea ilimitado para justificar el aborto pero no para los vientres de alquiler.

Esta es una consecuencia del retorcimiento de los principios a que
se ha dedicado el progresismo.

Las profesoras Ana de Miguel y Laura Nuño, de la Universidad
Juan Carlos I, publicaron un artículo («Vientres de alquiler, pensar
antes de actuar», *El Diario.es*, 1/6/2016) en el que además de advertir
del riesgo de que por la vía de la maternidad subrogada altruista se
cuele la mercantil, proponen «[…] un debate que se atreva a cuestionar los límites de los deseos personales. Máxime ante la invasiva cultura neoliberal, que nos invita a quererlo todo y quererlo ya».

Es realmente curioso que lo malo se impute al espantajo de lo
neoliberal, que nadie define. La cultura de quererlo todo y quererlo
ahora no es *neoliberal*, es fruto de la abdicación de los padres en la
educación y no de la oferta comercial. Nuestra sociedad es una sociedad de niños grandes caprichosos y malcriados que lo quieren todo
ya. Este es el problema.

Concluyen las profesoras: «Los seres humanos no pueden ven-
derse o regalarse por mucho que haya quien pueda, quiera o desee
tenerlos».

La activista LGBTI Beatriz Gimeno («Mercado de vientres», *El
País*, 16/2/2017) afirma que «El único argumento que esgrimen los
partidarios de regular los vientres de alquiler es la libertad individual. También hablan de un supuesto derecho a ser padres/madres,
pero todo el mundo convendrá en que tal derecho no existe si se opone a los derechos de otras personas».

Quizá Beatriz Gimeno no se haya percatado de que, con su impecable argumento, no podrá defender el aborto, porque la libertad individual no es argumento para cualquier cosa y porque ningún derecho puede vulnerar el de otra persona, en caso del aborto, el derecho
del niño a vivir, a ver la luz.

Dice Beatriz Gimeno que «[…] convertir deseos en derechos es
lo que hace el neoliberalismo». Es una afirmación que merecería

explicación doble: qué es el neoliberalismo y por qué convierte los deseos en derechos. Tanto en el caso del aborto como en el de la procreación subrogada, lo que convierte el deseo en derecho es la irresponsabilidad egoísta de los progenitores, en el primer caso protegida por la ley y en el segundo por falta de una norma general que lo prohíba en España, y mejor en la UE y en todos los países civilizados.

Tiene razón por el contrario Beatriz Gimeno, cuando dice que «[...] todos los embarazos son procesos vitales en los que las mujeres ponen su cuerpo, pero mucho más que su cuerpo», ponen todo su ser que en sí mismo supone mucho más que la carne de que se compone el cuerpo, y si aceptamos que el embarazo es cosa de dos, se pone entre ambos la dimensión familiar, clave, esencia y núcleo de nuestra sociedad.

La feminista Cristina Fallarás señala que «Cabe preguntase por qué una mujer prestaría de "forma altruista" su cuerpo para gestar una criatura a la que luego renunciará para beneficio de terceros y agencias [...]».

Trae a colación también, el informe de Comillas, a la feminista Lidia Falcón O'Neill, quien en respuesta a unas declaraciones del político Iñigo Errejón, de Podemos, afirmaba en el diario *Público*: «El derecho a la paternidad no significa que para ejercerlo se pueda disponer del cuerpo de una mujer, bombardeándolo de hormonas, insertándole un óvulo —propio o ajeno— fertilizado, y esperando que la gestación llegue a término para arrebatarle después el hijo, irreversiblemente. Y todo ello por dinero» y continúa la señora Falcón: «[...] es infame que políticos que pretenden trabajar por mejorar las condiciones de vida de los ciudadanos [...] sean tan crueles con las mujeres, para satisfacer los deseos —que no las necesidades— de unos cuantos hombres ricos».

Quizá el lector se percate de que si yo llevase estas manifestaciones de las feministas sobre los vientres de alquiler a los apartados del aborto o de la eutanasia resultaría que las feministas aparecerían como activistas *provida* y contrarias a la eutanasia, porque utilizan, contra la gestación subrogada, los mismos argumentos que he utilizado yo contra el aborto y la eutanasia.

El informe de Comillas refleja el impacto del problema de los vientres de alquiler en la reordenación programática del Partido Popular, de Ciudadanos y del PSOE.

El Partido Popular cerró en falso el problema, porque sus progresistas, que no se habían enterado de que el progresismo *pata negra* había sido capturado por el feminismo antisubrogacionista, defendían en frase de un proponente que *la subrogación era una realidad y que no se podía mirar hacia otro lado*. Este argumento también es utilizado por los abortistas. Así que como los atracos a los bancos son una realidad, procede legalizarlos.

El presidente autonómico Alberto Núñez Feijóo vinculó los vientres de alquiler, en primer término, con la necesidad de aumentar la natalidad, lo cual es llamativo por aritméticamente absurdo y por desvincularlo de cualquier valoración ética y, en segundo término, aludiendo a que «[…] los planteamientos éticos del siglo xviii no son los del siglo xxi. A una pareja que quiere tener hijos se le debe respetar […]», pero con los límites de la ética, no sea que llegara a satisfacerse su deseo de tener hijos, como ya ocurrió, mediante la sustracción de niños a parturientas pobres o distraídas.

En el 18.º Congreso del PP no prosperaron estas tesis irracionales bañadas de apariencia lógica, propia del progresismo. Como está claro que ya no es progresista, no volverá a replantearse la cuestión.

El partido Ciudadanos presentaba el porte de un progresismo más desenfadado, igualmente ayuno de soporte ideológico, como corresponde al *buen* progresismo, pero se le notaba cierta falta de la naturalidad que tiene el progresismo *pata negra*.

En su proposición de ley apostaba por la subrogación altruista, no lucrativa, salvo lo que en las facturaciones profesionales se denominan como *suplidos*, es decir, una compensación económica a la arrendadora de su cuerpo por gastos, molestias y lucro cesante. También proponía la garantía y la libertad de las mujeres que, hay que suponer, prestarían el servicio por necesidad y no por afición.

De aquí que la profesora Teresa López, presidente del Comité de Bioética, se preguntara: «¿Cómo es posible que alguien que no conozca a alguien, gratuitamente, se preste a dar ese servicio?». Es tan irracional la hipótesis que solo cabe plantearla para hacer una exhibición de estar a la última, pero realmente, sus proponentes, estaban a la anteúltima.

Ciudadanos acabaría presentando una proposición de ley, a favor de la maternidad subrogada, que no fue tratada en la legislatura correspondiente, porque se enteraron tarde de que el progresismo *legítimo*, el único homologado, el progresismo *pata negra*, ya había rechazado la idea.

El progresismo *sucedáneo* de la derecha es patético, tan patético como patética resultaría la escena de una monja diciendo tacos para *molar* más a sus alumnos de primaria.

En su 39.º Congreso, el PSOE rechazó la subrogación por 175 votos contra 31, pues estaban al corriente de la tesis del progresismo *legítimo*.

La presidente del Comité afirma que «[…] no se puede convertir al menor en un objeto que puede ser comprado», y uno de los miembros del mismo, el profesor César Nombela, afirma que «[…] se debe proteger el vínculo de cada ser humano con su madre biológica».

El Comité de Bioética de España, creado por la Ley 14/2007, de 3 de julio, de Investigación Biomédica (*BOE*, 4 de julio) como un «[…] órgano colegiado, independiente y de carácter consultivo, que desarrollará sus funciones, con plena transparencia, sobre materias relacionadas con las implicaciones éticas y sociales de la biomedicina y ciencias de la salud», publicó el 16 de mayo de 2017 un magnífico informe sobre la maternidad subrogada, «un referente clave de todo discernimiento público sobre la maternidad subrogada».

La propuesta de este Comité es que España promueva una legislación internacional, para la interdicción de la gestación subrogada, porque considera que «[…] todo contrato de gestación por sustitución, lucrativo o altruista, entraña una explotación de la mujer y un daño a los intereses superiores del menor y, por tanto, no puede aceptarse por principio».

Puede decirse, en definitiva, que los postulados del Comité de Bioética de España constituyen el punto de encuentro de todas las posturas de la oposición a la práctica de los vientres de alquiler, tanto las que traen causa de sus posiciones espiritualistas, digámoslo así, como las que parten de posiciones materialistas.

En un informe periodístico de Elena Calvo (*ABC*, 21/2/2021), se establece que la situación actual de España es confusa, pues según el Portal de la Transparencia:

> En 2019 hubo 148 solicitudes de registro de menores nacidos por gestación subrogada en Estados Unidos, todas ellas aceptadas. En 2020 hubo 146, también aceptadas […] [probablemente las cifras sean superiores por falta de datos de algunos consulados] […]. En Ucrania, en cambio, de las 244 solicitudes recibidas en 2019 solo 95 fueron aceptadas. En 2020 de las 107 peticiones todas fueron denegadas.

Como resumen, el informe señala que desde 2010 «El Gobierno ha inscrito como españoles a 2.350 menores nacidos por gestación subrogada […]».

5.2.2.3. I Congreso Internacional de Derecho de Familia

La directora del Departamento de Derecho Privado de la Universidad Católica de Valencia y del I Congreso Internacional de Derecho de Familia, Pilar Estellés (*Actuall*, 27/4/2018), se congratuló de que el Tribunal Constitucional de Portugal había declarado inconstitucional la práctica de la maternidad subrogada:

> Creo que es signo de que Europa va a reflexionar respecto a esta cuestión porque se ha emprendido un camino equivocado. De hecho en algunas legislaciones del continente se está considerando al embrión una propiedad, lo que es éticamente una barbaridad. Cosificando al ser humano en estado embrionario se puede hacer con este lo que se quiera.

La profesora Estellés afirma que «Se lleva a cabo verdaderamente una producción de niños, en lugar de una procreación».

Siguiendo el criterio del Comité de Bioética de España, la profesora Estellés denuncia la existencia de un *limbo jurídico* en esta materia, porque las instrucciones y circulares de la Dirección General de Registros y la doctrina del Tribunal Supremo, «[...] que no se ha expresado con claridad [...]», permiten que haya personas que vayan al extranjero y se «[...] vuelvan con un hijo obtenido de esta manera».

Estellés rechaza la tesis de que exista «[...] un hipotético derecho a la paternidad o maternidad con base en el libre desarrollo de la personalidad [...]. No existe ningún fundamento constitucional que hable de mi derecho a la paternidad y que me conceda la potestad de exigir al Estado una solución a ello utilizando cualquier medio posible».

Continúa Estellés afirmando que «No nos podemos dejar llevar por el emotivismo. Los deseos propios no pueden verse amparados por la ley si afectan a la dignidad humana y provocan un gran daño a las personas más débiles e indefensas. Son necesarias voces que denuncien estas situaciones».

En su intervención, el profesor José Ramón de Verda afirmó que las leyes que en España regulan «[...] esta práctica en realidad hacen crear demanda y no al revés [...] tenemos una legalidad muy permisiva, lo que no tengo claro es que suponga estar por delante».

Denuncia el profesor Verda que:

La Dirección General de Registros y Notariado, desde el año 2017, permite que parejas de mujeres puedan inscribir como hijos de ambas sin necesidad de probar la reproducción asistida, o el tráfico de gametos por Internet, prácticas que están totalmente fuera de la ley, lo que es algo muy preocupante.

El también ponente del Congreso, el profesor Cesare Massimo Bianca, de la Universidad de Roma (LUMSA), plantea la contradicción entre el derecho del hijo a conocer sus orígenes genéticos y el derecho de los aportantes genéticos al anonimato. Afirma este profesor que ya va penetrando en las legislaciones europeas el derecho del hijo a conocer su origen genético, pero se da preferencia al anonimato del aportante genético y la realidad es que «ninguna relación de filiación puede hacerse valer ante el anonimato del donante de la ley italiana y más claramente aún de la española».

Bianca resalta la paradoja siguiente: «[…] mientras el niño tiene derecho a saber quién es su padre si nació de una aventura de su madre con un vecino, no tiene en cambio ese derecho si hubiese nacido de una donación de esperma de ese mismo vecino específicamente para su madre».

Es evidente, ya lo he tratado al referirme al derecho a la certeza paternofilial, la debilidad con que jurídicamente se protege el derecho, a mi juicio fundamental, al conocimiento del origen genético de cada persona; es manifiesta y requiere de una legislación solvente, al menos de ámbito comunitario.

Una legislación solvente de este derecho exigiría que las donaciones genéticas no pudieran ser anónimas, y de serlo la Administración pública asumiría la tutela del recién nacido hasta la tramitación de una adopción de plena garantía.

5.2.2.4. «Una convención sobre la maternidad subrogada puede legitimar lo ilegítimo»

Con ocasión de debatirse en La Haya, los días 6 a 9 de febrero de 2018, en el grupo de expertos sobre el proyecto de parentesco y subrogación, la especialista Sophia Kubby publicó un artículo en *Le Figaro* bajo el título que encabeza este subapartado (*Religión en Libertad*, 8/2/2018).

La dispersión legislativa es enorme. Ucrania e India autorizan la subrogación remunerada; Reino Unido y los Países Bajos solo la altruista; y Francia, Alemania, Austria y España mantienen la prohibición de la práctica. En Francia se niega el reconocimiento de la paternidad a un hijo nacido por esta vía. El problema del reconocimiento de las paternidades es enorme, si se quiere llegar a que lo registrado refleje la verdad.

Lo cierto es, afirma Sophia Kubby, que «La práctica de la maternidad subrogada afecta de manera evidente a los derechos del niño reconocidos en nuestros tratados internacionales». Por lo que la orientación del Tribunal Europeo de Derechos Humanos y su jurisprudencia parece que camina hacia la protección de los más vulnerables, al haber variado el interés protegible, que ya no es lo convenido en los contratos de subrogación sino que «[...] la jurisprudencia más reciente pone el acento sobre la importancia del interés público de prohibir la maternidad subrogada».

Efectivamente, Sophia Kubby recuerda cómo «[...] recientemente, la Sala Superior del TEDH ha estimado que la decisión del Estado italiano de no reconocer el contrato de vientre de alquiler y de ocuparse del niño con el fin de buscarle una familia adoptiva es proporcionada». Así que una solución sería optar por la adopción, sistema consolidado, «[...] en lugar de reconocer la progenitorialidad de los padres de intención, que privan al niño voluntariamente de su identidad genética y biológica», concluye Kubby.

En definitiva, Sophia Kubby propone que una convención internacional prohíba toda forma de maternidad subrogada, por violar los derechos humanos; reconozca a los Estados el derecho a negarse a la homologación de actos jurídicos extranjeros en esta materia; y exija a los Estados procedimientos de adopción ante peticiones del reconocimiento de la progenitorialidad.

Evidentemente, cuando se habla de procedimientos de adopción se entiende que el organismo público con tal competencia otorgará al menor en acogimiento o en adopción entre las familias solicitantes y no sustituyendo la inscripción de los padres de intención por el otorgamiento de la adopción a los mismos.

5.2.2.5. Balance de los Estados Generales de la Bioética en Francia

El Balance de los Estados Generales de la Bioética que cada ocho años se somete a debate parlamentario en Francia, en el correspondiente al año 2018, rechazó por amplia mayoría la práctica de los vientres de alquiler, legalizada en algunos Estados de Norteamérica y en algunas regiones del tercer mundo, lo que evidencia la conciencia que se tiene sobre la tragedia que conlleva la referida práctica.

5.3. A MODO DE CONCLUSIÓN

Sirva como conclusión a este apartado de la maternidad subrogada o vientre de alquiler una referencia a la obra coordinada por el catedrático de Genética, Nicolás Jouve de la Barreda (*La maternidad subrogada. Qué es y cuáles son sus consecuencias*, Sekotia, 2018), en la que han colaborado diversos profesores universitarios.

Tras recomendar vivamente la lectura de esta obra clara y sintética, tomo de cada autor interviniente alguna de sus ideas para construir, de prestado, la conclusión de este apartado.

Nicolás Jouve de la Barreda

> Familia natural, padre, madre e hijos, respeta la dignidad humana y constituye el ecosistema más idóneo para la sociedad. El núcleo familiar es el mejor lugar para la procreación y la educación de los hijos [...].
>
> La fecundación *in vitro* ha traído consigo la instrumentalización de la vida humana al proporcionar la posibilidad de producir embriones humanos con gametos propios o ajenos en el laboratorio.

Los adelantos de la ciencia, que satisfacen muchas aspiraciones legítimas de la humanidad tratadas inadecuadamente, pueden llegar a facilitar acciones monstruosas, pero el mal no está en el avance de la ciencia sino en el uso indebido de lo que la ciencia nos ofrece. Así el cuchillo fue un gran invento, con independencia de que se haya utilizado en miles de asesinatos.

La combinación de las técnicas de subrogación interactuando con las de tratamiento de embriones humanos pudiera servir tanto para ofrecer niños a quien desee comprarlos como para la producción de niños destinados a la aportación de órganos humanos o a la fabricación de mano de obra esclava.

Natalia María López Moratalla

> La maternidad subrogada supone la rotura del último eslabón de la cadena de la transmisión de la vida: concepción-gestación-maternidad. Para comprender el sentido de tal secuencia es necesario recuperar el carácter personal del cuerpo humano. Y con ello el sentido humano de engendrar, puesto que engendran los cuerpos personales de un varón y una mujer [...].

Madre es la que gesta, y durante ese tiempo […] viven una simbiosis intensa […]. Los cambios cerebrales producidos en la mujer embarazada permiten un desarrollo del cerebro social que le preparan para conocer y responder a las demandas del hijo […]. El vínculo de apego materno subyace al amor de madre […].

Lo que sí conocemos es que la experiencia del feto a los olores del cuerpo de la madre y los sonidos de la propia voz y de su entorno permite el reconocimiento de la madre desde las primeras horas de vida. Se inicia con ese reconocimiento un fuerte vínculo de apego que ata a la persona con la madre que le gestó […].

Este es un aspecto básico del problema. Se proyecta producir un niño que nunca conocerá a su madre verdadera. A la madre gestante se le arrancará un hijo, para compensarle con dinero. Es una brutalidad inconcebible, se reduce el valor ético del feto y el de la gestación, que crea vínculos que le serán necesarios al hijo cuando se desarrolle como niño y adulto y que rompe lazos de los que la madre sí es consciente.

Justo Aznar Lucea y Julio Tudela Cuenca

El debate ético sobre si debiera prevalecer, cuando de producir un hijo se trata por cualquier técnica de reproducción asistida el hipotético derecho de los padres a tener un hijo, los derechos reproductivos de la mujer, o incluso el bien del propio hijo, sobre cualquier otra consideración ética, como puede ser en este caso la cosificación de la madre gestante y del propio hijo, nos parece que debe decantarse por la valoración de los principios éticos globales del proceso productivo […].

El instrumentalizar a madre e hijo invalida cualquier otra razón que pueda aducirse para valorar positivamente, desde el punto de vista ético, la maternidad subrogada.

Marta Albert Márquez

El altruismo es una trampa, un señuelo que pretende ocultar otras consecuencias de la subrogación. Detrás del altruismo está en primer lugar la satisfacción del interés de aquellos que se lucran con este negocio: los agentes intermediarios y la tranquilidad de las conciencias de sus clientes. Nadie como ellos precisa del altruismo y de la solidaridad, porque son los argumentos que legitiman moralmente su negocio […].

El segundo efecto de enfocar el debate en torno al altruismo de las madres es que, una vez asumido como algo «normal» el alquiler del útero gratis, queriéndolo o no hemos normalizado también la mercantilización de la gestación. Lo decisivo, ya sabemos, no es la modalidad (onerosa o gratuita) sino el carácter contractual o no de la gestación y de la cualidad de madre […].

El tercer efecto consiste en que, una vez normalizado el recurso a una mujer que presta su útero para tener un hijo para otro y ante la previsible ausencia de gestantes «altruistas», los comitentes buscarán otras opciones y, entre ellas, la que les ofrezca la mejor calidad-precio.

Todas estas reflexiones se deben considerar, dando por supuesto que sea posible que una mujer, a cambio de nada, se preste como gestante altruista. La realidad es que la gestante que presta su cuerpo lo hace porque está en una extrema necesidad y, lógicamente, por dinero.

«Estamos ante un negocio que arroja unas cifras sorprendentes: un mercado estimado en unos 2.888.841 dólares, de los que las gestantes reciben, por cierto, en torno a un 0,9 %». (Limia, R., «El indigente mercado de los vientres de alquiler», http://www.farodevigo. es/opinion/2016/18/indignante-mercadovientres-alquier/1535290. html. Consultado 28 de mayo de 2017).

«Uno de los efectos más importantes del derecho es la normalización de las conductas […] una conducta legalizada (incluso meramente despenalizada) es una conducta que se vuelve "normal". Normal es la conciencia colectiva, en la opinión pública». Normal es apariencia de eticidad.

Toda conducta acaba siendo aceptada por la colectividad si carece de reproche legal y aparece como éticamente lícita, porque el poder que la legalizó, pese a ser éticamente ilícita, se encargará de promocionarla y porque el rechazo de los sectores que la denuncian no tienen capacidad de penetración social suficiente para contrarrestar al poder. Todo lo cual no exime de la obligación cívica de mantener el criterio de ilicitud ética contra viento y marea, aunque el pronóstico de éxito fuera, como lo es en este caso, muy pesimista.

José Miguel Serrano Ruiz-Calderón

«Hay personas que quieren ser padres o madres y el derecho no les deja […] cuando hay medios técnicos que lo harían posible.

Estaríamos ante otro caso en el que la superstición, la religión, los tabús absurdos retrasan la marcha imparable del progreso». He aquí un argumento demoledor, contra el que es difícil luchar, aun siendo falso. Es el efecto del sofisma.

Como advierte el Comité de Bioética de España, recuerda Serrano:

> No es la pretensión de solucionar, aunque sea de forma indirecta, la esterilidad de las parejas [...]. Ahora [...] se propone sustituir esa ordenación de las relaciones de filiación por otra en que la base biológica de la filiación sea reemplazada por la voluntad procreativa del individuo [...].
>
> Los efectos de la transformación legal que se pretende son tres y tienen un decisivo impacto en la imagen del hombre y la sociedad (según el Comité de Bioética de España) [...]:
>
> Primero, la procreación deja de verse como un acontecimiento natural de máxima relevancia [...]. En su lugar, la procreación pasa a concebirse como un deseo/derecho del individuo [...].
>
> Segundo, [...] las condiciones biológicas requeridas para procrear pasan a ser vistas como posibles obstáculos que se deben sortear para satisfacer la voluntad procreativa del individuo [...].
>
> Tercero, la gestación deja de verse como la primera etapa de la relación materno-filial en la que se establecen unos vínculos fundamentales que perdurarán a lo largo de toda la vida [...]. Se entiende que la ruptura entre gestación y maternidad es mucho menos importante que la satisfacción de tener un hijo por parte de alguien que no puede (o incluso no quiere) gestarlo [...].

El objeto de la prestación es la entrega del *hijo-producto* a mujer distinta de la gestante, lo que resulta una manifiesta diferencia con el supuesto de adopción por un hecho inevitable, como sería la orfandad.

En definitiva, dos hipótesis se plantean en la subrogación que nos ocupa, una respecto del hijo y la otra respecto de la madre, ambas en contraposición de la solución que la sociedad prevé para situaciones singulares no deseadas:

a) «La situación del *hijo-producto* que tiene una vinculación con una madre, relación que se interrumpe [...] en interés de un tercero [...] [radicalmente distinta a] [...] la adopción donde lo que se busca, al menos en la definición jurídica, es la solución a un caso ya existente», no provocado.

b) «La mujer gestante que debe desembarazarse de un hijo, entregándolo, no como consecuencia de algún hecho incontrolable sino por el diseño jurídico en interés de un tercero».

6. *Derecho a la identidad sexual*

6.1. INTRODUCCIÓN

No sería razonable concluir este trabajo sin hacer una reflexión sobre un derecho esencial, constitutivo, de la personalidad humana, desde luego de menor rango que el derecho a la vida que no tiene parangón, aunque de trascendental relevancia y posiblemente de mayor envergadura que el descrito como derecho a la certeza paterno-filial. Huelga decir que no cabe establecer un rango jerárquico en derechos tan básicos, pero el que ahora nos ocupa tiene como característica su singular trascendencia social, que está sufriendo ataques con una potencia destructiva y expansiva de extraordinarias dimensiones.

Me refiero al derecho a la identidad sexual, que si bien hasta hace unas cuantas décadas jamás estuvo en cuestión, ahora se pretende difuminarla por medio de la denominada ideología de género, como veremos en las sucesivas páginas. Para alcanzar la imposible pretensión de acabar con la binaridad sexual de la humanidad, se pretende desmontar no ya la sociedad de la civilización occidental, sino cualquier otro tipo de sociedad que parta de la binaridad sexual para destruir el núcleo familiar, básico en toda sociedad ordenada. Pero el ataque ha empezado en la sociedad occidental, internamente débil, fofa, como ya he referido en diversos pasajes.

Ciertamente se pretende desmontar lo que, al menos en Occidente, no pudo desmontar el marxismo, en su versión comunista, como también he dicho.

Este nuevo fenómeno derivado de la misma concepción materialista, que se ha venido en denominar ideología de género, carece de la menor solidez conceptual y científica, como se podrá probar a lo largo de este apartado, pero el hecho cierto es que se está extendiendo muy aceleradamente por las sociedades del llamado primer mundo, empezando por los Estados Unidos de América y siguiendo por Europa.

El fenómeno arranca de un hecho histórico cierto que, con excepciones, ha sido lacra de nuestra civilización occidental desde sus orígenes, cual es la discriminación de la mujer, su minusvaloración, su exclusión del ámbito de decisión, ya fuera familiar, empresarial, política o de cualquier otra naturaleza. Exclusión que ha sido patente y absoluta hasta no hace más de cuarenta años y que aún hoy sigue todavía siendo patente. Desde luego también tiene la ideología de género su origen en el movimiento homosexual, del que más adelante trataré.

La lacra social del desigual trato de la mujer dio lugar a un movimiento de queja, de exigencia, que se denominó feminismo, naturalmente de carácter reivindicativo, cuyo objetivo era alcanzar la igualdad entre el hombre y la mujer, dando por supuesta la evidencia de las diferencias fisiológicas y psicológicas, así como la diferencia derivada de la maternidad, porque la igualdad reclamada se planteaba, y en muchísimos casos se plantea, desde la evidencia de las diferencias en absoluto insalvables para conseguir los objetivos pretendidos, como son el acceso al mundo de la operatividad social y de las decisiones.

Huelga decir que este feminismo reivindicativo y razonado no es que fuera perfectamente compatible con la concepción del dualismo antropológico que es sustrato de la civilización occidental, sino que es exigencia imprescindible de la propia concepción humanista o personalista.

Lo cierto es que nadie tomó tal exigencia en cuenta hasta percibir la presión reivindicativa, incluidas las mujeres de amplios sectores de las clases acomodadas que se excluían a ellas mismas y a sus hijas del acceso a la universidad e incluso a la segunda enseñanza, considerándolos ámbitos propiamente masculinos.

Sobre este feminismo razonable, trataré específicamente en subapartado diferenciado y posterior al estudio de la ideología de género que ocupará el primer subapartado, porque la llamada ideología de género ha dado lugar a un feminismo igualitarista, radical, en muchos casos andrófobo, que también se denomina feminismo de género y que analizaremos junto con el estudio de su pseudo ideología matriz.

También me ocuparé, desde mi concepción de la ética pública de la civilización occidental, en varios subapartados del esquema básico de la sexualidad y de las relaciones sexuales, así como de diversos fenómenos de su entorno, como la transexualidad, el transgénero, la intersexualidad y la homosexualidad.

Analizo también, siempre desde la perspectiva de la ética pública de la civilización occidental, diversos textos normativos que ponen negro sobre blanco la dimensión de las pretensiones generistas y su carácter impositivo del dogma de género con efectos *erga omnes*, para acabar con precisiones de relieve en torno al movimiento feminista y su diversidad interna.

Baste en esta introducción con reiterar que la denominada ideología de género no es más que una expresión de la concepción materialista que, como está dicho en apartados anteriores, se contrapone, en todos los aspectos de la vida, a la concepción personalista, basada en el dualismo antropológico que parte del humano como unión sustancial e indivisible hasta la muerte, de espíritu y materia.

Es la concepción materialista la raíz ideológica de todos estos movimientos de deshumanización, el origen de la crisis que vive la civilización occidental, en cuyo seno surge la ideología de género.

He denominado, líneas atrás, como primera expresión del materialismo, al marxismo y a su concreción comunista, porque fue el primer movimiento de raíz materialista que, de manera extensiva, trató de destruir, aunque solo debilitó seriamente, a la sociedad occidental. Así que ahora se presenta esta segunda oleada, más sutil, pero con la misma finalidad: la deshumanización y, por tanto, la destrucción del modo de convivencia y relación no solo de la sociedad occidental, como ya he descrito al tratar sobre los supuestos del aborto y la eutanasia. Pero, esta segunda oleada tiene mucha mayor potencia destructiva, como habrá tiempo de hacer patente.

Percíbase que la clave de esta pretendida destrucción ataca, por ser pieza clave de la concepción personalista, la libertad individual de los ciudadanos y, muy singularmente, la de los padres porque la demolición se inicia prioritariamente por la educación de los hijos, de aquí el gran interés por imponer la educación pública y reducir o eliminar la privada.

Huelga decir que la enseñanza pública, en sí misma, carece de contraindicación alguna y muy al contrario es imprescindible. El problema se plantea cuando se cae en la tentación de convertirla en instrumento del adoctrinamiento, riesgo del que tampoco está absolutamente excluida la enseñanza privada.

Como en otros apartados de este estudio, reflexionaré sobre textos que pondré a la consideración del lector, en este caso de oposición a la ideología de género, como son el trabajo del profesor Eugenio Alburquerque (*Ideología de género. Pretensiones y desafíos*, Ed. CCS,

2017), al que por su esquematismo seguiré en gran medida; el de Aristide Fumagalli (*La cuestión del* gender. *Claves para una antropología sexual*, Salterrae, 2016); y el de Jorge Scala (*La ideología de género. El género como herramienta de poder*, Ed. Sekotia, 2010). Recomiendo la lectura de las tres obras citadas y, muy especialmente, la de Jorge Scala para que adquiera el lector una visión de conjunto que le permita acceder a otros criterios y opiniones para, definitivamente, formarse un juicio razonado y solvente de los problemas y situaciones que voy planteando.

Realizaré el ejercicio de crítica sobre propuestas normativas a favor de la implantación obligatoria del generismo, porque es en estos textos en los que se hace indubitada la pretensión y se evidencian los instrumentos de que se proponen valer quienes la promueven.

6.2. PSEUDO IDEOLOGÍA DE GÉNERO

Como iremos viendo, las técnicas de difusión son las clásicas del progresismo, ya descritas en anteriores pasajes: presentación de ideas sencillas, de apariencia bondadosa y humanitaria, que se ofrecen como obvias, indiscutibles (es el gran éxito del progresismo, presentar sus claves como indiscutibles), en términos muy accesibles y descriptivos de la obviedad que se anuncia, de modo que parecen colocar, a quien se oponga, en el ámbito de la carcunda cuando no en el del absurdo, pero que analizadas reposadamente no son más que falacias, sofismas, con pretensión inconfesable, todo ello con gran aparato invasivo en los medios de comunicación y en la educación, para conseguir que los sofismas revestidos de obviedad permeen toda la sociedad.

Es el constructivismo social, que está en la esencia del progresismo, aunque quizá en este caso debiera expresarse en negativo, el *deconstructivismo* social, porque lo que se pretende es destruir la civilización occidental para sustituirla por un confuso, evidentemente imposible, modelo de sociedad igualitaria, sin clases y sin sexos. Lo iremos viendo.

Propongo una primera aproximación a la pseudo ideología de género, desde mi personal criterio. La ideología de género es el fruto de la antropología materialista, de plasmación utópica, irreal, sin soporte científico alguno, cuyo perjuicio social está en su mero ensayo de anulación de los dos tipos humanos, hombre y mujer.

Efectivamente, solo por el hecho de poner en marcha esta concepción antropológica irrealizable se están destruyendo instituciones básicas de la convivencia, como el matrimonio y la familia, y se está cercenando la libertad de todos aquellos que sufran la dictadura del pensamiento único, que serán muchos porque su implementación es transversal y así afecta a todos los programas imaginables en una sociedad compleja como la nuestra, desde la educación a la exigencia de cupos en todos los ámbitos, como si importara más el sexo de quien ocupe algún cargo que su adecuación al mismo.

6.2.1. Características de la pseudo ideología de género

Como medio de desentrañar el contenido de la ideología de género, vamos a establecer las características esenciales de la misma, a juicio de Eugenio Alburquerque, porque, como he adelantado, me ha parecido el más esquemático, para acompañarlas de mis propios comentarios y de los de otros autores, tratando de ofrecer la mayor claridad posible en este galimatías.

Permítaseme que me exceda en reproducciones literales, pues la materia de que tratamos, por absurda e irracional, no tiene fácil expresión sintética y no deseo quitar precisión a las palabras de sus autores. Esta materia es tan poco conocida y tan asombrosamente ajena al común razonamiento que su síntesis carecería de credibilidad.

6.2.1.1. Consideración previa. El género originario de John Money y el género de la pseudo ideología de género

Como la falta de conceptuación, de precisión, del término género, en la ideología de género, es una de las claves de su insolvencia científica, me precipito a advertir que la idea de género, que trasmite esta ideología, muy probablemente tuviera su origen en las investigaciones del profesor John Money, sexólogo y especialista en intersexualidad, que en absoluto otorgó, al menos originariamente, al término género el significado que le otorga actualmente la denominada ideología de género.

Explica Louis J. G. Gooren («El transexualismo, una forma de intersexo» en *Transexualidad. La búsqueda de una identidad*, Díaz de Santos, 2003) que:

Money introdujo los términos de identidad de género y rol de género. La identidad de género es la afinidad, unidad y persistencia de la individualidad de uno mismo como hombre o mujer, en mayor o menor grado, ya que es experimentada en la conciencia y la conducta. El rol de género es todo lo que una persona dice y hace para indicar al ego el grado en que uno es masculino o femenino o raramente ambivalente [...]. La identidad de género es la experiencia privada del rol de género y el rol de género es la manifestación pública de la identidad de género.

Esta distinción, que en personas que no son transexuales no aportaba nada, porque existe plena congruencia entre el sexo físico y el sexo psicológico, entre su realidad corporal y su conciencia sexual, a Money le pareció que tenía sentido en el caso de la transexualidad, porque el sexo físico de la persona transexual no es congruente con su conciencia o convicción sexual, con lo que él denominó identidad de género. Money, para denominar a la percepción íntima de la condición sexual que tenía el transexual, «[...] tomó prestado el término género de la lingüística [...]», así que una persona transexual de sexo físico masculino percibía una identidad de género femenina y viceversa.

El generismo ha extendido este préstamo de un mundo absolutamente desconectado con el sexo, como veremos a lo largo de estas páginas, razón por la cual los *generistas* no son capaces de definir, con la exigible precisión, qué es el género.

John Money volverá a aparecer en páginas posteriores. Si Money considerara necesaria la utilización de un término para el tratamiento de la transexualidad, probablemente más claro hubiera sido el de *conciencia de sexo*, sin tomar prestado un término ajeno.

6.2.1.2. Idea central de la pseudo ideología de género. Nacemos sexualmente neutros

Según Eugenio Alburquerque (*Ideología de género. Pretensiones y desafíos*, Ed. CCS, 2017), la ideología de género parte de que:

El ser humano nace sexualmente neutro. Cada individuo es libre entonces de escoger o redefinir la propia identidad sexual, en función de la percepción subjetiva [...] independientemente del sexo biológico objetivo [...].

Sostiene que existe una separación absoluta entre sexo y género. El género no tendría una base biológica, sería una mera construcción cultural. Por eso, la identidad sexual y los roles que las personas de uno y otro sexo desempeñan en la sociedad son productos culturales, sin fundamento en la naturaleza. [...] antes de ser varón o mujer, la persona es ser humano; el elemento sexual biológico no tendría más importancia que la que pueda tener el color de los ojos o del cabello [...].

Este rechazo a todo condicionamiento natural conduce a la ideología a sustituir progresivamente la palabra sexo por la palabra género, libremente definido por el individuo y siempre revisable [...]. Es posible, pues, [...] elegir un género social distinto del sexo dado genéticamente [...].

El sexo es el cuerpo, o sea, el aspecto biológico de los seres humanos, algo completamente secundario; lo importante es el género [...] la construcción social o cultural de la propia sexualidad.

No es, en definitiva, que se reconozcan dos únicos sexos, femenino y masculino, para desde ellos desarrollar la actividad o relación sexual en muy diversas modalidades, sino que el sexo es un soporte corporal irrelevante y es la voluntad del humano la que lleva a crear su género específico, que no tiene por qué ser definitivo, puesto que el género elegido puede mutarse a voluntad, aunque parezca increíble, entre los muchos que se identifican.

Esta ideología, sin la menor solvencia científica, como recuerda Alburquerque, desprecia el dictado de la ciencia, que establece la predeterminación del sexo en el momento de la concepción, cuando surgen los veintitrés pares de cromosomas, siendo uno de ellos el que define el sexo de la nueva criatura.

El sexo, la sexualidad, la tendencia sexual no forman ya parte de la naturaleza humana; son una creación de la cultura. Varón y mujer no son personas sexuadas por naturaleza, sino que son sexualmente neutras: no existe la naturaleza humana sexuada, porque no existe la naturaleza [...]. Rechazando la realidad natural de la mujer y del varón como seres complementarios pero no diferentes, la ideología de género afirma apriorística el dogma del rechazo de la naturaleza humana.

Por precisar esta idea que, en sí misma asombra, Alburquerque recuerda la idea de Zygmunt Bauman de la modernidad líquida, surgida tras la posmodernidad, para trasladarla al generismo, y así dar una idea de en qué consiste este rechazo de la naturaleza, refiriéndose a la naturaleza líquida, que «[...] niega la existencia de un dato originario en el ser humano, de algo previo a toda autoconstrucción del individuo. Sin este dato originario, la naturaleza es maleable, fluida, líquida [...] pierde la capacidad de dar sentido a la propia existencia humana».

Aristide Fumagalli precisa que el término *gender* («género») se ha introducido en la literatura política de manera generalizada entendiéndose que se refiere a los dos sexos, masculino y femenino, «en el contexto de la sociedad», según precisa el Estatuto de Roma de la Corte Penal Internacional, siguiendo criterio de la ONU, que también asume la Unión Europea, lo que supone que el concepto género es un valor político ya consolidado, aunque advierte este autor que:

> Separándolo del concepto de sexo biológico (*sex*) lo considera como un producto de la cultura social y, como tal, deconstruible y definible por parte de la libertad individual [...].
>
> El *gender* no se refería únicamente al género femenino de las mujeres y al género masculino de los hombres, sino que podría extenderse a cualquier otro tipo de género configurado prescindiendo de uno y otro sexo.

Volviendo a Eugenio Alburquerque, el galimatías se explica porque «[...] la ideología de género pretende un "nuevo orden social y una nueva cultura"».

Jorge Scala concluye muy precisamente la idea de género:

> El género, según sus cultores: 1) no tiene ninguna relación con el sexo; 2) es una construcción cultural —social—, y de la razón humana; 3) esa construcción no tiene límites de ningún tipo, es decir, se realiza con autonomía absoluta; 4) el género es tan decisivo que «crea» la propia «naturaleza» de todo individuo humano.

Así explica el tránsito Scala:

> Esa construcción la haría cada persona sobre sí misma, en forma totalmente autónoma; es decir, sin ningún condicionamiento por parte de su sexo biológico. En definitiva, se elegiría tanto ser varón o mujer,

cuanto el contenido de lo que para cada uno pueda significar, ser mujer o varón [...].

En esta construcción autónoma del género, el único condicionamiento externo sería el cultural, o sea, las normas y expectativas sociales sobre el papel, atributos y conductas atribuibles a cada género. A su vez las opciones de género de cada persona tienen una influencia en la percepción cultural dominante. Por ello, mediante la ejecución de políticas de «reingeniería social» se podría transformar la percepción cultural dominante del género.

Pero esta no es una afirmación voluntarista o intencionada de Jorge Scala que para demostrar su veracidad nos traslada información de fuente directa:

> Con una lógica brutalmente sincera, se nos dice que «La fluidez de género es la habilidad de convertirse libre y conscientemente en uno o más entre un número ilimitado de géneros, durante cualquier período de tiempo, y con cualquier velocidad de cambio. La fluidez de género no reconoce fronteras ni reglas de género (Bornestein, Kate, *Gender Outlaw: On Men, Women and the Rest of Us*, Ed. Rutledge, Nueva York, 1994)».

Así concluye Scala, sobre el generismo:

> Solo a través del género se podría «construir» un nuevo ser humano, diferente del que habitó este planeta hasta el momento [...] esa nueva persona es la que «construirá» una nueva sociedad, donde varones y mujeres se repartirían en partes idénticas la vida pública y la vida privada —según la versión moderada—, o las mujeres tendrían sometidos a los varones —según la vertiente radicalizada del feminismo—.

Todo esto es una elucubración absurda, no tiene soporte científico, ni lógica alguna, ni atisbo de racionalidad, pero está triunfando y, pese a su manifiesta falsedad, está produciendo efectos devastadores, porque no se explicita con claridad sino taimadamente, envuelta en embelecos, en palabras amables y ambivalentes. Bajo el señuelo, justo, deseable y razonable, de la emancipación de la mujer.

6.2.1.3. Se plantea una extraña paradoja. Feminismo antifeminista

Dice Alburquerque que:

> La ideología de género refuerza los planteamientos del feminismo
> [...]. Pero, en realidad, la ideología de género, tomando el lenguaje fe-
> minista, mantiene una postura opuesta a las reivindicaciones femi-
> nistas. Su objetivo no es mejorar la situación de la mujer [...] la ideo-
> logía de género propone, en cambio, la completa eliminación de las
> diferencias sexuales entre los seres humanos, como presupuesto para
> llegar a una nueva sociedad, porque, para sus defensores, ser hombre
> o mujer (o cualquier otro género) no depende de la biología sino de
> la elección personal.

La diferencia sexual es la causa de la explotación de la mujer y la
única forma de erradicarla es eliminar la diferencia sexual y sustituir la dualidad sexual, el binarismo, por la pluralidad de géneros. Es
puro delirio.

El obispo de San Sebastián, José Ignacio Munilla, especialista en
esta materia, sentenció que «El feminismo, al haber asumido la ideología de género, se ha hecho una especie de harakiri», porque realmente la ideología de género ha cambiado de objetivo de manera
radical. Idéntico criterio manifiesta el profesor de la Sorbona Remi
Brague (*ABC, Alfa y Omega*, 21/11/2019): «Esta teoría ha desviado, al
igual que se desvía y se secuestra a un avión, los fines primigenios del
movimiento feminista, que tiene muchas vertientes positivas, muchas de las cuales comparto sin reservas».

Jorge Scala reconoce que no todas las versiones de la ideología de
género son iguales, pues beben de fuentes distintas, y así hay quienes
pretenden alcanzar «[...] la paridad con el varón en el ejercicio del poder real [...], [y otras] [...] se proponen hacerlos [a los varones] desaparecer de la vida pública [...]. Y aún de la vida privada, mediante la uto-
pía de la reproducción asexual por medio de la clonación [...]».

También es muy crítica con este feminismo de género la empresaria española Sira Antequera, quien denuncia (*Actuall*, 16/4/2018)
que «Hay mucho dinero detrás de la ideología de género para prove-
cho de la demagogia».

> Una parte de la sociedad trata de imponer un pensamiento único
> y exige incrementar ulteriormente la estructura estatal. Con mayor

injerencia social por vía coercitiva [...] la violencia reactiva se convierte en el arma del feminismo frente a la deficiente gestión de su propia frustración [...]. Una ideología adolescente que prepondera las emociones (lo que les hace sintonizar con el populismo) y su idea del mundo, sin ningún contraste con aquello que entendemos como realidad, sustancia que parece hace tiempo dejó de interesar.

La profesora de Humanidades Camille Paglia (*El Mundo*, 9/4/2018), autora de un libro (*Feminismo. Pasado y presente*, Turner Minor, 2018) acusa al feminismo de género porque «Se ha centrado en la retórica antimasculina en lugar de en el significado de la vida», porque «[...] el feminismo nos envenena con su aversión al hombre». Mantiene Paglia que «[...] sin el hombre, la mujer nunca hubiera salido de la cueva», referencia prehistórica que también utiliza el novelista Arturo Pérez Reverte («Hombres», *XL Semanal*, 25/11/2018) para explicar, que no justificar, el origen del papel preponderante del hombre. «Durante mucho y por asignación de roles, mientras ellas cuidaban a los cachorros, ellos salían al frío, [...] mataban y morían [...] y cuando se alejaban entre el viento y la lluvia, muchos no regresan [...]. Eso les daba privilegios que nadie discutía».

Miquel Porta Perales («Por qué hay que leer a Camille Paglia», *El Mundo*, 6/3/2021) pone en contraposición el *feminismo anticapitalista, antiliberal, marxista, ecologista, antimilitarista, pacifista, transfeminista, ciberfeminista y separatista* con la concepción naturalista de Camille Paglia en su ensayo *Sexual personae* (1990): «Al principio era la naturaleza [...]. No podemos esperar entender el sexo y el género hasta que aclaremos nuestra actitud hacia la naturaleza. El sexo es un subconjunto de la naturaleza, el sexo es lo natural en el hombre». Y añade Paglia: «Las feministas simplifican excesivamente el problema del sexo cuando lo reducen a una cuestión de convención social; reajustar la sociedad, eliminar la desigualdad sexual, purificar los roles sexuales y la felicidad y la armonía reinará».

En sentido contrario dice Porta Perales que Camille Paglia, analizando los imaginarios sexuales occidentales, concluye en tres mensajes explícitos: a) «La sexualidad de la mujer es la fuerza más poderosa que mueve a la humanidad»; b) «Hay que reconocer, aceptar y promover determinadas características [lo que niega el feminismo] que constituyen y definen a la mujer»; c) «La aportación del hombre [su combatividad] ha sido fundamental para salir de la cueva prehistórica en donde mandaba el conformismo de la mujer».

Sigue Porta Perales aludiendo a la necesidad de leer a Paglia, ahora en *Vamps & Tramps* (2001) (*«Vampiresas y vagabundas»*), en defensa «[...] de un feminismo que huya del victimismo, el proteccionismo, el paternalismo y el infantilismo del feminismo radical, que confíe en la acción independiente de unas mujeres autónomas que se defiendan a sí mismas». En definitiva, Paglia aspira a un *feminismo libre de feministas*.

Esta desmesura andrófoba ha vuelto a reverdecer con el famoso movimiento «#MeToo», protagonizado por actrices de Hollywood que denuncian viejos abusos sexuales y al que se ha enfrentado el movimiento francés «Libertad de importunar», cuyos semblantes más conocidos son los de Catherine Deneuve y Catherine Millet. Esta última afirmaba (*El País*, 13/1/2018): «Veo aparecer un clima de inquisición, en el que cada uno vigila a su vecino». Naturalmente defienden un grado de importunación leve, no el acoso.

La reiterada Camille Paglia, feminista disidente (*Papel, El Mundo*, 20/1/2020), hace entre otras tres afirmaciones contundentes: «El #MeToo se ha vuelto un mecanismo estalinista»; «La Iglesia ha perdido su poder, pero la han reemplazado los guardianes de la corrección política»; y «La discriminación positiva es paternalista, condescendiente y daña a los grupos que quieren proteger». Para la filósofa Sabine Prokhoris el #MeToo es absolutista, una religión política, fruto de eslóganes y no de reflexión. Pero volviendo a la cuestión, lo que se refleja es que el feminismo de género no pretende la reubicación de la mujer en la sociedad, sino un cambio radical del orden social, por encima de las obviedades que impone la propia naturaleza.

6.2.1.4. La pretensión fundamental de la pseudo ideología de género

Para el repetido Alburquerque no hay lugar a dudas:

> La ideología de género pretende [...] destruir las diferencias biológicas entre varones y mujeres, porque las diferencias de sexo son la causa de todas las desigualdades [...] su gran pretensión es la negación y destrucción de la naturaleza humana. Si, en definitiva, es la naturaleza la causa última de la discriminación y de la opresión contra la mujer, la salida de esta alienación biológica no puede ser otra que la liberación de la propia naturaleza [...]. A partir de aquí corresponde ya a cada uno concebir cómo hay que moldear y dotar de sentido esa masa informe a la que se puede llamar varón o mujer mediante el proceso ideológico al que ya nos hemos referido [...].

Negada la naturaleza, se destruye también la antropología comúnmente aceptada en Occidente, desde la antigüedad grecorromana: la visión de la persona como unidad, consistente en un espíritu encarnado.

Realmente, el objetivo es tan diabólico como imposible, pero sirve para destruir la familia, la relación mujer-hombre y, en definitiva, las bases de la civilización occidental.

Jorge Scala se acoge a una frase de Shulamith Firestone (*The Dialectics of Sex*, Bantam Books, Nueva York, 1970) porque caracteriza muy bien al feminismo radical o de *género*:

> Para organizar la eliminación de las clases sexuales es necesario que la clase oprimida se rebele y tome el control de la función reproductiva [...] por lo que el objetivo final del movimiento feminista debe ser diverso del que tuvo el primer movimiento feminista; es decir, no exclusivamente la eliminación de los privilegios masculinos, sino de la misma distinción entre sexos; así las diferencias genitales entre los seres humanos no tendrían nunca más ninguna importancia [...].
>
> El género es —precisamente— el cuerpo conceptual que permitiría borrar la distinción entre los sexos. Esta idea se completa con la expresada por Betty Friedan, Nancy Chorodow, Christine Riddiough y Alisan Jagger, las que sostuvieron que la raíz de la opresión a la mujer está en su papel de madre y educadora de los hijos. Por ello, debe ser liberada de ambas tareas a través de la promoción de la contracepción y el aborto, y de transferir al Estado la responsabilidad de la educación de los hijos.

6.2.1.5. Performatividad en la elección de género

«Defiende —el movimiento *queer*, manifiestamente utópico— que el género es performativo, es decir, cada individuo puede construir libremente su género, cuantas veces desee», en palabras de Alburquerque.

Aunque esta característica la resaltan los *queer*, «punta de lanza de la ideología de género», es una consecuencia lógica, dentro de la general irracionalidad, si se acepta la libertad del individuo de construirse su propio género y hacerlo cuantas veces le plazca.

Performatividad es la cualidad de hacer realidad algo por el mero hecho de decirlo, así que afirmando un individuo que es del género

Z, por esa sola razón pertenece ya al género Z, frente a todos, hasta que comunique el cambio de dicho género.

El feminismo llamado clásico rechaza la teoría *queer* y en esta posición estaba, al menos oficialmente, el PSOE. A lo largo de estas páginas veremos que la posición del PSOE frente a la ideología de género es ambivalente.

Como siempre, es difícil explicar lo que uno mismo cree que es irreal. Me apoyo en la feminista y ex diputada del PSOE Ángeles Álvarez *(El Mundo*, 20/5/2020), que puede ayudarnos a comprender este galimatías.

Dice Ángeles Álvarez que:

> La gente tiene que saber qué es sexo y qué es género. La preocupación fundamental que tiene el feminismo en estos momentos es que la sustitución de la categoría sexo por la categoría género lleva a la disolución de la categoría mujer […].
>
> El género no es una categoría identitaria […] es una categoría cultural que trabaja precisamente para construir la jerarquía sobre la que se sustenta la discriminación de la mujer […].
>
> El género es […] un sistema a abolir. Y esto *último es lo que ha defendido* el feminismo siempre. En cambio, las diferencias culturales que se imponen a hombres y mujeres ahora las queremos convertir en identidad […].
>
> Queer […] significa «cállate». Sirve para acallar a aquellas personas que no están de acuerdo con el hecho de que los malestares de género, por ejemplo, cursen con la transexualidad […].
>
> La incomodidad con el sexo no es lo mismo que la incomodidad con el género […]. A mí no me gustaba ponerme vestidos, ni tener pelo largo, ni pintarme las uñas, ni ponerme tacones. Todo eso es incomodidad con el género, pero nunca he tenido incomodidad con el sexo.

Ángeles Álvarez se declara lesbiana, lo que no supone disconformidad con su sexo femenino y rechaza el negativo efecto divisorio del discurso identitario: «[…] da lo mismo que estemos hablando de nacionalismos o de esto: es siempre divisorio».

«[…] lo *queer* no solamente borra las mujeres sino también a los gais y las lesbianas». Lógicamente también borra a los hombres. «Es que llega a decirse que la biología no existe y que la categoría sexo tiene que desaparecer jurídicamente. Pero el sexo, la realidad biológica, no se asigna: se observa».

He tratado de transmitir, en unos párrafos, un problema que puede resultar increíble pero que está en el fondo de esta pseudo ideología deshumanizadora e irracional.

Esta posición de rechazo al generismo es la que asumió el PSOE de forma institucional en la nota «Argumentos contra las teorías que niegan la realidad de las mujeres» (9/6/2020) porque, entre otros argumentos, «El sexo es un hecho biológico y el género una construcción social». Y precisa: «Los conceptos de identidad social o el más reciente de identidad de género se recogen por igual en los textos legales. Pero se está manipulando interesadamente la confusión de ambos (por parte del activismo *queer*) y se pone en riesgo el propio concepto jurídico y sujeto político "mujer"». Naturalmente, también el de *hombre*.

La histórica feminista Lidia Falcón (*Alfa y Omega*, 4/3/2021), radicalmente enfrentada a las tesis generistas, afirmaba que:

> Una cosa es el sexo y otra el género. ¡Pero si el género no existe no es más que una palabra! Lo que existe son las diferencias sexuales entre todas las especies animales. ¿A qué viene este engrudo ideológico que habla de género sentido? Estamos legislando disparates. Una cosa es la discusión filosófica o política, y otra es que legislen, porque es una imposición. Y a quien está en contra lo persiguen.

Lidia Falcón refleja muy bien la irracionalidad y la imposición que supone el generismo y el patente peligro que acecha a toda la sociedad si no ponemos, como vulgarmente se dice, *pie en pared*.

La escritora Laura Freixas (*El Mundo*, 8/3/2021) es contundente en su confrontación con el generismo:

> Estamos debatiendo sobre si existe la identidad de género, que es individual y que debería sustituir legalmente al sexo biológico. Creo que es una trampa mortal para el feminismo. Si se aprueba la autodeterminación de género, las políticas para la igualdad de mujeres y hombres van a desaparecer […].
>
> Estas políticas están basadas en los sexos como realidad biológica que tiene unas consecuencias: la ley introduce el espejismo de que no hay desigualdad relacionada con lo biológico, sino que hay libertad de elección.

6.2.1.6. No basta con la igualdad de sexos, es necesario romper la binaridad

Así resume Alburquerque la necesidad de acabar con la binaridad humana que plantea el generismo:

> La misma reivindicación de la igualdad entre los dos sexos supone una diferenciación entre ellos; y la diferencia entraña inevitablemente desigualdad y, por tanto, dominación, en concreto, del varón sobre la mujer. [...] Es necesario [...] instaurar la lucha de clases, superar las categorías hombres/mujeres, que son normativas y alienantes. [...] Desnaturalizar el género es liberarlo de toda relación con el sexo biológico. [...] la ideología de género afirma y propone deconstruir el sentido binario de la sexualidad.

En mi opinión, la igualdad radical, además de no estar en la realidad, se orienta al dominio de uno sobre el otro, porque solo contaría el interés individual, mientras que la diferencia permite la complementariedad y, por tanto, el interés común.

Desde el materialismo solo puede percibirse la diferencia material, es obvio, pero el sexo no solo supone una diferencia corpórea entre la mujer y el hombre, es una característica que determina integralmente a los dos seres complementarios que constituyen la humanidad.

Es de sentido común el planteamiento de Scala: «Quien sostenga que tales diferencias biológicas no tienen repercusión psíquica, está obligado a probarlo; de lo contrario no es más que una infundada e irrelevante opinión subjetiva».

Varón (masculino) y hembra (femenino) no son solo dos formas de ser humano, son dos formas predeterminadas y complementarias para ejercer la libertad. La libertad no se ejercita en el ser, alterando el ser, porque no nos *autocreamos*, no elegimos ser, la libertad se ejercita en el actuar, actuando libremente.

Somos seres complementarios, mujer y hombre, porque sus respectivos sexos establecen diferencias que permiten la contraprestación eficaz, la reciprocidad en equidad, cuando menos en la procreación y en otros muchísimos aspectos de la vida, mediante el ejercicio de la libertad.

El sexo es una característica que determina en forma integral al humano, porque trasciende de lo genético e inunda su fisiología y, también, su psicología. Cualquier otra formulación exige prueba de su veracidad.

Es cierto que el actuar humano se condiciona, en buena medida, por la influencia cultural, pero esto es secundario, lo sustantivo es que somos seres complementarios, con sexo predeterminado y no susceptible de adquisición, aunque libres en su utilización y moldeables en nuestro discurrir, por la influencia social, por el adoctrinamiento y, desde luego, por la imposición.

Confirma Fumagalli lo obvio: «[...] la experiencia sexual no atañe solo al cuerpo, sino a la totalidad de la persona en su profundidad espiritual [...] es absurdo pretender considerar puramente biológica la profunda diferencia existente entre hombre o mujer, que en realidad nos presenta dos expresiones integrantes de la persona espiritual tipo hombre», mejor diría, tipo humano.

La visión reduccionista del sexo que tiene el generismo no solo es ajena a la realidad perceptible a simple vista, sino degradante para mujeres y hombres.

Advierte Scala que, para la llamada ideología de género, «[...] la igualdad de género no es la igualdad de dignidad y derechos entre mujeres y varones. La igualdad de género significa que mujeres y varones seríamos iguales, pero en sentido de idénticos; esto es, absolutamente intercambiables».

Y continúa Scala describiendo la tesis de género:

> Varones y mujeres podemos y debemos ser absolutamente idénticos. Hoy somos diferentes, no porque lo seamos realmente, sino a causa de que —hasta el momento— la cultura nos hizo distintos. Para ser iguales —en el sentido de idénticos—, basta cambiar la cultura. Dicho de otro modo, es preciso pasar de una cultura androcéntrica y patriarcal donde los varones consideran inferiores a las mujeres —al menos en los campos político, jurídico y social— a una cultura feminista.

Resulta obvio que la denominada ideología de género no analiza la realidad ontológica, sino que reacciona, es reaccionaria *strictu sensu*, frente a lo que considera una agresión histórica, tratando de erradicar la realidad del ser humano, en lugar de proponer la corrección de conductas que originaron aquella agresión.

La clave está en romper o no romper la binaridad sexual. Señala el filósofo José Antonio Marina («El feminismo en su encrucijada»,

El Mundo, 6/3/2020) que del «[…] feminismo de la igualdad se pasó al feminismo del género […]. La estructura sexual binaria —macho/hembra— comenzó a considerarse reaccionaria, una trampa para el feminismo […]. La identidad era la nueva esclavitud. Formaba parte de la institución "familia patriarcal" […] nefasta para las mujeres».

Recuerda Marina cómo de la identidad de género se pasaría a la identidad de *género múltiple*. «Lo importante [para el generismo] es negar las divisiones dicotómicas, el binarismo. […] En esta búsqueda de identidades, el binarismo sexual (hembra-varón) o de género (mujer-varón), aceptado por el feminismo clásico, resulta rechazado por la ideología trans», que es el núcleo duro de la ideología de género.

Coincide Marina con lo que en páginas anteriores pongo en boca del obispo Munilla, sobre la canibalización del feminismo por el generismo:

> La evolución del pensamiento feminista ha liquidado el feminismo. Lo ha convertido en un feminismo para un mundo líquido. Las feministas clásicas se dieron cuenta pronto que reclamar el derecho a la diferencia es una trampa. Los derechos fundamentales son siempre universales. Solo los derechos universales protegen las diferencias, porque prohíben la discriminación […] las búsquedas identitarias no lo han comprendido.

El rechazo al binarismo sexual llegó a plasmarse en letra de molde en el *Boletín Oficial del Congreso de los Diputados* (Proposiciones de Ley, 2/3/2018) en la Proposición de Ley sobre la Protección Jurídica de las Personas *Trans* y el Derecho a la Libre Autodeterminación de la Identidad Sexual y Expresión de Género, promovida por Podemos y sus partidos coaligados, que decayó por disolución de la Cámaras de la XII Legislatura.

Efectivamente, en el artículo 7.1, inciso final, de tal proposición de ley referida se definen los sexos reconocidos: «La mención al sexo sería femenino, masculino y no binario». Aunque no prosperó por la disolución de las Cámaras y la actitud felizmente intransigente de un sector del PSOE, lo cierto es que, en la primavera de 2021, el Gobierno del señor Sánchez aprobó un proyecto de ley en el que no se coló este tercer sexo (no binario), pero sí se reconoce la libre identidad de género, según más adelante preciso.

6.2.1.7. ¿Por qué género en lugar de sexo?

Así lo explica Alburquerque:

> La utilización [...] de la palabra género es una manifestación de algo que la distingue y la identifica (a la ideología de género): la manipulación del lenguaje. [...] al comienzo utilizan los términos sexo y género de modo indistinto o intercambiable, como si fueran sinónimos. Una vez que la gente se acostumbra a usar la palabra género, le añaden imperceptiblemente el nuevo significado [...] sexo construido socialmente, en contraposición a sexo biológico.

En tanto que varón y mujer no sean idénticos, piensan los partidarios de la pseudo ideología de género, no puede hablarse de igualdad, porque la mujer está orientada a la vida privada por mor de la procreación, la maternidad y la educación, así que la maternidad es un *mal intrínseco*.

Podría decirse que, para este movimiento, el sexo es un accidente biológico, un dato originario, mientras que el género es una construcción social, cultural, libre. Desprecian la evidencia de que el dato originario lo conforman los cromosomas sexuales que no se adquieren a capricho, que son los que van a definir la personalidad, desde la concepción, por vía de la identidad sexual.

El término género se ha difundido de manera eficacísima, aunque todavía se interpreta de manera ambivalente respecto del sexo, porque efectivamente el *gender*, dice Fumagalli, tiene un importante componente de ambigüedad, «puede ser entendido, en relación al sexo biológico, o bien prescindiendo de este, como algunos desarrollos de la *gender theory*. [...] La confusión ingenua o solapada en torno al significado del concepto de *gender* fomenta los equívocos, alimentando, más que la confrontación, el abierto enfrentamiento social».

La sustitución del término sexo por el término género tiene un objetivo finalista, minimizar el sexo como identidad originaria, pero también una pretensión instrumental, crear la confusión, la ambivalencia de los términos, para ir difuminando la trascendencia antropológica del sexo.

La filósofa Judith Batler («La marca de género», *El País*, 22/4/2018) explica lo que denomina *asignación de género*, con patentes resonancias constructivistas:

La primera pregunta [...] ¿es niño o niña? La primera marca que se le impone es la marca de género [se refiere a lo que los no generistas denominamos sexo] [...]. Porque al nacer se impone una marca de género, pero hay un 10 % de las personas que no se identifican o no se sienten cómodas con el sexo atribuido [...] y estas discrepancias se dirimen muchas veces en la adolescencia [...].

Cuando se anuncia el sexo género de un recién nacido se crea una expectativa, una historia de vida posible [...] son los factores culturales los que hacen que los demás proyecten cómo será tu vida [...]. Todo ello fruto de una construcción social que nada tiene que ver con la biología, porque la naturaleza es diversa y no cabe en solo dos categorías. Se puede nacer con los órganos de un sexo y sentirse de otro, o ni de uno ni de otro, en un intermedio con muchos gradientes.

Todo este discurso es una manipulación sin el menor soporte científico. Nadie asigna sexo a nadie. Se constata la evidencia de los órganos sexuales externos. Si hubiera un 10 %, como dice Batler, de nacidos con alguna disfunción (realmente son el 4,6/100.000, según European Psichiatry, 2015), habrían de tratarse con criterios científicos, pero nunca ideológicos, y menos aplicados sobre el 100 % de la humanidad.

Benedicto XVI, que además de papa es pensador de reconocido prestigio, en su intervención ante el Deutscher Bundestag, el 22 de septiembre de 2011, expuso la obligación de respetar nuestros cuerpos en el mismo rango que la obligación ecológica, y así afirmó: «Existe una ecología del hombre porque también el hombre posee una naturaleza que él debe respetar y que no puede manipular a su antojo».

En el mismo sentido Ratzinger, en su libro, pendiente de publicación, *La verdadera Europa. Identidad y misión* (2021) afirma: «La certeza básica de que el hombre y la mujer existe como hombre y mujer [...] es la comunidad de hombres y mujeres la que cumple la tarea [de transmisión de la vida]; el matrimonio [...] es una certeza original que ha sido evidente para la humanidad hasta ahora».

A mi juicio, los proponentes del género no respetan la naturaleza del ser humano, sino que, partiendo de objetivos imaginarios como la superación de la diferencia sexual, manipulan la naturaleza humana, sin prevención alguna de que su actuación la vulnera con gravísimas consecuencias.

6.2.1.8. Los roles sexuales de mujer y varón

Como está dicho, se parte del dogma de la neutralidad sexual en el momento del nacimiento y de que mediante un proceso de socialización, el varón y la mujer asumen los roles que la sociedad les tiene predeterminados, en atención a su apariencia genital.

Así lo explica Alburquerque:

> Esta socialización afecta a la mujer de forma negativa e injusta [...] [de aquí que] [...] es necesario un proceso de deconstrucción de toda imagen específica de género a través de la educación, la legislación y los medios de comunicación, para que los niños puedan crecer sin estar expuestos a actividades, juegos, ideas, que los inclinen a un determinado sexo específico.

Se está sugiriendo aquí un tratamiento de laboratorio, de auténtica ingeniería social, partiendo de la falsedad evidente de que los humanos nacemos sexualmente neutros. Se trataría de reprimir la tendencia de cada niño a jugar y a expresarse de una u otra manera, según ha ocurrido siempre, en función de sus características intrínsecas.

Esta propuesta de ingeniería social, de más difícil implantación, se acompaña con propuestas ya en marcha, como son la sustitución de las palabras tradicionales (madre, padre, esposo, esposa) por palabras neutras (progenitores, cónyuges), y lo mismo en el ámbito profesional y social.

«El feminismo radical de género no comprende que si bien la sociedad y la cultura influyen en el modo en que una mujer cumple su responsabilidad de la maternidad no crea, sin embargo, madres. [...] lo que se busca es que desaparezcan las categorías de varón y mujer».

Esta pretensión, que parece absurda, está ya en marcha. Todos sabemos que en el Registro Civil se han sustituido los términos madre y padre por el de cónyuge A y cónyuge B. Este despropósito va en serio y está actuando.

Jorge Scala reseña la trágica historia de los gemelos Bruce y Brian Reimer, cuyos padres, siguiendo las teorías del Dr. Money, mutilaron los órganos sexuales masculinos de uno de ellos, porque había sufrido una penectomización en una operación de fimosis, y construyeron una apariencia genital externa femenina. Deberían tratarle como a una chica y nunca debiera conocer la verdad. Acabarían suicidándose ambos hermanos. Así que el generismo jamás tendría una comprobación empírica.

Por su parte, el especialista vasco en género Ritxar Bacete, autor del libro *Nuevos hombres buenos. La masculinidad en la era del feminismo*, en una entrevista periodística (*Periódico Bilbao*, diciembre 2017) habla de dos géneros: el masculino y el femenino, que vienen decididos por:

> Nacer con pene o con vagina. A cada uno de estos atributos físicos se le asocian características de todo tipo [...]. Roles de género que funcionan en todos los ámbitos [...] ese hecho biológico no construye nada por sí solo, porque la identidad se construye haciendo [...]. Una mujer policía produce testosterona y un hombre que cuida niños produce oxitocina [...]. Somos lo que hacemos, no hacemos lo que somos, aunque a menudo nos confunda el sentido del circuito. El potencial humano es tan diverso que limitarlo es una aberración.

Otra tesis sin soporte científico alguno, porque el pene y la vagina no son un mero accidente circunstancial. La ciencia, sin discrepancia alguna, afirma que el sexo, del que pene y vagina son la manifestación más patente, surgen del par veintitrés de cromosomas que inundará todo el cuerpo, todas sus células, como ya está dicho en pasaje anterior. Su psicología entera y todas su potenciales inmateriales, es decir, espirituales, quedarán anegadas de las características del sexo que le haya correspondido. No solo la ciencia lo corrobora, sino que la experiencia humana lo verifica continuamente. Una función profesional o doméstica, el rol que cada cual desempeñe, puede moldear modos y costumbres, sin duda alguna, pero no hace de una mujer un hombre ni de un hombre una mujer.

6.2.1.9. Destrucción del matrimonio y de la familia

Por las mismas razones que se hace necesario erradicar cuanto haga referencia a la binaridad sexual, varón y mujer, es obligado disolver las instituciones que se derivan de dicha binaridad, como es el matrimonio y su derivada inmediata, la familia.

Es obvio que la ingeniería social que se proyecta no puede llevarse a cabo en el seno de la familia, ámbito en el que se patentizan de la manera más intensa las referencias femeninas y masculinas.

Así que, dice Alburquerque:

Uno de los primeros postulados de la ideología de género es la negación de la familia [...] [porque] [...] crea y sostiene el sistema de sexo/género [...] la liberación de la mujer pasa por la deconstrucción de la familia heterosexual y monógama. [...] la deconstrucción de la familia es necesaria no solo porque esclaviza a la mujer sino porque condiciona también socialmente a los hijos.

Este objetivo de deconstrucción es más fácilmente ejecutable mediante la enseñanza pública, gestionada por las administraciones públicas, y muy controlada por los sindicatos de clase, que igualmente están en la onda de la pseudo ideología de género. De aquí la intensa campaña de la izquierda para potenciar la educación pública y devaluar la privada. Se juegan el control social.

Reconociéndose como necesaria la enseñanza pública, insisto en que es crucial la distinción sustancial entre *instrucción*, que corresponde al Estado, directamente en la pública y mediante control administrativo en la privada, y *educación*, que corresponde a la familia o a quien ella delegue. El Estado no tiene la competencia de adoctrinamiento, aunque la ejerza indebidamente en muchísimas ocasiones.

Antiguamente el Ministerio de Educación se denominaba de Instrucción Pública, no sé si con intención, pero me parece muy acertada aquella denominación.

Aristide Fumagalli recuerda que el generismo llega a la desvinculación padres-hijos:

A efectos del vínculo de filiación también se considera indiferente la efectiva generación de los hijos de suerte que estos podrían nacer también de otros padres distintos de aquellos que habrán de educarlos. La esencia de la paternidad-maternidad no anclada ya en la genitorialidad biológica se reconoce en el vínculo afectivo instaurado con el niño, prescindiendo del vínculo biológico. No importa quién es el progenitor del que uno nace, sino el progenitor con el que se crece.

Con semejante criterio, acabaría correspondiendo al Estado asignar a quien se considere oportuno los nuevos ciudadanos, bien a parejas, mixtas o del mismo sexo, o bien a optantes de pretensión uniparental, sin vinculación alguna con su origen genético.

Plantea Fumagalli cómo frente a la familia binaria o bicolor, de madre y padre, se propone una familia arcoíris. «La pluralidad y la diversidad de las formas inducirían a superar el concepto mismo de familia, cuando menos, a considerarlo como un concepto genérico».

Según el interés de los defensores del generismo, señala Fumagalli, «[...] los Estados debieran reconocer los mismos derechos y procurar las mismas oportunidades porque de no ser así resultarían discriminatorios», al punto, dice Fumagalli, que «Van en esta dirección los procedimientos legales introducidos en el sistema jurídico de varios Estados: la inscripción en el Registro Civil con un sexo neutro [...], la abolición de términos de connotación sexual como los de paternidad y maternidad, sustituidos por los sexualmente neutros de genitorialidad» y, desde luego, la legalización del matrimonio de parejas del mismo sexo y del derecho de adopción para los mismos.

El derecho a integrarse en la mejor familia posible es de los niños, no de los aspirantes a padres. Estos niños que requieren de adopción con frecuencia han sufrido mucho hasta llegar a su destino familiar y no es éticamente tolerable que se les someta a ensayos no asignándoles familias *en plenitud*, familias *tradicionales*, porque tienen derecho a disfrutar de padre y madre y, además, a evitar el patente riesgo de *bullying* escolar, porque les ubica en la excepcionalidad, ajena a la naturaleza de las cosas.

Es un error, muy extendido, considerar como una pretensión de raíz religiosa la defensa de la familia en plenitud, cuando tal defensa se apoya en argumentos puramente humanos, porque es la célula básica de la sociedad, en cualquier tipo de sociedad, porque es la garantía del desarrollo armónico de la infancia, así como de la unidad económica y el entorno adecuado de mutua ayuda y de felicidad para los padres, con todas las excepciones que desgraciadamente puedan señalarse.

La familia en plenitud, padre, madre e hijos, es un bien en sí mismo que los poderes públicos deben proteger y apoyar y que únicamente debiera verse limitada por circunstancias inexorables como la muerte, el divorcio, etc.

6.2.1.10. Manipulación del lenguaje

La llamada ideología de género es una construcción sustancialmente de *marketing*, porque es un mecanismo difusor de la concepción materialista del mundo y de la vida, razón por la que el lenguaje tiene una relevancia extraordinaria.

Así lo explica Alburquerque: «La ideología de género propaga un modo de hablar que enmascara algunas de las verdades básicas de las relaciones humanas. Es lo ocurrido con el matrimonio, cuya significación se ha querido ampliar hasta llegar a incluir algunas formas de unión que nada tienen que ver con la realidad matrimonial».

Así recuerda Alburquerque a los términos *pareja* o *progenitor* y a uno de singular trascendencia, como es el de *violencia de género*, en lugar de utilizar el de *violencia doméstica, violencia contra la mujer* o *violencia en el entorno familiar*. Se pongan como se pongan, los humanos no tenemos género sino sexo. El género es un instrumento gramatical para concordar sustantivos, artículos y adjetivos.

Acierta Eugenio Alburquerque, nuestro guía en este repaso, cuando afirma que: «El lenguaje y la terminología no son inocentes».

Me parece oportuno traer a colación un informe de OXFAM Intermón, titulado *Lenguaje sexista. Tipos para evitar el uso sexista del lenguaje cotidiano*, que diseña unos criterios orientados a eliminar «[...] expresiones o frases [que] se construyen usando únicamente el masculino o cuyo sentido tiene tintes de misoginia», en referencia, principalmente, a la utilización del genérico o neutro, que no masculino, al referirse a situaciones y colectivos en que tienen presencia mujeres y hombres (los alumnos, en lugar de alumnas y alumnos).

Cabe advertir sobre el particular que además de palabras epicenas que sirven para referirse a ambos sexos aunque tengan género femenino o masculino (la persona, la rapaz, el ser humano, el personaje), existen palabras de género neutro que con el artículo precedente se identifica el sexo de la persona referida (la abogado, el abogado; la juez, el juez; la presidente, el presidente).

Este informe, tras el que se adivina la estrategia de género, a costa de las reglas de la gramática, obvia el principio general del lenguaje, que es su economía, ordenando utilizar el menor número de palabras para establecer las ideas y, por otra parte, no se percata de que el sexo (el género para ellos) se identifica también con el artículo, como ya está dicho. No todas las palabras que terminan en «o» son del género masculino (la Seo), ni las que terminan en «a» son del género femenino (el vigía), ni todas las palabras de género masculino o femenino hacen referencia alguna con el sexo (la máquina, el fusil).

OXFAM Intermón justifica su criterio en que la lengua es un «[...] elemento cambiante, que se adapta a las tendencias de la sociedad», lo cual es cierto, pero falta añadir que ha de referirse a cambios naturales, espontáneos, solo condicionados por las reglas de la gramática que se encarga de mantener la corrección del lenguaje, pero no cambia el lenguaje por vía del constructivismo, con la finalidad de introducir la carga ideológica de que sus consejas lingüísticas son vehículo.

Frente a este criterio de OXFAM Intermón, la Real Academia Española de la Lengua ha sido siempre contundente en el respeto a nuestra lengua. Así cabe aludir al dictamen del académico de número Ignacio Bosque de 1/3/2012, bajo el título *Sexismo lingüístico y visibilidad de la mujer*, que sería aprobado por unanimidad de los académicos presentes en la sesión y también por otras opiniones académicas relevantes, adelantándose a lo dicho por el director de esta Academia (*El Mundo*, 26/8/2018): «Si aceptamos decir "miembra", los brazos serán "miembros" y las piernas "miembras"».

El también académico y filólogo Salvador Gutiérrez Ordóñez («Lo de todos y todas es imposible de mantener fuera de la tarima», *El Mundo*, 2/11/2018) da en la clave sobre la trascendencia del lenguaje al decir:

> La lengua es uno de los atributos más internos del hombre. El hombre crea la lengua y la lengua crea al hombre [...]. También está íntimamente relacionada con muchos aspectos del conocimiento objetivo, por un lado, y de lo que es el sentimiento, la vivencia, la historia, a fin de cuentas. La lengua es el centro de la cultura y todo pasa por el lenguaje [...]. El lenguaje es una herramienta importantísima de argumentación de influencia sobre el interlocutor.

De aquí la insistencia que pone el movimiento generista en imponer el lenguaje inclusivo porque con él se inocula su doctrina.

Nuestro reiterado Jorge Scala nos ofrece a modo de ejemplo el fenómeno de la introducción de la arroba (@) como nueva falsa letra:

> La arroba no es una letra [...], ha comenzado a usarse el símbolo de la arroba (@) como recurso gráfico para integrar en una sola palabra las formas masculina y femenina del sustantivo, ya que este signo parece incluir en su trazo las vocales a y o [...]. ¿Qué es la arroba? Vamos a explicarles que es la arroba: 1.- Símbolo que se utilizaba para representar la unidad de masa llamada arroba: @ (plural @@). Peso equivalente a 11,502 kg (en Aragón, peso equivalente a 12,5 kg). 2.- En la actualidad es muy conocido por los usuarios de informática

pues se utiliza para indicar «en» («*at*» en inglés) en las direcciones de correo electrónico y otros servicios en línea que utilizan el formato usuario@servidor [...]. El escribir con propiedad es un aporte —quizá modesto—, pero sin duda muy eficaz y concreto, para pensar con libertad y ayudar a los demás a que lo pueden realizar.

Estos trucos del lenguaje no graves son estropicios del lenguaje que las personas cultas evitan; lo grave es que no son producto de la espontaneidad social, sino instrumentos de penetración de la mal llamada ideología de género.

En un interesante informe de los periodistas Luis Alemani y Darío Prieto («Política, machismo y privilegio: lo que hay más allá del debate del lenguaje inclusivo», *El Mundo, La Esfera de Papel*, 3/12/2018) se aportan sobrados argumentos contra la imposición del llamado lenguaje inclusivo. Especialmente me interesa destacar la aportación del escritor y académico Arturo Pérez Reverte:

> Durante mucho tiempo el lenguaje marginó a la mujer en muchos aspectos. Eso debe cambiar, porque ahora ella está presente en actividades a las que antes eras ajena. Por eso es lógico que el lenguaje se adapte a esas situaciones y roles sociales. Sin embargo hay líneas rojas más allá de las cuales se cae en el esperpento y el ridículo. Una cosa es la evolución natural del lenguaje y otra la incultura, la estupidez y el uso como arma política. Nuestra lengua ya posee herramientas gramaticales inclusivas, lo primero que hay que hacer es conocerlas y usarlas. Las lenguas existen para facilitar la comunicación; así que es intolerable que en nombre de una supuesta feminización el lenguaje se convierta en algo confuso, farragoso e ineficaz.

Así Pérez Reverte justifica el principio de economía que impera en toda lengua moderna y los autores del informe toman el siguiente ejemplo. Frente al criterio racional: «El perro es el mejor amigo del hombre», colocan el absurdo inclusivista: «El perro y la perra son el mejor amigo y la mejor amiga del hombre y de la mujer». Pero Pérez Reverte también justifica el principio de la espontaneidad y la libertad de la evolución del lenguaje, que los generistas nos quieren imponer de manera constructivista, imperativa y desde la más tierna infancia.

También en Alemania se ha hecho patente la preocupación por esta agresión irracional a la lengua, según se trasluce en un reportaje periodístico (*El Mundo*, 10/3/2019) en el que se informa que «Un grupo de intelectuales y artistas alemanes llaman a la cordura en el lenguaje de género. Piden el fin de las construcciones lingüísticas ridículas diseñadas para hacer un alemán más neutro». La secretaria de Estado alemana de Digitalización, Dorothee Bar, que forma parte del grupo de firmantes del manifiesto contra la perversión del lenguaje por la ideología de género, manifiesta: «Igualdad sí, locura de género no [...]. Hemos llegado a un punto gaga del uso del lenguaje que no creo, sinceramente, que sirva para nada a las mujeres».

En el mismo reportaje se señala que el crítico lingüista Wolf Schneider condena estas *formaciones lingüísticas ridículas* y considera que la «[...] justicia de género aplicada a la lingüística es terriblemente tonta». El mismo Schneider condena que «[...] las instancias estatales se estén sumando a esta tendencia que, denuncian, amenaza la integridad de la lengua alemana» y como ejemplo indica que los «[...] funcionarios de Hannover ya no se refieren en los documentos oficiales a los "profesores" sino a "las personas que enseñan"», para evitarse el conflicto.

La ministra alemana de la Mujer, Christine Lambrecht´(*ABC*, *10/10/21*), distribuyó una circular entre las oficinas de la Administración federal pidiendo se dejaran de utilizar signos, palabras y otras *neoformas de lenguaje inclusivo* que *sólo aportan opacidad a los textos*. Igualmente el gobierno bávaro, defendiendo la igualdad entre personas de distinto sexo, afirmó que "[...] estamos en contra de la exageración y de perder el sentido de la proporción".

El Gobierno Sánchez solicitó de la Real Academia Española la conversión del texto constitucional al lenguaje inclusivo y esta docta entidad, en sesión plenaria de 16/1/2020, aprobó el *Informe sobre el buen uso del lenguaje inclusivo en nuestra Carta Magna*, en defensa cerrada de su original redacción y congruente con el *Libro de estilo de la lengua española*, rechazando por innecesarias las duplicidades de género y defendiendo el género masculino no marcado como incluyente del femenino en ciertos contextos.

El informe toma referencia de «[...] los corpus lingüísticos de la RAE, especialmente del corpus del español del siglo XXI (CORPES)», de modo que, desde la perspectiva lingüística, el llamado lenguaje inclusivo de la ideología de género es de todo punto rechazable.

En la legislación española ya se está introduciendo el lenguaje inclusivo, y haciéndolo contra el criterio académico de la RAE se está cometiendo una flagrante, por clara y evidente, injusticia.

Así valora esta realidad el catedrático de Derecho Francisco Pérez de los Cobos («Don Andrés Bello y el lenguaje inclusivo», *ABC*, 16/5/2021):

> El legislador no es dueño de la lengua que emplea sino un usuario más, cualificado eso sí, por la trascendencia y repercusión social de la utilización que hace de la misma, pero ni puede ni debe deformarla, manipularla o prostituirla. Es más, me atrevería a afirmar que […] el respeto del legislador al castellano y sus reglas es una exigencia claramente deducible del carácter oficial de nuestra lengua (art. 3.1 CE) y del principio constitucional de seguridad jurídica (art. 9.3 CE), al que se menoscaba cuando se legisla ignorando su estructura y las reglas de la gramática española.

Así como las juiciosas aportaciones de la Real Academia de la Lengua en España no han tenido reflejo en la normativa, ni en el lenguaje administrativo, ni en la educación, el presidente Macron ha interdictado el llamado lenguaje inclusivo en la educación de Francia. Así lo recogía el editorial de *ABC* de 10/5/2021:

> El Gobierno francés ha decidido prohibir el uso del denominado lenguaje inclusivo en los colegios porque entiende que dificulta el aprendizaje de lectura y escritura de los menores […]. Se trata de una decisión políticamente aséptica porque busca el beneficio educativo de los jóvenes franceses, pero socialmente audaz, porque constituye un contrapunto a la tiránica corrección política que se está imponiendo […].

Coincido con el editorialista en que se trata de «[…] la imposición de un discurso de sesgo ideológico que actúa de avanzadilla de un modelo social intervenido».

Termino con la referencia a esta editorial: «La decisión tomada por Emmanuel Macron invita a pensar que es necesario parar la aceptación acrítica del lenguaje inclusivo, del revisionismo cultural, de la invención retrospectiva de la historia».

En los ambientes revolucionarios de algunos países hispanoamericanos ha surgido la idea de utilizar la letra «e» como elemento inclusivo, así «todes» en referencia a las imaginarias personas no binarias. Naturalmente tan caprichosa solución ha recibido el rechazo académico por su absoluto alejamiento de la gramática y la tradición de nuestra lengua. Ya llegó a España la moda, pues la utilizó la ministro de Igualdad Irene Montero en la campaña electoral de las elecciones autonómicas de Madrid en mayo de 2021. Supongo que el «todes» asigna a las personas de sexo no binario.

6.2.1.11. Función de la norma en la implantación del *género*

La norma a veces permite, y es muy grave si lo que permite es matar (aborto, eutanasia); otras veces obliga, esto es, impone coercitivamente una conducta, lo que es muy grave si afecta al ámbito de la conciencia o del reducto de la privacidad. Como veremos en muchas disposiciones en materia de generismo, la norma impone coercitivamente una determinada conducta afecta al ámbito de la privacidad, donde el poder político nunca puede inmiscuirse, al menos en el marco de las democracias liberales de nuestro entorno.

Se obliga a creer lo que es imposible, se obliga a afirmar como cierto el cúmulo de absurdos científicamente insostenibles a los que nos hemos referido, por ejemplo, a los enseñantes.

Pero, además, la norma *normaliza*, valga la expresión, hace normal, habitual, casi obvio, lo que en muchos casos no lo es en absoluto. Pareciera que lo que la ley permite no tiene contraindicación alguna y esto es cierto únicamente cuando su *ratio legis* es éticamente aceptable.

Recuerda Scala, que como quiera que la pseudo ideología de género no va a ser admitida por toda la sociedad, aunque gran parte de la sociedad la sufre con indefensión por ignorancia, «[…] es preciso imponerla a través de un sistema jurídico […]. Para garantizar la modificación de las leyes […] es preciso llevar la agenda de género a los Parlamentos nacionales y regionales […]».

En pasaje posterior trataré la penetración de la llamada ideología de género en nuestra legislación, al tratar sobre las normativas vigentes y las propuestas planteadas.

6.2.1.12. Efectos en la familia y en la educación

Según Alburquerque: «[…] para la ideología de género toda unión sexual tendría el mismo valor, de manera lógica, queda inmediatamente eliminado el matrimonio. […] las uniones de personas del mismo sexo, que se equiparan al matrimonio, otorgándoles incluso la facultad de adoptar niños».

No es una cuestión baladí. A los niños necesitados de adopción se les niega el derecho a ser recibidos por una familia que ofrezca la doble referencia masculina y femenina, lo que es objetivamente injusto, por contrario a la ética de nuestra civilización, como ya he tratado al referirme a este mismo aspecto en la maternidad subrogada.

Hago un paréntesis para justificar, como ya lo he hecho en líneas anteriores, lo antiético de conceder adopciones a parejas del mismo sexo o a solicitantes individuales existiendo familias en plenitud (madre y padre) solicitantes, con palabras contundentes de Jorge Scala, tomadas de Aquilino Polaino-Lorente («Matrimonio de homosexuales», en *Lexicón de términos ambiguos y discutidos sobre familia, vida y cuestiones éticas*, Ed. Palabra, 2006): «[…] el niño tiene derecho a madurar su afectividad, observando el vínculo —afectivo, cognitivo y personal— que se establece en las relaciones entre el padre y la madre. Esta relación constituye la urdimbre donde se acuna y consolida la madurez de su afectividad».

Volviendo a los efectos del generismo en la familia, Alburquerque afirma que:

> Las legislaciones de los diferentes Estados intentan progresivamente que el Estado se haga cargo de la educación sexual desde los primeros años de la escolarización fijando programas, determinando capacitación de los profesores […]. Se plantea también que, […] la ideología de género se convierta en un contenido transversal presente en todas las materias y en todos los ciclos.

Recuerda este autor que el generismo actúa «Reemplazando a la patria potestad la ideología de género propone la "familia democrática", de la que se deriva la parentalidad que supone, en definitiva, la supresión de la autoridad en la familia».

Es obligado señalar que, en la jerga del generismo, según Scala:

> La parentalidad es el ejercicio de algunas o todas las funciones sociales de la familia, con independencia de los lazos de parentesco por consanguinidad, afinidad o adoptivo [porque] […] La educación constituye para la ideología de género una de las estrategias más importantes para cambiar lo que llaman perjuicios sobre los roles asignados a varones y mujeres […]. Para eso es absolutamente necesaria la educación desde la infancia […] promoviendo proyectos educativos que, en el fondo, presentan una identidad personal y afectiva

radicalmente desvinculada de la diversidad biológica de los seres humanos.

Es una estrategia de ingeniería social aterradora:

> Porque excluyen el respeto y la valoración de la diferencia [...] en su feminidad o masculinidad. [...] trata de eliminar de los textos escolares todos los estereotipos socioculturales. Toda connotación masculino/femenino es sistemáticamente erradicada, incluso de los juegos infantiles. Porque para sus ideólogos, el niño es niño básicamente porque su padre le ha regalado juguetes de niño y le trata como niño. [...] Se extienden cada vez más programas de supuesta educación sexual, muy alejados de un verdadero sentido moral [...].

A mi juicio Scala debiera referirse a la exigencia ética, que no moral, que es la que debe exigir la prudencia y delicadeza en las edades infantiles y adolescentes en esta materia.

Afirma Scala que «Nunca se insistirá suficientemente en el papel insustituible de los padres de manera particular en el campo de la educación afectivo-sexual, tan relacionada con la intimidad de la persona» y, desde luego, tan vinculada a la conformación de las reglas de conducta afectas a valores morales específicos, dignos de todo respeto por las autoridades públicas.

Son frecuentes las quejas de padres de alumnos por la intromisión de las entidades educativas, generalmente públicas, en el ámbito de la educación moral de sus hijos, en aplicación de los principios tan extendidos de la pseudo ideología de género, mediante la programación de talleres de la afectividad o de similar naturaleza, así como por programas, charlas, etc., con patente finalidad de adoctrinamiento.

Este fenómeno no se produce únicamente en las comunidades autónomas gobernadas por la izquierda que ha tomado la pseudo ideología de género como dogma, sino también en las gobernadas por la derecha, por mimetismo, por ignorancia o por la razón que sea. Naturalmente, afecta tanto a la enseñanza pública como a la concertada.

Sirva de ejemplo el denominado *Protocolo de atención educativa y acompañamiento al alumnado en situación de transexualidad y alumnado con expresión de género no normativa*, impuesto en fase experimental hasta enero de 2019 por la Junta de Castilla y León, cuyo ámbito de aplicación son «todos los centros educativos de la comunidad de Castilla y León y en todos sus niveles, etapas, grados y modalidades de enseñanza».

Consiste, sustancialmente, en un programa de formación en generismo, como si tuviera la solvencia científica del teorema de Pitágoras, tanto al profesorado, como al personal no docente, a las familias y a los alumnos. Programa orientado por la Consejería de Educación con la colaboración de asociaciones, federaciones y confederaciones LGTBI, a las que no se les pide exigencia académica alguna.

En el anexo 4 del referido protocolo, se incorpora un glosario de términos que resume y refleja a la perfección las acientíficas tesis generistas, que voy tratando de reflejar a lo largo de estas páginas.

En la Comunidad Foral de Navarra las cosas circulan por la misma vía. La Confederación Católica de Padres de Alumnos (*ABC*, 31/10 y 1/11/2018) recurrió la imposición del Programa Skolae que:

> Propone a los alumnos de 0 a 6 años juegos eróticos como forma de «[…] reconocimiento de la sexualidad infantil» o debates en el aula los niños y niñas a partir de 12 años sobre si es verdadero o falso, por ejemplo, que […]: 2) las personas heterosexuales están reprimiendo su parte homosexual; 3) las lesbianas nunca tienen relaciones sexuales completas y duraderas; […] 6) ningún hombre que se precie dejará de pasar la oportunidad si una mujer atractiva se «pone a tiro»; […] 8) el coito anal es la práctica sexual preferida por los homosexuales.

Jamás podrá presentarse un ejemplo de mayor intromisión en la intimidad infantil, en el teóricamente seguro ámbito académico, de una falacia como la pseudo ideología de género, como si se tratara de una disciplina científica. Es como si se introdujera en la enseñanza reglada la quiromancia y se otorgara rango académico a los quiromantes. En estos debates los niños de 0 a 6 años no tienen ni conocimiento ni opinión, se limitarían a asumir los criterios de sus profesores como auténticos dogmas en un estado de absoluta indefensión.

Es una irresponsabilidad que la autoridad educativa de Castilla y León y, desde luego, prácticamente de todas las comunidades autónomas, introduzcan en los centros educativos teorías sin respaldo científico y educadores sin exigencia de contraste académico, como si de profesores titulados se tratara.

En una nota de queja del Foro de la Familia, denunciando lo que aquí se refleja, se advierte que «[...] según un estudio reciente del Colegio Americano de Pediatras, el 90 % de los menores que se identifica con el sexo contrario al suyo vuelve a sentirse identificado con el propio pasada la pubertad. Con este tipo de iniciativas, se estaría condenando a estos niños de forma irreversible».

Todos los que tengan experiencia vital por tener hijos o nietos saben que a cierta edad los niños tienen tendencia a relacionarse con los del mismo sexo, incluso a despreciar a los del contrario, fenómeno absolutamente generalizado que al cabo de los pocos años, en los prolegómenos de la pubertad, desaparecerá en la inmensísima mayoría de los casos. Si en este periodo de confusión se les introduce la duda de la homosexualidad, se les puede originar un gran desconcierto y una gran perturbación para llevarles a un error de indescriptibles consecuencias. Desde luego, poner en riesgo el futuro de los educandos con la frivolidad con que se programa este protocolo es mayor irresponsabilidad que la anterior.

Otra prueba de la intromisión de los voluntarios de la ideología de género —sin exigencia de rango académico alguno— en los centros educativos dedicados a menores de edad es el documento *Proyecto de lucha contra la homofobia en el ámbito escolar. Guion para charlas en institutos* de la Comisión de Educación COGAM (Colectivo de Lesbianas, Gais, Transexuales y Bisexuales de Madrid), colectivo de miembros de la FELGT (Federación Estatal de Lesbianas, Gais y Transexuales), diseñado para que las charlas las impartan dos voluntarios de estas entidades ajenas a cualquier garantía de carácter académico y para tratar de materias objetivamente acientíficas.

En ocasiones las quejas de los padres sirven para que se retiren determinados materiales didácticos, como ha ocurrió en Murcia, Valencia y probablemente en alguna otra comunidad autónoma.

Es patente que se quiere imponer la llamada ideología de género por exigencia normativa, por ley, según más adelante se verá, y por la misma normativa se pretende evitar o reducir la difusión de la perspectiva humanista, por contraria al orden social, porque el nuevo orden social es el que se deduce de la implantación del generismo.

Resulta obvio que, además de los efectos negativos del adoctrinamiento en una pseudo ideología acientífica, se ha abierto una irracional carrera por la *sexualización* de los niños desde temprana edad, banalizando la sexualidad y desvinculándola de la importancia de los naturales controles a que deben someterse los impulsos sexuales, abriendo caminos de riesgo para los menores, como talleres en los que enseñan maniobras de masturbación (del hábito a la adicción), los juegos eróticos, homosexuales o no, con otros compañeros, etc., y, en definitiva, distorsionando las previsiones educativas de los padres.

Siendo el generismo fruto del materialismo, se presenta como una religión laica fundamentalista, frente a la que no cabe argumento alguno y, por tanto, que arrasa no ya con cualquier convicción religiosa o moral, sino también con la libertad más elemental, porque se impone desde la infancia como si fuera un dogma *cívico*, aunque carezca del menor viso de ser concordante con la realidad que pretende transformar.

Sobre la exigencia imperativa de la denominada ideología de género trataremos al analizar los textos normativos impuestos en nuestra nación, con lamentable consenso parlamentario.

Scala pone en la pluma de Alda Facio la concepción educativa, mejor será decir de adoctrinamiento, de la pseudo ideología de género:

> Es obligación del Estado proveer la educación sexual a los adolescentes y que esta educación debe ser sensible a la libertad de culto y al derecho de los padres a educar a sus hijos de acuerdo con sus convicciones. Sin embargo, esto no quiere decir que los padres tengan derecho a no permitir que se brinde educación sexual y reproductiva a sus hijas e hijos ya que el derecho de los padres a educar a sus hijos/as de acuerdo con sus convicciones no está por encima del interés de los y las niñas ni puede ejercerse en forma discriminatoria entre hijos e hijas.

Esta afirmación de Alda Facio tiene al menos dos errores de planteamiento muy graves:

1. Si bien es cierto que en materia de instrucción los padres no pueden vetar la verdad científica, por ejemplo, no pueden negarse a que se enseñe a sus hijos el principio de Arquímedes en la edad adecuada, también es cierto que la llamada ideología de género y todos sus postulados en absoluto son verdad científica, aunque como tal la presentan, pese a que es un magma de dogmas sin soporte científico alguno.

2. La materia sexual, en sus aspectos morales, más allá de los estudios de biología en el periodo educativo correspondiente, no es materia de instrucción sino de educación y, por tanto, corresponde su enseñanza a los padres o a quienes ellos deleguen tal obligación.

Es muy importante saber mantener la distinción sustancial entre *instrucción*, propia del Estado, directamente o por vía de control administrativo de los centros privados, y *educación*, propia de los padres, señalada en pasaje anterior. Esta diferencia es la clave para establecer la enseñanza en libertad, que sigue sin estar consolidada en España.

Especial importancia tiene resaltar, como ya está señalado en algún pasaje anterior, la importancia que, en el ámbito de la enseñanza, tiene la vocación de transversalidad del generismo.

Así es que Jorge Scala nos presenta a Magdalena (*Los temas transversales*, 1993): «Sin eufemismos se ha dicho que se basa en una estrategia multidimensional y transversal […]. Ha sido concebido como un programa multidimensional […] que incide en todos los proyectos y acciones que desarrolla el ministerio».

También nos presenta a Gloria Bonder (*De la teoría a la acción, reflexiones sobre la implementación de una política de igualdad de oportunidades para la mujer en América Latina*): «[…] como lógica consecuencia, todos los libros de texto debieron ser sustituidos, adaptándolos a los nuevos programas […], además, los docentes debieron ser "capacitados" nuevamente».

Sobra decir que la penetración del generismo en la enseñanza tiene su clave en su presencia desde los primeros años de la infancia, cuando los niños son más indefensos y vulnerables, imponiendo juegos que rompan la *tendencia cultural* de los sexos tradicionales.

Así señala Jorge Scala que el PRIOM, versión preliminar del documento *Propuestas para integrar los aportes de los estudios de la mujer a los contenidos básicos curriculares*, para facilitar la tarea, se propone comenzar con la perspectiva de género desde la escuela inicial porque «[…] modificando la personalidad del niño desde ese nivel escolar, el resto de la tarea será mucho más fácil», ya que «[…] en esta etapa las niñas y niños comienzan a ampliar su espectro de saberes y de relaciones sociales. La escuela enriquece el mundo de lo conocido y pueden comenzar a producirse pequeñas (o significativas) rupturas con los modelos y pautas transmitidas en el hogar».

He aquí la razón del éxito expansivo de la pseudo ideología de género, pese a su tosquedad y falta de solvencia científica. La derecha ideológica, cultural y política no ha tomado conciencia de la gravedad de la situación y, bien es cierto que renqueante, sigue la línea estratégica de los generistas, por falta de vigor ideológico y por falta de valor político, pese a que la crisis de la familia tiene, como una de las primeras explicaciones, que no se aprecia por quienes la quieren a la familia, porque es muy frecuente que no se perciba su disfrute en la cotidianeidad. Afirma un informe del Foro de la Familia (19/7/2019) que «El 85 % de los españoles vive en familia y aprecian la institución», pero no tienen interiorizado ni el riesgo que corren ellos, sus hijos o sus nietos, ni la necesidad de defenderla, y si la tuvieran no saben cómo hacerlo.

El ya referido José Antonio Marina («El feminismo en su encrucijada», *El Mundo*, 6/3/2020), ante el galimatías de la denominada ideología de género, se pregunta: «¿Es socialmente vivible la incoherencia y la falta de definición? ¿Toda normativa es una imposición rechazable? ¿Qué tipo de educación y de escuela se deriva de esta ideología?».

Es realmente contradictorio el rechazo del feminismo clásico socialista a la identidad de género, con el empeño de la ministra socialista de Educación imponiendo la enseñanza obligatoria de la misma ideología de género en las educaciones obligatorias (primaria y secundaria). En el PSOE o hay dos almas o una monumental falta de coordinación en asuntos básicos como este que nos ocupa. ¿Cómo imponer una instrucción acientífica, derivada de esta pseudo ideología, en la enseñanza básica?

En materia educativa es evidente que se hace necesaria la distinción entre el concepto de instrucción, referido al conjunto de conocimientos necesarios en función de las edades del alumno, y el concepto de educación, que hace referencia al conjunto de valores que han de incorporarse en la conciencia. De la instrucción es responsable el Estado, bien directamente o bien indirectamente, estableciendo los currículos necesarios durante todo el proceso educativo y el adecuado control de su cumplimiento, mientras que la educación es responsabilidad de los padres del alumno, que pueden ejercer directamente o delegándola en los centros educativos de su confianza.

Cuando no se distinguen con nitidez los conceptos de instrucción y educación se corre el riesgo de que el Estado trate de invadir el espacio educativo de la familia, como ocurre cuando impone desde la enseñanza primaria, como un dogma de la humanidad, el generismo que, como he reiterado, es objetivamente contrario a la ciencia y a la educación antropológica que se deriva de nuestra civilización occidental.

Se hace evidente cuanto denuncio en dos leyes singularmente casuísticas e intervencionistas, tales como son la Ley Orgánica de Educación 2/2006 modificada por la LO 3/2020 (arts. 17 y 23, entre otros) y en el Proyecto de Ley Orgánica de Protección Integral a la Infancia y la Adolescencia (art. 5.4), pues en ambas se impone la educación en la *perspectiva de género*, lo que supone una intolerable intromisión en el ámbito de la libertad de los padres para definir las líneas esenciales de la educación de los hijos y, además, un atentado a la exigencia de verdad científica que debe imperar en todos los niveles educativos y en todas las legislaciones.

Dicho lo cual, no puede rechazarse la exigencia de una ley de protección a la infancia y a la adolescencia, abstracción hecha de todas las obsesiones generistas que conocemos, porque es evidente que los menores, en la infancia y en la adolescencia, en porcentajes alarmantes y crecientes, sufren manifiestos malos tratos, psicológicos y físicos, y, desde luego, de naturaleza sexual, lo que impone unas medidas de actuación y de represión establecidas en normas con rango de ley.

Los datos de la Fundación ANAR (*ABC*, 24/2/2021) no dejan lugar a dudas sobre la gravedad del problema, siendo el domicilio familiar el lugar en el que con más frecuencia se producen los malos tratos, el 49,7 %, lo que induce a pensar que no siempre la tutela familiar es marco de protección, sino en ocasiones velo que difumina atrocidades plenamente justificativas de la acción pública en ámbito tan privado.

6.2.1.13. Violencia de género. Justicia con *perspectiva de género*

Género, perspectiva de género y violencia de género

En el informe de la Real Academia Española, anterior al de 2020 referido, sobre la expresión violencia de género de 19/5/2004, al que alude Alburquerque, se precisa que el término género no es sino un anglicismo, pues en inglés el término género sí es sinónimo de sexo, probablemente dice el informe por «[...] el empeño puritano de evitar ese vocablo», pero en español no existe tal sinonimia y así «[...]

las palabras tienen género (y no sexo), mientras que los seres vivos tienen sexo (y no género)», de aquí que la RAE recomiende la denominación «Ley Integral contra la Violencia Doméstica o por Razón de Sexo» y añada que «En la misma línea, debiera en adelante sustituirse la expresión "[…] impacto por razón de género" por la de "impacto por razón de sexo"».

Recordaba aquel informe de la RAE que en el área francófona de Canadá, en Bélgica, en Francia y en Luxemburgo, el fenómeno que nos ocupa se denomina violencia doméstica.

Pero, naturalmente, el término género tiene una fuerte carga ideológica, aunque lo más relevante es que en el ámbito jurídico-penal esta carga ideológica haya cristalizado en una discriminación negativa contra el varón, pues la peculiaridad de esta conducta penalmente rechazable solo se considera cuando es ejercida por el varón, y no cuando la violencia la ejerce una mujer contra el varón o contra un menor o contra otra mujer.

No puede ocultarse, por otra parte, que la realidad social nos plantea otro fenómeno de violencia que no ha producido en los mentores de la ideología de género alarma alguna. Me refiero a la violencia sufrida por los menores en el ámbito familiar, que la ejercen en distinta medida los hombres y las mujeres, pero que, al no ofrecer impacto emocional a favor de los objetivos de género, no ha merecido la menor atención.

La ya referida empresaria Sira Antequera (*Actuall*, 16/4/2018), en relación con el asesinato de un niño por la pareja de su padre, tras unos días de búsqueda, con gran resonancia mediática, se preguntaba: «[…] ¿por qué ningún medio ni la sociedad lo ha calificado de violencia feminista?». Muy probablemente fuera un crimen de celos, en esta ocasión hacia el niño, probablemente un crimen de corte pasional.

Que sociológicamente la violencia ejercida por el varón sobre la mujer es mucho más relevante y de muchos más graves efectos es evidente, lo exige una determinada estrategia social, política y cultural, lo que no empece para que la violencia doméstica merezca un tratamiento penal idéntico sea quien sea su autor, como ocurre con cualquier otro tipo de violencia ejercida sea por hombres o por mujeres, pero no puede olvidarse, y así lo recuerda el catedrático de Derecho Penal José María Tamarit Sumalla (*El Mundo*, 8/3/2019), que «Los resultados de los diversos estudios realizados en España y en otros países son coincidentes. Tanto mujeres como hombres relatan que en proporciones similares han sido perpetradores y víctimas». En el informe periodístico en el que se contienen estas declaraciones, se señala que «El estudio que Granda y Cuenca realizaron en Madrid sostenía que un 11,8 % de las mujeres encuestadas y un 11,3 % de los hombres revelaron ser víctimas de violencia física».

En absoluto trato de minimizar la gravedad de la violencia doméstica, lo que no es óbice para resaltar que es obligado acometer el problema con seriedad, con profesionalidad, sin apriorismo y menos pretendiendo ahormar la justicia para acomodarla al generismo. Curiosamente no son de fácil acceso, si existieran, las estadísticas sociológicas y psicológicas que caractericen a los protagonistas de este tipo de violencia, para empezar por encuadrar el problema y establecer un diagnóstico.

Hay que adelantar que la Sentencia 95/2008 del Tribunal Constitucional avaló la modificación del artículo 153.1 del Código Penal agravando la pena del autor-varón cuando la víctima-mujer fuera de su entorno de afectividad, y sin que mediaren circunstancias como la manifiesta discriminación por su condición de mujer o la desigualdad o la expresión de poder sobre la víctima, lo cual es más que discutible, y así la sentencia se dictó con siete votos a favor y cinco en contra.

Desde mi punto de vista es absolutamente rechazable que en la actividad sentenciadora de los tribunales de justicia se pretenda introducir, como criterio valorativo de la conducta del reo por violencia doméstica, la denominada perspectiva de género, como novedosa y atípica circunstancia agravante de la responsabilidad, con pretensión ejemplarizante o por privilegio femenino, aunque sí cabe, desde luego, apreciar en la conducta del autor una circunstancia agravante por comisión del delito «con abuso de superioridad» o con ensañamiento o cualquier otra prevista en el Código Penal.

Diego de los Santos (*Género singular. Manual para gente sin género*, Samaracanda, 2019) establece cinco fuentes de discriminación penal contra el varón en esta política penal de perspectiva de género: 1) Ley Integral de Violencia de Género, 2004; 2) agravante de género, 2015; 3) Pacto de Estado contra la Violencia de Género, 2017; 4) jurisprudencia del Tribunal Supremo y del Tribunal Constitucional, desde 2001, socavando *de facto* la presunción de inocencia masculina en los delitos de género; y 5) desproporcionalidad de las penas de género en el Código Penal.

El referido catedrático, José María Tamarit Sumalla, advierte que:

Lo que no tiene ninguna vía de justificación posible de acuerdo con la Constitución y con la Convención [Europea de Derechos Humanos] es que un episodio de violencia en el que mujer y hombre pueden haber ejercido violencia mutuamente tenga que juzgarlo y resolverlo un juez que se denomina juez de violencia sobre la mujer. Ya de entrada, en su propia denominación, le falta el requisito de la necesaria imparcialidad. Es inconstitucional.

Por la vía de la especialización de los juzgados, se está poniendo en cuestión el derecho a un juez imparcial. Los juzgados de violencia de género están orientados, inevitablemente, a actuaciones privilegiando a un sexo y no atendiendo a un hecho, como lamentablemente ocurre en la jurisdicción laboral. Es de resaltar la transversalidad de las conductas y circunstancias que se juzgan en este tipo de violencia, idéntica a la de cualquier otra conducta criminal en la que medie violencia.

Aunque en la prensa así se ha calificado (*El País*, 23/5/2018), a mi juicio no puede decirse que el Tribunal Supremo aplicara la perspectiva de género en una sentencia condenando a un marido que asestó varias puñaladas a su mujer, por estimarse en dicha sentencia que:

El maltrato habitual se configura con unas características de especial crueldad en el autor que en el círculo de su propio hogar familiar ejerce un maltrato prolongado en el tiempo que crea una especie de escenario del miedo [...] hechos que pueden conllevar, individualmente considerados, una penalidad reducida, la reiteración de estos hechos provoca un doble daño a la víctima.

Las circunstancias concurrentes hicieron que el Tribunal Supremo calificara los hechos como «[...] asesinato en grado de tentativa con agravante de parentesco, en lugar de un homicidio intentado», no por aplicar un criterio de perspectiva de género, sino por aplicar criterios tipificados en el Código Penal (art. 139 CP), como la alevosía, por la nula capacidad de defensa de la víctima, mediando intención de matar (varias puñaladas) y hasta podría pensarse en el ensañamiento continuado, por especial crueldad por maltrato habitual «[...] creando un escenario del miedo» en el que se incardinan los hechos juzgados.

Pero conviene proponer una definición de perspectiva de género, que nos la ofrece Diego de los Santos (*Género singular. Manual para gente sin género*, Samaracanda, 2019): «[...] la perspectiva de género se resume en que la subjetividad de la mujer —o sea su declaración acerca de su propia subjetividad— debe marcar la aplicación de las leyes, incluso por encima de criterios objetivos», y lo prueba recordando cómo en la *Guía de buenas prácticas para la toma de declaración de víctimas de violencia de* género, una guía para jueces confeccionada por expertos en violencia de género del CGPJ (noviembre 2018):

> La Administración de Justicia no puede recibir a la víctimas cuestionando, aplicando criterios apriorísticos o prejuicio de género, que sea verdad lo que está denunciando porque ello quedará a la valoración de la prueba por el juez de enjuiciamiento tras el juicio correspondiente, pero el primer contacto con el sistema no puede conllevar un rechazo de los encargados de recibir a las víctimas cuestionando que sea cierto lo que está contando. Esto es maltrato institucional.

¿Qué función tendrán los jueces de instrucción si no es la de valorar, dudando, de las declaraciones de quienes comparecen ante su juzgado? ¿Acaso la instrucción no es indagación?

Sería manifiestamente antijurídico que cuando la víctima fuera una mujer, la justicia tuviera que levantarse la venda que le ciega para resolver no en función de hechos, no en función de tipos y penas preestablecidos y no en función de criterios interpretativos consolidados en nuestro derecho, sino en función de un juego de presunciones que favoreciera en exclusiva a la parte femenina en el proceso.

Eso parece que se ha reclamado, al pedir la aplicación del derecho con perspectiva de género tanto por diversos políticos como por alguna asociación de mujeres juristas, pretendiendo valorar una sentencia por hechos derivados de una posible violación múltiple y cuya reclamación volvió a formularse públicamente, con motivo del levantamiento de la medida de prisión provisional por el propio tribunal, incluso antes de conocer el contenido del auto que levantaba tal medida.

Efectivamente, antes de conocerse el contenido del auto referido, entre otros, la ex ministra de Justicia, fiscal de profesión, afirmó a los medios de comunicación: «[...] lo que hace falta son reformas mentales, más formación y perspectiva de género». He aquí como la señora ministra del ramo introduce, *in voce*, un nuevo elemento de interpretación del derecho, la *perspectiva de género*, una vez hayan sido adoctrinados los jueces.

No fue un exceso por apresuramiento de la ministra, porque se reiteró («Justicia quiere que los jueces actúen con perspectiva de género», *El Mundo*, 1/9/2018): «La ministra defiende que no se puede tratar igual a los desiguales», lo cual siendo genéricamente cierto, no es aplicable al caso.

La magistrada Gloria Poyatas, miembro del Tribunal Superior de Justicia de Canarias y presidente de la Asociación de Mujeres Juezas [*sic*] de España (*El Mundo*, 25/6/2018), con motivo de la modificación de la prisión provisional del grupo que protagonizó la referida posible violación múltiple, afirmó: «España es más justa si hace justicia. La igualdad es la finalidad de la justicia. Las resoluciones deben ser justas y equitativas teniendo en cuenta las asimetrías que hay entre hombre y mujer en todos los ámbitos sociales».

La magistrada parece no percatarse de que se trata de juzgar un hecho, una conducta, con cuantas circunstancias modificativas de la responsabilidad hubieran podido mediar (abuso de superioridad, impedimento de la defensa, aprovechamiento de otras circunstancias, etc.), pero no se puede juzgar ese hecho o conducta y a sus autores por la existencia de «[…] las asimetrías que hay entre hombres y mujeres en todos los ámbitos sociales» por, al menos, dos razones: la primera porque es una manifiesta inconcreción que generaría patente inseguridad jurídica, cuya consideración no tendría cabida ni en la redacción de hechos probados ni en los fundamentos jurídicos y, la segunda, porque la eventual asimetría es un fenómeno social, que no operó en los hechos que se enjuiciaban.

La magistrada, en su entrevista, precisa más:

> Porque la discriminación por razón de género [*sic*] es una cuestión de derechos humanos. Así lo ha determinado la ONU, el Consejo de Europa y el TEDH: la jurisprudencia con perspectiva de género se está impulsando desde la jurisdicción internacional de derechos humanos ante la inutilidad de las herramientas legislativas tradicionales para lograr la igualdad real.

El *maremágnum* que formula la magistrada es monumental y preocupante, por varias razones:

1. ONU y el Consejo de Europa no son órganos jurisdiccionales, y el primero de los citados, en esta materia y en otras conexas, es

un ejemplo de imposición dogmática de la falsa ideología de género, sin fundamentación alguna ni soporte científico.

2. Habría que ver en qué sentencias del TEDH se ha aplicado la perspectiva de género, sobre qué hechos concretos y en qué forma concreta interfiere, tal pseudo ideología, en las circunstancias concurrentes en tales hechos.

3. En la jurisdicción española, no tiene cabida la perspectiva de género, si no está sustanciada en circunstancias concretas, afectas directamente al hecho enjuiciado, al menos hasta la reforma del Código Penal de 2015, que más adelante comento.

También la abogada de origen comunista y destacada feminista radical, Cristina Almeida (*El Mundo*, 30/6/2018), comentando la sentencia del mismo caso de posible violación múltiple, afirmó: «La sentencia es una forma reprimida de interpretar la ley. Hay que hacerlo conforme a circunstancias de su tiempo, no a lo que piensa un juez». ¿De qué circunstancias puede estar hablando la señora Almeida, si de lo que se trata es de aplicar la ley a un hecho en la medida en que esté probado? El hecho ocurrido es ajeno a la época y al ambiente en que se produjera, solo importa lo que se haya podido probar.

Lamentablemente, la presión social del feminismo radical puede hacer mella en los jueces y magistrados. Puede que esto haya ocurrido con la Sentencia 4.353/2018 del Tribunal Supremo que, en una pelea entre un hombre y una mujer (la mujer inició la pelea y dio un puñetazo y una patada al hombre y este un tortazo a la mujer), ha condenado al varón a seis meses de prisión por delito de género y a la mujer a tres meses por delito de agresión sin lesiones.

El argumento de la Sala se concreta en que: «"[...] no es preciso acreditar una específica intención machista debido a que cuando el hombre agrede a la mujer ya es por sí mismo un acto de violencia de género con connotaciones de poder y machismo" y que los actos de violencia que ejerce el hombre sobre la mujer en una relación afectiva de pareja constituyen "actos de poder y superioridad con independencia de cuál sea la motivación o la intencionalidad" y constituyen un delito de violencia de género» (*Ok Diario*, 8/1/2019 y *El Confidencial Digital*, 9/1/2019), en manifiesta contradicción con la Sentencia 240/2018 del mismo Tribunal, que pocas líneas más adelante reseño, y también en manifiesta contradicción con diez audiencias provinciales que «[...] mantenían la exigencia de demostrar ese contexto de dominación» (*El Mundo*, 13/1/2019) para considerar la agresión del varón a la mujer como delito de violencia de género, según reflejaba el informe de 2016 del Observatorio de Violencia de Género del CGPJ.

Creo que el criterio de la Sala fue equivocado porque pueden producirse hechos violentos de un hombre a una mujer ajenos a la imposición sobre la mujer. Es razonable que cuatro miembros de la sala del Tribunal hayan emitido un voto particular discrepante, por no haberse probado el ánimo discriminatorio del varón, aunque solo fuera por ser una acción de respuesta, impensada. No puede afirmarse que un puñetazo y una patada sean un acto de sumisión ni que un indebido tortazo subsiguiente sea un acto de poder.

El criterio del Tribunal Supremo, además de antijurídico, a mi juicio, es ajeno al sentimiento popular, pues en una encuesta de *El Mundo* (8/3/2019) a la pregunta de si es razonable que la ley de violencia de género establezca penas superiores al varón que a la mujer por su superioridad física, responde negativamente el 50,4 % de las mujeres y el 55 % de los hombres.

No se trata de defender o atacar tal o cual sentencia o tal o cual auto, se trata de denunciar cómo se impone la devaluación del rigor de la justicia para acomodarla a la diseñada deconstrucción de todas las instituciones sociales que la denominada ideología de género está llamada a llevar a cabo.

En nuestro ordenamiento jurídico penal el sentenciador encontrará suficientes instrumentos para dictar una sentencia ajustada a la gravedad de los hechos y al derecho preestablecido, sin tener que acudir a elucubraciones carentes del mínimo rigor intelectual y jurídico, porque vulneraría el principio de predeterminación del tipo y de la pena, la obligación de fundar las sentencias en hechos probados y la exigencia de aplicar el derecho con criterio de equidad.

De lo que trato es de alertar de que por la viejísima vía de la interpretación alternativa del derecho, propia del viejo marxismo, se pretende imponer la *dictadura del pensamiento único* también en los tribunales, incluso aplicándolo a leyes en las que no se había inoculado aún el generismo, como es el Código Penal. Permítaseme recordar que el marxismo rechaza la propia existencia del derecho, por considerarlo una superestructura opresora de la clase burguesa, aunque hasta tanto se alcance la sociedad igualitaria ha de utilizarse el derecho, si bien interpretándolo conforme al interés político o social de la ocasión, acomodándolo a los objetivos de la revolución, en este caso, a los objetivos de la llamada ideología de género, como si fuera un dogma incontrovertible.

El ex magistrado del Tribunal Supremo Luciano Varela (*El Mundo*, 19/7/2020), a la pregunta del redactor sobre *la perspectiva de género*, contestaba así: «A mí un colectivo no me puede decir lo que tengo que resolver conforme a mis convicciones». Los generistas pretenden que esta teoría acientífica pase a integrarse en los Derechos del Hombre y del Ciudadano (1789) y en la Declaración Universal de Derechos Humanos (1948).

Reforma del Código Penal. Ley Orgánica 1/2015

Como es sabido, en la reforma del Código Penal contenida en la Ley Orgánica 1/2015 se modificó su artículo 22.4, que regula las circunstancias agravantes de la responsabilidad, para introducir entre las diversas clases de discriminación que pudieran concurrir en la comisión del delito la de *razones de género*, pese a que en el mismo apartado, en la misma línea, ya se establecía y se sigue estableciendo que son circunstancias agravantes la «[…] discriminación referente a […] su sexo, orientación o identidad sexual […] [para añadir ahora] […] razones de genero […]».

Parece mentira que, sin la menor definición del concepto *género*, pueda incorporarse una nueva agravante a una conducta susceptible de sanción penal. No es que carezca de definición, es que no quiere decir nada, y si algo quisiera decir, según el preámbulo (XXII) de la referida LO 1/2015, sería lo que entiende el Convenio n.º 210 del Consejo de Europa (Comité de Ministros del Consejo de Europa de 7/6/2011), art. 3.c): «Por género se entenderán los papeles, los comportamientos o actividades y atribuciones socialmente construidos que una sociedad concreta considera propios de mujeres o de hombres». ¿Qué tiene que ver esto con una circunstancia agravante de la responsabilidad? Nada, a los efectos que interesan.

Pese a lo dicho y pese al rechazo del feminismo clásico socialista a la identidad de género y, en buena lógica, a la pseudo ideología de género, el juez del Tribunal Supremo, José Luis Requejo (Prólogo a *Género singular. Manual para gente sin género*, Samaracanda, 2019), denuncia que en la reciente reforma judicial:

> Los jueces debemos formarnos en la visión de género. Obliga a que nuestra formación se oriente […] a la capacitación en la aplicación de la perspectiva de género en la interpretación y aplicación del derecho. Es decir, que debemos ser instruidos para aplicar e interpretar

las leyes al margen del derecho y hacerlo conforme a los dogmas del feminismo radical.

Este concepto gaseoso de la falsa ideología de género se convierte en una *disciplina académica* para alterar las convicciones de los jueces contrastadas por la observación de la realidad.

Fue el Tribunal Supremo, en Sentencia n.º 420/2018, el que en la primera aplicación de la nueva circunstancia agravante que analizamos concreta lo que quiso decir el legislador, o lo que debió decir el legislador: «[…] la dominación y el desprecio sobre la mujer, concretamente sobre la que recae la agresión, son elementos necesarios para apreciar la agravante».

De modo que un legislador no influenciado por la marea generista hubiera modificado el artículo 22.4 del Código Penal añadiendo a las agravantes de sexo u orientación sexual la de *mediando dominación y desprecio sobre la persona agredida*, que bien pudieran ser el agresor o la víctima una mujer o un hombre, porque *dominación y desprecio* puede ejercer una persona de cualquier sexo sobre otra persona de cualquier sexo, aunque lo más frecuente sea que el agresor sea varón y la víctima mujer, porque la circunstancia agravante tiene que ser la dominación y el desprecio, que afecta al ámbito de lo fáctico y nunca de lo subjetivo, el sexo del causante.

Por hacer alguna sugerencia respecto del caldo de cultivo en el que con más facilidad surge la violencia doméstica, Isabel Cepeda («En los países ricos, las mujeres también lloran», *Actualidad Económica*, 18/11/2019) advierte que:

> Los estragos que causa la dependencia económica de las mujeres respecto a los varones son enormes. No solo porque supone una disminución de la autoestima y una falta de reconocimiento y consideración social, sino porque además la dependencia económica de género conduce a mayores tasas de abuso doméstico (Bornstein, 2006) […]. Mientras que la disminución de la brecha salarial reduce la violencia contra las mujeres […]. De ahí que la paridad salarial pueda mejorar los problemas de equidad y eficiencia y además […] la reducción de la VG. La retribución salarial igual por el mismo trabajo facilitaría que la víctima pudiese escapar de la VG.

Es evidente que la equiparación salarial, además de una exigencia de justicia, es un medio que permitiría a las mujeres maltratadas huir del escenario de la violencia doméstica, pero no en todos los casos como serían aquellos con retribuciones salariales medias y bajas, que requieren de la aportación de los dos cónyuges para la subsistencia familiar.

El Gobierno Sánchez, montándose en la ola de feminismo radical producida por los acontecimientos ya sugeridos, promulgó el Real Decreto Ley 9/2018, de 3 de agosto (*BOE* del 4/7/2018), por el que se otorga a organismos administrativos, como son «[…] los servicios sociales, los servicios especializados, o […] los servicios de acogida destinados a víctimas de violencia de género de la Administración pública competente […]», la competencia para verificar la condición de víctima de una mujer por supuesta violencia de género, equiparándolos al poder judicial competente en malos tratos, lo que supone que la mera denuncia de la mujer ante los servicios sociales desencadene su reconocimiento de víctima sin que se requiera prueba o indicio, con el rigor, profesionalidad y autoridad con que se supone lo verifica el poder judicial.

Es la destrucción de la presunción de inocencia para los varones denunciados y, desde luego, un riesgo patente de inseguridad jurídica, permitiendo que cualquier funcionario —porque no especifica su competencia o capacidad— pueda emitir aquella verificación de trascendentales consecuencias, sin tomar en consideración, además de no ser autoridad judicial, su formación y su independencia respecto de los protagonistas.

Además, el referido real decreto ley, pecando quizá de inconstitucional, modifica el 156 del Código Civil, limitando la patria potestad del progenitor, que pudiera estar en la situación referida.

No pretendo aquí establecer un criterio jurídico sobre el fondo del asunto, me limito a resaltar con qué frivolidad, con qué oportunismo se maneja partidistamente asunto de tanta trascendencia humana, para aprovechar la ola de un descontento social alimentado por el *lobby* generista, al margen de cualquier información solvente.

No se trata de limitar instrumentos de lucha contra la plaga de la violencia en el ámbito familiar, o de celos, o con abuso de autoridad o fuerza, o contra menores, se trata de hacerlo con solvencia técnica y eficacia, contando con los mayores consensos sobre tan capital problema, pero no para canalizar a su favor el vocerío.

Todas las violencias vinculadas de alguna manera a la sexualidad, como las violaciones, los malos tratos pasionales, la violencia conyugal o novial, tienen a mi juicio como causas más principales dos: en primer término, la banalización y la trivialización del sexo, incluida la concepción posesiva, lo cual supone la cosificación del ser humano como instrumento de placer y no de comunicación integral, siendo instrumentos relevantes tanto la intensa sexualización sobre todo del cine y la televisión como la penetración de la pornografía desde tempranísimas edades, vía redes sociales, normalizando las actitudes de sumisión femenina. Y, en segundo lugar, la trivialización y la banalización de la violencia que se vende al público desde la más tierna infancia en cómics y dibujos animados en las televisiones, que no es otra cosa que el desprecio del ser humano, de su dignidad. Su deshumanización.

A pesar de que el progresismo, en su vertiente feminista generista, se ha constituido en el justiciero y acusador máximo de estas conductas delictivas, oculta su gran responsabilidad en el ámbito delictual que denuncia, porque ha tenido mucho que ver tanto en la desvinculación de la sexualidad con lo afectivo y el compromiso personal y porque ha tenido mucho que ver en la penetración de la visión materialista, deshumanizada, de los seres humanos, con devaluación de sus vidas.

Limitada, en nuestras sociedades, la ética humanista de la civilización occidental a extremos trágicos, se producen consecuencias trágicas.

Recuerde el progresismo su acción de desvinculación de la sexualidad del ámbito familiar primero y del afecto después, convirtiéndola en acto mecánico y coyuntural expresivo de una supuesta libertad desde la más tierna pubertad. Recuerde el progresismo su acción permanente de desprecio de los denominados despectivamente *valores tradicionales* y su falta de sustitutivo adecuado, que ha desguarnecido a la sociedad de referentes éticos.

En estas frivolidades, en estas ligerezas progresistas, podrán encontrarse no pocas causas del mal que ahora escandaliza a este progresismo destructivo. Nunca los procesos de deshumanización, como el que describo, son expresiones de libertad, aunque lo parezcan, porque siempre conducen a una sociedad sin valores, sin reglas, sin elementos de autocontención, en la que el más fuerte triunfa sobre el débil y no solo en el aspecto que ahora nos ocupa.

El reconocidísimo psiquiatra Enrique Rojas-Marcos vincula el maltrato con la pornografía y también con el relativismo con que se valora la sexualidad, «Muchos malos tratos físicos y psíquicos arrancan de aquí: se copia lo que se ve en esas escenas de sexo explícito.

Véase la Manada [...]. Hemos caído en la permisividad y el relativismo. Un binomio que da lugar a una sexualidad sin restricciones. Sexo privado de toda regla». Es evidente la huella del progresismo en esta tragedia, pero una vez producido el mal se convierte en adalid de su curación.

Es obvio que en el maltrato a mujeres se percibe la huella de la llamada revolución sexual, caracterizada por la desvinculación del afecto con el sexo y de este con la procreación, y ahí tenemos al aborto como mero anticonceptivo, para hacer patente lo que digo.

Al analizar los textos normativos que se han generado con el impulso de la pseudo ideología de género, trataré sobre el Proyecto de Ley Orgánica de Garantía Integral de la Libertad Sexual, aprobado por el Gobierno social comunista el 6 de julio de 2021, en el que trataré con precisión la cuestión del consentimiento en la relaciones sexuales y la trascendencia judicial del «solo sí es sí».

6.2.1.14. Conclusiones del trabajo de Eugenio Alburquerque

Denuncia Alburquerque que:

> En el fondo la ideología de género conduce a una nueva cultura y a una nueva sociedad [...]. No se trata de la lucha por mejorar la situación de las mujeres concretas; se trata de conseguir una sociedad sin clases de sexos, sin hombres ni mujeres como los conocemos [...]. Se trata de superar las diferencias de los sexos [...] Porque, en definitiva, [...] para ser libre, el ser humano tiene que poder elegirse a sí mismo.

Esta pretensión generista, manifiestamente absurda, tiene quien la supere, y así Jorge Scala toma la explicación de Shulamith Firestone (*The Dialectic of Sex*) desde su neomarxismo, comparando la revolución del proletariado para acabar con la injusticia y con la misma clase dominante con la revolución generista de la clase sometida (las mujeres). Para hacerse con el control de su propio cuerpo y de su capacidad reproductiva para acabar no solo con los privilegios del hombre sino con la misma distinción del sexo, pasando las diferencias genitales a una cuestión socialmente irrelevante.

Sigue Scala explicando que desde el otro extremo, el pansexualismo, se llega a la misma conclusión pero en distintos términos:

El final de la familia biológica eliminará también la necesidad de la represión sexual. La homosexualidad masculina, el lesbianismo y las relaciones sexuales extramaritales ya no se verán en la forma liberal como opciones alternas, fuera del alcance de la regulación estatal [...] en vez de esto, hasta las categorías de homosexualidad y heterosexualidad serán abandonadas: la misma institución de las relaciones sexuales, en que hombre y mujer desempeñan un rol bien definido, desaparecerá. La humanidad podría revertir finalmente a su sexualidad polimorfamente perversa natural (Jagger, Alisan, «Political Philosophies of Women's Liberation», en *Feminism and Philosophy* de Adams Littlefield *et al.*, Ed. Totowa, New Jersey, 1977).

Lo de la sexualidad *polimorfamente perversa natural* también es literal (O'Leary Dale, *La agenda de género. Redefiniendo la igualdad*, Ed. Promesa, San José de Costa Rica, 2007). Así, «[...] bajo el eufemismo de "amor entre especies" enmascaran las prácticas aberrantes de bestialismo o zoofilia presentándolas como cosa natural», según Magdalena del Amo (*Déjame nacer*, Ed. La Regla de Oro, 2009).

De modo más simple se ha dicho que «Las mujeres no podrían ser oprimidas si no existiera eso de mujeres. Eliminar el género es la clave para eliminar el patriarcado» (Bornestein, Kate, *Gender Outlaw: On Men, Women and the Rest of Us*, Ed. Routledge, 1994). O también:

Imagínese que los sexos se hayan multiplicado más allá de los límites imaginables ahora. Tendría que ser un mundo de poderes compartidos. Paciente y médico, padre e hijo, macho y hembra, heterosexual y homosexual: todas esas oposiciones y otras tendrían que disolverse como fuentes de división. Surgiría una nueva ética o tratamiento médico, una que permitiera la ambigüedad en una cultura que ha superado la división sexual (Falsto-Sterling, Anne, «The Five Sexes: Why Male and Female Are Not Enough», *Revista The Sciences*, marzo/abril 1993).

Estas afirmaciones se completan con la *Declaración del feminismo autónomo* (Cartagena, 26/11/1996), en el sentido de que:

Nuestro feminismo no es sumarse o integrarse a las relaciones sociales de desigualdad y poder que otros han definido. Nuestra política no es hacer una lista de demandas sino el proceso crítico de repensar el mundo, la realidad y la cultura. Nuestro feminismo es inventar la sociedad que queremos construir.

Esto es lo que hay. Si no lo publico de manera literal, no me lo cree nadie. Este absurdo, que cuesta aceptar que exista, está hoy minando la civilización occidental, como hace cien años lo intentó la revolución comunista y hace ochenta años, con majaderías y aberraciones de similar rango, puso al mundo en jaque la locura nacionalsocialista.

Volvamos a Alburquerque, que es el guion tomado para analizar con cierto orden la *ideología de género*:

> Se trata de una ética impuesta, no propuesta. Pretende imponerse como pensamiento único. [...] La dictadura del pensamiento único y de lo políticamente correcto. [...] se trata de un sistema cerrado ante el cual no se encuentran formas de argumentar [...]. No se puede tampoco recurrir a la razón, porque al negar las diferencias sexuales, [...] se niega toda posible fundamentación antropológica.

Coincido plenamente con Alburquerque, la denominada ideología de género puede definirse por tres características:

1. Es acientífica, ajena a todo conocimiento científico y a todo método de investigación científica.
2. No tiene por objeto mejorar las condiciones de la mujer, sino otra cosa totalmente distinta, destruir lo que entendemos por civilización occidental, pero partiendo de su concepción antropológica.

La exmarxista Gabriele Kuby (*Revolución sexual global. La destrucción de la libertad en nombre de la libertad*, Didaskalos, 2017) se pregunta, «[...] ¿cómo hemos permitido que toda esta ideología de género local se haya apoderado de nuestra sociedad?, ¿por qué nos hemos callado tanto tiempo? Las generaciones que vienen nos dirán cómo hemos permitido esta ideología» (*Religión Confidencial*, 23/2/2018).

Nuestra sociedad, atolondrada y frívola, no es consciente de lo que está en juego.

3. Es un sistema basado en la imposición, no en una propuesta que debatir, es un dogma a imponer. La referida Gabriele Kuby, en lo atinente al carácter impositivo de la ideología de género, afirma que «Nuestros oponentes no pueden soportar una opinión diferente a la ideología que han construido [...]». Su objetivo no es contrastar sino imponer. Es la técnica del progresismo ya

indicada en diversos pasajes de este trabajo. Jamás debate argumentos, solo descalifica. Es la respuesta del pensamiento único.

Es evidente que los poderes públicos han de proteger a la sociedad, tanto de los abusos que se sufren por causa de la diversidad y del propio sexo como del puritanismo, la imposición del pensamiento único y, en definitiva, de la talibanización del feminismo andrófobo y de cualquier abuso de los difusores de la pseudo ideología de género, que limitan la libertad de la ciudadanía.

Antes de concluir con la visión general del generismo, conviene volver a citar a Remi Braque (*Alfa y Omega*, 21/2/2019) para precisar su afirmación de que esta ideología «[…] es una pura ensoñación».

Cuidado, porque es una ensoñación en cuanto que su pretensión total es imposible, pero no es una boba ocurrencia, su sola puesta en marcha es uno de los más destructivos instrumentos del progresismo gramsciano, porque en su intento está destruyendo las identidades personales y familiares de los ciudadanos de Occidente.

6.2.2. Variedad de géneros

Para concluir esta parte teórica de la llamada ideología de género, aporto alguna referencia en lo tocante a la variedad de géneros.

Ya está dicho que las posibilidades de constituir un género o diversos géneros, en este ámbito de la ideología de género, por voluntad y por tiempo que se estime menester, son prácticamente infinitas.

El que hasta su dimisión fue defensor global LGTB de la ONU, Vitit Muntarbhorn, estableció que existen ciento doce géneros, aunque lo cierto es que, de la lectura del listado que propone, se deduce que muchos de ellos son, más bien, estados de ánimo, estados de humor, expresión de sentimientos, sensaciones, experimentos, etc. Posteriormente se ha puesto en duda este listado.

Recomiendo con mucho énfasis la lectura del listado de Vitit Muntarbhorn, tras ella se tendrá una idea mucho más clara de lo que es el transgénero. En este listado, todo hay que decirlo, se señala como género a la mujer, «[…] uno de los dos géneros binarios donde uno se siente completamente femenino; puede y se usa junto con otras etiquetas e identidades de género», y al hombre, «uno de los dos géneros binarios donde uno se siente completamente masculino; puede y se usa junto con otras etiquetas e identidades de género».

Realmente, el género no es nada. La actividad sexual del humano puede ser variadísima pero siempre utilizando lo que tiene, el sexo femenino o el masculino.

El género, ciertamente, parece hacer referencia a la variedad de modos y formas de llevar a cabo la experiencia sexual, pero siempre usando los órganos sexuales que cada cual tiene desde la concepción, cuando surgió su pareja del cromosoma veintitrés.

6.3. ESQUEMA BÁSICO DE LA SEXUALIDAD

Desde la noche de los tiempos, así se ha visto la realidad sexual:

6.3.1. Sexos en la humanidad. Femenino y masculino

Esta obviedad es obligada porque la estrategia de los generistas consiste en devaluar la realidad sexual y sustituirla por la diversidad que ofrece una concepción tan inconcreta como la de género.

Ya está dicho que los seres humanos disfrutamos de dos tipos de sexos, el femenino y el masculino, lo demás es una entelequia irreal y destructiva. Es evidente que se debe distinguir entre los sexos, que son dos, de las prácticas sexuales, que pueden ser muy diversas.

6.3.2. Incongruencia de sexo. Problema de identidad sexual

6.3.2.1. Transexualidad

Discrepancia entre la fisiología y la psicología de una persona.

6.3.2.2. Intersexualidad

Hermafroditismo verdadero (HERMS). Posesión de un testículo (esperma) y de ovario (óvulo).

Pseudohermafroditismo femenino (FERMS). Aparato externo femenino con algunos aspectos de genitales masculinos.

Pseudohermafroditismo masculino (MERMS). Aparato externo masculino con algunos aspectos de genitales femeninos.

6.3.3. Tipos básicos de relaciones sexuales

6.3.3.1. Relación sexual entre mujeres y hombres

Ha de advertirse aquí que no tiene sentido alguno denominar a esta relación como heterosexualidad. Coincido con Jorge Scala en que el varón tiene la sexualidad masculina y la mujer la femenina, orientadas ambas a relacionarse naturalmente entre sí, relación que nunca hizo falta nominar, hasta que la ideología de género necesitó denominarla heterosexualidad, para ponerla en parangón con la homosexualidad.

La sexualidad hace referencia a la relación, a la unión, de lo separado, de lo no semejante, de los dos sexos existentes en la humanidad. La sexualidad hace referencia a la alteralidad, a la unión de lo distinto, no a lo unión de lo mismo con lo igual, de aquí la atipicidad de la homosexualidad y su interés científico, sino, ¿por qué se trata de manera singular?

6.3.3.2. Homosexualidad masculina y femenina o lesbianismo

La persona es hombre o mujer. No es ajustado a la realidad referirse a personas homosexuales. O son hombres o son mujeres, de aquí que se deba, más certeramente, remitirse a mujer u hombre con tendencia homosexual, si fuera necesario precisarlo, que no tiene por qué.

Por su tendencia homosexual estas personas no perciben discrepancia o disforia con el sexo que la naturaleza les asignó, simplemente su sensibilidad sexual les invita a relacionarse sexualmente con personas del mismo sexo.

6.3.3.3. Onanismo

Se refiere a las prácticas masturbatorias. En este supuesto tampoco media discrepancia o disforia alguna con el sexo de que disfrutan, sino que refleja una preferencia por la práctica sexual en solitario, que no tiene por qué ser incompatible con relaciones sexuales con otras personas de cualquier sexo.

A estos efectos, cabe señalar que la denominación no es la adecuada, porque Onan, quien da nombre a esta práctica, hijo de Judá, siguiendo la tradición judaica casó con Tamar, viuda de su hermano Er, primogénito de Judá, para dar descendencia a su hermano muerto y que continuara así la primogenitura en la descendencia de Er.

Onan cumplió con la orden de su padre y de la tradición, pero como aspiraba a la primogenitura de este, Judá, cuando yacía con Tamar practicaba el *coitus interruptus* para evitar descendencia a su hermano (Génesis 38, 9). Deformaciones históricas vincularon el onanismo con la masturbación, en lugar de con el *coitus interruptus*.

6.3.3.4. Bisexualidad

Bisexualidad se refiere a las relaciones de hombres y mujeres con personas del mismo y de distinto sexo.

En este supuesto, no media discrepancia o disforia alguna con el sexo que la naturaleza asignó a los interesados, sino que su sensibilidad sexual les invita a mantener relaciones sexuales indistintamente con personas de los dos sexos.

6.3.3.5. Zoofilia

La zoofilia hace referencia a la relación sexual de un humano con un animal. Es una práctica autodestructiva que tampoco plantea en el ámbito de nuestra reflexión problema alguno, salvo que se establezca una campaña para su extensión y generalización y consiguiente normalización, lo que daría lugar a problemas de desinformación y desorientación de muchas personas.

Esta práctica no es congruente con los valores, la naturaleza y destino de la humanidad y, en principio, no tienen por qué aparecer perjuicios a terceros.

6.3.3.6. Pedofilia y pederastia

La pedofilia hace referencia a la preferencia sexual o amorosa de una persona adulta con preadolescentes.

Actualmente está catalogada como un desorden mental, sobre cuya posible curación existentes discrepancias.

El objetivo del movimiento pedófilo es que se reconozca a la pedofilia como una orientación sexual, similar a la homosexualidad y no como un desorden mental.

Aunque en España y en la práctica totalidad del mundo civilizado está penada esta práctica, en Estados Unidos y en Holanda, asociaciones pedófilas tratan de abrir un portillo a su normalización, léase legalización, cuando mediara consentimiento del menor, pese a que por ser menor, precisamente, su consentimiento carece de efectos validantes porque no dispone de conocimientos, experiencia y, en definitiva, de capacidad reflexiva para aceptar una relación sexual de muy graves consecuencias.

La diferencia que se considera existe entre pedofilia y pederastia es que la primera no tiene por qué acabar en abuso sexual, mientras que la segunda incluye el abuso sexual y no necesariamente el actor ha de ser pedófilo.

El riesgo de que su normalización se propague por Occidente es patente, a la vista de los éxitos ya obtenidos por el movimiento generista. No cabe duda de que la normalización (legalización) de la pedofilia abriría un campo de manifiesto riesgo para los preadolescentes.

6.3.4. Asexualidad

Aunque en número reducido, existen personas probablemente de bajo deseo sexual, de nulo interés por el sexo, que desprecian la actividad sexual y que llegan a solicitar a los médicos la amputación de sus órganos sexuales.

En un breve informe de Francisco Rego («Y quiero que me quite los testículos», *El Mundo*, 25/11/2018), un afectado afirmaba que: «Puede enamorarse, puede ser romántico, pero no siente necesidad de acostarse con esa persona, aunque reconoce, eso sí; que la pulsión biológica se mantiene. Y no puede soportarlo».

Otra persona, en similares circunstancias, decía: «Sí, se me ha pasado por la cabeza quitarme los testículos [...] estaba harto de erecciones».

Según el estudio «Asexualidad: prevalencia y factores asociados en una muestra nacional de probabilidad» (*Journal of Sex Research*, 2004) se «[...] confirmó que el 1,05 % de la población pertenece al colectivo asexual [...]. Igual tasa que en España, según estimaciones de la Asexual Community España (ACE), integrada por alrededor de 400 asexuales, hombres y mujeres».

Desde la perspectiva ética, es evidente que sería ilícito atender a la petición de la amputación de los órganos sexuales. Por otra parte, es obvio que la sanidad pública está obligada a atender a estas personas, en el caso de que quisieran activar el apetito sexual.

Para los interesados, en el mercado español aparece el libro *Asexualidad. ¿Se puede vivir sin sexo?*, de Javier León, Nous Editorial, 2014.

6.4. TRANSEXUALIDAD E INTERSEXUALIDAD

6.4.1. *Transexualidad* versus *transgénero*

Es el fenómeno por el que un ser humano no se identifica, de manera perdurable, con el aparato sexual externo que la naturaleza le ha otorgado, de modo que le crea una disforia (antónimo de euforia) permanente, por lo que pretende acomodar su psicología sexual con su fisiología sexual. Es la concurrencia de un cuerpo de varón con psicología sexual de mujer o viceversa.

Es en estos supuestos, como ya he adelantado, ante los que el profesor John Money formuló la distinción entre sexo, hecho físico objetivo, e identidad de género, dato subjetivo por el que la persona transexual percibe en su intimidad, con toda certeza, que su sexo no es el que se evidencia en su cuerpo. Como ya he sugerido en pasaje anterior, hubiera sido más certero y menos complicado denominar a esta incongruencia como *conciencia de sexo contrario*, sin tener que tomar prestado el término género.

En palabras del ya citado Louis J. G. Gooren: «[...] los transexuales ven su identidad de género franca e ingenuamente como correcta y su cuerpo como totalmente erróneo».

Los fisiólogos Carmen Castillo, Teresa Priego y Jesús A. Fernández Tresguerres («El proceso de diferenciación sexual» en *Transexualidad. La búsqueda de una identidad*, Ed. Díaz Santos, 2003) precisan cómo de la unión de los gametos femenino y masculino, en la fecundación, se determina el *sexo cromosomático* (nivel genético) y surge el embrión mujer XX o el embrión hombre XY. Estos cromosomas tienen la potencialidad de determinar el *sexo gonadal* (nivel gonadal), el que segrega estrógenos y andrógenos que transformarán las estructuras fetales indiferenciadas en diferenciaciones en los genitales externos e internos y en el cerebro, lo que dará lugar al fenotipo (nivel somático), *identidad sexual*, femenina o masculina.

Aunque no se conoce el origen de este trastorno, la médica y sexóloga Rosa Abenoza Guardiola («Calidad de vida tras la cirugía de reasignación de sexo», en *Transexualidad. La búsqueda de una identidad*, Ed. Díaz Santos, 2003) advierte que surgen pequeños signos, coincidiendo con el doctor Louis J. G. Gooren, de que pudiera deberse a un trastorno del proceso de diferenciación sexual en el cerebro, siguiendo la tesis de Harry Benjamin, reflejada por Charlotte T. Ga (*Síndrome de Harry Benjamin*, acceso libre en Internet, 2006), lo que se concretaría, de ser acertada la hipótesis, en que el origen de la transexualidad no es de carácter psicológico sino neurológico.

Quiere decirse con esto que lo que manda es el cerebro, y así lo afirma Charlotte T. Ga: «[...] el cerebro es el único órgano fiable hoy en día para definir a ciencia cierta el verdadero sexo de un individuo», por lo que si el sexo cerebral es femenino y el cuerpo masculino, lo que está equivocado es el cuerpo, de modo que más que reasignación de sexo la intervención quirúrgica necesaria debiera denominarse reafirmación del sexo, mediante la acomodación de los genitales externos a la realidad del sexo cerebral, porque el sexo no cambia, sigue siendo el que el interesado siente.

No tiene sentido, en este trabajo, añadir mayor comentario técnico, porque nada aportaría desde mi ignorancia más allá de reproducir criterios autorizados de especialistas aunque sugiero, a quien esté interesado en la materia, la lectura del libro referido en varias ocasiones en estas páginas, *Transexualidad. La búsqueda de una identidad* (Ed. Díaz Santos, 2003), y el breve trabajo presentado por Charlotte T. Ga, reseñado en el párrafo anterior, porque obtendrán información muy interesante.

Desde la ética pública, perspectiva de este trabajo, si, efectivamente, un hombre se siente encerrado en el cuerpo de una mujer o viceversa, según se deduzca de manera concluyente de los informes que fueran necesarios (psiquiátricos, psicológicos, endocrinológicos, neurológicos, etc.), sería elemental exigencia que la sanidad pública asumiera la responsabilidad de corregir este error de la naturaleza, en la medida en que fuera posible, como corregiría, salvando las distancias, el error de la naturaleza de quien nace con un riñón no desarrollado, siempre que, en cada caso, la medicina lo aconsejara, pues no hay unanimidad sobre el particular.

Sobre la intervención quirúrgica, Louis J. G. Gooren advierte la duda que se plantea. Por una parte, puede ponerse en cuestión que atendiendo a una «[...] manifestación completamente subjetiva del transexual» pueda manipularse un cuerpo sano con pronóstico de resultado no plenamente óptimo, pero por otra parte, el argumento de que «[...] los transexuales pueden ser curados por la psicoterapia nunca ha sido corroborado».

La OMS, todo hay que decirlo, ya no considera a la transexualidad como un trastorno sino como una incongruencia de sexo, de género en el *argot* impuesto. Pronto decide eliminar la OMS la posibilidad de que sea un trastorno, cuando no se conoce, realmente, el origen de la transexualidad, aunque trastorno (inversión, perturbación) e incongruencia (inconexión, inadecuación, incoherencia) tampoco se llevan mucha diferencia de significado, pese a lo cual se ha presentado como un triunfo en el movimiento LGTBI, cuando, como se dice de seguido, la transexualidad nada debiera tener que ver con dicho movimiento.

A juicio de Charlotte T. Ga, ya citada, «Una solución a este problema sería probablemente la inclusión preferente del síndrome en la clasificación de enfermedades y condiciones raras, en lugar de incluirlo entre las condiciones intersexuales clásicas» (este texto está redactado en 2006, antes de la exclusión por la OMS como trastorno, dejándolo en incongruencia de sexo).

Advierte la referida sexóloga Rosa Abenoza Guardiola de:

> Un fenómeno tan curioso como que un concepto estrictamente clínico, como es la transexualidad, se está convirtiendo en una suerte de identidad social, que los propios afectados [...] no entienden ni aceptan. [...]. Por el contrario, suele suceder que los individuos afectados de tal síndrome son cualquier cosa menos transexuales, tal y como socialmente se está tratando el término.

Sirva como clave del criterio de la sexóloga a la que seguimos, respecto de la realidad de la transexualidad, de su auténtica naturaleza que, «la máxima aspiración de todo genuino transexual es dejar de serlo», así que su vinculación con la falsa ideología de género y los movimientos que la jalean es absolutamente inadecuada.

Se trataría, en definitiva, de resolver un problema que la naturaleza plantea a la ciencia, a la inteligencia humana. ¿Se trata de acomodar la fisiología a la psicología o es un problema neurológico?

Aquí no tiene por qué mediar el generismo ni ninguna otra ideología ni secta, sino las posibilidades reales de la ciencia, tanto para asegurarse de la existencia de una incongruencia de sexo cierta, real, como para asegurarse de la viabilidad, con éxito razonable de la reasignación o reafirmación o de la terapia psicológica adecuada.

Por lo que se refiere al éxito de la reasignación o reafirmación de sexo, la ya referida Rosa Abenoza Guardiola, experta en este complejo proceso, parte de que: «[...] en general la calidad de vida previa a la reasignación de un individuo transexual es peor», para concluir que «Cuando se ha hecho un buen proceso de reasignación sexual conjuntamente con un proceso de individualización y maduración personal, el balance y percepción de su calidad de vida es buena con limitaciones, pero lo suficientemente rica en satisfacciones y valores como para sentirse bien».

No obstante lo dicho, la sexóloga referida tiene que señalar que:

> Los transexuales nacidos mujeres no pueden pasar desnudos por hombres, estéticamente hablando [...] deben aprender a vivir necesariamente un cuerpo yatrogénicamente intersexualizado [...] sin visos de que mejoren las técnicas. Aceptan muy bien las cicatrices, viven lúdicamente su sexuación [sic] hormonalmente inducida, muestran un alto grado de adaptabilidad social, establecen vínculos estables con sus parejas, desarrollan una vida erótica y una amatoria rica en gestos y placeres, pero saben que nunca podrán tener [...] un pene con el que poder ofrecer y alcanzar más satisfacciones que orinar de pie.

Puede deducirse de lo antedicho que la reasignación o reafirmación de sexo es una solución parcial, pero satisfactoria y globalmente considerada, para las personas afectadas, razón que justifica cualquier esfuerzo de la sanidad pública por reducir en lo posible la disforia.

La psicóloga Cristina Garaizabal Elizalde («Identidad, cuerpo, género y subjetividad» en *Transexualidad. La búsqueda de una identidad,* Ed. Díaz Santos, 2003) advierte que si bien son mayoría quienes aspiran a una reasignación de sexo quirúrgica, otras personas transexuales no desean someterse a la reasignación de sexo, «[...] porque no viven mal su genitalidad [...]. Suelen ser personas que reivindican su diferencia y su transexualidad con orgullo y a las que les gusta mostrar su ambigüedad y ambivalencia en relación con los géneros [...]».

Naturalmente, existen otros criterios que proponen actuar únicamente con terapéutica psicológica y no quirúrgica, pero en definitiva es una cuestión que resolver en el ámbito científico, y ya se sabe que la ciencia avanza a trompicones.

Desde luego, concluida la reasignación o reafirmación de sexo, deberá quedar reflejada en el Registro Civil y, como consecuencia, en cualquier otro registro, a todos los efectos de emisión de certificaciones y documentos identificativos.

A estos efectos, el Gobierno de Rodríguez Zapatero, mediante la Ley 3/2007 Reguladora de la Rectificación Registral de la Mención Relativa al Sexo de las Personas, estableció el procedimiento de rectificación en el Registro Civil de la identidad sexual y, eventualmente, del nombre de la persona a la que se le diagnostique la disforia de sexo (el texto se refiere al género, en la permanente confusión que se nos impone) y se le haya tratado médica o psicológicamente, aunque no necesariamente mediando cirugía, correspondiendo, en consecuencia, trasladar al Registro Civil la reasignación producida. Dicha rectificación registral produce plenos efectos frente a todos y frente a los derechos y obligaciones que el interesado tuviera vigentes, con derecho a la emisión de todos los documentos de que fuera titular con su nueva identidad sexual y, en su caso, con su nuevo nombre.

Es evidente que tal rectificación registral no cabe llevarla a cabo cuando no se trata de un transexual sino de un transgénero, porque no existe disforia sexual que tratar medicamente ya que es un fenómeno ajeno a la medicina y a la psicología, pues hay que recordar que para los generistas, «el género no lo determina el nacimiento sino la voluntad». ¿Qué médico va a tratarlo?

Huelga decir que la izquierda radical ha pretendido y conseguido, según más adelante trato, legalizar la libre autodeterminación del sexo y su reconocimiento en el Registro Civil sin mediar certificación médica y a la simple voluntad del interesado y cuantas veces perciba que su expresión de género ha mutado. No ha conseguido, de momento, que a las dos casillas correspondientes al sexo femenino y masculino del Registro Civil se le añadiera otra con el título de «no binarios», concepto objetiva y científicamente inadmisible.

Lamentablemente, la transexualidad se ha presentado siempre en un mar de confusión, mezclada con el *travestismo*, con el que nada tiene que ver (el *travesti* masculino es un varón que se reconoce como tal y que gusta de aparecer con vestimenta femenina y la *travesti* femenina es una mujer que se reconoce como tal y gusta de vestir como un varón), lo que ha hecho mucho daño a las personas afectadas de esta incongruencia sexual.

También se ve mezclada la transexualidad con pretensiones caprichosas y estúpidamente aireadas, de la homosexualidad más exhibicionista, porque se ha querido incluir, sin razón alguna, en el reino de la confusión que es la pseudo ideología de género, lo que nada tiene que ver con ideología alguna, como es el caso de la transexualidad.

En definitiva, no se ha explicado con la seriedad y con la naturalidad que exige este grave problema de quienes padecen el trastorno o la incongruencia de sexo a la que me refiero y que la sociedad está obligada a ayudar a resolver.

La falsa ideología de género pretende confundir transexualidad con transgénero. El denominado transgénero, en palabras de Vitit Muntarbhorn, ya referido, no hace referencia a la discrepancia entre fisiología y psicología sexual de un hombre o de una mujer, sino que se refiere a «[…] cualquier identidad de género que trascienda o no se alinee con su género asignado o a la idea de género de la sociedad; la sensación de ser de cualquier género que no coincide con su género asignado». Huelga recordar que género es una construcción cultural ajena al sexo, porque el sexo no puede asignarse, lo aporta la naturaleza. Parece ser que el género sí puede asignarse a voluntad.

A juicio de la autodefinida «feminista y progresista hacia los derechos de la mujer», Abigail Shrier, periodista de *The Wall Street Journal*, para el transgénero:

> El objetivo es el caos, poner de rodillas a la civilización occidental atacando a mujeres y que tengan miedo […]. Las mujeres *trans* son mujeres, no solo es una afirmación falsa, es declarar que la categoría de mujeres incluye a todos: mujeres y no mujeres (hombres). Si todo el mundo es mujer, nadie es únicamente mujer, así que […] anula la mujer como categoría de ser humano digno de protección especial.

Evidentemente, la idea que originariamente tenía el profesor John Money sobre el término género, como conciencia del sexo contrario al corporal o físico, en absoluto es la que tienen Vitit Muntarbhorn y el movimiento generista.

Así que, el transgénero se corresponde con la persona que no parece que discrepe con el sexo con que nació, que solo pudo ser masculino o femenino a la vista de sus genitales externos. Más bien parece que, pretendiendo superar la realidad binaria de los sexos, trata de identificarse con un género distinto, saliendo de la realidad e ingresando en la entelequia, y todo ello sin diagnóstico, intervención y certificación médica o psicológica.

Por mejor decirlo, el concepto de transgénero, aportado por la pseudo ideología de género, es ajeno a la transexualidad, porque carece de relación alguna con el sexo físico. Parece ser que el interesado está más insatisfecho con su género (¿?) que con su sexo, porque no pretende transitar al sexo opuesto, sino que pretende transitar a un mundo indefinido, inconcreto y probablemente variable, así que no busca como el transexual una reasignación o reafirmación de sexo para olvidarse del problema si fuera posible.

Podría decirse que, así como no tiene sentido ubicar la transexualidad en la llamada ideología de género sino en la ciencia, porque identifica una incongruencia de la naturaleza y aspira a corregirla en busca de algo objetivo, conocido, como es el sexo opuesto o a reconocerse en el propio sexo corporal mediante terapia psicológica, el transgénero no aspira a algo conocido, como es el sexo opuesto, sino que aspira a un confuso e imaginativo mundo diseñado por la pseudo ideología de género, en el que la medicina nada tiene que hacer.

En este sentido, en el de distinguir radicalmente los conceptos transexualidad, también conocido como síndrome de Harry Benjamin y transgénero, tomo las palabras de Charlotte T. Ga, en su trabajo ya reseñado, que así se refiere a este último:

> El término transgénero (*transgender*) se ha vuelto popular en la última década como un término todo inclusivo para una amplia variedad de grupos de gente extremadamente diferentes, especialmente dentro de la comunidad gay. En realidad este no es un avance positivo, el término involucra una categoría demasiado amplia para concretar algo significativo sobre alguien e implica similitudes que no existen.

Este despropósito del transgénero está produciendo ya efectos negativos en personas concretas, en jóvenes de ambos sexos que se someten a métodos irreversibles de cambio sin causa clínica objetiva de transexualidad. La ya referida Alicia Miyares, en el trabajo comentado, advierte de que «[...] los estudios sostienen que, una vez pasada la pubertad, un altísimo porcentaje de los niños que quieren ser niñas y de las niñas que quieren ser niños se conforman con el sexo biológico asignado en su nacimiento». Solo cabe esperar a la pospubertad para actuar medicamente o no.

En el mismo sentido, Fernando López Luengos, presidente de la Asociación de Profesores de Educación y Persona (*Religión Confidencial*, 25/11/2020), realiza entre otras estas contundentes afirmaciones:

> Solo el 15 % de los menores con disforia de género termina siendo transexual. [...] el 98 % de los niños y el 88 % de las niñas confundidos con su género eventualmente aceptan su condición biológica sexual, después de que atraviesan el periodo de la pubertad naturalmente. Un niño no culmina la construcción de su identidad y de su

autoestima hasta el final de la última etapa del desarrollo neurológico al final de la pubertad. Ni un niño *trans* ni un niño que no lo sea no tiene, ni puede tener criterio sólido definitivo. Su madurez es posterior […].

Esto significa que no deberían tomar decisiones que suponen cambios irreversibles […]. Pero es absurdo no dejar autonomía de decisión a un menor para temas graves excepto si se trata de revertir los factores sexuales secundarios (tamaño de los testículo y crecimiento del vello en los varones, senos más desarrollados en las mujeres, etc.) […]. Es importante diferenciar el problema del sufrimiento real de muchas personas que requieren de mucho acompañamiento y mucha información, de doctrinas ideológicas sin fundamento científico alguno (neurociencia, ni psicología) […]. No se pueden resolver las problemáticas de identidad con leyes que impongan un modelo ideológico.

Tilda López Luengos de *grave irresponsabilidad* a la previsión legal de que los menores de edad puedan decidir sobre la inscripción registral del sexo deseado, contra la evidencia y sin intervención médica.

Los niños que utilizan bloqueadores de la pubertad para suplantar al sexo opuesto requerirán hormonas del sexo opuesto en la adolescencia tardía. Las hormonas sexuales cruzadas están asociadas a riesgos peligrosos para la salud, incluyendo la presión arterial alta, coágulos de sangre, accidentes cerebrovasculares y cáncer. Todavía no existen estudios concluyentes de los efectos a largo plazo.

Para mayores precisiones sobre el particular me remito a la obra de Abigail Shrier, *Daño irreversible. La manía transgénero que seduce a vuestras hijas* (2019), aún sin traducción al español, pero ya en nuestro mercado librero.

Puede ofrecer información de interés sobre los adolescentes *transgender* el reportaje «El "yo acuso" de Keira, "trans" arrepentida que ganó en los tribunales» (*El Mundo, Crónica*, 14/2/2021): «Cambiar de sexo a los 16 años es una receta para el desastre […]. No podemos dejar que la propaganda *trans* anule el sentido común».

Denuncia Shrier que lo que era un conflicto fundamentalmente de chicos en edad infantil ha aparecido también entre las chicas, tanto por medio de motivadores LGTBI que introducen en la duda como por vía de las redes sociales, con lo que se está desmesurando artificialmente el problema y poniendo en riesgo la felicidad de muchos jóvenes.

Termino señalando que, aunque el número no es lo importante, pues lo que importa es evitar sufrimientos innecesarios a los ciudadanos aunque sean pocos, podría pensarse que en España el número de personas transexuales, *strictu sensu*, estará en torno a las 2.200. Un estudio realizado por investigadores europeos (European Psychiatry, 2015) establece una relación de 4,6 casos por cada 100.000 habitantes (6,8/100.000 de mujeres y 2,8/100.000 de hombres), como he adelanto en pasaje anterior.

6.4.2. Transgénero y feminismo clásico de izquierda

Me parece oportuno profundizar en la idea del transgénero trayendo al lector algunas consideraciones de Alicia Miyares (*El Mundo*, 8/2/2020) en una interesantísima entrevista de Emilia Landaluce. Así se presenta en el titular: «Las feministas no aceptaremos que se reconozca jurídicamente la identidad de género», con lo que está colocando a este feminismo clásico de izquierdas, compartiendo criterio con Ángeles Álvarez, probablemente extramuros de la falsa ideología de género, porque la identidad de género es la clave de esta pseudo ideología que sin defender la identidad de género se queda en nada, y así afirma que: «Prefiero utilizar la expresión generismo *queer* para referirme a la idea por la cual se sostiene que la adscripción de género depende única y exclusivamente de la propia subjetividad. Ni transgenerismo ni transactivismo son términos que me convencen. Básicamente porque la recurrencia constante a la neolengua termina por dar validez a la neolengua».

Considera Miyares que si la identidad de género se define «[...] como una vivencia interna e individual de género [...] [que] [...] podría corresponder o no con el sexo asignado al momento del nacimiento [...], según los principios de Yogyakarta, 2006, [...] la identidad de género deriva de una creencia que niega la existencia del sexo [...]», resaltando esta feminista que «La propuesta de reconocimiento jurídico de la identidad de género es contraria a la propuesta feminista de abatir las identidades».

«Si la identidad de género se construye negando cualquier evidencia sobre el sexo biológico, afirmando, además, que las creencias sobre el género definen el sexo, se procede al borrado no solo de las mujeres, sino de la propia lucha feminista». Suscribo íntegramente esta afirmación, si bien me llama la atención que preocupe, además del borrado de la mujer y antes que el borrado del hombre (por idéntica razón), el borrado de la lucha feminista. Dígase el borrado del ser humano en su binaria concepción y queda mucho más preciso.

Consecuente con lo afirmado, Alicia Miyares denuncia el uso genérico *trans*, sin distinguir transexual de transgénero:

> Trans establece una falsa equivalencia entre transexualidad y transgénero, invisibilizando las diferencias de expectativas entre una persona transexual y una personalidad transgénero. La personalidad transgénero parece creer en la construcción subjetiva del género. La persona transexual, por el contrario, manifiesta, al referirse a sí misma, una falta de correspondencia entre su configuración anatómica y su identidad sexual.

Es muy ajustada a la realidad la diferencia marcada por Miyares entre *persona*, referida a los transexuales, y *personalidad*, referida a los transgénero, porque la primera se refiere a lo objetivo y la segunda a percepciones internas no percibidas por la sociedad. Denuncia, además, Alicia Miyares que «[...] la personalidad transgénero está procediendo al borrado de la transexualidad», por crear confusión entre dos fenómenos radicalmente distintos, en perjuicio de un problema real que la sanidad pública debe atajar con sus mejores esfuerzos, como he reiterado.

He aquí cómo el feminismo clásico de izquierda, más pragmático en la lucha por la igualdad de la mujer, ha sido oscurecido por el feminismo generista, siendo de vital importancia que el esfuerzo de su diferenciación prospere por encima de obtusos intereses electorales y pueda entrar en fructífero diálogo con otros feminismos no ideológicos ni, por tanto, constructivistas.

La tensión entre generismo y feminismo clásico de izquierda se recrudece, y así grupos feministas próximos al PSOE se oponen a la proposición de ley para la protección de las personas *trans* que lidera la dirigente de Podemos Irene Montero, de la que han llegado a pedir su dimisión como ministra (*Ok Diario*, 2/8/2020).

En julio de 2021 Podemos y el PSOE llegaron a un acuerdo de Proyecto de Ley Orgánica de Garantía Integral de la Libertad Sexual, fusionando las proposiciones de Podemos, las llamadas ley *trans* y ley de LGTBI, con la del PSOE , como más adelante señalo.

La confrontación en el ámbito feminista llegó al extremo (*ABC*, 18/11/2020) de que la tesis del feminismo socialista choca con el criterio podemita de *autodeterminación del género*. La socialista Ángeles Álvarez advierte de que «[...] la falacia en la que vive el equipo de Montero parte de que [...] la realidad biológica es elegible y que el ser hombre o mujer es solo una cuestión de sentimiento». En definitiva, Podemos no solo está expandiendo la idea de *transgénero queer* ocultando y degradando la realidad científica de la transexualidad clínicamente reconocida, sino que además «[...] se está introduciendo la agenda del transactivismo en los currículos escolares», al decir de la referida Ángeles Álvarez.

Hay que tener agudeza para asegurarse de si esta reconducción del feminismo socialista es sincera y generalizada en el PSOE o si solo es minoritaria o un moderantismo de *paños calientes*, como denuncia Diego de los Santos (*Género singular. Manual para gente sin género*, Samaracanda, 2019), «[...] que pretende atemperar los excesos feministas [...] para que la tensión acumulada en la sociedad española por la injusticia del "género" no termine de explotar».

Lo cierto es que el PSOE, por impulso de las feministas clásicas de su partido, se percató, poco antes de 2020, de que el feminismo radical les estaba arrastrando a posiciones de imposible justificación y reaccionó, pero su *ciaboga* no acaba de completarse, le cuesta la maniobra, y todavía no ha rechazado formalmente el concepto *género* como sustitutivo del concepto *sexo*, ni ha hecho precisión formal alguna en torno a qué significado puede tener el término *expresión de género* en contraposición al de *identidad sexual* que utiliza en la Proposición de Ley Integral para la Igualdad de Trato y la No Discriminación, de la que más adelante trato para contraponer propuestas legislativas de Podemos, del PSOE y del PP e identificar las diferencias existentes en materia de sexo y de género.

La *identidad sexual*, parece obvio, hace referencia a la identificación de las personas por su sexo, pero no sabemos a qué hace referencia la *expresión de género*. Si se refiere a la exteriorización de cada determinada sexualidad (masculina o femenina), el término género confunde mucho. Si se refiere a la exteriorización de la, al parecer, gran variedad de géneros, el PSOE tendrá que dar bastantes explicaciones para que se entendiera su postura, si en la tramitación parlamentaria de la Ley Orgánica de Garantía Integral de la Libertad Sexual se colara el tercer sexo, denominado como «no binario».

Es de advertir que en el Registro Civil se inscriben personas con su sexo, no con su género, que nadie ha definido con mínima precisión, por lo que la *libre determinación de la identidad de género* que prevé el proyecto de ley orgánica, referido en el párrafo anterior, va a ser de difícil concreción.

6.4.3. Intersexualidad

Es el fenómeno por el que algunas personas nacen con elementos de los dos aparatos sexuales, masculino y femenino.

La profesora, bióloga y teórica de *género,* Anne Falsto-Sterling («Los cinco sexos: por qué el macho y la hembra no son suficientes», *Rev. The Sciences*, III-IV, 1993), mantiene que si las personas deben clasificarse en sexos, se necesitan al menos cinco sexos en lugar de dos, por lo que además del sexo femenino y el masculino deben considerarse los siguientes tres.

- Herms (hermafroditas verdaderos), que poseen un testículo y un ovario (el esperma y el óvulo).
- Ferms (pseudohermafroditas femeninas), que tienen ovarios y algunos aspectos de los genitales masculinos pero carecen de testículos.
- Merms (pseudohermafroditas masculinos), que tienen testículos y algunos aspectos de los genitales femeninos pero no tienen ovarios.

De estos tres fenómenos no puede deducirse la aparición de nuevo sexo alguno porque los Ferms y los Merms son realmente mujeres y hombres, respectivamente, con alguna malformación añadida que la ciencia sabrá resolver y los Herms parecen un fenómeno singular en el que los dos sexos, masculino y femenino, coinciden en una misma persona, pero en absoluto es un nuevo sexo, porque la presencia de los dos sexos o de elementos de ambos no crea un tercero, cuestión distinta serán sus posibilidades de relación sexual y su solución médica y psicológica.

En el caso de Ferms y Merms no ofrece duda que deberán inscribirse los recién nacidos como mujeres y hombres respectivamente. En cuanto a los Herms, hermafroditas verdaderos, cabe plantear la duda, a la vista de los órganos sexuales externos del recién nacido, si se le debe tener por mujer o por hombre, correspondiendo la respuesta a los médicos para que decidan en función de las posibilidades reales de futuro, a la vista de las circunstancias actuales. Huelga decir que si las previsiones no se cumplieran estaríamos ante un supuesto de reasignación de sexo y la correspondiente rectificación registral, pero no dejará de ser un supuesto extraordinariamente poco habitual.

En Alemania, con anuencia del Tribunal Constitucional, se estableció una tercera casilla, dice la corresponsal en Berlín Rosalía Sánchez (*ABC*, 13/12/2020) «[...] bajo la categoría de "otro" o "diversos" aunque también [...] se permitía a los padres no registrar a sus hijos como hombres o mujeres si no se podía determinar con claridad su género». A mi juicio la solución que ofrezco en el párrafo anterior y que es, creo, la que se lleva a la práctica en la mayoría de los casos, porque la solución de no registrar al hijo le coloca en un limbo hasta probablemente su mayoría de edad, y la solución de «otro» o «diverso» me parece de una deshumanización de la criatura absolutamente impropia.

No existe criterio unánime en cuanto al tratamiento de la intersexualidad en sus muy diversos grados y expresiones, pero de lo que no cabe duda alguna es de que las soluciones que se vayan pergeñando solo pueden quedar limitadas a los avances de las ciencias biológicas y médicas y de la psicología, nunca de la pseudo ideología de género y de sus corifeos.

Ni siquiera existe consenso en torno al número de personas que nacen con este trastorno o desorden del desarrollo sexual, pues las estimaciones van del 0,02 % al 1,7 %, lo que otorga escasísimo valor a las mismas.

Sea cual sea la solución que se adopte es de transcendental importancia que jamás se confunda un Herms con un transexual, y menos con un transgénero, y debemos oponernos a todo intento del *lobby* generista de meterles en su saco porque, como los transexuales, son susceptibles de mejorar o de aclarar su situación en el ámbito de la medicina y no en el de la pseudo ideología.

6.5. HOMOSEXUALIDAD

6.5.1. Homosexualidad y libertad

Los homosexuales, en principio, no están en discrepancia con el sexo que la naturaleza les asignó. Se sienten plenamente mujeres y plenamente hombres, con la singularidad de que su atractivo sexual se centra en personas del mismo sexo.

Ya he adelantado que no cabe hablar de personas homosexuales, porque las personas o son hombres o son mujeres, de modo que lo adecuado es referirse a hombres o mujeres con tendencia homosexual, lo contrario es devaluarles indebidamente y, además, ser imprecisos.

Hay que dar por sentado que especialmente la homosexualidad masculina ha sido objeto, históricamente, de la broma y del desprecio de la sociedad, por ignorancia y porque se ha vinculado a formas exhibicionistas de la propia homosexualidad, que no tiene por qué ser característica de los homosexuales en general.

Lo cierto es que no se ha visto, generalmente, como el ejercicio libre de una tendencia sexual respetable y esto es, con independencia de cualquier otra consideración, una situación injusta que el ordenamiento jurídico debe tratarla según las circunstancias que concurran, como una ofensa, agresión o discriminación intolerable que debe merecer el reproche social, penal, de la conducta ilícita que constituye.

A mi juicio, siendo evidente que muchas personas de tendencia homosexual son personas correctas en su discurrir por la vida, es muy probable que estas se sientan avergonzadas por las excentricidades, chabacanerías y obscenidades que algunas personas, o muchas, de la misma tendencia, realizan con tan marcada vocación exhibicionista, lo que desprestigia a personas libres que tienen derecho a su dignidad pública.

Un exitoso arquitecto, casado con una mujer y con hijos, optó por hacer pública su homosexualidad y vivirla en libertad, me refiero a Joaquín Torres. Su cualificación intelectual y cultural y su decisión de vivir públicamente su verdad merece que tomemos en consideración sus apreciaciones, de las que destaco algunas (*El Mundo*, 20/6/2020):

> Yo no me siento orgulloso de ser gay, me siento orgulloso de ser un ser
> humano y de haber aceptado esta homosexualidad. A ver, esto no es una

opción, sino una condición sexual. Si se pudiera elegir, cualquier gay preferiría ser heterosexual. Naces así y huir de eso es inútil, pero no creo que sea motivo de orgullo. Lo que si reclamo es la igualdad de derechos.

Esta es una visión de la homosexualidad que nadie puede rechazar, ni a nadie puede ofender. Es vivir la homosexualidad con normalidad y libertad, es decir, exigiendo libertad e igualdad y no imponiendo nada a nadie.

6.5.2. Homosexualidad y ciencia

No es una cuestión cerrada la de si la homosexualidad es un trastorno mental, psicológico, o una posibilidad natural, una opción más, de expresar la sexualidad de una persona determinada. Parece ser que no existe un gen específico de la homosexualidad, sino que pudiera ser consecuencia de una pluralidad de concurrencias genéticas y/o ambientales.

Para establecer la naturaleza de la homosexualidad, Jorge Scala, tan reiterado, afirma que las enfermedades metales, cualquiera de ellas, deben establecerse objetivamente y no por refrendo, y así carece de sentido que, sin previos estudios pluridisciplinares y sin contrastarlos en la comunidad científica hasta llegar a consensos fiables, no debiera decidirse por votación, en la Asociación de Psiquiatras Americanos (5.816 a favor y 3.817 en contra), que la homosexualidad no es una enfermedad mental. Hecho único en la historia que han prometido no volver a protagonizar. Esta información la tomó Jorge Scala de Tony Anatrella (*Homosexualidad y homofobia*). Evidentemente aquella votación no cambió la naturaleza de la homosexualidad en cuanto a ser o no ser una enfermedad mental.

Para la falsa ideología de género el tratamiento terapéutico de la homosexualidad es un atentado al dogma del género, porque este niega que constituya una anomalía y la considera una opción sexual más, aunque lo adecuado sería, y acabará siendo, dejar que esta cuestión la resuelva la ciencia.

Es evidente que no puede ocultarse la verdad científica, la que sea, por el interés o la presión de un grupo. Es necesario reivindicar, por servicio a la verdad y, desde luego, por servicio a las personas con tendencia homosexual, que la ciencia responda con claridad sobre cualquier aspecto de la naturaleza de esta tendencia.

Hasta donde he podido llegar, me atrevo a indicar que la causa, la razón suficiente de la homosexualidad, no se conoce. Existen criterios que la ubican en el entorno del complejo de Edipo, pero no parece centrada la cuestión, luego lo que corresponde es evitar apriorismos, voluntarismos impositivos, y confiar en la ciencia y, mientras tanto, hacer un uso racional de la libertad de todos.

Cuando la causa de la homosexualidad se conozca con razonable consenso de la comunidad científica, se podrá optar por sanarla si fuera posible y deseable o por acomodar la realidad vital a las características esenciales de la homosexualidad, cuando sean conocidas.

Desde luego, el rechazo apriorístico a la posibilidad de sanación o de reversión, hasta que científicamente quede rechazada tal posibilidad no es de recibo, ni desde la racionalidad ni desde la ética. Tampoco es éticamente lícito el intento de sanación sin fundamento científico suficiente.

Acusar de homofobia a los profesionales y científicos que no ven como evidente que la homosexualidad sea una alternativa de relación sexual, sino que intuyen causas patológicas fundantes, susceptibles de corrección o cuando menos de conocimiento, es una auténtica persecución por causa de la ciencia, auténticamente inquisitorial, como la de Galileo, intolerable en una sociedad libre y que es obligado denunciar por los intelectuales que defienden la libertad y la razón como columnas de nuestra civilización.

Una cosa es que la homosexualidad sea una actividad libre, no una perversión, en los términos en que es libre la actividad sexual en una sociedad civilizada y, por tanto, que no pueda ser reprimida, ni coartada, ni ofendidos o discriminados quienes la practiquen, y otra muy distinta es que se niegue a la comunidad científica y a la opinión pública en general llegar a la verdad científica sobre su naturaleza y sus consecuencias.

Es obligado recordar aquí que las leyes pro-LGBTI prohíben el tratamiento clínico de la homosexualidad, incluso contra la voluntad del interesado, penando el incumplimiento de esta bárbara prohibición con multa y cierre de la consulta profesional del sanitario que la infrinja.

No es necesario reiterar lo ya dicho sobre la imposibilidad de confrontar con el progresismo, porque no admite debate. La dictadura del pensamiento único que el progresismo impone en lo referente a la falsa ideología de género y a sus materias conexas no deja margen ni a la ciencia. Se prohíbe averiguar las posibilidades de mejorar su vida a quienes están insatisfechos con su condición sexual, como la llama el arquitecto Joaquín Torres.

Mientras no se conozca la causa de la homosexualidad, difícilmente podrá conocerse el remedio si alguien lo demandara, lo que permite cualquier actitud libre guiada por la ciencia y por los profesionales especialistas en estas materias y su prohibición es tan intolerable como estúpida.

6.5.3. Homosexualidad, matrimonio y adopción

Reitero aquí mi opinión personal sobre el matrimonio entre homosexuales como lo hice en pasaje anterior. Parto de la libertad para la práctica de la homosexualidad, de la plena libertad para que las parejas que así lo deseen sea reconocidas, en paridad jurídica con las parejas que se constituyen entre personas de distinto sexo, a los efectos fiscales, sociales, económicos, sucesorios, etc. El respeto a la plena libertad de la práctica de la homosexualidad no impide afirmar que la unión entre personas del mismo sexo no se acomoda a la realidad que el matrimonio ha representado durante milenios como única unión humana de carácter natural, ni se vincula con su raíz, pues *matri* viene de matriz, de madre, papel familiar y órgano, que nada tienen que ver en la relación homosexual y mucho que ver, aunque no absolutamente, con la relación sexual propia de la unión de los dos sexos.

Ratzinger (*La verdadera Europa. Identidad y misión,* 2021) considera que el «[...] matrimonio entre personas del mismo sexo está en contradicción con todas las culturas que se han sucedido hasta ahora, y por tanto significa una revolución cultural que se opone al conjunto de la tradición de la humanidad hasta ahora». Es evidente que la homosexualidad es una práctica que se pierde en la noche de los tiempos, pero no así el matrimonio homosexual, que es de novísima y no suficientemente justificada aparición, desde luego con el riesgo de conllevar el derecho de adopción.

La unión entre personas con tendencia homosexual puede reconocerse con idénticas características a la unión entre varones y mujeres, salvo el derecho a la adopción y la denominación de la unión que no debiera ser la de matrimonio, ancestralmente vinculada a la unión estable de mujeres y hombres.

Desde otro punto de vista, el matrimonio, llamémoslo *strictu sensu,* entre personas de distinto sexo, aunque no es éticamente indisoluble, sí tiene vocación de permanencia, si tiene un cierto grado de necesariedad, cuando menos si en su objetivo fundacional está, como es habitual, su prolongación en los hijos, porque requieren de un *microhabitat* llamado familia y de unos cuidados más allá de la primera infancia, e incluso hasta la madurez de los hijos, y después hasta la vejez de los padres, mientras que en las uniones de personas de tendencia homosexual su vocación de permanencia se limita a la existencia del afecto.

Pero hay una razón más profunda y grave que las antedichas. Al otorgar el término matrimonio a las uniones entre personas de tendencia homosexual, a estas se les está reconociendo el derecho a la adopción de menores, en paridad con el matrimonio constituido por personas de distinto sexo, lo que afecta, no ya a las personas de tendencia homosexual, sino a los menores a los que se les enajena el derecho a vivir en una *familia en plenitud* que, como ya he indicado, la constituyen la madre, el padre y los hijos, negándole las referencias paterna y materna que todo niño necesita, según criterio unánime, salvo el de quienes se han empeñado en implantar la ideología de género a costa de cualquier derecho.

En defensa de esta tesis traigo a estas páginas la entrevista periodística al psiquiatra infantil del Hospital Pitie-Salpetriere Christian Flavigny (*Libertad Digital*, 12/8/2019), producidas en el ámbito del debate abierto con ocasión del tratamiento parlamentario en Francia sobre reproducción asistida a parejas de mujeres o de mujeres solas, y se expresa así: «[…] se desprecian las necesidades psíquicas y sociales fundamentales del niño. Revela la necesidad de preservar la relación basada en la concepción y en las especificidades de las funciones paterna y materna [porque] […] en la reproducción asistida del mismo sexo desaparece todo símbolo de filiación».

Mantiene Flavigny que la clave de bóveda de la ley francesa de 1966 se fundaba «[…] en un principio firme que tenía por eje permitir que el niño formara parte de un vínculo familiar coherente». No pone Flavigny en cuestión cualquier tipo de familia que se pudiera constituir, solo afirma que «[…] lo que hay en juego es la integración del niño […]», que requiere de «[…] una situación de filiación que el niño pueda reconocer psíquicamente».

En definitiva, solo una mujer puede hacer de madre y solo un hombre puede hacer de padre, este es el mensaje de Christian Flavigny.

Aunque con muy poca resonancia, el Tribunal de Derechos Humanos de Estrasburgo, en sentencia de 9/5/2016, estableció que «no existe el derecho al matrimonio homosexual», por unanimidad de los cuarenta y siete jueces representantes de los cuarenta y siete Estados del Consejo de Europa, lo que tiene como efecto jurídico el que no se pueda imponer a Estado alguno «[...] la obligación de abrir el matrimonio a las personas del mismo sexo», pero no el que se ilegalice el matrimonio homosexual en ningún país que lo tuviera legalizado.

Es obligado señalar que esta sentencia no es definitiva, el *lobby* gay, la pseudo ideología de género, seguirá peleando para que una *interpretación progresiva* del derecho positivo europeo acabe por reconocer al matrimonio homosexual como un derecho, al estar reconocido en muchos Estados del Consejo de Europa.

Esta no es la batalla que cabe dar. Lo importante es que estudios científicos solventes puedan hacer patente el perjuicio que origina a los menores acogidos o adoptados en una familia no plena, compuesta por dos aspirantes a padres o a madres para que, aunque perdure el carácter matrimonial conseguido, cuando menos pueda revisarse el derecho a acceder al acogimiento y a la adopción de menores. Reitero aquí el ajustado comentario, reproducido líneas más arriba, de Aquilino Polaino-Lorente, sobre la exigencia de madurez afectiva que todo menor requiere.

Con idéntico criterio, considero que no debiera otorgarse a una persona de vida en solitario la acogida o la adopción, a menos que exista un sólido vínculo con el menor, como puede ser algún tipo de parentesco o de realidad vital previa que aconseje a la autoridad judicial otorgarla en ausencia de los padres y de otra mejor solución.

Desde luego discrepo de la Sentencia 198/2012 del Tribunal Constitucional, en los mismos términos que lo hicieron tres magistrados que emitieron su voto particular discrepante.

6.5.4. Homosexualidad y pseudo ideología de género

Hasta aquí me he estado refiriendo a la homosexualidad, masculina o femenina indistintamente, como actividad que, desde la noche de los tiempos, se ha venido ejerciendo en la humanidad y que, por razones evidentes de libertad personal, ha de considerarse en las sociedades avanzadas como una actividad libre, no como una perversión, que no ha de tener más límites que los del decoro que se debiera exigir también a la actividad sexual de las parejas de distinto sexo.

Pero la realidad es más compleja, porque lo cierto es que además de las personas con esta tendencia sexual, individualmente consideradas, muchas de ellas se han incorporado al movimiento gay, que en muchos países y sectores de la actividad se han constituido en auténtico *lobby*, comúnmente conocido por LGTBI, integrado en la pseudo ideología de género, lo que otorga al fenómeno estudiado una dimensión política evidente. Así que en no pocas ocasiones han pasado de grupo discriminado a grupo discriminador, impositivo, acusador, cumpliendo desmesuradamente su objetivo de *lobby*.

La denuncia del *lobby* LGTBI se concreta en la homofobia que desde luego ha existido y, con certeza, existirá por bastante tiempo, entendida como fobia, aversión, miedo a quien se da a conocer con esta tendencia, bien sea de modo correcto y decoroso o sea de modo desmesurado o exhibicionista.

Me apresuro a advertir que igualmente rechazable es el exhibicionismo del *macho alfa*, presumiendo de mil muescas en su culata, si lo hiciera uno de los que se denominan indebidamente heterosexuales, porque lo atinente a la sexualidad, sin ser un secreto ni un tabú, merece cierto decoro en su expresión y en su comunicación. Los excesos de ambas tendencias ofenden por igual a todas las personas civilizadas, que somos mayoría aplastante.

El gravísimo problema que se plantea es que el *lobby* LGTBI, los propagadores de la llamada ideología de género en general, consideran homofobia al mero rechazo de las tesis que conforman esta pseudo ideología. Por lo tanto, puede acusarse de homófobo a quien ponga en tela de juicio la declaración por la que se niega la condición de trastorno a la homosexualidad, como corresponde a toda dinámica progresista. Quien a ella se oponga merece la descalificación, nunca la invitación al debate.

Así los 3.817 miembros de la Asociación de Psiquiatras Americanos que votaron contra la decisión de borrar de la lista de enfermedades mentales a la homosexualidad, porque no pudieron constatar científicamente el acuerdo, serían tenidos por homófobos si no se rindieran a la mayoría.

Así que, para los ideólogos del género, homofobia puede ser desde una conducta realmente discriminatoria y ofensiva contra una persona de tendencia homosexual hasta la mera oposición a las tesis que sobre aspectos conexos mantenga la pseudo ideología de género, que no es que sean discutibles, sino que carecen de mínima justificación, como está reiterado.

6.6. VALORACIÓN DE TEXTOS NORMATIVOS SOBRE IDEOLOGÍA DE GÉNERO

Presento siete instrumentos legislativos, cinco de ellos nunca tendrán fuerza de ley. Creo que su análisis, más allá de su vigencia, deja muy a las claras las posiciones más relevantes en materia de género.

Actualmente solo dos textos de los reseñados siguen el trámite parlamentario, el Proyecto de Ley para la Igualdad Real y Efectiva de las Personas *Trans* y para la Garantía de las Personas LGTBI y el Proyecto de Ley Orgánica de Garantía Integral de la Libertad Sexual, consecuencia de ambos acuerdos del PSOE con Podemos, en el que se integraron la mayoría de las pretensiones podemitas.

6.6.1. *Proposición de Ley contra la Discriminación por Orientación Sexual, Identidad o Expresión de Género y Características Sexuales y de Igualdad Social de Lesbianas, Gais, Bisexuales, Transexuales, Transgénero e Intersexuales, de IU Podemos*

La primera reflexión que cabe hacer en torno al objeto de la proposición de ley (*BOCG* CP, serie B, núm. *122-1*, 12/5/2017) comentada es que se empeñaba en defender la no discriminación de personas que no necesitan de tal defensa, que ni siquiera debieran estar en el saco del generismo, como son los bisexuales, que mantienen relaciones sexuales con personas de los dos sexos, lo cual no crea problema social alguno si mantienen las formas de general aceptación social. Tampoco necesitan de especial protección las personas homosexuales, ni las personas transexuales e intersexuales que se dejan atender por los medios sanitarios disponibles. Todas estas personas requieren de la misma protección que el resto de la ciudadanía, porque el respeto es una exigencia común en cualquier circunstancia. Sobre los transgénero es difícil opinar cuando no acaba de definirse y concretarse esta singularidad metasexual y metabiológica.

Mi opinión es que las leyes generales que garantizan la no discriminación, la igualdad y la libertad y el derecho al reconocimiento de su dignidad les sean aplicables con la misma intensidad que al resto de los ciudadanos, lo contrario es patente discriminación y, en estos casos, irracional.

La técnica del redactor del texto fue otorgar, uno por uno, a los sujetos beneficiados por la ley, todos los derechos fundamentales, que la Constitución reconoce, y los menos fundamentales que ya tienen por el hecho de ser ciudadanos. Como si hasta esta proposición de ley estuvieran desprotegidos de cualquier apoyo público contra la discriminación y exentos de cualquier respeto privado, como lo hubiera estado un antepasado en el Neolítico.

He de adelantar que esta proposición de ley, promovida por IU Podemos y sus grupos circundantes, fue tomada en consideración en el Pleno del Congreso de los Diputados el 19 de septiembre de 2017 y, por tanto, se abrió el periodo de enmiendas (BOCG, CD, serie B, núm. 122-4, 22/3/2018). Tras la disolución de las Cámaras de principios de 2019, decayó.

Del conjunto de enmiendas presentadas, puede confirmarse que todos los grupos parlamentarios aceptan la vigencia imperativa de la llamada ideología de género, no solo en su terminología, sino en sus instrumentos y finalidades. Únicamente los grupos parlamentarios Popular y de UPN (del grupo mixto) rechazan los planteamientos de esta falsa ideología, al extremo de que el Partido Popular formuló una enmienda a la totalidad con presentación de texto legal alternativo, que más adelante valoro, aunque ni los populares ni los navarros pueden eludir ciertos términos propios del generismo, probablemente porque los consideran tan integrados en la sociedad que prefieren no abrir más áreas de debate.

Para evitar un prolijo repaso de un texto farragoso voy a referirme a aspectos específicos del mismo, lo que espero ofrezca una visión general suficientemente precisa de lo que el generismo pretende.

6.6.1.1. Características acientíficas

En el texto de la proposición no existía referencia alguna a la *lex artis* clínica, a la intervención de médicos y psicólogos y demás profesionales afectos a la materia que trata de regular, muy al contrario, quería dejar meridianamente claro que nada tiene que ver la materia que el texto trata con enfermedad o trastorno o desorden alguno, prohibiendo la *patologización* (art. 7.3.b) de los supuestos que se regulan, muy específicamente el de la transexualidad, pese a que, como es lógico, en muchos supuestos está prevista tanto la reasignación del sexo como su tratamiento psicológico y clínico.

Llegaba la proposición de ley (art. 7.3.d) al extremo de proclamar: «Quedan prohibidas terapias que pretendan revertir la orientación sexual o la identidad de género de la persona, aún con el consentimiento de la misma o de sus representantes legales». La voluntad del redactor de consagrar el generismo está por encima de la voluntad del interesado, o del de sus padres si es un menor, o del criterio médico. Auténtica tiranía en el área más íntima.

La proposición de ley analizada inventaba un nuevo derecho humano, el derecho «[...] a la autodeterminación de la identidad de género sin injerencias ni discriminaciones [...] el reconocimiento del género sentido en ningún caso vendrá supeditado al haber obtenido su reconocimiento legal» (art. 76).

«Todas las personas tendrán derecho al libre desarrollo de su personalidad conforme a su identidad de género libremente determinada» (art. 78).

Es patente que se excluye un tratamiento global de los problemas de identidad sexual desde la ciencia médica, analizados en abstracto, para que científicamente se establezca qué es y qué posibilidades de optimización vital tiene cada uno de los supuestos existentes y, también, qué tipos no existen para las ciencias biológicas, médicas y psicológicas y, por tanto, qué tipos deben quedar fuera de toda regulación.

En lo atinente al ámbito de la educación, se pretende lanzar una campaña que cubra todo el ámbito educativo nacional, para su adoctrinamiento en la pseudo ideología de género, y así lo preveía la proposición de ley: «La Administración General del Estado y las comunidades autónomas [...] garantizarán la introducción de referentes positivos LGTBI en las materias escolares de manera natural, respetuosa y transversal en todos los grados de estudios y acorde con las materias y edades» (art. 45.1).

En mi opinión, ante la avalancha propagandística que se sufre, la fórmula adecuada y eficaz sería que las Reales Academias que estudian los distintos ámbitos afectados (medicina, biología, farmacia, veterinaria, etc.) diseñaran un gran plan de estudio de la identidad sexual, para que ofrecieran a la sanidad española y a la opinión pública conceptos y tratamientos de solvencia científica, que nos permitan superar la dictadura de los tabúes y que llegara a diseñar un conjunto de protocolos aplicables a los diversos casos que se puedan prever, ubicando el problema en el ámbito científico, no en el burocrático ni en el de la superchería.

No puede ser más evidente que el objetivo al que apuntaba la proposición de ley que estudiamos era la implantación coercitiva de la
pseudo ideología de género, y la sociedad tiene derecho a defenderse y, por tanto, tiene derecho a que sus autoridades no actúen en sentido contrario imponiéndoles una legislación que consagra criterios
sin soporte científico alguno y cuyas consecuencias a largo plazo son
inimaginables.

6.6.1.2. Características lingüísticas

Es conocida ya la subversión de las reglas de la lengua española en
este maremágnum que es la llamada ideología de género, lo que vuelve a aparecer en la ley.

Me refiero a lo que se ha dado en llamar lenguaje inclusivo, que
consiste en destrozar la regla de la economía del lenguaje, evitando reiteraciones del femenino y el masculino, rechazando el neutro
o genérico según doctrina que no ha modificado la Real Academia
Española de la Lengua. Recuérdese los informes de los años 2012,
2018 y 2020, mencionados en este ensayo.

Parece evidente que la actuación invasiva de la pseudo ideología
de género en el lenguaje, desde la enseñanza pública y concertada
hasta los medios de comunicación, exige de una intervención contundente y diáfana de nuestros académicos de la lengua, porque la
situación está cerca de la irreversibilidad.

El Gobierno ya dispone de un informe de la RAE y debiera imponer las reglas que en él se contienen, en las Administraciones públicas y en los centros de enseñanza públicos y privados, con una
normativa adecuada.

6.6.1.3. Ambigüedades y oscuridades

La clave del galimatías está en la idea de género. Al definir la *identidad
de género* (art. 3.l.b) incluía la palabra género en la definición, con lo que
este no quedaba definido, probablemente porque resulte imposible.

Al definir la *realidad de género* (art. 3.1.g) no nos acercaba a una
idea precisa del significado del término género: «Exteriorización de
la identidad de género de una persona, incluyendo la expresión de
la identidad o la personalidad mediante el lenguaje, la apariencia,
la elección de nombre propio, así como otras expresiones del deseo
íntimo del género».

Es obvio que no se trata de definir el género, porque dos veces se contiene el término definido en la definición. Parece ser que el género más que una potencialidad orgánica de relación y afecto íntimo, que sería el sexo, es una forma de expresión social de una determinada personalidad. Pareciera que, así como el sexo se practica con otra persona, el género se expresa ante la sociedad.

Cuando trata de referirse a la *realidad transgénero* (art. 3.1.h) dice así: «Término global que define a personas cuya identidad de género, expresión de género o conducta no se ajusta a aquella socialmente asociada con el género que se le asignó al nacer». Si género es lo que se le asignó al nacer, hay que pensar que género es igual al sexo que se le asignó, mejor que se le reconoció a la vista de los genitales exteriores.

Pero esta definición tenía segunda parte, advierte que no está refiriéndose a un transexual (persona con cuerpo de varón sintiéndose mujer y viceversa), porque dice:

> Al contrario de lo que les sucede a las personas transexuales no tienen por qué identificarse con el binarismo de género ni necesitar adecuar su identidad a las expectativas sociales. Este término engloba a travestis, *cross dressers, queers, gender queers, drag kings, drag queens* y agéneros entre otras identidades no normativas (art. 3.l.h).

Huelga decir que ninguna de estas denominaciones está reconocida por el diccionario de la Real Academia Española de la Lengua y creo que en ningún otro.

Podría deducirse que el género, en este caso, está totalmente desvinculado del sexo, reflejado no solo en los órganos sexuales externos, sino en todas las células de su cuerpo y en su psique, para centrarse en costumbres, modos de vida, etc., que se salen del marco de cualquier fenómeno asimilable a la transexualidad. Como ya he indicado, el feminismo del PSOE no coincidía claramente, hasta junio de 2021, con este galimatías incomprensible.

Permítaseme que repita la definición de transgénero aportada en páginas anteriores y tomada de Vitit Muntarbhorn, ex defensor global LGTBI de la ONU: «[...] cualquier identidad de género que trascienda o no se alinee con su género asignado o a la idea de género de la sociedad; la sensación de ser de cualquier género que no coincide con su género asignado». Se recuerda que llegaron a identificarse ciento doce tipos de género.

Mayor oscuridad es imposible. Género puede significar sexo y puede significar otras cosas ajenas al sexo.

6.6.1.4. Características ideológicas y sus medios de penetración imperativa

La proposición de ley trataba de asignar a la pseudo ideología de género el carácter de norma básica de convivencia, como si constituyera un ideal imperativo de ordenación social, cuasiconstitucional. De los textos que vaya reproduciendo se irá descubriendo su pretensión imperativa.

> Las instituciones, las Administraciones públicas [...] implementarán las medidas oportunas para contribuir a la visibilidad de las personas LGTBI [...]. Para ello apoyarán y promoverán las campañas y acciones necesarias para transmitir a la ciudadanía el valor positivo de la diversidad sexual en materia de orientación sexual, identidad, expresión de género y las relaciones afectivo-sexuales y familiares de las personas LGTBI (art. 6.1).

Huelga decir que las Administraciones públicas tienen la obligación de garantizar el respeto y la no discriminación a todos los ciudadanos y con más intensidad a aquellos que por cualquier singularidad puedan merecer mayor protección, pero la proposición de ley comentada no plantea eso, sino que las Administraciones públicas tienen que adoctrinar a la población para que acepten como suyas todas las teorías de la pseudo ideología de género en materia de diversidad sexual y expresión de género.

¿Qué obligación cívica tiene un ciudadano de aceptar estas teorías que, como ya he señalado, carecen de la más mínima solvencia científica? Ninguna, salvo que una ley se la imponga y será una ley injusta.

¿Por qué el Estado ha de tener como dogma cuasiconstitucional la pseudo ideología de género? ¿Por qué se va a destinar parte del erario público a difundir una falsa ideología que en nada beneficia a la sociedad y que no se sostiene conceptualmente?

Recuerdo aquí el criterio del ex magistrado del Tribunal Supremo Luciano Varela, quien rechaza la llamada ideología de género como un elemento obligatorio para construir sus convicciones jurídicas. Esta supuesta ideología ni es un dogma ni tan siquiera un elemento solvente de orientación para una mente culta.

Cuesta entender qué visualización puede requerir una persona transexual o intersexual que a lo que aspira es a que le resuelvan un problema clínico o una persona de tendencia bisexual o las personas de tendencia homosexual, ninguna en especial, como el resto de ciudadanos lo que necesitan es libertad de actuación y respeto, en el marco jurídico de una sociedad civilizada.

Por si no hubiera quedado claro:

> Todas las Administraciones públicas [...] promoverán la participación y representación de las personas LGTBI en la esfera pública y desarrollarán campañas periódicas de sensibilización y de visualización con la finalidad de superar estereotipos sobre las personas LGTBI y erradicar las actuaciones y comportamientos homófobos, lesbófobos, bífobos, tránsfobos e intérfobos (art. 7.5.a). [...] Se establecerán medidas de fomento de las entidades LGTBI que trabajan para hacer efectivos los derechos y la no discriminación de las personas LGTBI (art. 7.5.c).

Es evidente que esta regla no está defendiendo derecho alguno de las personas aludidas como LGTBI. Esta regla tiene como único objetivo meter hasta la médula de nuestra sociedad los modos y maneras, bastante escasas de gusto, de la ideología de género, para que entre por los ojos lo que ya se le inocula por vía educativa, comunicativa, etc.

Se pretendía crear un auténtico *cazafantasmas*, una agencia estatal contra la discriminación por orientación sexual, expresión de género y características sexuales, compuesta por las entidades y asociaciones LGTBI (jueces y parte), entre cuyas funciones, además de las de agitación y propaganda estaría la de «[...] incoación, de oficio o a instancia de terceros, inspección, instrucción, resolución y ejecución de los expedientes sancionadores dimanantes de las infracciones contenidas en la presente ley» (art. 8.4).

Las entidades y asociaciones LGBTI podrían actuar como parte en estos expedientes sancionadores, «[...] siempre que no exista una oposición de la víctima» (art. 36.1). Adviértase que no se requería permiso, sino que no haya rechazo (¿quién se atrevería?), saltándose toda norma jurídica establecida para la representación en la tramitación administrativa.

La caza de brujas estaría asegurada con la proposición de ley comentada y, en consecuencia, la autocensura, que es la limitación de la libertad de expresión en toda la sociedad y, consiguientemente, el triunfo del pensamiento único de género.

Así, en el ámbito de la protección social se encargaría a las Administraciones públicas:

> La protección de los niños y niñas y adolescentes LGTBI que se encuentren bajo su tutela durante la estancia en los centros de menores, pisos tutelados o recursos en los que residan y garantizará el respeto a su orientación sexual, identidad y expresión de género [...] serán tratados conforme a su identidad sentida (art. 10.a).

Los menores con problemas de identidad sexual solo pueden estar sometidos a la patria potestad de sus padres o bajo la tutela de sus tutores y bajo la dirección médica correspondiente, que debiera ser la que establezca los criterios de tratamiento adecuados.

A los menores en estas circunstancias no se les puede meter en un invernadero generista. Su tratamiento es el que establezcan los médicos y psicólogos, idealmente siguiendo protocolos preestablecidos en los términos que he sugerido, bajo el patrocinio científico de la Real Academia Nacional de Medicina, con la tutela clínica de un equipo de seguimiento, multidisciplinar, que vaya verificando los resultados y las variaciones que vayan sugiriéndose.

En su afán de reiterar garantías, que todos los ciudadanos ya tienen, la proposición de ley establecía que las Administraciones públicas promoverán «[...] las prácticas sanitarias o psicológicas lícitas y respetuosas y en ningún caso aversivas [sic], en lo relativo a la orientación sexual, la identidad de género, la expresión de género y las características sexuales» (art. 16.f).

El regulador impone la práctica sanitaria con *perspectiva de género*, a los profesionales de la medicina y la psicología, como un valor ético imperativo.

Resulta obvio que estos profesionales han de actuar bajo su criterio profesional y siguiendo los protocolos de estuvieran establecidos, por lo que este tipo de indicaciones en texto legal son inadmisibles por su intención, además de escasamente orientadoras, lo que permitiría abrir la puerta para discrepar de la actuación clínica, cada vez que no sea congruente con la falsa ideología de género.

En materia de transexualidad y de transgénero, que no son términos equivalentes ni reflejan situaciones en absoluto parecidas, la proposición de ley partía de la «[...] libre autodeterminación de la identidad de género» (art. 20.1), que aunque no está claro qué quiere decir, es obvio que pretende otorgar una habilitación radical, plena, a favor de cualquier requerimiento o deseo, pero no de género, que de ser algo es una expresión subjetiva, si no de sexo, que es algo objetivo constatable.

Desde la medicina y la psicología nadie discute que un transexual tiene derecho a la reasignación o reafirmación del sexo, en los términos que su caso lo permita, pero tan lícita pretensión nada tiene que ver con la «[...] libre autodeterminación de la identidad de género», sino con su derecho a resolver su trastorno o incongruencia de sexo. Para hacer viable este derecho jamás hizo falta ley alguna, solo una adecuada praxis médica.

Otra cosa son las pretensiones que puedan derivarse de las situaciones de transgénero, que por su indeterminación quedarían a la valoración clínica de cada caso, no siendo estimables aquellas peticiones caprichosas que no resuelvan problemas ciertos de identidad sexual, aunque solo fuera por razones de economía sanitaria.

El enorme daño que se pretendía era equiparar transexualidad con transgénero. El daño a las personas transexuales, que pretenden curarse o reducir su trastorno, es enorme metiéndoles en este circo del transgénero.

A los profesionales de la sanidad que tratan con personas transexuales o transgénero se les exigiría «[...] contar con una formación suficiente y actualizada en materia de diversidad de género» (art. 20.7). A ningún profesional se le pueden exigir conocimientos ajenos a la ciencia. Se acabará imponiendo un máster en LGTBI.

La proposición de ley, en su art. 20.bis.2, imponía que el consentimiento informado, en casos de reasignación de sexo, se preste personalmente a partir de los dieciséis años, sin intervención de los padres, pese a la transcendencia, complejidad y riesgo, pero para acceder a los bloqueadores hormonales y al tratamiento hormonal cruzado, el consentimiento informado se podrá otorgar desde la pubertad (doce o trece años), también sin intervención de los padres y contra un amplio criterio médico que considera inadecuados estos tratamientos a tales edades. De aquí que urja una puesta en común de estas materias liderada por el mundo académico.

Lo razonable sería que mediando discrepancia seria entre padres e hijo afectado, informe la Comisión de Deontología del centro sanitario, y de mantener los padres su actitud, debiera quedar la solución de la discrepancia en manos de un juez, con las vías de recurso correspondientes.

En materia de protección familiar, la proposición de ley preveía la protección de parejas y de sus eventuales hijos, aún en el caso de que la pareja no tenga registrada su unión y de que no conste la filiación o acogimiento de los hijos (art. 24). Esta pretensión era contraria a la ley y al sentido común, porque para las Administraciones una pareja no registrada no es una pareja, y unos hijos sobre los que no conste su filiación o acogimiento tampoco pueden ser considerados como tales, debiendo las Administraciones actuar de manera inmediata para clarificar la situación familiar de los menores.

Pareciera que el estar acogido al manto protector de la pseudo ideología de género permitiera superar cualquier tipo de exigencia administrativa. Las Administraciones públicas se remitirían a «[…] programas de información dirigidos a centros educativos con el objeto de divulgar las distintas realidades afectivas y de género y combatir la discriminación por razón de la orientación sexual, identidad de género, expresión de género o características sexuales» (art. 25.1).

Es evidente que en los centros educativos se tiene que fomentar el respeto y la no discriminación, pero no solo a personas de singularidad sexual, también a los de peso excesivo, a los de baja estatura, a los tímidos, etc. Esta no es sino una estratagema para el adoctrinamiento en la falsa ideología de género.

Esta es una de las consecuencias trágicas de la absurda ideología de género, que para satisfacer la apariencia de *familia en plenitud* de una pareja que no lo es, niegan el derecho de un niño a conocer de por vida el nombre de su padre o de ambos progenitores. ¿Cómo va a nacer nadie de una pareja de mujeres?: «Los niños y las niñas que nazcan en una pareja de mujeres podrán ser inscritas en el Registro Civil del centro hospitalario, en igualdad de condiciones que las parejas heterosexuales» (art. 26.2).

En el artículo 31 de la proposición de ley se imponía a los funcionarios públicos (jueces, etc.) el trato a personas transexuales y transgénero según «[…] su identidad sentida», lo que suponía una imposición intolerable porque se quería hacer verdad aquello que no lo es. Lo ajustado al derecho y lo natural es el trato según la identidad aparente para su interlocutor, lo que podrá corregirse según la identidad sexual reflejada en el Registro Civil. No hay otro criterio, lo demás es imposición irracional.

En el artículo 32 exigía a los mismos funcionarios, incluso a los abogados, «[…] formación obligatoria de carácter específico sobre diversidad sexual y de género, violencia intragénero y sobre violencia o delitos de odio [...]». Ya está dicho que a ningún profesional se le puede imponer conocimientos acientíficos, de aquí la urgencia de ubicar el problema en el ámbito científico.

Se llegaba al extremo del chantaje legal, porque las administraciones públicas «[...] podrán incorporar en las bases reguladoras de las subvenciones públicas la valoración de las actividades tendentes a la consecución de la igualdad por parte de las entidades solicitantes», e incluso «[...] podrá establecer cláusulas de revocación de la contratación administrativa de ayudas y subvenciones en caso de que se acredite que [...] contraviene las disposiciones de esta ley» (art. 71). A mayor abundamiento, se pretende que todas las disposiciones normativas que acuerde el Consejo de Ministros conlleven un informe previo de impacto sobre la identidad y la expresión de género (art. 72).

En cuestiones de menor rango, cabe recordar algunas otras barbaridades: se establecía la veracidad *erga omnes* de la identidad de género *sentida* cuando la legalidad aplicable sea diferente en función del sexo, aunque no se haya modificado la inscripción en el Registro Civil (art. 31.3); se invierte la carga de la prueba para probar la inexistencia de discriminación (art. 74); se consagra la responsabilidad administrativa solidaria (art. 88.2) y diversas prebendas más que nos alejarían de la cuestión central.

En definitiva, con la proposición de ley que comentamos se está tratando de crear una burbuja de privilegios injustificados para las personas con singularidades, aparentes o reales, de identidad sexual, como si fueran una nación dentro de la Nación, cuando tienen reconocidos los mismos derechos que el resto de ciudadanos: libertad, respeto, no discriminación y servicio sanitario cuando lo necesiten, entendido como un servicio público al alcance de todos los ciudadanos y no como un derecho fundamental singular, que no lo es en términos constitucionales.

Vivimos en una sociedad abierta en la que, con las limitaciones que la ley impone, se disfruta de libertad individual, en la que triunfa el principio de *vive y deja vivir*. Para el respeto, es necesaria una educación orientada al respeto a todos. No es necesario ni tolerable el adoctrinamiento del resto de la ciudadanía con una pseudo ideología científicamente inaceptable.

No es discriminación contra las personas de tendencia homosexual, por poner un ejemplo, rechazar, intelectual y discursivamente, el principio de *despatologización* de la homosexualidad y de otros trastornos o desórdenes, aunque los generistas lo tengan por ofensivo.

Más bien parecería discriminatorio imponer, a todas las personas con tendencia homosexual, el impedimento legal de conocer la causa de su singularidad para evaluar libremente la reversión de la misma, si fuera posible, o por pura curiosidad, porque el resto de los ciudadanos no tienen límite para profundizar en cualquier tipo de singularidad psicosomática que les preocupe.

Por lo que a la educación se refiere, hay que resaltar que es el área en la que se pretende con mayor intensidad no ya favorecer a las personas que la proposición de ley trataba de proteger, sino imponer a todos la burda ideología de género como si fuera la única regla lícita en la sociedad:

> La Administración General del Estado y las comunidades autónomas [...] deberán realizar un plan integral de educación que [...] deberá recoger los siguientes puntos: [...] diversidad sexual y de género, así como diversidad familiar [...] diversidad familiar en educación infantil [...] diversidad sexual y de género y familiar en asignaturas como el Conocimiento del Medio en educación primaria [...] estudio del movimiento LGTBI en la asignatura de Historia en educación secundaria (arts. 40.1 y 3.a-d).

Este plan integral conllevaría la «[...] formación que garantice la sensibilización adecuada y correcta en educación basados en el respeto a la diversidad sexual y de género» (art. 41.1).

La imposición de la ideología de género que se pretendía, en el ámbito educativo, vulneraba de manera frontal el principio de libertad de enseñanza del artículo 27.1 de la Constitución española.

Evidentemente, esta formación no tiene como objetivo preparar a los docentes para enseñar a sus alumnos el respeto debido ante cualquier circunstancia (la convivencia con unas personas con síndromes singulares como el enanismo o el gigantismo o con una persona con síndrome de Down), sino que el objetivo es adoctrinarles en la pseudo ideología de género, porque para enseñar a los niños y jóvenes respeto no hace falta especializarse en todas las singularidades humanas.

No es de menor relevancia, respecto del orden en los centros educativos y de la libertad del resto de los alumnos y del personal, la previsión por la que los alumnos y el personal con diversidad sexual tendrían derecho a la elección de su indumentaria y a la utilización de los servicios (baños y vestuarios), en función de su género sentido (art. 44.a). ¿Qué opinaría el resto de usuarios?

Por último, como broche de este repaso al carácter ideológico de la proposición de ley de IU Podemos y a la previsión de los instrumentos de su penetración coercitiva en la sociedad, cabe señalar la siguiente regla sancionadora de carácter inquisitorial: «Ante cualquier infracción, cualquiera que sea su naturaleza, se procederá al decomiso y destrucción, borrado o inutilización de libros, archivos, documentos, artículos y cualquier clase de objeto de las infracciones administrativas contempladas en la presente ley o por medio de los cuales se hubiera cometido» (art. 96.4).

He aquí la vuelta de Torquemada y sus humeantes teas de brea, con la diferencia de que entre el dominico y los generistas han transcurrido seis siglos. En honor a los socialistas diré que con la enmienda a este artículo desapareció la ignominia de tan enfervorecido redactor.

Acabo reiterando que la proposición comentada decayó con la disolución de las Cámaras en 2019, pero refleja muy bien cuál es la aspiración del generismo.

6.6.2. Proposición de Ley sobre la Protección Jurídica de las Personas Trans y el Derecho a la Libre Autodeterminación de la Identidad Sexual y Expresión de Género, de Unidas Podemos

También esta proposición de ley (*BOCG*, CP, serie B, 2/3/2018) del grupo de Podemos decayó con la disolución de las Cámaras. Su contenido era plenamente congruente con la posición de Podemos en materia de la llamada ideología de género, por lo que brevísimamente reseño la singularidad más relevante de la misma.

La idea principal estaba en la libre autodeterminación de la identidad sexual, que se refiere al sexo sin más, y también a la expresión del género, que quizá se refiera a expresiones, modos y maneras de exteriorizar su sexualidad.

La autodeterminación de la identidad sexual, del sexo, llega al extremo de crear una nueva identidad de las personas, pues si hasta ahora se distinguían sexualmente las de sexo femenino y las de sexo masculino, ahora aparecería una nueva categoría humana, una nueva identidad personal que serían las personas *no binarias*, lo que, naturalmente, debería de reflejarse en el Registro Civil, en el DNI y en cualquier otro documento.

Quien se reconozca no binario está afirmando que ni es hombre ni mujer, lo que el conocimiento humano no puede admitir.

Semejante pretensión era un gravísimo atentado a la verdad científica y a la evidencia más patente y, desde luego, una ofensa a las personas transexuales, porque esta proposición de ley no distinguía, maliciosamente, entre personas transexuales, de cuya disforia tiene plena constancia la ciencia, de las personas transgénero, cuyas circunstancias y definiciones son ajenas a la ciencia, además de una estafa a la opinión pública al tratar de confundir mediante el difuso término *trans* a las personas transexuales de quienes se presentan como personas transgénero.

Mediante esta torticera utilización del término género no solo se difuminaba la idea de mujer, como preocupa al feminismo socialista clásico que hizo reaccionar al PSOE, pero también la idea de hombre. Se crearía legalmente, con toda falsedad, un tercer tipo de persona, la no binaria, aunque, naturalmente, serían mujeres u hombres porque no hay ley que altere la binaridad humana.

Efectivamente la proposición analizada derogaba la Ley 3/2007 de rectificación en el Registro Civil de las reasignaciones de sexo certificadas por el médico interviniente, para degradarlas a la reasignación unilateral. Como está dicho, la proposición decayó por disolución de las Cámaras.

6.6.3. Proposición de Ley para la Igualdad Real y Efectiva de las Personas Trans, de Unidas Podemos

Ya en el Gobierno de coalición PSOE-Unidas Podemos, el grupo podemita formuló por su cuenta una nueva proposición de ley, cuya toma en consideración previa a su debate parlamentario fue derrotada en el pleno del Congreso de los Diputados al no ser apoyada ni por los grupos de oposición ni por el PSOE en la sesión plenaria de 18 de mayo de 2021.

Por simplificar, como lo hizo la portavoz del grupo proponente en la sesión parlamentaria referida, las claves de la proposición de ley que consideraron innegociables son: 1) el derecho de autodeterminación de género para todos los ciudadanos y 2) la *despatologización* del género, es decir, la consagración legal de la prohibición de considerar a las personas transexuales o intersexuales como personas enfermas.

Es evidente que la clave del rechazo de esta proposición está en que el PSOE, impulsado por las feministas clásicas de izquierda, no puede aceptar que el género sustituya al sexo, y además con carácter optativo.

En tanto que el género era una bandera indefinida y poco comprometida, mero vestuario progre, el PSOE la utilizaba y la sigue utilizando. El problema se plantea cuando se quiere convertir el espantajo en un imposición social de enorme trascendencia, porque la autodeterminación de género conlleva, de hecho, la desaparición del sexo (en el mundo de las ideas y también en el de las leyes) y, de manera inmediata, el surgimiento del problema de la exigencia de reasignación sexual de muchos adolescentes *transgender*, sea por moda, por confusión o por inducción, cuyas descomunales consecuencias ya he sugerido.

Esta tesis de Podemos, lo reitero hasta el hartazgo, persigue confundir la transexualidad, que debe ser tratada clínicamente, atendiendo a las exigencias científicas de cada momento, con el transgénero, que absolutamente nada tiene que ver y no responde a un fenómeno científicamente constatado.

Como está dicho, el 18 de mayo de 2021 el PSOE no apoyó esta proposición de ley de Podemos, por lo que no se tomó en consideración por falta de votos, pero sería base del acuerdo con el PSOE para confeccionar el proyecto de ley del mismo título, que más adelante repaso y que recoge el derecho a la libre determinación del género (¿?).

6.6.4. Proposición de Ley Integral para la Igualdad de Trato y la No Discriminación, del PSOE

Con fecha de 29 de enero de 2021 la Mesa del Congreso de los Diputados admitió a trámite la proposición de ley referida ordenando su traslado al Gobierno para su tramitación parlamentaria, que proponía el grupo parlamentario socialista y no el Gobierno (hubiera sido un proyecto de ley), pero tampoco los grupos parlamentarios que lo sustentaban en aquel momento.

Lo más relevante que conviene destacar es que es una proposición de ley de muy amplio espectro, no está dedicada únicamente a la igualdad de trato referida a la identidad sexual y a la expresión de género sino a cualquier tipo de circunstancia personal, como son: «[...] nacimiento, origen racial o étnico, sexo, religión, convicción u opinión, edad, discapacidad, orientación o identidad sexual, expresión de género, enfermedad, situación socioeconómica o cualquier otra condición o circunstancia personal o social».

Naturalmente, se apresura el texto a advertir que siempre cabrán «[...] diferencias de trato por razones de edad cuando los criterios para tal diferenciación sean razonables y objetivos y lo que se persiga es un propósito legítimo [...]. La enfermedad no podrá amparar diferencias de trato distintas de las que se deriven del propio proceso de tratamiento [...]».

Nada ajeno al principio de igualdad plenamente vigente en nuestra sociedad y en nuestra legislación. Eludo las numerosas referencias casuísticas, tan genéricas y razonables que no merecen especial atención.

Entre las muchas referencias sectoriales, menciono la relativa a la igualdad de trato en la educación, obligando a las Administraciones educativas a prestar la debida atención a cualquier fenómeno discriminatorio que pueda hacerse presente entre el alumnado, fomentando la educación en la igualdad y el respeto a colectivos singulares, como pudiera ser el pueblo gitano y otros grupos sociales, cada vez más frecuentes en una nación receptora como es España.

También hace mención el texto que nos ocupa a la exigencia de las Administraciones sanitarias en la promoción de acciones sanitarias específicas para atender a:

> Personas mayores, menores de edad, con discapacidad, pertenecientes al colectivo LGTBI, que padezcan enfermedades mentales, crónicas, raras, degenerativas o en fase terminal, síndromes incapacitantes, portadoras de virus, víctimas de maltrato [...] en situación de sinhogarismo [sic], con problemas de drogodependencia, minorías étnicas, entre otros, y en general personas pertenecientes a grupos en riesgo de exclusión [...].

¿Acaso existía, antes de que se presentara la proposición, alguno de estos colectivos sociales que no recibieran, en términos de igualdad de trato, la asistencia sanitaria que cada uno de sus miembros precise? Evidentemente la respuesta es no, pero había que desnatar la estrategia del generismo radical envolviendo su visión antropológica en una norma general que garantizara la no discriminación en cualquier aspecto de la vida, por innecesaria que fuera tal previsión.

Es de reseñar el quiebro, en sentido taurino que no en otro, de la regla (art. 27) que establece la *inversión de la carga de la prueba* en supuestos discriminatorios con indicios fundados, salvo en procesos penales, en procesos administrativos sancionadores, en medidas adoptadas y en procedimientos tramitados al amparo de las normas de organización, convivencia y disciplina de los centros educativos. Habrá que ver en qué casos tiene sentido la excepcionalísima regla de la *inversión de la carga de la prueba*.

Se prevé el fomento de la formación especializada en esta materia porque hay que suponer que los miembros de las Fuerzas Armadas y de Seguridad y los de la carrera judicial y fiscal no salen de sus procesos formativos suficientemente capacitados en esta materia tan transversal como la discriminación y, a mayor abundamiento, se establece «[...] la necesidad de elaborar una Estrategia Estatal para la Igualdad de Trato y No Discriminación». Cabe maliciarse que tanto la formación como la estrategia estatal no son otra cosa que vehículos de inoculación en las Administraciones públicas de la pseudo ideología de género.

No podía faltar la constitución de un órgano administrativo ajeno a la concepción de neutralidad que se exige a las Administraciones. En este caso se denomina Comisionado para la Igualdad de Trato y la No Discriminación, que a todas luces se superpone o se contrapone o se redobla con el Defensor del Pueblo, comisionado que podrá reproducirse en las comunidades autónomas y, por qué no, en los ayuntamientos y cabildos.

En definitiva, la proposición de ley integral para la igualdad y la no discriminación, siendo bastante innecesaria desde el punto de vista de material, probablemente fuera necesaria para que la izquierda clásica pudiera taponar, al menos aparentemente, la vía de agua en torno al generismo que se le ha abierto a babor, para poder seguir navegando en la ambigüedad generista.

Incluso en aspectos que, en principio, no plantean críticas de calado ético, el texto que comento tiene tal cantidad de generalidades de tono imperativo pero naturaleza programática que no pocas de ellas acabarán creando problemas de inseguridad jurídica. Tratar este aspecto aquí sería hilar demasiado fino para el objetivo que se pretende con este ensayo.

Tras acuerdo con Podemos surgiría el proyecto de ley que de seguido analizo.

6.6.5. Proyecto de Ley para la Igualdad Real y Efectiva de las Personas Trans y para la Garantía de los Derechos de las Personas LGTBI

Del acuerdo PSOE y Podemos, surge este proyecto de ley. La lucha de las feministas clásicas, integradas en el PSOE, parecía que triunfaba sobre las feministas generistas o radicales, pero tres meses antes de que entregara estas páginas a la editorial, el 29 de junio de 2021, en Consejo de Ministros aprobó el informe del Proyecto de Ley para la Igualdad Real y Efectiva de las Personas *Trans* y para la Garantía de los Derechos de las Personas LGTBI, que puede decirse que integra casi todas las pretensiones generistas de Podemos representadas en las proposiciones referidas, descolocando al feminismo socialista clásico. Así que en este proyecto de ley se funden todas las proposiciones de la izquierda, descritas en este subapartado.

Según nota publicada por el Palacio de La Moncloa, las características, entre otras, del proyecto de ley que comento, son las siguientes:

- Será una ley de amplia cobertura a todos los supuestos de discriminación de personas, por cualquier causa, raza, identidad sexual, enfermedad, situación socioeconómica, etc., de modo que el proyecto de ley no está especial y exclusivamente dirigida al llamado colectivo LGTBI, ni deroga la Ley 3/2007 de rectificación registral del sexo y del nombre.
- Garantía de la atención sanitaria a las personas *trans* (sin distinguir transexuales de transgénero) conforme a los principios de no patologización (las personas *trans* no son enfermas), autonomía, codecisión y consentimiento informado, así como cobertura del servicio sanitario en tratamientos de fertilidad para todas las personas con capacidad de gestar.
- Filiación de hijos e hijas de mujeres lesbianas tanto sin pareja como con pareja aunque no estuvieran casadas, de modo que una mujer podrá tener hijos reconocidos con diversas mujeres, sin estar casada con ninguna de ellas, con modificación del art. 120 del Código Civil.
- Se prohíben las terapias de conversión, aversión o contracondicionamiento destinadas a modificar la orientación, identidad sexual o la expresión de género de las personas, con independencia de que haya dado su consentimiento (radical desprecio a la voluntad del interesado).

- Libre determinación de la identidad de género de las personas *trans* y, en su caso, del nombre, mediante doble comparecencia ante el Registro Civil (la segunda a los tres meses), sin testigos ni pruebas médicas ni patologización. Se modificará el sexo registral por la mera voluntad. El proyecto de ley obvia que el sexo está impreso en todas las células del cuerpo humano y en la psique de cada individuo.

  Esta comparecencia será personal a partir de los dieciséis años, mediante representante legal a partir de los catorce años y mediando expediente de jurisdicción voluntaria a partir de los doce años.
- Se limita a establecer que los tratamientos hormonales se incorporarán a la cartera de servicios comunes de la Seguridad Social.
- No reconoce el denominado *tercer sexo, no binarios*, de modo que no aparecerá tal posibilidad en la inscripción del Registro Civil ni en el DNI.
- Se incluirá en los currículums educativos el conocimiento y respeto por la diversidad sexual, de género y familiar en todas las etapas y con la debida formación al profesorado. También se prevén dos estrategias estatales de fomento de la igualdad de trato y no discriminación de las personas *trans* y LGTBI. Se prevé el adoctrinamiento generista de las nuevas generaciones.

Si cabía alguna duda de si el PSOE rechazaba las posiciones generistas más radicales, como la de la autodeterminación del sexo sin intervención médica, desde la aprobación de este proyecto de ley es evidente que el PSOE oficialmente se coloca en el generismo radical, pues el PSOE, en este acuerdo, solo ha evitado la creación del *tercer sexo*, el *no binario*.

El desánimo en las filas socialistas del feminismo clásico es patente. Así Altamira Gonzalo (*El Mundo*, 26/6/2021), presidente del Consejo Asesor de Igualdad del PSOE, afirmaba:

> Aún confío en que se apruebe un texto que las feministas podamos apoyar. La autodeterminación conculca otros derechos. Exigir cierta acreditación no denigra a nadie, ni resta un solo derecho. Como jurista me choca que una sociedad tan garantista sea tan liberal en esto. [...] Durante mucho tiempo todos éramos «ellos» y nuestra lucha era por ser «ellos» y «ellas». Y ahora vamos a ser «elles» sin pasar

por «ellas». Absurdo. [...] Perjudica a un colectivo tan discriminado como los transexuales [...] Y cruza una línea roja: los menores.
Me parece arriesgado y delicadísimo hormonar niños o iniciar esos
procesos de tránsito sin el consentimiento de los padres siendo aún
menores.

Es un texto en directa contradicción con la naturaleza humana,
y aunque acabara teniendo rango de ley, seguirá siendo una aberración que producirá estragos en las próximas generaciones si no se co-
rrige con prontitud, pues la hormonación y reasignación de sexo en
menores no son reversibles.

El profesor Pablo de Lora advierte que por este proyecto de ley
"Las más perjudicadas son precisamente esas personas que tienen
una incongruencia real con su sexo, que las hay, y a las que se va a
privar de una atención necesaria", cuando menos en la sanidad pública, porque la lógica del proyecto está en el desmantelamiento de
las unidades hospitalarias especializadas en esta materia.

El grado de devaluación de principios llegó al extremo de que el
proyecto de ley se aprobó precipitadamente en la fecha referida, días
antes de la fiesta del Orgullo Gay 2021, en Madrid, como condición
para que el PSOE fuera invitado a la misma. De hecho la fiesta dis-
currió en torno al éxito legislativo que se apuntaba el mundo LGTBI
y con patente olvido de la homosexualidad que motivaba la fiesta.
La ausencia del PSOE le hubiera descolocado del mundo LGTBI por
mucho tiempo y se evitó a tan alto precio a cargo de los españoles.

6.6.6. *Proyecto de Ley Orgánica de Garantía Integral de la Libertad Sexual*

Como ya está dicho, en el ambiente de acuerdo PSOE y Podemos
de los meses de junio y julio de 2021 se aprobó con Consejo de
Ministros de 6 de julio de 2021 este proyecto de ley que se tramita en
el Congreso de los Diputados y cuyo texto no se había hecho público cuando mandé estas páginas al editor, por lo que realizo la reseña
con la nota de prensa de la Presidencia del Gobierno y los informes
del CGPJ y del Consejo de Estado.

Al ser el texto que analizo un proyecto de ley, es obvio que podrá sufrir diversas alteraciones a lo largo del proceso parlamentario,
no obstante, para mi propósito de identificar las pulsiones básicas

del llamado progresismo en materia de justicia me parece que es un buen banco de pruebas, junto con lo anteriormente tratado en este mismo subapartado.

El proyecto tiene por objeto «[…] la protección integral del derecho a la libertad sexual mediante la prevención y la erradicación de todas las violencias sexuales contra la mujer, las niñas y los niños, en tanto que víctimas fundamentales de la violencia sexual». Ya está dicho que sociológicamente es patente que en la mayoría de los casos es el varón el agresor y la mujer la víctima, pero no exclusivamente.

En todo caso no es el Código Penal la única herramienta ni la más eficaz para erradicar el fenómeno, sino la educación en valores, que es donde nuestra sociedad hace aguas, como en líneas anteriores he sugerido.

Naturalmente el texto parte del *enfoque de género* o *perspectiva de género*, que es un concepto inexistente en el ámbito científico. Solo existe el sexo, binario, en la raza humana aunque, desde luego, pueden presentarse multitud de prácticas sexuales en libertad. La idea de *perspectiva de género* esconde una prevalencia de la mujer en cuanto a la credibilidad de las partes en estrados, cuando no refleja la *vendetta* ancestral que promueve el feminismo andrófobo.

Por el contrario, no se exige una *perspectiva infantil* en el trato judicial de agresiones de hombres o mujeres a niñas o niños, en los mismo términos que se refiere el texto respecto del género.

Desde luego ambas referencias sobrarían, porque el Código Penal siempre ha previsto las situaciones de alevosía, superioridad, sumisión, fuerza, ensañamiento, parentesco (cónyuge), etc., como agravantes del hecho delictivo.

Por lo que hace referencia al consentimiento en las relaciones sexuales, su definición negativa, en la modificación del Código Penal, nada aclara: «[…] se entenderá que no existe consentimiento cuando la víctima no haya manifestado libremente por actos exteriores, concluyentes e inequívocos conforme a las circunstancias concurrentes su voluntad expresa de participar en el acto».

El consentimiento en los tribunales no ha planteado problemas conceptuales sino problemas de prueba, así lo recuerda el informe del Consejo General del Poder Judicial. Igualmente, el informe del Consejo de Estado advierte que «Cuando lo que se discute es la existencia o no del consentimiento o de la autorización que convertiría la conducta en perfectamente legítima, el problema probatorio se convierte en el aspecto central».

Esta alambicada configuración del consentimiento más bien plantea dudas sobre si la nueva norma, en combinación con la exigencias del enjuiciamiento desde la perspectiva de género, no plantea la barbaridad de la *inversión de la carga de la prueba*. Explícitamente lo reconoce Fernando Rodríguez Santocildes, vicepresidente de la Subcomisión de Violencia de Género del Consejo General de la Abogacía de España (*El País*, 4/11/2020): «El acusado tiene más difícil acreditar que hubo consentimiento respecto a lo que existe ahora». ¿El acusado acredita, prueba, no corresponde probar al acusador?

El riesgo de antijuridicidad que presenta la *inversión de la carga de la prueba* lo trata con valentía la fiscal Silvia Muñoz Mesa («El consentimiento sexual en el Anteproyecto de Ley Orgánica de Garantía de la Libertad Sexual», 9/2/2021):

> El famoso lema «Hermana, yo sí te creo» [...] no puede en ningún caso hacerse hueco en la ley con la subsiguiente merma de los derechos y garantías jurisdiccionales del investigado, y correlativa afectación de los principios constitucionales que rigen la valoración de la prueba y que representan estándares mínimos de cualquier Estado democrático de derecho.

Por su parte, el informe del CGPJ advierte que, de negar en juicio la víctima su consentimiento, recaería en la defensa del actor la obligación de probar la inexistencia de cada uno de los elementos de la compleja definición de la falta de consentimiento, lo que incrementará la *victimización secundaria* de la víctima porque la defensa deberá *hurgar* con más detalle e intensidad en las circunstancias fácticas de la tragedia.

El silencio de la víctima en estado de *shock*, aterrorizada, no es consentimiento para una relación sexual a todas luces, mientras que el silencio de la víctima colaborando en el acto es manifiesta aprobación. El consentimiento expreso no tiene por qué darse para ser afirmativo. La reforma del artículo 178.1 del Código Penal parece que impone el consentimiento expreso (*su voluntad expresa de participar en el acto*) pero sin embargo también parece que reconoce un consentimiento tácito (*actos exteriores, concluyentes e inequívocos*). Esta definición negativa del consentimiento es tan innecesaria como prejudicial, porque solo aporta dudas. Parece que se pretendiera dar satisfacción a los movimientos patrocinadores del «Solo el sí es sí», que como eslogan de manifestación está bien pero que en estrados debe exigirse bastante mayor sutileza en materia de consentimiento.

El catedrático de Derecho Penal Juan Antonio Lascuraín («Delitos sexuales: ¿una reforma progresista?», *El Mundo*, 7/4/2021):

> Si lo que se quiere decir es que solo vale que el consentimiento sea expreso, y que solo es expreso si es exterior, y además concluyente, y además inequívoco, resultará que serán delictivos los nada lesivos comportamientos en los que realmente concurra consentimiento, pero este sea tácito o sea equívoco.

La catedrática de Derecho Penal Marisa Cuerda afirma que «La reforma es bienintencionada […] pero va a plantear problemas interpretativos en los casos límite, y eso es muy grave en materia penal». Asimismo el catedrático de Derecho Penal Manuel Cancio considera que: «Mediante un acto legislativo no puedes cambiar la cultura de las relaciones entre hombres y mujeres […]».

La presión social del feminismo radical, muy instalado en los medios de comunicación, está poniendo en riesgo de grave perversión los valores constitucionales esenciales en materia de justicia. La situación es muy grave, porque sobrevuela la exigencia de dar crédito a la víctima-mujer si el agresor es un varón. El referido profesor Lascuraín recuerda la exigencia constitucional de la presunción de inocencia por la que «[…] solo se puede dar por probado un elemento del delito si así se constata más allá de toda duda razonable».

Por otra parte, no es razonable que acciones de distinto desvalor y de distinta lesividad se unifiquen en un único tipo penal, me refiero a la agresión sexual y a los abusos sexuales, probablemente, como apunta la fiscal Muñoz Mesa, para atender al clamor del eslogan «No es abuso, es violación», como si las masas, manipuladas o no, estuvieran cualificadas para tal afirmación. En la agresión se exigía la concurrencia de violencia e intimidación, mientras que en los abusos concurrían otras acciones de menor lesividad. Con el proyecto comentado se unifican abusos y agresiones en un único tipo penal, y como dice la fiscal referida, «[…] con la consiguiente elevación de la pena de las primeras y rebaja de las segundas […]», lo que es evidente que no resuelve problema alguno, por el contrario, no penaliza adecuadamente las acciones más lesivas y, por tanto, desaparece la pretensión disuasoria de toda norma penal, porque el actor no percibirá perjuicio penal añadido por actuar con mayor lesividad.

Esta consecuencia negativa del texto comentado también la plantea el aludido informe del CGPJ y con más precisión lo critica el citado profesor Juan Antonio Lascuraín: «Así, constituirá el mismo delito castigado con igual marco penal una agresión sexual impuesta mediante la navaja en el cuello de la víctima que la misma relación sexual realizada abusando de una situación de superioridad del autor».

Concluye el profesor Lascuraín: «Es regresista hacer *tabula rasa* de todo ello, metiendo en el mismo saco conductas de desvalor muy distinto, porque además supone otorgar al juez un excesivo margen de elección de la pena. Mala cosa para la seguridad jurídica y para la igualdad».

La unificación de los tipos de agresión y abuso no tiene explicación alguna más allá de dar gusto a los promotores de la pancarta «No es abuso, es violación», porque estamos ante una reforma legal hecha para sostener la tensión de las masas en la esfera del feminismo radical.

La repetida fiscal Silvia Muñoz Mesa ofrece tranquilidad a la opinión pública afirmando que:

> La ley actualmente vigente tutela con todas las garantías constitucionales los derechos procesales del encausado al tiempo que defiende sobradamente la premisa de que no es no y de que solo sí es sí, castigando a quien no respeta la voluntad de la víctima, tanto cuando el no a participar en el acto de naturaleza sexual se verbaliza como cuando se infiere de su actitud y circunstancias concomitantes (*El País*, 4/11/2020).

Además de la cuestión del consentimiento en las relaciones sexuales y de la absorción del delito de abusos sexuales por el de agresión sexual, que son de trascendencia capital, deben señalarse otros aspectos que también plantean problemas de importancia, como son los siguientes:

- La especialización de órganos judiciales y jueces se plantea como injustificada y peligrosa porque el mero hecho de dilucidar una cuestión penal en un Juzgado de la Violencia sobre la Mujer condiciona manifiestamente el escenario y tiende a presentarse como una quiebra del derecho a un juez no predeterminado. La especialización de juzgados debe ser la excepción y no la norma, de modo que la mayor especialización debiera coincidir con las distintas jurisdicciones: penal, civil, contencioso-administrativa y social, con la singularidad de los juzgados de lo mercantil en la razón de la necesidad de especialización ante complejos problemas societarios y contables. En la jurisdicción penal en absoluto es necesaria la creación de los Juzgados de Violencia sobre la Mujer, puesto que los problemas que se sustancian en los mismos son perfectamente accesibles a todos los jueces de lo penal.

- La reparación y la necesidad de ayudas públicas a las víctimas.
- La lucha contra el proxenetismo, que el Consejo de Estado aconseja se trate en otro texto legal autónomo y con mayor reflexión.

Cuando se legisla por impulsos partidistas, con desprecio de la solvencia doctrinal y de las técnicas legislativas, surgen estas chapuzas que, de prosperar, acabarán creando más problemas de los que se pretendían resolver, y afectando al derecho penal, con grave riesgo de no pocas injusticias.

6.6.7. Texto alternativo del Partido Popular

Ya está dicho que aunque el Partido Popular no asume, en este texto alternativo, la falsa ideología de género, no por ello deja de utilizar términos propios de la pseudo ideología de género, no siendo necesario recordar la importancia, por sus negativas consecuencias, que tiene la asunción de los términos del adversario.

Muy escuetamente me voy a referir a los aspectos negativos que percibo en el texto alternativo que nos ocupa.

- Utiliza, junto con el término *orientación sexual*, el término *identidad de género*, con lo que se desconoce si integra en su oferta legal la confusa idea de género o si es una concesión a la galería, como sinónimo de identidad de sexo, cosa que en los textos legales no conviene hacer porque los excesos literarios en las leyes los carga el diablo.
- Incorpora el concepto transgénero, bien es cierto que *obiter dicta* y sin tratar de definirlo, porque es indefinible. Hay que suponer que se trata de otra peligrosa concesión al *respetable*, en este caso a la *intelligenza* generista.

- Hace referencia a la persona *trans* como «[...] toda aquella que se identifica con un género diferente o que expresa su identidad de género de manera diferente al género que le fue asignado al nacer». Se refiere el texto a persona trans, con lo que no distingue entre personas transexuales y personas transgénero, en perjuicio directo de las personas transexuales y a favor de la confusión general.

No pueden mezclarse estos dos conceptos en una ley sin que la comunidad científica y la médica establezcan conceptos científicos admisibles y los llene de contenido. En un texto legal solo pueden incorporarse los conocimientos que están consolidados por la comunidad científica.

Por otra parte, en el texto comentado se hace escasa referencia a la intersexualidad, cuando menos para precisarla describiendo el hermafroditismo verdadero (Herms) y el pseudohermafroditismo (Ferms y Merms), que deben ser tratados clínicamente con el mismo derecho de atención sanitaria que la transexualidad, pero planteando situaciones radicalmente distintas que no es aceptable confundir.

- Utiliza el término *persona LGTBI*, que como ya he dicho es una manera inadmisible de tratar a seres humanos, como si fueran la marca de un aceite refrigerante. No cuesta nada escribir personas lesbianas, gais, transexuales, bisexuales e intersexuales.

- Siguiendo el léxico generista, para referirse al sexo con el que nacen los humanos, el texto se refiere «[...] al género que le fue asignado al nacer». ¿Quién se lo asignó, el padrino o la madrina? ¿No sería que cuando los sanitarios y asistentes al parto vieron que el recién nacido tenía órgano sexual femenino reconocieron que era una chica o cuando vieron que el órgano sexual era masculino reconocieron que era un chico? El sexo nos lo asigna la naturaleza en el momento de la concepción (nueve meses antes), cuando surge el par veintitrés de cromosomas y los humanos lo reconocemos por evidencia.

- Crea un Consejo Estatal, remedo de la agencia propuesta por IU Podemos, para nada realmente útil salvo para dar cobijo laboral a los profetas de la nueva antropología, en lugar de reforzar la actividad de la comunidad científica (academias).

- Propone también el fomento de la diversidad sexual, desde el Estado y entre los medios de comunicación, con campañas sobre la importancia del hecho de la *diversidad*, también en remedo lamentable.

- Garantizará, el Estado, «[…] la utilización no sexista del lenguaje», o sea, garantizará el *lenguaje inclusivo*, lo que hace pensar que el redactor además de poca formación en lengua española no tenía noticias del criterio que la Real Academia Española de la Lengua tiene sobre el particular. Otra concesión para no salirse del todo del generismo.
- También con afán seguidista se prevé adoctrinar a las Fuerzas y Cuerpos de Seguridad y al personal actuante en emergencias, sobre el derecho a la igualdad y a la no discriminación, como si fuera una pandilla de incultos. Estos funcionarios saben, tienen que saber, tratar con respeto y sin discriminación a todos los seres humanos. En las legislaciones sobre discapacitados físicos o mentales no se hacen estas advertencias, sobran.
- Siguiendo el modelo original, hace referencias a la inclusión de estas personas en el ámbito laboral. ¿Qué riesgo de exclusión laboral tienen los homosexuales, los bisexuales y los intersexuales? Ninguno. Pueden producirse situaciones que considerar en casos de reasignación de sexo cuyo resultado puede tener efectos estéticos relevantes, solo en esos casos tiene sentido la protección y debe darse por garantizada por la legislación general.
- Cuando se refiere a la formación que las Administraciones han de dar a los funcionarios de la educación, en el ámbito de la diversidad e identidad sexual, sería obligado establecer, para que no haya dudas de que no se trata de la difusión de la pseudo ideología de género, que dicha formación y la que se extienda a todo el alumnado deberá tener la garantía científica tanto de la medicina como de la psicología y de cualquier otra ciencia aludida.

Como puede apreciarse es un texto, desde luego ajeno a la ideología de género, aunque contaminado terminológicamente y, en todo caso, manifiestamente mejorable, si de lo que se trata es de ofrecer una norma legal que impida la difusión entre los ciudadanos y, más concretamente, entre los niños y adolescentes, de teorías ajenas a la ciencia y a la buena educación porque, por lo que se refiere a la protección de las personas de diversidad sexual, la sociedad lo tiene todo hecho, menos el fortalecimiento de la educación en el respeto a todos.

Es curioso que el Partido Popular, que se coloca en esta zona templada, sin abierta confrontación a la ideología de género, propiciara en la Comunidad de Madrid, de la mano de la desafortunada señora

Cifuentes, las Leyes 2/2016 y 3/2016 de identidad y expresión de género y de protección integral contra la LGTBIfobia, en plena sintonía ambas con los objetivos e instrumentos de implantación de la pseudo ideología de género, poniendo a los niños madrileños en riesgo de caer en manos de los *educadores sexuales*, sin permiso de los padres o contra su voluntad.

Con el lamentable añadido de que se considerará violencia familiar, de los padres y hermanos contra el menor, la falta de respeto a su opción sexual, con el riesgo de que se tenga por violencia cualquier consejo, admonición o propuesta de reflexión en la intimidad familiar. ¿Coacciones?, quizá.

A tal extremo llega la coacción de la letra de la ley que la dirección de un colegio concertado de la Comunidad de Madrid remitió una carta explicativa de la situación que la nueva ley creaba, lógicamente en términos críticos. Su filtración a la prensa creó una campaña contra el colegio, y aunque la Consejería de Políticas Sociales y Familia del Gobierno del PP no vio infracción alguna, se sintió en la necesidad de multar al director con 1.000 €, cuantía mínima, pues hubiera podido llegar a sancionarle con 45.000 €. El Juzgado de lo Contencioso Administrativo, ante el que recurrió el colegio, dictó una sentencia por la que anulaba la multa e imponía las costas a la Administración recurrida.

La derogación de las referidas leyes autonómicas es de urgencia absoluta, porque sigue creando conflictos, al extremo de que se abrió expediente, en la primavera de 2021, a un profesor por afirmar que en la humanidad solo existían dos sexos, el masculino y el femenino.

6.7. FEMINISMO DE LA IGUALDAD EN LA DIFERENCIA

6.7.1. Breve descripción

Existe un feminismo de género, radical, en muchos casos andrófobo, integrado en el movimiento de la ideología de género y que en su versión más extrema pudiera representar la conocida frase de Julie Bindel «[...] meter a todos los hombres en campos de concentración». Un feminismo combativo, en el peor sentido del término, de finalidad política, como es el caso de Soledad Murillo, secretaria de Estado de Igualdad en los Gobiernos de Rodríguez Zapatero y de Sánchez (*Primer Debate, Yo Dona*, 10/11/2018): «El poder nunca se cede, por eso hay que expropiarlo. La ley de igualdad laboral va a exigir a las empresas que cumplan con un proceso de democratización del talento. [...] Y se introducirán sanciones».

¿*El colectivo mujeres* expropia y después veremos cómo se reparten los puestos? El mundo no va por ahí, cada mujer tiene que tener posibilidades, además de méritos, capacidades y suerte (como todos), para llegar hasta donde quiera. La cuestión es que tenga posibilidades, lo demás ya se verá.

Solo la idea de un *colectivo mujeres* repugna a la razón como repugnaría un *colectivo hombres*. Los seres humanos somos esencialmente individuales que convivimos con mujeres y con hombres, que no estamos en guerra de sexos por muchas exigencias que se tengan pendientes. La militancia femenina, a mi juicio, devalúa a la mujer que es independiente, propietaria de su historia y no gregaria de un movimiento de liderazgo confuso y objetivo imposible.

Pero también existe un feminismo, igualmente reivindicativo, que parte de la obviedad de las diferencias existentes entre mujeres y hombres y que aspira al reconocimiento objetivo de la igualdad y a la búsqueda de estrategias para que las diferencias evidentes entre mujeres y hombres no generen efectos negativos. En el mismo reportaje periodístico referido en el párrafo anterior, una alta ejecutiva de la empresa privada, Isabel Perea, plantea así la cuestión: «Quizá habría que vincular parte de la retribución de los altos cargos a mejoras de igualdad. Si tuvieran una penalización económica reaccionarían».

En este último caso, la alta ejecutiva, que conoce el mecanismo de la empresa, sugiere una política de igualdad planteada desde la propiedad de la empresa, con mecanismos de convicción adecuados y no imperativos. En el caso de la secretaria de Estado, funciona el ordeno y mando, no toma en consideración el derecho de los propietarios de las empresas a designar libremente sus equipos directivos.

A este segundo feminismo unos lo llaman feminismo de la igualdad, otros feminismo de la diferencia, pero para garantizar su adecuada descripción yo lo llamaré *feminismo de la igualdad en la diferencia*. Huelga decir que el contenido de este concepto no es cerrado, cada autor lo describe de su peculiar manera y lo caracteriza resaltando más o menos unos u otros elementos que incluya en su descripción. También sobra señalar que los conceptos de diferencia y desigualdad nada o muy poco tienen en común, el primero es natural, inmodificable, y el segundo es cultural, modificable, y como es injusto no cabe duda de que debe modificarse.

En definitiva, se trata de no renunciar a la condición de mujer, ni a su cuerpo con su sexualidad, ni al derecho a la maternidad, ni a la explosión de afectos en su ámbito familiar, ni a sus habilidades llamémoslas tradicionales, ni a la educación de sus hijos, ni a la valoración de sus trabajos, dentro o fuera del ámbito familiar, ni a la complementariedad del hombre en todos estos ámbitos. Se trata de alcanzar la igualdad con el varón, sin renunciar a ninguna de sus peculiaridades o diferencias y adquiriendo, como consecuencia de la conquista de la libertad, la igualdad de acceso a puestos de decisión, de poder, por el reconocimiento del mérito y la capacidad, en rango de igualdad con los hombres y en libertad.

No se pretende minimizar las diferencias constitutivas entre mujeres y hombres, porque existen y van a seguir existiendo, sino que se trata de eliminar los efectos negativos que ha generado una inadecuada y ancestral relación entre hombres y mujeres. Se trata de ir modificando la realidad, con criterios de libertad individual y de reconocimiento de la igualdad sustancial de ambos, lo que supone modificar tantas anomalías que, muy probablemente, solo los cambios generacionales llevarán a la humanidad al final deseado.

El feminismo de la igualdad en la diferencia, como he señalado, no es que se limite a reconocer las diferencias entre sexos, sus específicas singularidades, sino que las resalta, y así veremos cómo pretenden revalorizar la maternidad, la singular capacidad para la prestación de cuidados a personas con dificultades, como las profesiones sanitarias y las de apoyo a la dependencia, aunque actualmente empiezan a incorporarse hombres a este sector (en el cuidado de ancianos dependientes). Lo que pretende este feminismo es que el hombre se feminice, digámoslo así, en el sentido de que adquiera estas mismas habilidades hasta ahora femeninas, para compartirlas.

La periodista y novelista Julia Navarro («Un plan para la igualdad», *Mujer Hoy*, 23/3/2019) afirma que «No se puede ser demócrata si no se es feminista, es decir, si no se tiene conciencia de que uno de los grandes desafíos de la democracia es hacer realidad la igualdad entre hombres y mujeres», pero naturalmente, en referencia al feminismo de la igualdad en la diferencia. Hay que entender que rechaza el feminismo radical al que se refiere Iñaki Garay («Por un feminismo sin apellidos», *Expansión*, 12/1/2019): «Algunos feminismos convierten a la mujer en un objeto político de pensamiento único».

La BBC, no comprendiendo por qué en la época del «#Me Too» (perdón por el exabrupto lingüístico) solo una minoría de mujeres se dice feminista, encargó a la profesora Christrina Schaeff un estudio, del que se deducen los siguientes resultados: en Reino Unido el 34 % de las mujeres se define como feminista; en Francia el 33 %; en Noruega el 29 %; en Dinamarca el 22 %; en Finlandia el 17 %; y en Alemania el 8 %. Dice Scharff que «[...] el hecho es un poco desconcertante, si se considera que más del 80 % de las mujeres sostiene que el hombre y la mujer son iguales».

Probablemente este resultado tenga que ver, dice el reportaje periodístico que publica la noticia que comento (*Religión en Libertad*, 19/2/2019), con el hecho de que «[...] asocian el término feminismo con el odio al hombre, el ser lesbianas y la falta de femineidad». Este es el demoledor efecto del feminismo radical y andrófobo, que devalúa al feminismo que yo denomino de la igualdad en la diferencia.

Edurne Uriarte, catedrática y diputada («Feminismo de derechas», *ABC*, 16/7/2019), ubica la causa de la baja adscripción al feminismo por la pretensión que la izquierda siempre ha tenido de extender «[...] esa falsa idea de que el feminismo es exclusivo de la izquierda», y pone el ejemplo de la absurda afirmación de Carmen Calvo: «[...] el feminismo no es de todas, es de las socialistas».

Posiciones como esta provocan, dice Edurne Uriarte:

> Reticencias entre amplios sectores de las mujeres ante la palabra feminismo. Si el feminismo es Carmen Calvo, ¿quién va a querer apuntarse a ese concepto de igualdad tan sectario?. [...] El feminismo es ideológicamente plural desde sus inicios. Y también es plural en sus ideas sobre las mujeres y en sus propuestas, lo que incluye, por ejemplo, amplias discrepancias respecto a las cuotas o tantas otras medidas [...]. No hay un feminismo, hay diferentes feminismos [...]. Pero, [...] lo cierto es que compartimos dos ideas fundamentales, la convicción de que aún persisten la desigualdad y la discriminación [...] y el propósito de la acción política y cultural para lograr la igualdad.

6.7.2. Brecha laboral

Naturalmente, la brecha salarial, mejor decir laboral, de las mujeres tiene diversas causas que sucintamente reseño.

Un interesante informe periodístico («La raíz psicológica de la brecha laboral», *El Mundo*, 8/3/2021) saca a la luz un estudio de las psicoanalistas Pauline Rose Clance y Suzanne Imes, quienes descubren el síndrome del impostor, que sufre una mayoría de personas (70 %), al tener «[...] la sensación de no estar a la altura, de dudar constantemente de uno mismo, de no merecer el éxito que se haya podido conseguir». El problema, según estas psicólogas, es que el síndrome afecta mucho más a las mujeres (66 %) que a los hombres (56 %). «Y cuando más se asciende en los puestos de responsabilidad, cuanto más se sube en el escalafón, más mujeres sufren esta inseguridad patológica».

De lo dicho deducen las citas de especialistas que «El déficit de confianza explica, junto con otros conocidos factores legales y económicos, la persistente brecha de género en el mercado laboral».

Muy probablemente, este hándicap de las mujeres tenga mucho que ver con su histórica orientación al ámbito familiar y su falta de orientación histórica al ámbito externo de la vida laboral, pero las recientes y sucesivas generaciones de mujeres en la universidad y en la actividad económica y social limitará este síndrome a cotas equiparables a las de los hombres, pues no puede olvidarse que la incorporación masiva de la mujer al ámbito profesional no pasa de tener tres o cuatro décadas, al menos en España.

En todo caso, pretender explicar la mayor afección del síndrome del impostor en el mundo femenino en innatas limitaciones en el campo de la autoestima sería una conclusión absurda por rechazable desde el conocimiento de la antropología.

Centrando la cuestión en el ámbito práctico, y como veremos con comentarios de los autores que traigo a estas páginas, lo cierto es que el problema esencial de las diferencias injustas entre hombre y mujer está en un hecho biológico inmodificable, cual es la maternidad.

Las mujeres, los matrimonios y el propio Estado quieren que vengan hijos al mundo y para ello es imprescindible el concurso de la mujer, no de manera momentánea o accidental, sino durante un periodo superior a la decena de años, si tiene varios hijos. De modo que la solución exige el acuerdo de toda la sociedad y, desde mi punto de vista, solo se puede hacer desde la libertad.

La investigadora de Harvard Claudia Goldin (*El Semanal*, 2/6/2019), Premio Fundación BBVA Fronteras del Conocimiento, también coincide en que el mayor obstáculo para la igualdad profesional de la mujer es la maternidad, no solo por el parón que se le exige durante el tiempo de mayor dedicación a la maternidad, sino porque el empresario tiene cierta prevención por contratar a una mujer fértil. Pues bien, Claudia Goldin propone un esquema con tres causas limitativas y su eventual solución, a saber:

- *Diferencia salarial.* Para lo que propone: flexibilización de horarios; igualación de permisos de paternidad (para reducir la prevención en la contratación); y adecuación de los horarios escolares a los horarios laborales (salida del colegio más tarde que del trabajo).
- *Discriminación sexual.* Anomalía consistente en la fraudulenta asignación salarial a las mujeres. Estos casos se dan en puestos laborales de media y baja cualificación.

Propone, como medidas correctoras, la selección de personal con currículos ciegos (sin identificación del sexo de los solicitantes), que me parece de mínima eficacia porque se corregiría en el periodo de prueba; y la publicación de los salarios de todos los empleados, lo cual choca con la privacidad, la protección de datos personales y contra la libertad del empresario de retribuir mejor en el mismo puesto a los trabajadores más eficientes, con independencia del sexo, que además sería de justicia si la estimación empresarial de la eficiencia coincide con la realidad.

- *Techo de cristal.* Es el freno empresarial para acceder a puestos de la mayor responsabilidad por ser mujer. Aquí hay un problema de limitación del derecho de dirección de la empresa que corresponde al empresario.

Lo lógico es que los puestos de mayor responsabilidad se otorguen a los mejores candidatos, por el mero interés de la empresa. Si en esta materia hay limitaciones efectivas, probablemente serán derivadas de la prevención del empresario de otorgar su confianza a mujeres fértiles que le puedan descabezar la dirección de la empresa por periodos no breves, de cuatro o seis meses, y con la obligación de reponer a la mujer en su función, unos meses después. Este problema debiera resolverse mediante un instrumento convencional preestablecido, que prevea un modelo de trabajo domiciliario, aunque siempre aparecerán situaciones de difícil encaje. La imposición regulatoria excesiva sería perjudicial para el objetivo que se persigue.

Desde luego la idea de la exclusión de la mujer, por el mero hecho de serlo, no es razonable cuando ofrece garantías de eficiencia en su puesto de trabajo. Ningún empresario en su sano juicio discrimina por razón de sexo en su propio perjuicio.

Por el contrario se discrimina al revés, aplicando la *cuota* sin sentido de la eficiencia, por ejemplo en la política. Son clarísimos los ejemplos en los que cuando se aplica la *cuota* no acceden las mejores mujeres de los partidos, sino las más próximas al líder, porque solo se trata de cumplir con la decoración o la normativa (*cuota*) que las exigencias de imagen requieren. A mi juicio, la *cuota* se aplica de manera privilegiada y no racional en la política, hay casos de escándalo. Por el contrario, creo que en la vida empresarial se utiliza mucho más el criterio del mayor beneficio para la empresa (rentabilidad), que es el más justo elemento igualitario entre profesionales, el mérito.

Ejemplo de discriminación positiva desmesurada y, por tanto injusta, es la que se anuncia en el proyecto de ley orgánica del ministro Castells, que pretende reformar el sistema universitario con diversas novedades, que no son del caso, entre ellas la de incorporar:

> Medidas de acción positiva en los concursos de acceso a plazas de personal docente e investigador funcionario y contratado para favorecer el acceso de las mujeres. A tal efecto se podrá establecer reservas y preferencias en las condiciones de contratación de modo que, en igualdad de condiciones de idoneidad, tengan preferencia para ser contratadas las personas del sexo menos representado en el cuerpo docente o categoría de que se trate.

¿A quién se le puede ocurrir que si hubiera un 10 % más de mujeres profesores titulares en la Facultad de Derecho se forzara el empate incluyendo a varones en tal categoría? Pues igual de irracional, además de inconstitucional, sería en el caso contrario. A mayor abundamiento, en el proyecto de ley que comento se prevén unidades de igualdad y de diversidad, nuevos tribunales de la Santa Inquisición, para controlar al profesorado y al alumnado por si incurrieran en agresiones al dogma de la pseudo ideología de género, como si en una sociedad libre no sobraran mecanismos para la represión de conductas ilegales o antirreglamentarias.

El profesor de Derecho Antonio Manuel Peña Freire («Reservas y preferencias», *El Mundo*, 7/9/2021) se asombra de semejantes previsiones de Castells porque la realidad sociológica de la universidad no requiere que las mujeres tengan muletas porque no están cojas, de modo que se teme la peor intención: «[…] ni estamos garantizando derechos ni estamos desmontando los efectos que efectivamente se siguen de la situación de desigualdad a la que la mujer estuvo sometida […] sino haciendo otra cosa que tiene bastante de ingeniería social». Y concluye Peña Freire: «[…] estamos en presencia de un populismo feminista de corte revanchista o supremacista radicalmente incompatible con los valores de la tradición liberal».

No puede olvidarse que en el caso de la Administración pública, en la que ha de incluirse a la universidad, el 56,14 % de los empleados públicos, funcionarios o no, son mujeres y el 73,10 % de los jueces en prácticas (promoción 2021-2022) también son mujeres (*El Economista*, 15/6/2020), y es de convenir que el sistema de acceso y promoción interna en las Administraciones públicas no puede, no debiera poder, salirse del criterio de antigüedad, capacidad y mérito, de modo que Castells, con su proyecto, no pretende resolver problema alguno sino inocular la acientífica ideología de género en el mundo de la libertad y la verdad, que es la universidad.

Volviendo a la *cuota*, en sentido estricto, Camille Paglia, ya citada, al tratar sobre el antifeminismo que genera la ideología de género, en cuanto a la *cuota* se manifestaba así: «La discriminación positiva es paternalista, condescendiente y daña al grupo que se quiere proteger».

En un reportaje periodístico (*Cinco Días*, 26/6/2019), cuatro altas directivas españolas justifican la necesidad de la incorporación de la mujer a puestos de alta decisión, porque es una pérdida de talento que carece de sentido.

Así Noelle Cajigas, socia de KPMG, afirmaba que «No podemos dejar en la calle a la mitad del talento porque es una fuente de creación de valor para la economía […]»; Alicia Muñoz, directora de Gobierno, Regulación y Privacidad del Banco Santander, abría una ventana a la esperanza: «Las nuevas formas de trabajo, menos jerarquizadas y autoritarias y más inclusivas, empáticas y colaborativas, ayudan al liderazgo femenino […]»; Ruth Díaz, directora de Consumer Business de Amazon.es, focalizó su criterio en el gran instrumento de desarrollo humano: «La educación es clave y las nuevas tecnologías nos abren posibilidades que en el pasado no existían»; Olga Sánchez, consejera delegada de AXA, declaró: «La diversidad no es una opción, es una necesidad económica y social que nos enriquece […], atrévete a dar un paso adelante».

Coincidiendo con las reflexiones que anteceden, discrepo de la asignada a Olga Sánchez, porque no es un problema de diversidad, porque la empresa no es un parque temático, es un problema de igualdad de oportunidades y de la mayor capacidad profesional. Es un problema de mérito y capacidad. El objetivo sería que la mujer y el hombre fueran lo menos diversos posible, desde la perspectiva laboral.

Es de interés el reportaje periodístico de Domingo Soriano («¿*Brecha salarial?* Las claves de las que no se hablaron el 8-M», *Mercado Libre*, 3/8/2019). Parte Soriano de que si fuera cierto tanto que los empresarios prefieren contratar hombres como que las mujeres cobran menos que los hombres, es evidente que quienes contrataran solo mujeres tendrían una gran ventaja competitiva en su sector, lo que hace la tesis absurda.

Trae Domingo Soriano a su trabajo el informe realizado por la ex ministra de Igualdad Bibiana Aído, del Gobierno de Rodríguez Zapatero, bajo el título *La brecha salarial: realidad y desengaño*, realizado con datos de la Inspección de Trabajo del año 2009, con los siguientes resultados:

- 241 empresas inspeccionadas, 12 sancionadas, el 5 % del total.
- 46.239 trabajadores sancionados, 590 discriminados, el 1 % del total.
- De ese 1 %, 245 son mujeres, el 41,52 %, luego no se deduce discriminación femenina.

En el año 2017, dice el reportaje de Soriano:

La Inspección de Trabajo detecta y sanciona pocas situaciones de discriminación laboral de las mujeres, castiga a 135 empresas y recaudó 772.000 euros, el año anterior a 81 empresas. Son apenas el 0,1 % de todas las sanciones laborales que pone. […] el porcentaje se mantiene en ese nivel tan bajo desde 2007.

Cambiando de fuente informante, Domingo Soriano acude al experto americano en discriminación positiva, quien recuerda que en el año 1940 el 87 % de la población negra vivía en el umbral de la pobreza y en el año 1960, antes de la legislación pro derechos civiles, se había reducido este porcentaje al 47 %, y entre 1960 y 1970 se redujo un 17 %, y desde entonces se ha estancado el decrecimiento con solo un 1 %, pese a la política de discriminación positiva existente, lo que evidencia que las políticas imperativas no siempre dan el resultado deseado, porque quien manda en una economía libre es el mercado, ya de por sí regulado.

Un informe del Banco de la Reserva Federal de San Luis, también traído por Soriano, señala que en el año 1980 las mujeres ganaban un 37 % menos que los hombres y en los siguientes treinta años se redujo la diferencia al 20 %, estancándose el decrecimiento del diferencial. Probablemente se eliminó la causa derivada de la menor capacitación de la mujer y se mantuvo la causada por las obligaciones domésticas y de maternidad de la mujer.

Puede afirmarse que el diferencial salarial entre el hombre y la mujer en los países más avanzados está entre el 15 % y el 20 %. La consultora Korn Ferry, dice Soriano, realizó una encuesta sobre 8,7 millones de puestos de trabajo en todo el mundo, con los siguientes resultados:

- Brecha salarial estadística en el Reino Unido: 28,6 %.
- Brecha en función del nivel salarial: 9,3 %.
- Brecha salarial al mismo nivel y misma compañía: 0,8 %.

Concluye esta consultora afirmando que «Las mujeres británicas ganan un 0,8 % menos que los británicos a igualdad de nivel funcional, compañía y función». En todos los países se repite el mismo patrón.

El estudio se realizó discriminando dieciséis categorías laborales, y suele ser en las categorías más altas, el nivel ejecutivo, donde se perciben las mayores diferencias contra la mujer. También en España.

En un estudio realizado por Guillaume Vandenbroucke, también para el mismo Banco de San Luis, en el que se estudian vidas laborales completas, da un resultado quizá sorprendente. Las mujeres, casadas o solteras, tienen muy similar retribución a lo largo de su vida laboral, y también los hombres solteros. La mujer casada supera, aunque en no mucho, a los solteros de ambos sexos, pero quien se distancia claramente de estos tres grupos referidos es el grupo de hombres casados. Parece que el hombre casado ofrece más garantías de fidelidad y de responsabilidad que los grupos de solteros y se le imputa en menor medida el obstáculo de la maternidad que gravita fundamentalmente en la mujer casada.

Pareciendo estable la brecha salarial estadística (global) en un 20 % contra la mujer, en 2015, en el informe de Vandenbroucke el hombre había perdido un 5 % salarial porque están en recesión puestos de trabajo típicamente masculinos (construcción, industria pesada, etc.), mientras que están en alza puestos de trabajo en los que tienen mejor acceso la mujer, como son puestos de interrelación (clientes, compras, actuación mediante nuevas tecnologías, etc.).

Vuelve a hacerse patente que el gran obstáculo para el desarrollo profesional en igualdad con el hombre es la maternidad, que incide entre el 15 % y el 20 % de brecha salarial, en términos globales, siendo rechazable toda imputación a obstáculos de matiz pseudoideológico, como el heteropatriarcado, el machismo empresarial, la explotación capitalista y otros eslóganes de pancarta.

Por su parte, recomiendo el trabajo de Carolina Martínez Moreno (*Brecha salarial y discriminación retributiva y vías para combatirla*. Ed. Bomarzo, 2019), quien plantea la existencia de tres ámbitos en los que está el «[…] origen de la ruptura de la igualdad salarial entre mujeres y hombres», que resumo así:

1. *Modelo del gusto por la discriminación de Becker*: «[…] se trata de una conducta directamente prejuiciosa, un mero rechazo automático a las personas de una determinada condición» (raza, sexo, etc.).
2. *Discriminación estadística*: «[…] consiste en una resistencia psicológica derivada de un juicio de la persona […] en función o a partir de una valoración de las características medias del grupo al que pertenece» (embarazadas, etc.).
3. *División sexual del trabajo*: «[…] [es] el desequilibrio con que se asumen las obligaciones de conciliación y la contumaz falta de corresponsabilidad en el ámbito doméstico».

Por su parte, y en el ámbito de lo práctico, la presidente de la Comisión de la UE, Ursula Van der Leyen, anunció una estrategia para la igualdad del género para el periodo 2020-2025 (*El Español*, 5/3/2020) basada en tres acciones: 1) ley de transparencia de sueldos para finales de 2020, que en el mundo de la actividad privada es muy discutida; 2) medidas para combatir la violencia contra las mujeres; y 3) resucitar la cuota del 40 % de mujeres en los Consejos de Administración, ya establecida en 2012, y que presenta serias dificultades de aplicación, porque la *cuota* es una limitación al derecho a la libertad de empresa y a la libertad de dirección empresarial.

Habrá que estar a lo que resulte del quinquenio 2020-2025, para comprobar cómo avanzan o se clarifican estas grandes áreas de debate de enorme trascendencia, en medio de otros gravísimos problemas como el que resulta de las consecuencias económicas de la pandemia Covid-19, o como el referido a la potenciación de los principios constituyentes de la UE en países que pese a su insistencia en entrar en la UE, una vez dentro, parece que ponen en cuestión las bases del ámbito político al que tanto deseaban incorporarse, como son los del grupo de Visegrado.

No siempre es bueno acumular tensiones, agrupando problemas de no fácil coincidencia.

En conjunto podría afirmarse que desde la perspectiva normativa y jurisprudencial la estrategia de reducción de la brecha salarial es razonable, con seguridad muy mejorable, pero sabiendo eludir el riesgo de invasión del espacio que corresponde a la libertad de empresa y a la libertad individual, que podrían perjudicarse gravemente.

El esfuerzo que falta por hacer corresponde al ámbito privado, a la sociedad, a las empresas, corrigiendo muchos de sus procesos, con criterios de racionalidad para optimizar sus recursos humanos en un escenario de progreso económico y equilibro social, de modo que el acceso, promoción y retribución de mujeres y hombre se lleve a cabo con los exclusivos criterios de mérito y capacidad, abriendo fórmulas que, sin poner en cuestión la rentabilidad y la cohesión interna de la empresa, permita a sus empleados una vida familiar satisfactoria. Y a la familia le corresponde integrar, entre sus obligaciones, la de educar en la igualdad en la diferencia, por decirlo con mis palabras.

6.7.3. Aportaciones de varios autores

Pero para centrar la cuestión, es mejor dar la palabra a quienes han reflexionado sobre el particular y así poder ofrecer una idea suficientemente plural de lo que trata de ser el feminismo de la igualdad en la diferencia, frente al feminismo radical, de género y, en no pocas ocasiones, andrófobo.

6.7.3.1. Victoria Camps

Me parece de algún interés hacer explícita referencia a Victoria Camps (*El siglo de las mujeres*, *Cátedra*, 1998), que aunque ya pasan veinte años de su edición, periodo de tiempo en que los postulados feministas si no se han colmado sí han avanzado de manera importante, reflejan, creo que adecuadamente, la idea central del feminismo de la diferencia.

Camps plantea los cuatro ejes básicos sobre los que deben girar las pretensiones del feminismo: la *educación*, que debe tender a la igualdad de oportunidades y a procurar un cambio de mentalidad sin que el Estado adoctrine; el *trabajo*, tratando de evitar que las nuevas orientaciones del empleo perjudiquen a las mujeres; la *política*, siendo partidaria de la democracia paritaria en la que la presencia femenina en los órganos de poder, públicos y privados, «[…] tiene que dejar de ser una rareza» (hoy ya no lo es); y la *ética*, tratando de revalorizar la ayuda que la mujer presta a la sociedad, sustituyendo en muchas ocasiones al estado del bienestar, como son los cuidados de niños, ancianos y enfermos, sin que la necesaria reordenación sea motivo para «[…] echar por la borda formas de vida y costumbres que merecen ser conservadas».

Ya he adelantado que la obra comentada, editada en 1998, se presenta como más pesimista de lo que la situación de hoy requiere porque no ha podido computar los avances de los últimos veinte años, pese a lo cual recomienda a las mujeres evitar el *espíritu de cuerpo*, que vulgariza su discurso. Esta idea de evitar el *espíritu de cuerpo* y actuar cada cual con su personalidad es extraordinariamente importante hoy en que el gregarismo y el discurso de consigna se han impuesto.

Naturalmente, el problema de la mujer liberada es que no se ha liberado del lastre de sus obligaciones domésticas, para lo que plantea una doble estrategia:

1. Rechaza la transformación proclamada por Simone de Beauvoir de una mujer «[…] sin familia, sin hijos, sin hogar, sin marido […]», porque partía de un axioma tan famoso como falso y absurdo, consistente en que «[…] no se nace mujer: se llega a serlo». Por el contrario, no se trata de masculinizarse sino de feminizar al hombre, incorporándole a las tareas de cuidado que ha llevado desde siempre la mujer.

En el mismo sentido se expresa Hortensia Roig (*Yo Dona*, 7/7/2019), presidente de Marina Empresas, plataforma de emprendimiento del grupo Mercado, quien está convencida de que la mujer no tienen que masculinizarse para acceder al ámbito de poder y de gestión:

Es un error que hemos cometido todas, yo no era consciente. Debe ser al contrario, tenemos que reivindicar nuestra feminidad. Hay que empoderar a las niñas para que crean que puedan llegar a donde quieran. Y es importante el ejemplo en casa, mis hijos nos ven a mi marido y a mi trabajar ilusionados.

2. La lucha por la igualdad no tiene que ser tarea de las mujeres sino de hombres y mujeres, porque las pretensiones de este feminismo de la igualdad en la diferencia formula pretensiones de interés general.

Naturalmente, en los derechos humanos está incluida la mujer igual que el hombre, pero Camps advierte del riesgo de la universalización del modelo masculino, sugiriendo una *ciudadanía de la diferencia*, heterogénea, porque homogeneizar es masculinizar, así que aspira a una igualdad en la diferencia. Tratar diferente a los diferentes, porque «[…] las desigualdades son aceptables siempre que favorezcan a los menos favorecidos, como soporte teórico de las políticas de discriminación positiva».

En este punto debo poner muy en duda la materialización de esta discriminación positiva mediante la imposición de cuotas para la ocupación de puestos de trabajo, en el ámbito directivo o en el de base, sin que se compensara muy cuidadamente, con el criterio de mérito y capacidad, porque el sistema de cuotas tiende naturalmente a deslizarse hacia la elección caprichosa de mujeres, sin imponer el mismo criterio de mérito y capacidad que se aplica en la elección de hombres. Hay ejemplos clamorosos.

En materia de cuotas, no existe unidad de criterio en el feminismo, para unas es un instrumento imprescindible para achicar las diferencias existentes y para otras es una manera ofensiva de tratar a la mujer como si su condición femenina fuera una minusvalía. Personalmente, creo más razonable la segunda posición. Decía el columnista Arcadi Espada, («No sin mujeres, no a la excelencia», *Actualidad Económica*, 25/6/2018): «[…] si la excelencia cede a la gentileza, a la cuota, adiós excelencia». Reitero la afirmación de Camille Paglia: «La discriminación positiva es paternalista, condescendiente y daña a los grupos que quiere proteger».

Con el sarcasmo que le caracteriza, el comunicador Federico Jiménez Losantos («El Gobierno Gürtel», *El Mundo*, 8/6/2018), comentando el nuevo Gobierno socialista de don Pedro Sánchez, decía: «Perdonen si no me sumo a la turbamulta mediática que humilla a las mujeres celebrando su sexo y no su valía, como si tener o no tener talento tuviera disculpa de género».

Pretende también Victoria Camps valorar adecuadamente los trabajos domésticos y tratar de acomodar los trabajos no domésticos a las obligaciones del hogar y familiares, en lo que ahora ya se denomina la conciliación, lo que supone plantear nuevos modelos de empleo.

En definitiva, Camps entiende que la incorporación de la mujer a la dirección de las actividades públicas y privadas supondría aportar una nueva visión, un nuevo modo de entender la propia relación. No se refiere Victoria Camps a diferencias en valores éticos, que lógicamente deben ser comunes en igualdad espacio-temporal, sino a formas de mirar, a formas de plantear y resolver los problemas. Valga como ejemplo la necesidad de revertir la tendencia a la deshumanización que percibe la autora en los servicios públicos.

Entendiendo lo que Victoria Camps quiere transmitir, pero hay que hacer dos precisiones. Ni *lo femenino* se expresa igual en todas las mujeres, ni el proceso de deshumanización de los servicios públicos es atribuible en exclusiva a los hombres.

Hay que percibir, en todo este planteamiento de integración del hombre en la actividad doméstica y de salida masiva de la mujer a la actividad extrafamiliar, la necesidad de conciliación familiar, que es una gran oportunidad de corregir flagrantes errores del pasado reciente, para reconstruir una vida familiar mucho más justa, integrada y racional.

Victoria Camps, en su nueva obra (*Tiempos de cuidados*, Arpa, 2021), defiende el cambio de paradigma en el ámbito de los cuidados, fundamentalmente, en el entorno familiar, para que la ética del cuidado pase de ser una ética típicamente femenina a ética esencialmente humana, de modo que la distribución en los cuidados a personas necesitadas, menores, discapacitados y ancianos sea un objetivo de todos, mujeres y hombres, alterando los roles tradicionales, lo que repercutirá no solo en el ámbito familiar sino también en el laboral.

Quiero cerrar esta breve referencia a la obra *El siglo de las mujeres*, de Victoria Camps, reproduciendo una frase que define su feminismo: «El buen feminismo critica lo que, desde fuera, ha querido pasar por universal y, al mismo tiempo, se muestra deseoso de no quedarse en el reducto de su propia identidad de grupo o identidad de mujer».

6.7.3.2. Chimamanda Ngozi Adichie

Traigo también a colación dos obritas de la nigeriana Chimamanda Ngozi Adichie. Es una escritora ágil, de pluma desenfadada, que refleja muy bien las situaciones que pretende definir y de la que tomaré algunas frases sueltas que creo definen también adecuadamente su feminismo reivindicativo pero de reconocimiento de la diferencia con los hombres con quienes las mujeres han de no solo coincidir sino construir la convivencia.

Todos deberíamos ser feministas (Penguin Random House, 2015) es una breve obra en la que, reconociendo los avances habidos, hace patente la lentitud de los mismos, a mi juicio, tanto por cierta resistencia masculina como por patente desidia femenina y, desde luego, porque el feminismo radical, agresivo, produce un rechazo, ocultando la existencia de un feminismo justo y necesario. El feminismo radical inhibe muchas acciones feministas, ya lo he tratado en páginas anteriores.

En algún pasaje reconoce haberlo escrito con rabia a sabiendas de que produzca rechazo, lo que justifica precisándolo: «Y además de con rabia, también con esperanza, porque creo firmemente en la capacidad de los seres humanos para reformularse a sí mismos para mejor».

En este tono de aproximación se dejará llevar por la ensoñación: «[...] empecemos a soñar en un plan para un mundo distinto. Un mundo más justo. Un mundo de hombres y mujeres más felices y más honestos consigo mismos. Y esta es la forma de empezar: tenemos que criar a nuestras hijas de otra forma. Y también a nuestros hijos».

«El problema del género [supongo que se refiere a la ideología de género] es que prescribe cómo tenemos que ser, en vez de reconocer cómo somos realmente».

«Es innegable que chicos y chicas son biológicamente distintos, pero la socialización exagera la diferencia».

Pero me interesa ir a la propia definición de feminista: «Persona que cree en la igualdad social, política y económica de los sexos». Y dirá más: «[...] feminista es todo aquel hombre o mujer que dice: "Sí, hay un problema con la situación de género [de sexo, a mi juicio] hoy en día y tenemos que solucionarlo, tenemos que mejorar las cosas"».

La segunda obrita que traigo a estas páginas de la autora nigeriana de tan complicado nombre es *Querida Ijeawelw. Cómo educar en el feminismo* (Penguin Random House, 2017), en la que ofrece una docena de sugerencias educativas para una hija de una amiga nigeriana, de las que tomaré algunas frases, expresivas de su pensamiento:

> La maternidad es un don maravilloso, pero no te definas por ella [...]. Nunca te disculpes por trabajar. Te gusta lo que haces, y que te guste lo que haces es un regalo fantástico para tus hijos [...]. Rechaza la idea de que el trabajo y maternidad se excluyen mutuamente. [...] Las tareas domésticas y los cuidados debieran ser neutros desde el punto de vista del género y debiéramos preguntarnos no si una mujer «puede con todo», sino cómo ayudar a los progenitores en sus deberes comunes en la casa y en el trabajo. [...] ¿Te imaginas cuánta gente sería más feliz, más estable, colaboraría mejor con el mundo, si sus padres hubieran sido presencias activas durante su infancia?

Propone nuestra autora rechazar la confusión entre su feminismo de plena libertad y el feminismo *light* por el que «[...] los hombres son superiores por naturaleza pero deben "tratar bien" a las mujeres [...]». Sería aceptar que el hombre permite libertades a la mujer, apoya voluntariamente, pero siendo ajeno a los trabajos domésticos, cede competencias domésticas pero poco importantes, etc.

La enseñanza, el estudio y la lectura son los instrumentos que permiten la igualdad, y su ausencia garantiza la desigualdad: «No creas que criar a una feminista consiste en obligarla a rechazar la feminidad».

«Jamás hables del matrimonio como un logro [...]. Un matrimonio puede ser feliz o desgraciado, pero no un logro». Quizá no sobraría decir, añado yo, que el matrimonio, la convivencia estable con trascendencia en los hijos, es un objetivo razonable y, por tanto, deseable por una inmensa mayoría de seres humanos. «[...] Enséñale a rechazar la obligación de gustar». Debiera dejarse claro que a todos los seres humanos nos gusta gustar, lo que no impide rechazar la idea de ser una mujer o un hombre objeto. En general es compatible querer gustar con ser sincero, para lo que solo hace falta ser inteligente.

Afirma con rotundidad que corresponde a los padres decidir cuándo ha de tratarse con los hijos sobre materias de sexo.

Descubre cierto victimismo en las mujeres:

Hace poco estuve en una habitación llena de mujeres jóvenes y me sorprendió hasta qué punto casi toda la conversación giraba en torno a los hombres: las cosas terribles que les habían hecho los hombres, los engaños de este, las mentiras de otro, el que prometió casarse [...]. Una habitación llena de hombres no termina invariablemente hablando de mujeres y, si lo hace, es más probable que sea en tono frívolo en lugar de para lamentarse de la vida. ¿Por qué?

Las mujeres, dice la autora, «[...] se suponen moralmente "mejores" que los hombres. No lo son. Las mujeres son igual de humanas que los hombres. La bondad femenina es tan corriente como la maldad femenina».

He aquí, en Chimamanda Ngozi Adichie, una feminista reivindicativa y razonable. No funda su feminismo, su ansia de igualdad, en la destrucción del orden social, ni declara al hombre como su adversario, sino que la funda en la necesidad de reconocer, de hecho, la igualdad, en la necesidad de reconocer que los dos sexos son complementarios, a todos los efectos. Lo que realmente no se había producido y ahora empieza a producirse.

6.7.3.3. Fina Birulés

Fina Birulés («Posfacio. Pluralidad en la diferencia», en *Praxis de la diferencia. Liberación y libertad,* 2006) advierte que «[...] dado que lo que sí conocemos son las formas de su inscripción histórico-social —las mujeres han sido injustamente tratadas— lo verdaderamente importante es la superación de las relaciones de poder entre las categorías de hombre y mujer». Para Collin el feminismo no se reduce a la mera pretensión de reparar una injusticia, sino que apunta a la necesidad de una reconsideración de la comunidad de interrogarse en torno a la siguiente cuestión: «[...] ¿en qué condiciones es posible todavía un mundo en común?». Lo cual es lo mismo que afirmar que una feminista no es solo una especialista en feminismo, pues «[...] *l'espace entier de la pensé et du réel est son chez soi*» («todo el espacio de pensamiento y realidad es su hogar») (Collin, 1990).

«Desde esta perspectiva cobra sentido [...] su negativa a considerar que de la condición de víctimas se siga algo parecido a la bondad de las mujeres o a su exención de responsabilidad [...]».

Esta es la actitud de un feminismo que asume la reivindicación para solucionar la injusticia, partiendo de la obviedad de que los dos sexos son complementarios y lo son para actuar de manera complementaria y ajena al resentimiento, a la venganza histórica.

6.7.3.4. Juan Sisinio Pérez Garzón

Aporto otra visión, complementaria, del feminismo de la diferencia, trayendo a colación al catedrático de Historia Contemporánea, Juan Sisinio *Pérez Garzón* (*Historia del feminismo*, Catarata, 2011), que así queda definido:

> El feminismo de la diferencia de los distintos países coincide en la premisa de que no hay libertad ni pensamiento para las mujeres si no se parte del hecho básico y crucial de la diferencia sexual que es lo que debe dar soporte a un pensamiento específico propio de lo femenino. Ahora bien, la diferencia no supone aceptar de ningún modo la desigualdad. Lo opuesto a la igualdad no es la diferencia, sino la desigualdad. Son conceptos distintos. Por eso el feminismo de la diferencia lo que exige es la igualdad entre mujeres y hombres, pero no con los hombres. La igualdad no consiste en parecerse a los hombres sino en conquistar ser iguales desde la diferencia del género femenino. Lo que hacen las mujeres vale tanto como lo que hacen los hombres, pero no tienen que hacer lo mismo que los hombres para ser iguales.

Continúa precisando Pérez Garzón: «La diferencia sexual, por otra parte, no es una esencia cerrada sino que implica aceptar la diversidad también dentro del propio género femenino. No se trata de ser iguales ni a los hombres ni tampoco entre sí mismas todas las mujeres».

No cabe duda de que, en la práctica, el mayor escollo para vivir la actividad profesional en libertad, sin hándicaps, es la maternidad. Habrá mujeres que no quieran tener hijos, pero la mayoría de las mujeres quieren tenerlos.

Tener hijos es un beneficio para las propias mujeres, para los hombres y también lo es para la sociedad, de modo que la adecuación de las circunstancias para facilitar la gestación de cuantas mujeres deseen traer hijos al mundo ha de contemplarse desde estas dos perspectivas: el derecho privado a la maternidad y el beneficio social de la maternidad.

La función de la maternidad exige un periodo de presencia permanente, alrededor de seis meses y un periodo de bastantes años que, combinándolo con la actuación del padre, solo puede cubrirse adecuadamente mediante un no siempre fácil proceso de conciliación del trabajo con la vida familiar, proceso que debe generalizarse para evitar agravios comparativos y, sobre todo, riesgos laborales de quienes no puedan beneficiarse de la conciliación.

En lo atinente a la conciliación ha de advertirse de que cualquier propuesta en pro de la conciliación debe formularse sin que se resienta la productividad, porque si así ocurriera no prosperará o prosperará a trompicones y se imputará el perjuicio a la madre trabajadora. En esta materia hay que afinar más que predicar.

No es fácil la generalización de la conciliación laboral con la vida familiar, porque no todos los sectores económicos tienen la flexibilidad necesaria para acomodarse al proceso. Por ejemplo, la prestación de servicios en el comercio y en la hostelería difícilmente puede acomodarse al horario general de otros sectores, como los relativos a las administraciones públicas, a la banca, a actividades desarrolladas en oficinas sin recepción masiva de público, etc., porque el comercio y la hostelería deben estar a disposición del público cuando este tiene tiempo libre.

Que surjan dificultades no debe frenar el intento, ni el intento tiene que proyectarse para alcanzar el cien por cien de sus posibilidades en su primera aplicación. Pero además, este proceso requiere compaginarlo con la libertad individual, porque estamos en una sociedad libre y abierta, en la que la ciudadanía no tolera vivir al toque de corneta.

Sobre estas cuestiones y, en general, sobre el apoyo a la familia tanto para facilitar que cada pareja tenga los hijos que desee, dentro de sus posibilidades, como para compaginar la vida profesional y familiar de sus miembros, exigiría un apartado especial en el que se tratara sobre la política fiscal adecuada a la procreación, sobre la conciliación horaria muy compleja y sobre la flexibilidad laboral vinculada con las nuevas tecnologías, todo lo cual se sale de los límites de este ensayo.

6.7.3.5. Nuria Varela

Desde luego queda otra faceta por tratar, sustancial, es la de la educación en la igualdad, que consiste, según Nuria Varela (*Feminismo para principiantes*, Ed. B, 2005), en que se acabe «[…] aceptando a las mujeres como sujetos iguales, como interlocutoras, como ciudadanas […]», lo que tiene el inconveniente, si se saca del ámbito familiar, de mezclarse con el adoctrinamiento en la pseudo ideología de género, porque junto a este sano principio de la igualdad se inoculan aberraciones, que no es del caso reiterar aquí, mientras que se ofrecen extraordinarios resultados en los centros de enseñanza en los que se elude el adoctrinamiento.

Donde mejor se asimila la educación en la igualdad es en la familia, y donde mejor se transmite la idea de Victor Seidler (*Transformando las masculinidades* en *feminismo para principiantes*) de que «[…] los hombres aprendan a mostrar más abiertamente su vulnerabilidad […] que no es un signo de debilidad, sino una muestra de valor» es en la familia, pero no todos los progenitores están capacitados para tal objetivo.

La referida Nuria Varela propone una buena meta para conseguir el objetivo, tanto para padres como para educandos: *querer ser un varón justo y respetuoso*.

En otro orden de cosas pero con el mismo ámbito de actuación, señala esta misma autora que «[…] es imprescindible que los medios de comunicación comiencen a transmitir mensajes sobre modelos masculinos igualitaristas, y lo mismo hagan las campañas institucionales», pero siempre con exquisito respeto a la libertad de los auténticos educadores, los padres, *y no dejándose llevar por corrientes deshumanizadoras y de nula solvencia científica.*

6.7.3.6. Nuria Chinchilla

En *El nuevo liderazgo. Ayudando a la mujer a romper barreras* (Nuestro Tiempo, Grandes temas, n.º 699, 2018), trabajo en el que colabora Rafael Pich-Aguilera, se dice:

> Los techos de cristal son los que se imponen desde el exterior. Vienen marcados por horarios y estilos de dirección rígidos que causan el presentismo y que dificultan la conciliación entre el trabajo y la familia […]. La falta de compatibilidad entre la vida laboral y la familiar es el mayor obstáculo para el desarrollo del talento femenino […]. Por ello, resulta vital involucrar desde el principio a toda la familia en la llamada conciliación, que consiste en integrar la vida en sus distintos ámbitos, sabiendo que construir un hogar concierne a todos.

Naturalmente reclama el apoyo de todas las administraciones públicas y el fomento de la financiación, además de acomodar las costumbres españolas, más que las laborales, como la hora de comida y cena, a las necesidades de este nuevo empeño.

Los *techos de cemento* se los ponen las propias mujeres, según Chinchilla. Se refiere a sus barreras internas: falta de confianza, perfeccionismo, miedo al fracaso, etc., y termina reclamando que «Necesitamos mujeres femeninas con éxito equilibrado en sus trayectorias vitales (profesionales, familiares y personales)», recordando las tres F del éxito: feminidad, familia y flexibilidad, para alcanzar las seis C: complementariedad hombre-mujer; cuidado de la casa común; competencias de liderazgo; corresponsabilidad, compromiso; y confianza.

Este es el feminismo de la igualdad en la diferencia, que no siempre aflora porque es más escandalosa la llamada del feminismo radical, porque siempre se oye más a los que más gritan, aunque sus gritos no sean los que más interesen a los ciudadanos.

Ciertamente, no todos piensan igual. La reiterada empresaria Sira Antequera (*Actuall*, 16/4/2018) es mucho más pesimista, cree que con independencia de sexos la dedicación al trabajo en busca del éxito no deja espacio ni tiempo para más, y así dice: «El "techo de cristal" no es otra cosa que el coste de la máxima competitividad para conseguir la cúspide empresarial [...] estar a esos niveles es incompatible con casi todos los aspectos de la vida ajenos al trabajo».

6.7.3.7. Svenja Flasspöhler

Esta filósofa alemana (*ABC*, 24/3/2019), autora de *Por una nueva feminidad. La potencia femenina* (Taurus, 2019), rechaza lo que denomina el feminismo de *hashtag* (etiqueta con el tema que se va a tratar en una conversación que se inicia por Internet), que es:

> La antagonización entre hombres y mujeres y aboga por redefinir la feminidad apostando por una mujer fuerte y poderosa, que deje de ser, únicamente, víctima [...]. El feminismo ilustrado y progresista no debería infantilizar a las mujeres. Sin embargo, es lo que pasa cuando no se confía en ellas para que actúen de manera autónoma o no se las anima a que lo hagan [...].

En sentido jurídico, la época del patriarcado ya ha pasado. Los hombres y las mujeres son iguales ante la ley. En consecuencia, el sentido del feminismo actual no reside en la lucha por la igualdad de derechos, al menos no en el mundo occidental. Reside en desenmascarar las ideas preconcebidas que todos, hombres y mujeres, llevamos profundamente arraigadas en el cuerpo, los patrones responsables de todo desequilibrio entre los sexos. Uno de esos patrones es no reconocer el derecho de las mujeres a su propio deseo [...].

El feminismo de nuestros días actúa sobre todo mediante etiquetas. #Aufschrei (grita), #NoesNo, #MeToo, #Queer (cállate) son el nuevo feminismo de la red caracterizado por una concepción dudosa de solidaridad [en español podría decirse feminismo de eslogan] [...].

En los últimos dos años hemos vivido un clima de denuncia. Se juzgaba de antemano a los artistas porque en el ambiente flotaba la acusación de acoso sexual [...]. Veo en las mujeres una lógica revancha y cosificación que rechazo y que, por otra parte, es profundamente masculina [...]. En las relaciones laborales, el principal problema no es la violación, sino la brecha salarial. En parte es porque las mujeres son prudentes al negociar sus retribuciones.

Sobra todo comentario, porque esta mujer inteligente lo ha dicho todo.

6.7.3.8. Irune Ariño

Esta politóloga, subdirectora del Instituto Juan de Mariana, trata la cuestión del feminismo con contundencia, y a mi juicio con acierto (*Actualidad Económica*).

La visión que se ha impuesto en las últimas décadas achaca todos los problemas de la mujer a la presión masculina y, cómo no, al capitalismo. [...] Las matizadas diferencias en los roles de género son en gran parte naturales, porque tienen fundamentos biológicos y evolucionan con el tiempo y las circunstancias. [...] La brecha salarial entre sexos viene explicada en gran medida por la penalización que supone para las mujeres el hecho de la maternidad.

Recomiendo la lectura del informe *Mitos y realidades del feminismo*, realizado por el Instituto Juan de Mariana (4/3/2009), bajo la firma de Cuca Casado, Francisco Capella, Irune Ariño y Santiago Calvo.

También tiene interés el trabajo de Irune Ariño («La familia liberal: la función y no la forma», en *El Manual Liberal*, editado por Antonella Marty, Ed. Deusto, 2021) en el que repasa la historia de la familia, como producto evolutivo, agente civilizador y esencial en la construcción de la sociedad que en nuestro tiempo además de la tradicional basada en la pareja heterosexual presenta otras formas, como las homoparentales, las monoparentales y, a su juicio, gracias al desarrollo económico propiciado por el capitalismo y también por la aparición y consolidación del llamado estado del bienestar.

Recuerda Ariño las fracciones competenciales entre el Estado prestador y la familia, de cuyos aspectos más relevantes ya hemos tratado en su conexión con la pseudo ideología de género.

Discrepo, como ya está escrito, con las tesis de Irune Ariño en torno al perjuicio, a mi juicio, que se produce a los niños nacidos y educados en estos tipos de familias homoparentales o monoparentales, fundamentalmente por la expropiación de su derecho a disponer de referentes masculinos y femeninos a los que la vida también priva a otros niños, pero en este caso de manera involuntaria, inevitable (orfandad, divorcios, etc.) y no de propósito.

6.7.4. Datos relativos a la mujer española

Con motivo de la multitudinaria manifestación feminista, previa huelga, del 8 de marzo de 2018, éxito incontestable de la pseudo ideología de género y de sus organizaciones integradas, se publicaron dos comentarios periodísticos cuyos datos, por su interés, traigo aquí:

6.7.4.1. «Los 10 gráficos que desmontan la huelga feminista del 8 de marzo de 2018»

Manuel Llamas publicó, al día siguiente de la histórica manifestación feminista del 8 de marzo de 2018, un artículo bajo el *título* «Los 10 gráficos que desmontan la huelga feminista del 8 de marzo» (*Diario Digital*, 9/3/2018), del que entresaco diversos datos de interés, pese al transcurso de cuatro años.

- Discriminación laboral (OCDE): año 2015. En el mercado laboral español participaba el 53,7 % de las mujeres y el 65,7 % de los hombres. En el mercado laboral francés participaba un 51,6 % de las mujeres y en el mercado laboral alemán participaba un 54,7 % de las mujeres.

En 25 años España incrementó la presencia femenina en el mercado laboral en un 56 %.

- Brecha salarial (EUROSTAT): año 2015. España 14,2 %; media europea 16,2 %; Francia 15,3 %; Reino Unido 21 %; Alemania 22 %.

Se produjo una caída en España de la brecha salarial, desde 2012, de 4,5 puntos.

Brecha salarial de España, en igualdad de puesto y condiciones: 5 %.

La Inspección de Trabajo identificó que el 1 % de los casos fraudulentos correspondían a la discriminación salarial por razón de sexo.

El factor desestabilizador que más influye en la brecha salarial referida es la maternidad.

- Acceso a la universidad: en España, del total de universitarios, el 66 % eran mujeres. Se supera el nivel de la OCDE y el de EE. UU., que era el 64,6 % de mujeres.

- Violencia: España ocupa el puesto 36 de 44 países.

El ratio era de 5,15 mujeres asesinadas por varón, por millón. En los Estados Unidos era el 11,6 mujeres por millón.

Violencia en España: en el *ámbito de la pareja,* el ratio era de 2,81 mujeres muertas por millón.

Encuesta: algún tipo de violencia sufrida en la vida 20 %, de origen sexual 6 %. Media comunitaria 33 %.

La preocupación por riesgo de asalto en España era del 11 %, mientras que la media europea es del 21 %.

- Mejor país para nacer mujer: España era el quinto, detrás de Islandia, Noruega, Suiza y Eslovenia, según Women, Peace, and Security Index.

Como se verá de seguido, en el bienio 2019-2020, España ha pasado de este 5.º puesto al 15.º, con un gobierno progresista, feminista, etc.

6.7.4.2. España era el quinto mejor país del mundo para nacer mujer

Según Elvira Roca Barea («De Algeciras a Kabuel: 8-M», *El Mundo*, 14/3/2018), «España es el quinto país mejor del mundo para nacer mujer según el Instituto de Georgetown para Mujeres, Paz y Seguridad y el Instituto de Seguridad Investigación de la Paz de Oslo».

Advierte la expolítica Rosa Diez («Contra el feminismo de trincheras», *Expansión*, 11/3/2020), en relación con las valoraciones de dichas instituciones de Georgetown y Oslo, que: «Algo anómalo ha debido pasar, pues en el informe de las mismas instituciones para el bienio 2019-2020, elaborado con la misma metodología, España ha caído al puesto 15. Y eso a pesar de tener al frente del Gobierno a los campeones y campeonas del feminismo y del progreso».

Se queja la profesora Roca Barea de la desmesurada influencia que tiene en España la pseudo ideología de género, incrementada como consecuencia de la huelga y manifestación del día 8 de marzo de 2018:

> Curiosamente en los países desarrollados no ha habido huelga general ni multitudinarias concentraciones. Desde luego nada que pueda compararse ni remotamente con lo de Madrid. ¿Qué demonios significa esto? [...].
>
> De manera que tenemos: 1. La ideología de género es dominante en casi todos los ámbitos y dueña absoluta del espacio público en España. 2. Los españoles y sus vecinos tienden a creer que España está mucho peor de lo que está, incluso cuando está mejor que sus vecinos. 3. Progresa, y muy adecuadamente, el pensamiento tribal y excluyente. Es cada vez más peligroso no pensar como todo el mundo.

Es a todas luces inadecuada la palabra *pensamiento*.

Por otra parte, según la profesora M.ª Isabel Cepeda González («El coste económico de la violencia de género», *Actualidad Económica*, 17/9/2018) «[...] España ocupa el puesto 27 en HDI (índice de desarrollo humano) y el 15 en GIL (índice de desigualdad de género), es decir, está más avanzada en igualdad de género que en desarrollo humano».

En esta materia, como en otras muchas, los españoles tenemos un concepto mucho peor del que nos merecemos de nosotros mismos.

En otro orden de cosas, que refleja un aspecto muy específico de la situación de la mujer española en la franja directiva de la sociedad, merece atención un reportaje de Belén Rodrigo («Las mujeres cogen altura en la alta dirección, pero la paridad no está al alcance de la mano», *ABC EMPRESA*, 1/3/2020) en el que se refleja la distribución de puestos en Consejos de Administración en España. En las empresas del IBEX 35, de 455 puestos de consejero, 124 los ocupan mujeres, así que su peso relativo es del 27,25; en las empresas del mercado continuo, excluidas las del IBEX 35, de 841 puestos de consejero, 176 los ocupan mujeres.

6.7.4.3. Otros datos sobre violencia y mujeres en España

Permítaseme una digresión sobre el problema de violencia en España, que no deja de estar vinculado a la materia que ahora nos ocupa. Con el mismo criterio de Elvira Roca Barea se expresa el columnista Manuel Vicent («11 Líderes», *El País*, 18/11/2018), que rotundamente afirma:

> Frente a la agresividad que rezuman los telediarios, España es el país de menor violencia de género en Europa, muy por detrás de las socialmente envidiadas Finlandia, Francia, Dinamarca o Suecia; el tercero con menos asesinatos por 100.000 habitantes y, junto con Italia, el de menor tasa de suicidios […]. Todo esto demuestra que en realidad existen dos Españas, no la de derechas o de izquierdas, sino la de los políticos nefastos y líderes de opinión bocazas que gritan, crispan, se insultan y chapotean en el estercolero y la de los ciudadanos con talento que cumplen con su deber, trabajan y callan.

Un breve informe periodístico de Paula Guisado («España, país de la UE con menos homicidios», *El Mundo*, 27/12/2018), en línea con los autores ya reseñados, hace patente que la situación de España en materia de violencia, y no solo de la indebidamente denominada violencia de género, es realmente muy aceptable, pese a lo que se pretende hacer creer emponzoñando la actualidad nacional con la sangre de hechos violentos, pero sin advertir que hay una sociedad de más de cuarenta y siete millones que no es violenta sino amable, que lleva las penas y alegrías de la vida con naturalidad y civismo.

Resalto algunos de los datos que dicho informe contiene: la tasa de homicidios de España (2018) es de 0,7 por cada 100.000 habitantes. Pero es obligado resaltar que por cada homicidio hay 10 muertes por caídas, 6 muertes por accidente de tráfico y 2 por sobredosis de estupefacientes, es decir, que por cada homicidio hay 18 muertes no naturales e involuntarias. En materia de homicidios estamos algo peor que solo cuatro países, que son Islandia (0,5), Liechtenstein (0,5), Suiza (0,6) y Noruega (0,6), igual que países como Austria (0,7), Luxemburgo (0,7) y Estonia (0,7) y mejor que todos los demás países, así como Polonia (0,8), Italia (0,8), Alemania (0,8), Dinamarca (0,8), etc., y mucho mejor que Reino Unido (1,1), que Francia (1,2), que Finlandia (1,6) y que Bélgica (1,9), y no digamos de muchos países de la Europa del este, excomunistas, que están por encima del 2 y hasta del 5 por 100.000 habitantes.

En esta materia existen pocos estudios comparados que sean actuales, aunque respecto del año 2020 el INE refleja que en España se había producido 299 homicidios dolosos y asesinatos, de los cuales 45 fueron asesinatos de mujeres por la llamada violencia de género, lo que representa un 15,05 % de las muertes dolosas en el mismo periodo. En España, en el entorno del 85% de estos delitos los cometen los hombres.

Por lo que se refiere a la violencia de género, en conjunto, en el mismo año 2020 se denunciaron 29.215 sucesos, en los que el denunciado era un varón. Por edades los episodios se concentran en los periodos entre 30 y 34 años (3,4/1.000) y entre los 25 y 29 años (3,1/1.000), siendo la tasa media del 1,4/1.000 mujeres mayores de 14 años. Del total de víctimas, 18.379 eran nacidas en España y 10.836 en el resto del mundo, debiendo considerarse que los extranjeros en España representan sobre el 10% de la población. Por otra parte el 23 % de los hechos violentos se producen en parejas de hecho; el 21,4 % en exparejas de hecho; el 20,1 % en el ámbito matrimonial; el 16,3 % en el del exnoviazgo; el 13,1 % en el ámbito del noviazgo; el 5 % en el de exmatrimonios y el 1,1 % en el ámbito de procesos de separaración.

En cuanto a la violencia doméstica, en el mismo año 2020, se produjeron 8.279 hechos violentos de los cuales 5.082 sus víctimas eran mujeres y 3.197 eran varones. Todos los periodos de edades sufren similar nivel de incidencias, salvo el de 18 y 19 años que sufrieron menos incidentes violentos. Del total de víctimas, nacieron en España 2.705 varones (0,14/1000 hab.) y 4.156 mujeres (0,2/1000 hab.). Respecto de la relación de las víctimas con sus ofensores, 3.377 eran padres o madres; 2.567 hijos o hijas; 867 hermanos o hermanas; 123 abuelos; 38 nietos y 1.812 con otro tipo de relación.

Hay que advertir que, como consecuencia del confinamiento por la pandemia Covid-19, la criminalidad general de España se redujo en el 19,4 %.

Deducir que estas cifras tienen como origen el *heteropatriarcado* es una afirmación absolutamente injustificada y maliciosa, carente de todo sentido. Desde luego se hace necesario un estudio profundo de todas las circunstancias, sociológicamente relevantes, que se presentan en el entorno de estas tragedias para ver con serenidad y frialdad dónde están sus causas y todo ello sin crear alarmismo que nada resuelve, aunque favorezca a quienes lo generan.

Introducir el heteropatriarcado *(¿?)* como un obstáculo a la igualdad entre mujeres y hombres es una manera de confundir y, por tanto, de dificultar la solución del problema. Sin un conocimiento profundo de las causas del mal es imposible darle solución.

Si se buscan las causas no podrá eludírse el estudio de algunas características muy destacadas de nuestra sociedad, como son: 1. La penetración de la violencia gratuita en nuestra sociedad desde la infancia, sin rechazo social alguno; 2. La hipersexualización y banalización de las relaciones sexuales desvinculadas de cualquier sombra afecto, en cuyo resultado tiene mucho que ver la difusión de la pornografía desde tempranísimas edades, en cuyo escenario la mujer es la parte débil; 3. La vulgarización del concepto de ser humano y de sus relaciones personales. De estas tres características no puede sentirse ajeno el progresismo, porque tienen mucho que ver con el proceso de deshumanización que ha promovido y promueve.

Para concretar algo más, aporto el siguiente dato reseñado en el trabajo ya referido de Diego de los Santos (*Género singular. Manual para gente sin género*, Samaracanda, 2019): antes de la Ley Integral de Violencia de Género (2004) la media anual de mujeres asesinadas por su pareja (1999-2003) fue de 58,4 y desde la promulgación de dicha ley (2005-2018) esta media ascendió a 59,4. Resulta evidente que la ley en cuestión ha carecido de eficacia alguna, por lo que deben buscarse otros caminos que nos lleven a mejores resultados.

El referido trabajo de Diego de los Santos aporta las siguientes informaciones:

- De las 47 sentencias analizadas de homicidios/asesinatos de mujeres por su pareja o expareja, en el año 2015, «[...] en el 97 % de ellas no había denuncias previas de violencia, y en el 89 % no se pudo hallar indicio alguno de amenazas o agresiones previas, a pesar de las indagaciones».
- El comandante de la Guardia Civil y psicólogo coordinador del estudio de asesinatos de mujeres *caso a caso*, promovido por el Ministerio del Interior, afirmaba que «[...] en la mayoría de los casos no hay escalada de violencia, lo que les convierte en difícilmente detectable con los parámetros que utilizamos para valorar el riesgo homicida actualmente».

Así como en el año 2017 en el 97 % de las muertes no existió denuncia previa, en el año 2019 «Tan solo 11 víctimas mortales (20 %)

habían denunciado a su agresor y únicamente 4 (7,27 %) tenían medidas de protección en vigor». En definitiva, cuando se está cerca de la indetectabilidad, se está muy cerca de la inevitabilidad.

Cabe deducir que más que policial estamos ante un problema de sociedad, de modelo de sociedad por el que hemos optado y que no parece que se quiera modificar.

7. Conclusiones

7.1. SOBRE EL ORIGEN DEL SER HUMANO

Atendiendo a la reiterada hipótesis más plausible respecto de la creación del universo y, en concreto, de la creación del ser humano, tengo como razonable, como más probable causa primera, la existencia de un Creador espiritual, ajeno al tiempo y al espacio, dotado de vida, con inteligencia superior y capaz de trasmitir vida, espíritu y amor. Capaz de crear la materia, de aportar a los seres vivos la vida, y a los humanos con la vida un espíritu superior que conlleva: conciencia de ser conscientes y de nuestra individualidad irrepetible; conciencia ética para discernir el bien y el mal; razón, es decir, inteligencia para reflexionar en abstracto; voluntad para establecer libremente una conducta determinada; y, además, la capacidad de amar.

Si los componentes del humano son materia y espíritu y este de carácter superior, tenemos que concluir, necesariamente, que el humano es la única especie superior del universo, que es un fin en sí mismo, porque tenemos capacidad para transformar nuestro entorno con criterios lógicos, morales y teleológicos, además de la singularísima característica que supone nuestra capacidad de amar. Somos el centro del universo porque nuestro Creador lo ha hecho así o, mejor dicho, nos ha hecho así para que seamos el centro del universo.

Datos objetivos nos permiten suscribir el *principio antrópico*, que reconoce la creación del universo como exigencia previa para la existencia de la vida y, singularmente, de la vida humana.

Es obligado señalar que la afirmación de la necesidad de un Creador espiritual para la existencia del universo y para la del ser humano no es una afirmación de naturaleza religiosa, sino una deducción lógica sin vinculación alguna con argumentos teológicos, realizada en términos de *hipótesis más plausible*, como lo demuestra el hecho de que muchos filósofos que defienden la propuesta teísta no son, en su vida personal, religiosos ni creyentes en fe alguna.

Así podría decirse, tomando de varios autores reseñados, que la primera causa se define como *causa incausada*, en cuanto no exige causa previa (Miethe), es la *inteligencia más alta* (Flew), es una *fuente trascendente del mundo* (Einstein) y es una *mente preexistente*, esto es, ajena al tiempo (Wald). Sería esta, en definitiva, la idea genérica de un Dios creador, por decirlo de alguna manera, de un Dios desvinculado de toda religión, desvinculado de toda idea o pretensión de establecer una relación Creador-creado, que es la religión, lo que digo a los efectos de reiterar la neutralidad de mi reflexión, con independencia de mis convicciones personales ya confesadas.

Creo, en definitiva, que es lícito concluir en que no es irracional considerar como imprescindible la existencia de una Mente espiritual creadora del universo que sea ajena al tiempo, y por eso la presento como la hipótesis más plausible.

A *sensu contrario*, creo que quien niegue la existencia de esa Mente creadora del universo está negando una específica concreción sobre la causa primera y dejarlo así sería acientífico, porque causa primera tiene que existir, con lo que queda obligado a seguir reflexionando. La negación radical no vale.

Pero, si se admite como hipótesis más plausible que la primera causa es una Mente superior espiritual, ajena al tiempo, omnisciente, capaz de crear la materia e insuflar la vida y el espíritu en el ser humano, haciéndole libre, capaz de optar razonadamente y también capaz de amar, parece obligado preguntarse si tal Mente creadora hizo todo esto sin finalidad ni objetivo alguno o, por el contrario, las características del ser humano llaman a una previsible trascendencia, empezando por la relación con su Creador.

¿Tiene sentido ser libre si no se es trascendente? ¿Para qué la razón y la libertad, sin esperanza de trascendencia? ¿Libre, sin destino relevante?

Naturalmente, mis argumentos no pasan de proponer una hipótesis que la razón humana pueda sostener. Cosa distinta es la fe en un Dios creador y providente, cuya aceptación racional siendo necesaria no es suficiente, hace falta fe, que es confianza y afecto atractivo hacia el Creador, a lo que no se llega por el camino de la razón, como ya está reiterado, sino *per saltum*.

Aquí dejo estas reflexiones sobre nuestro origen, sobre la primera causa, porque me parece necesario tener alguna posición frente a la evidencia de que somos algo más que materia y porque creo que por ese *algo más* accedemos a nuestras características más singulares y relevantes que nos otorga la dignidad humana y la consiguiente libertad individual.

7.2. SOBRE LA DIGNIDAD DEL SER HUMANO

Al poseer el ser humano un espíritu de singularísimas características, ser irrepetible y motivo de la creación del universo resulta ser un fin en sí mismo, por lo que tiene un valor singularísimo, que es lo que se denomina dignidad humana. Todo lo cual se confirma porque el ser humano es capaz de reconocer su valor intrínseco, su dignidad inalienable, lo que ningún otro ser vivo del universo puede hacer.

La dignidad humana, compendio de todas las características singularísimas del humano, explica y justifica la exigencia de la libertad individual, que no requiere ningún otro ser del universo y es de razón afirmar, como consecuencia de lo dicho, que el ser humano no está en ningún rango de equiparación con especie alguna, viva o inerte, de las existentes en el universo.

La dignidad humana es, por ser la justificación de la libertad individual, el pilar de toda la teoría liberal, sin ella, la libertad, el liberalismo no tendría sentido.

Desde la perspectiva teleológica, ¿qué sentido tiene la creación de un universo para un ser humano tan cualificación, capaz de hacer el bien y el mal y capaz de amar, para que todo acabe con la vida de cada individuo? ¿Tanto esfuerzo para tan poco?

La dignidad humana está inseparablemente unida a la vida humana, así que cuanto se diga de la dignidad se está diciendo de la vida.

La dignidad humana, la vida, es un valor *absoluto*, porque solo puede compararse en el universo con el valor de otra vida; *excluyente*, porque quedan excluidos de ella el resto de seres y elementos del universo; *inviolable*, porque nadie tiene derecho a invadirla ni a ofenderla; *intangible*, porque no debe ser perturbada; *exigible frente a todos*, porque nadie puede negarla; *irrenunciable*, porque nadie puede rechazarla; y, además, *irrepetible*, porque jamás nacerá un ser humano igual a quien ya lo fue o lo es.

Hay que suponer que quien pretendiera renunciar a la vida estaría sometido a una coacción exterior insuperable o sería víctima de la pérdida de la razón, capaces de romper la barrera del instinto de conservación. En ambos casos debe ser protegido el ser humano bajo tales circunstancias y nunca aceptada su renuncia al derecho-obligación de vivir.

La dignidad humana se asienta en el ser humano porque es irrepetible y porque está dotado de las potencialidades ya dichas de las que se deduce su libertad, de modo que la dignidad humana tiene su causa, resumiendo, en que el ser humano es *irrepetible* y es irrepetible porque es *trascendente*, o tiene vocación de trascendencia, y para ello tiene que ser libre. El ser humano solo tiene una manera de convivir, solo tiene una manera de habitar el planeta, en libertad, así que la libertad no se recibe ni se otorga sino que es innata. La libertad personal no es una adherencia que se reconoce al ser humano por convención social, está ínsita en su propia naturaleza.

Reproduzco como conclusión la definición que aporto, en el cuerpo de este ensayo, sobre la dignidad humana:

Es el valor innato a todo ser humano en razón de sus características inmanentes (razón, voluntad libre, conciencia del bien y del mal y capacidad de amar); de carácter absoluto e invulnerable; exigible *erga omnes* en cualquier circunstancia; de carácter excluyente, respecto del resto del universo, e irrenunciable sin excepción alguna.

7.3. SOBRE EL DERECHO A LA VIDA DEL SER HUMANO

Desde luego, el ataque al derecho a la vida no es el único ataque posible a la dignidad humana, aunque sí el más radical y definitivo y, por tanto, el más grave. Existen otros muchos ataques a la dignidad humana, de menor envergadura que la eliminación de la vida. En este trabajo nos hemos referido a dos en concreto, el derecho a la certeza paterno-filial y el derecho a la identidad sexual, cuyas quiebras impactan gravísimamente en la dignidad humana.

Supuesto lo antedicho, solo cabe repasar las hipótesis en las que el derecho a la vida de unos se pone voluntariamente en riesgo por otros, para desvelar los artificios que pretenden justificar la perturbación del derecho a la vida.

7.3.1. Algunas ideas previas

7.3.1.1. Ética pública y moral privada

Aunque no es una definición absoluta la que presento y, por tanto, es discutible, creo necesario evitar la muy frecuente ambivalencia de estos términos y el ajuste de sus contenidos, cuando menos para partir de una común consideración y hacer más comprensibles las posiciones que adopto a lo largo de todo el trabajo.

A mi juicio la ética hace referencia al reconocimiento espacio-temporal del conjunto de conductas obligadas que reconoce una sociedad. Entre las conductas que se salen del perímetro ético las habrá que merezcan el reproche penal, otras el reproche administrativo, otras un grave reproche social y otras uno más leve. Podría decirse que la ética distingue cuatro áreas concéntricas con sus respectivos perímetros limitadores. Mientras que la moral es el conjunto de conductas que tiene por exigibles un determinado grupo social, religioso, político o de cualquier otra naturaleza, lo normal es que el perímetro moral de un determinado grupo se encuentre dentro del perímetro ético de la sociedad en la que convive, porque la moral ha de ser más restrictiva que la ética.

Se da el caso de que, cuando llegan personas de una distinta ética a un determinado espacio geográfico con valores y desvalores distintos, se plantean problemas graves, surgiendo supuestos en los que la ética foránea rebasa el perímetro ético de quien les recibe, en nuestro caso, en Europa la población islámica, cuya ética pública coincide con su moral islámica, plantea problemas de conducta que franquean los límites de la ética de la civilización occidental, por ejemplo, en el trato a las mujeres, en la ablación del clítoris y en otros aspectos.

En el trabajo que presento me refiero siempre a la ética pública de la civilización occidental, valorando cuantos supuestos analice a la luz de esta ética, nunca desde la perspectiva moral, en mi caso, católica.

Bien es cierto que en los últimos sesenta años, la ética de Occidente no ha sufrido una evolución natural (la ética es espacio-temporal, evolutiva en el espacio y en el tiempo), sino que ha padecido una fuerte erosión por falta de autodefensa, es decir, por la falta de convicción y por el poderío instrumental de las tesis progresistas (relativistas).

En consecuencia, cuando analizo los supuestos que someto a reflexión, procuro aceptar únicamente perspectivas éticas con anclaje filosófico en la ética pública de la civilización occidental, procurando eludir mis propias convicciones morales como argumentos. Y trato de denunciar aquellas perspectivas que, por generalizadas que estén en nuestra sociedad, a mi juicio se fundan en el relativismo que ha sido capaz de impregnarlo todo. El lector irá percibiendo este juego entre la ética de nuestra civilización y el relativismo progresista. He tratado de plantearlo basándolo en la razón, pero no siempre habré sido capaz de desprenderme del subjetivismo que, como sujetos que soy, llevo por compañero.

7.3.1.2. Progresismo

Es un concepto que la izquierda ha utilizado con gran éxito desde que el marxismo hizo crisis y perdió la bandera de la defensa del proletariado.

Así como el progreso no es un concepto unívoco, es un ideal universal, que cada cual lo asigna a un distinto objetivo o meta concreta y, aun coincidiendo en el objetivo no tiene por qué haber coincidencia en los medios para alcanzarlo. El progresismo es una estrategia pseudoideológica que pretende imponer una nueva ética en función de los objetivos que sucesivamente se vaya proponiendo. Su sustrato ideológico es el materialismo marxista y su más eficaz instrumento el relativismo. En lugar de demoler frontalmente los principios *éticos* de nuestra civilización, empieza por relativizarlos. No se enfrenta a ellos, los devalúa, los vulgariza, los relativiza.

El progresismo es un subterfugio de la izquierda sin bandera, es huero, vacío, se rellena con vocación deconstructivista, con procesos de devaluación de la vida humana, como el aborto o la eutanasia, con el feminismo radical y andrófobo, con la pseudo ideología de género que niega el binarismo sexual y la complementariedad de los dos sexos, con el ecologismo desprovisto de visión antropológica, que no es el conservacionismo y, también, con el pacifismo entreguista.

Frente al progresismo está el progreso de no fácil conceptuación, como está dicho, pero que con mirada larga y profunda puede identificarse con nuestra civilización occidental, no como proyecto sino ya como resultado, que es el triunfo de la libertad, de la espontaneidad social y el desarrollo económico relativamente ordenado, envidia de extraños y vergüenza acomplejada de propios. Tengo para mí que la civilización occidental es la obra humana de mayor trascendencia, de mayor valor que jamás haya realizado la humanidad.

Buenismo es la expresión activa del relativismo, supone una actitud acrítica y aética por la que toda conducta tiene una perspectiva estimable que, dulcemente, sin remordimientos de conciencia, sustituye a los valores de convivencia por una flácida bondad irreflexiva que desmoviliza.

Detrás del buenismo rara vez está la bondad, como parecen creer muchos líderes morales, tras el buenismo normalmente está el relativismo.

El buenismo es el gran medio para relativizar el derecho a la vida en favor de la comodidad, es la gran disculpa para practicar la tolerancia descomprometida, como si la tolerancia fuera buena *per se* aunque carezca de límites y condicionantes, aunque se practique no contra el derecho propio sino contra el derecho ajeno.

El buenismo no tiene perspectiva de largo alcance, es cortoplacista, no está sustentado por profundos pensamientos, es de argumento simplón, en pro de la comodidad.

7.3.1.3. Objeción de conciencia

La objeción de conciencia es el derecho a negarse a cumplir una ley imperativa al tener conexión directa con el grave y cierto riesgo o con la certeza de destruir la vida de una persona, y solo por esa causa.

La objeción de conciencia es un derecho a la exención legal, muy rigurosamente limitado, de interpretación muy restrictiva, que no puede ser disculpa para la elusión de responsabilidades sociales o laborales, sino para ser congruente con profundas convicciones morales vinculadas al derecho a la vida y solo a él.

Así como la objeción de conciencia para actuar en confrontaciones bélicas, negándose a matar seres humanos, se ha extendido a puras marginalidades, como no portar armas, no vestir el uniforme militar, no incorporarse a filas, etc., la objeción de conciencia, negándose a practicar abortos o acciones eutanásicas, está en permanente tensión hacia la restricción.

Lamentablemente, en nuestros días la objeción de conciencia —consecuencia inmediata del reconocido derecho humano a la libertad de conciencia— se pone en cuestión por la inaceptable pretensión, aprobada en el Parlamento Europeo en junio de 2021, de tener por derecho humano (¿?) al aborto, lo que supondría que ante la demanda del aborto, quizá pronto de la eutanasia, a los profesionales sanitarios se les negara legalmente su derecho a la objeción de conciencia. Esta será la próxima gran batalla de los sanitarios.

7.3.2. Sobre la pena de muerte

Partiendo del carácter absoluto del derecho a la vida, la pena de muerte se presenta como una vulneración del mismo, porque ni el derecho a reproducir sobre el victimario el daño que infligió, ni el derecho a preservar a la sociedad de los criminales, ni el derecho a ejemplarizar contra la maldad suprema, ni mucho menos la obligación de la sociedad de intentar la rehabilitación al delincuente justifican la pena de muerte.

La clave de la cuestión está en que la sociedad nunca tiene derecho a destruir una vida humana de manera predeterminada, a sangre fría, con premeditación legal. La única excepción a este regla es la confrontación con un derecho de igual valor, es decir, otra vida, aplicando las reglas de legítima defensa o guerra justa o del aborto por riesgo vital de la madre.

7.3.3. Sobre el aborto

El análisis de toda acción contra el derecho a la vida solo puede dilucidarse en el ámbito de la ética pública, porque la protección del derecho absoluto a la vida es materia de orden público, por lo que no sería admisible derivar dicho análisis al terreno de la moral particular de nadie. El derecho a la vida como valor absoluto no es susceptible de relativización de manera alguna, como lo hizo en 1985 el Tribunal Constitucional sin fundamento alguno de orden jurídico o ético, por puro escapismo.

Así como el derecho a la vida es incontestable para la ética de Occidente, y que corresponde al Estado protegerlo, es cierto que el progresismo, que maneja muy bien la técnica de presentar las cosas menos fundadas como obvias, como indiscutibles, ha conseguido introducir, de momento, dos excepciones a este derecho absoluto: el aborto y la eutanasia.

El éxito de haberse ganado a la opinión pública se debe tanto a la eficacia constructivista del progresismo como a la tradicional cobardía de los defensores de la civilización occidental, que no han querido abrir un debate de calado en la sociedad pese a estar cargado de razones, porque a gran parte de la sociedad la legalización del aborto y de la eutanasia le libera de muchos cargos de conciencia y se acomoda muy bien a sus intereses egoístas. Demasiadas coincidencias a favor para que no tuviera éxito, pese a la insolvencia científica y ética de sus argumentos.

Existe una amplísima mayoría de la comunidad científica que mantiene que el embrión es un ser humano desde su concepción, con sus cuarenta y seis cromosomas y su ADN específico e irrepetible, distinto a los de su padres. Pese a la evidencia, de surgir la más ligera duda sería de aplicación el principio *in dubio pro nasciturus*.

Solo así puede plantearse la cuestión: si el embrión no fuera un ser humano en algún momento desde la concepción, destruirlo en tal momento no sería matar a un ser humano. Si el embrión es un ser humano, el aborto sería matar a un ser humano. Y si alguien tiene duda de lo que es y cuándo, debe aplicar el principio *in dubio pro nasciturus*. No cabe otro análisis básico.

En otro orden de cosas, es de afirmar que no existe valor alguno que iguale al de la vida, salvo el de otra vida, de modo que cualquier argumento que no presente el valor de una vida en contraposición es argumento falaz a la hora de justificar el aborto. Así que solo se justifica el aborto, hoy y desde siempre, cuando entran en colisión el derecho a vivir del hijo con el derecho a vivir de la madre, en cuyo caso, la madre o el familiar habilitado para ello puede optar lícitamente por salvar una vida a costa de la otra. No hay otra hipótesis de licitud ética del aborto. La violación no legitima la muerte del hijo, como tampoco legitima la del violador.

Si un *nasciturus* sano tiene dignidad humana, un *nasciturus* enfermo también la tiene. No cabe la salida en falso por compasión.

En todo caso, es de todo punto irracional que en la decisión de abortar se le excluya, en la propia ley, al padre, y digo que es irracional porque tiene derecho a que se cumpla la expectativa real de tener un hijo y porque es copropietario (aunque repela decirlo) del zigoto o del embrión o del feto.

Decir que éticamente no es lícito el aborto quiere decir que la libertad de los seres humanos no es ilimitada, que está sometida al discernimiento del bien y del mal, que es una de las potencialidades que conforman la dignidad humana de la que trae causa la libertad.

El progresismo, acompañado del entreguismo de una sociedad más interesada en resolver problemas incómodos sin asumir costes de conciencia que en defender los valores de nuestra civilización, ha llegado a la aberración de excepcionar el derecho absoluto a la vida del *nasciturus*.

Ante la generalización y vulgarización del aborto y ante el riesgo de que injustamente pudiera declararse el aborto como un derecho humano más de los de la Declaración Universal de 1948, hay que abrir un gran debate para que la población evalúe la trascendencia de lo que se acepta como algo natural.

Carece de justificación lógica que la ética de nuestra civilización excepcione el valor absoluto de la vida en los casos de aborto y eutanasia, lo que ha ocurrido por la combinación de una intensa campaña y del debilitamiento ético de Occidente.

7.3.4. Sobre la muerte digna

El objetivo es que todas las personas puedan llegar a sus últimos momentos con plena dignidad, lo que supone: 1) tener la oportunidad de disponer libremente de sus últimas voluntades, bien disponiendo sobre sus bienes o bien reclamando la atención religiosa deseada; 2) poder compartir los últimos momentos con sus familiares en la intimidad; 3) no sufrir dolores físicos o psíquicos que le impidan vivir sus últimos momentos con serenidad; 4) aplicar su voluntad, en la medida de lo posible, respecto de los tratamientos paliativos clínica y deontológicamente posibles.

El criterio sanitario más amplio defiende que un servicio de cuidados intensivos generalizado haría absolutamente innecesaria cualquier solución eutanásica. El problema está en que este servicio no está generalizado, lo que exige, lejos de proponer la eutanasia, reclamar su generalización con energía.

Los criterios éticos para una muerte digna se centran en evitar tanto el ensañamiento sanitario mediante un alargamiento injustificado de la vida como la aceleración de la muerte mediante la eutanasia o el suicidio asistido.

7.3.5. Eutanasia y suicidio asistido. Muerte voluntaria o suicidio

Éticamente han de tener la misma consideración ambos procedimientos de anticipación de la muerte, si bien son conceptos jurídicos distintos.

Siendo el objetivo de la eutanasia la evitación del sufrimiento, ya está dicho que se alcanza este objetivo, sin necesidad de la muerte, mediante los cuidados paliativos.

- Si el paciente se encuentra próximo a la muerte, sin sufrimiento, salvo la natural pesadumbre del momento, la eutanasia es éticamente indebida.
- Si el paciente se encuentra próximo a la muerte, con sufrimiento, lo éticamente correcto es aplicarle los cuidados paliativos.
- Si el enfermo sufre enfermedad irreversible, no encontrándose próximo a la muerte, aun sin dolor y con absoluta dependencia, es decir, con inmovilidad absoluta, nos encontramos ante el supuesto más dramático imaginable que requiere, además de los tratamientos clínicos que sean del caso, la solidaridad activa de las personas de su entorno o de voluntarios que acompañen al paciente, que le eviten su soledad. No se estaría ante una buena muerte (eutanasia), sino ante la anticipación de la muerte (*proretanasia*).

Nadie tiene derecho a dejarse llevar por una falsa compasión y arrebatar un derecho que, en sí mismo, es irrenunciable, de modo que la ley que lo haga renunciable es éticamente ilícita.

Quebrar el principio de irrenunciabilidad del derecho a la vida apoyándose en un derecho de mucho menor rango y limitado, como es la autonomía de la voluntad, es un paso de trascendencia descomunal, porque se abre la puerta legal a todo tipo de abusos e injusticias. Nadie es libre para quebrar el principio de irrenunciabilidad del derecho a la vida, porque la libertad no sirve para agredir a la naturaleza sino para cuidarla y para quererla.

Así como los actos humanos son acciones libres, los actos del hombre y la mujer son actos ajenos a la libertad, como nacer o morir, o como respirar, o como el circular de la sangre o como digerir, y no puede ser ético, por contrario a la naturaleza humana, mutar un acto del hombre y la mujer, ajeno a la libertad, en un acto humano ejercido en libertad.

Por último, no son pocos los riesgos que, en la práctica, aparecen en el ejercicio de la eutanasia, tales como: evitar la prueba previa con los cuidados paliativos, exigida por la OMS (1990) antes de aplicar la eutanasia; la devaluación de los cuidados paliativos y su consiguiente abandono, tanto en investigación como en inversiones; la elusión de un análisis psiquiátrico y psicológico de quien solicita la eutanasia; la devaluación sanadora de la función médica; la aparición de la *pendiente resbaladiza*, que tiende a la laxitud en las garantías inicialmente previstas, como ha ocurrido en Holanda.

Si la dignidad humana es de carácter absoluto, la autonomía de la voluntad es limitada y la ética, acorde con la naturaleza humana, limita la autonomía de la voluntad y así matar es contrario a la naturaleza humana.

Es evidente que la extensión de los cuidados paliativos a toda la población, tanto en la sanidad pública como en la privada y tanto en régimen hospitalario como en régimen domiciliario, haría radicalmente innecesaria la eutanasia. Desde luego en aquellos centros, muchos ya en España, que dispongan de cuidados paliativos la eutanasia es absolutamente innecesaria y podría llegar a considerarse como excluida de la despenalización de la ley de la eutanasia, con las gravísimas consecuencias que de ello pueden derivarse.

Los avances de la medicina hacen, cada vez más patente, el sinsentido de la eutanasia, porque esta es incompatible con los cuidados paliativos.

El fenómeno de la muerte voluntaria, del suicidio ajeno a situaciones sanitarias extremas, aunque se mantiene oculto es de gran trascendencia. Cada año se suicidan en España el doble de personas que fallecen en accidentes de tráfico, del orden de tres mil seiscientas personas. Los especialistas reclaman mucha más atención a este problema tanto en la acertada difusión de sus dimensiones como en la adecuación de los equipos de atención sanitaria y en la formación de las personas que puedan acompañar a las personas con este riesgo.

7.3.6. Sobre la guerra justa

Históricamente, desde la antigua Grecia con Aristóteles, también en Roma con Cicerón y después con Agustín de Hipona, con Tomás de Aquino y después con el padre Vitoria se consolidó tanto la idea, hasta muy recientemente, del derecho a la guerra justa, *ius ad bellum* (con causa justa, con sentido humanitario, declarada por autoridad legítima, recta intención, agotamiento de medios de conciliación, razonable previsión de éxito y medios proporcionados) como del derecho en la guerra, *ius in bello*, en referencia a las limitaciones a favor de inocentes, de prisioneros y combatientes, con minimización de daños y voluntad de reconstrucción.

Con la aparición de las armas nucleares la tragedia de la guerra se percibe con enorme preocupación, razón por la que a la idea tradicional de la guerra justa mantenida en el mundo occidental, que denominamos *tendencia realista*, se le enfrenta lo que llamamos *tendencia pacifista*, que mantiene la tesis de que no hay guerra justa posible ante la debacle nuclear imaginable.

El problema es que ya en el siglo XXI, *de facto*, la Guerra Fría ha vuelto y frente al mundo occidental que mantiene valores éticos reconocibles está otro bloque, más complejo que el comunista de mediados del siglo XX (Rusia, China, mundo islámico diverso, etc.), que tiene valores éticos muy diferentes.

La tesis vigente, de la *tendencia realista*, de la idea de guerra justa se aproxima al de guerra humanitaria, que tiene por lícita una acción armada, defensiva u ofensiva, cuando se protegen valores esenciales que afectan a la vida, a la libertad, a los derechos humanos, etc.

En definitiva, el derecho a la guerra justa no es sino el derecho a la legítima defensa colectiva, que consiste en destruir al agresor injusto antes de que nos destruya injustamente. La teoría es impecable, el problema es ajustarla a los hechos cuando se producen con oscuridad y mezclados entre otros intereses. Todo antes que la guerra, pero si la hay, con los armamentos existentes, es imprescindible dar primero.

La profunda división cultural e ideológica que parte el mundo no hace previsible que la doctrina de la guerra justa pueda a medio o largo plazo admitirse voluntariamente como regla universal, sino solo por conveniencias circunstanciales que no le otorgarán estabilidad y eficacia. Esta misma causa impide que surja un organismo internacional de arbitraje que aplique dicha doctrina de manera solvente y con general aceptación.

A mayor empeoramiento, el conjunto de la civilización occidental, sus valores éticos, se presentan hoy con una gran debilidad por la erosión sufrida en su contrataste con el materialismo, que ofrece aparentes premios a más corto plazo. Los intelectuales de Occidente —demasiados intelectuales de Occidente— han renunciado incluso a la obviedad, por no perder el compás. Faltan pensadores occidentalistas, defensores de la civilización occidental, que salgan al combate ideológico que perdemos por goleada.

Hasta quienes gozan de autoridad moral indiscutible se han acomodado al lenguaje de «los nuevos tiempos», sin percatarse de que rindiéndose en la escaramuza del lenguaje han entregado la bandera de los conceptos.

Demasiados líderes morales, desconfiando de la musculatura cultural e ideológica de nuestra civilización, se acomodaron a lo que falsamente se denomina *los nuevos tiempos*, como si *los nuevos tiempos* pudieran ser otra cosa que el progreso en el marco de la naturaleza y en el del destino de la humanidad, es decir, el progreso en libertad, en paz y en la igualdad básica de los seres humanos, siendo patente que el progreso estaba, está, en nuestra civilización y no en el materialismo formulado con ínfulas de cientificismo.

Por otra parte, está pendiente una cuestión capital, la de un tránsito prudente, pero eficaz y no lento, de la actual situación de gendarme único a una defensa de Occidente de estructura multilateral, que sea capaz de preestablecer situaciones de intervención, congruentes con la doctrina de la guerra justa, en evitación de interminables e infecundos debates cuando la ocasión llegue.

La defensa multilateral de Occidente tendrá un coste que las naciones europeas no están acostumbradas a soportar, pero no cabe otra solución. Europa tiene que participar en su autodefensa con inversiones y con ciudadanos, con dinero y con sangre, si fuera necesario.

La incorporación de Europa a la defensa multilateral es muy complicada, desde la perspectiva política, por la invasión social del pacifismo, sea el *pacifismo buenista*, irreal y contrario al bien común o sea el *pacifismo suicida o interesado* de quienes buscan la destrucción de la civilización occidental, desde dentro, en una descomunal traición a la ciudadanía occidental.

Europa padece de un infantilismo del que se niega a salir. Está mucho más a gusto en el *País de Nunca Jamás* que en la realidad y se niega a temer al capitán Garfio en la seguridad de que Peter Pan y Campanilla le vencerán con facilidad. En el cine ganó Peter Pan...

7.4. SOBRE EL DERECHO A LA CERTEZA PATERNO-FILIAL

7.4.1. Derecho a verificar el conocimiento paternal

El derecho a conocer a los padres y el de los padres a conocer a los hijos es un derecho incontestable, que debe ser privilegiado frente al derecho frente al derecho de menor rango, como sería el de la intimidad personal.

No es tolerable que la mera negativa a una prueba inocua, como es la del ADN, permita que la declaración de paternidad se funde en una presunción judicial, en lugar de en una certeza científica.

La fuerza del Estado democrático debe ejercerse, mediando la intervención judicial, para hacer efectivo el derecho a la certeza de paternidad o de filiación, de modo que mediando presunciones razonables un juzgado pueda imponer, incluso a la fuerza, la prueba del ADN.

7.4.2. Vientres de alquiler o maternidad subrogada

Este fenómeno reciente de los vientres de alquiler plantea dos desvalores éticos: el de la utilización de una mujer que presta su vientre, que en la mayoría de los supuestos constituye su explotación; y la utilización del hijo, al que se le enajenan diversos derechos. Normalmente el del conocimiento de la madre o del padre o de los dos progenitores, cuando se implanta en un útero un embrión anónimo.

Puede tener otros efectos negativos como la creación de embriones fecundados, que la clase médica y la ética deploran por lo que tiene de desprecio a la vida y de banalización de la paternidad y, por último, la asignación de niños a parejas del mismo sexo o a personas sin pareja, porque a juicio de muchos es en perjuicio de los menores, aunque no le parezca así al Tribunal Constitucional.

Curiosamente, el feminismo, en cualquiera de sus modalidades, se opone radicalmente a esta práctica de la maternidad subrogada, por las mismas razones que otras personas nos oponemos al aborto, con lo que suelen incurrir en una contradicción absoluta, que prueba su escasez argumental.

7.5. SOBRE EL DERECHO A LA IDENTIDAD SEXUAL

7.5.1. Ideología de género

La identidad sexual, como mujer o como hombre, es pieza esencial para procurarse la propia felicidad y para articular una sociedad ordenada, habitualmente mediante el matrimonio, en cualquiera de sus formas.

La libertad en el uso de las potencialidades sexuales de cada ciudadano está ínsita en la civilización occidental, con el límite de no perjudicar a otro.

Por su parte, la pseudo ideología de género es un producto más de la antropología materialista cuyo mayor peligro es su ensayo, su implantación parcial, más que su imposible total plasmación, porque trata de remover todos los cimientos de la antropología de nuestra civilización, hasta extremos de lo imposible, pero en el camino se llevará por delante muchas formas de vida congruentes con el dualismo antropológico y entre ellas la idea de matrimonio (heterosexual) como germen de la familia para su sustitución por diversas formas de familia atípicas, como las homoparentales o las monoparentales, y, en último término, acabará o reducirá la libertad y la felicidad de los ciudadanos, cuando menos la de los menores que no tienen oportunidad de elegir tal singularidad.

La pseudo ideología de género ofrece la sustitución de una antropología radicalmente congruente con la propia naturaleza humana, consolidada por mucho más de veinte siglos en el seno de la civilización occidental y en otras culturas, por una antropología utópica, imposible, que ofrece otorgar a los seres humanos la capacidad de autodeterminación sexual, de autodefinición sexual y de igualdad radical. Así, con la superación de los sexos llegará la libertad (¿?).

Como toda falacia progresista, se transmite muy bien, y la sociedad, distraída y con pocas ganas de esfuerzos, las toma sin rechistar.

La clave del generismo es su incapacidad de establecer el concepto de género, en términos realistas, constatables, pese a lo cual se ha extendido como lo hace el aceite. Efectivamente, el género a veces parece ser sustitutivo del sexo pero otras parece que es algo mucho más amplio y alejado, un sentimiento, una necesidad expresiva, una identificación inestable, etc. Se dice que hay ciento doce tipos de géneros o los que sean, qué más da.

El pilar central de la ideología de género es la idea de que el ser humano nace sexualmente neutro, absurdo acientífico que requiere de un rechazo radical por las instituciones científicas. Los seres humanos somos seres sexuados y nuestra sexualidad está impresa, desde el zigoto, en todas nuestras células y en nuestra psique.

La influencia social, dicen, es la creadora del género, sin consideración del sexo natural recibido, de aquí que se impongan técnicas de ingeniería social para que desde la infancia se evite desarrollar tendencias naturales congruentes con su sexo, para que pueda optar algún día por su género, siempre modificable.

Es también característica singular de la pseudo ideología de género un feminismo radical, denominado feminismo de género, con tintes andrófobos, que pretende abrir una brecha entre sexos. Se llega a más, se trata de devaluar los dos sexos para dejar paso al nuevo concepto de género, mejor dicho de géneros, con lo que se crearía, de ser posible, un escenario inimaginable acabando, por ley, con el binarismo sexual, por imposible que sea.

El generismo radical pretende acabar con la familia biológica, centro de la opresión a la mujer, incluso con la mujer, y así ya no cabrá la opresión. Desgraciadamente no son palabras mías, el generismo es antifeminista.

La utilización de la violencia sobre la mujer, mediante su machacona exacerbación en los medios de comunicación, siendo una lacra social, se utiliza en el fomento de la androfobia. Es importante penetrar en la gravedad de este tipo de violencia, para dimensionarla y poder atajarla con eficacia.

No son ajenas a la llamada violencia de género, ni la penetración de la violencia gratuita desde la infancia, sin rechazo social, ni la hipersexualización y banalización de las relaciones sexuales por una pornografía al alcance desde tiernas edades, ni la vulgarización del ser humano, siendo la víctima más débil la mujer. El progresismo que hoy se alarma y denuncia, mucho tiene que ver con estas causas.

Consecuencia lógica es el debilitamiento del matrimonio de parejas formadas por ambos sexos, por devaluación del propio concepto de sexo, porque uno de los objetivos esenciales del progresismo es la destrucción de las instituciones propias de la civilización occidental, objetivo último del materialismo disfrazado, gramscianamente, de progresismo, feminismo, etc.

Se trata de modificar, también, la lengua, introduciendo el lenguaje inclusivo, de fuerte carga ideológica, pues la lengua es instrumento del pensamiento, para introducir la pseudo ideología de género, disfrazando el constructivismo de naturalidad en pro de la autodeterminación sexual.

La pseudo ideología de género tiene vocación de transversalidad y de totalidad, lo que supone que aspira a penetrar en todas las capas sociales y sustituir, por anulación, cualquier otra civilización, creencia o ideología.

Esta vocación de transversalidad y totalidad utiliza tres vía de penetración en la sociedad: 1) adoctrinamiento masivo en medios de comunicación y en la educación; 2) negación del debate e instalación en la superioridad moral para acusar a quien se oponga de retrogrado; y 3) imposición legislativa de sus postulados pseudocientíficos, como si el generismo fuera la nueva ética del mundo, y así poder acusar a sus oponentes de infractores o de delincuentes. Es la dictadura del pensamiento único.

Su objetivo es bombardear con sus edulcoradas falacias desde la más tierna infancia, de aquí su necesidad de potenciar la educación pública y de limitar o anular la privada, porque la primera se controla desde las administraciones con el peso de los sindicatos de clase en la que, mayoritariamente, están inscritos los enseñantes públicos, con el añadido de la intromisión en la aulas escolares de voluntarios del asociacionismo generista, sin garantía académica, para inocular su mensaje destructivo, atendiendo a planes legalmente establecidos, como lo prueba la normativa LGTBI analizada.

La pseudo ideología de género es un descomunal movimiento liberticida, inmerso en el progresismo basado en la antropología materialista, cuya pretensión es la deshumanización de la civilización occidental. Como ya está dicho, el generismo quiere ser la nueva ética del mundo, pretensión rechazable por su base acientífica respecto de la naturaleza humana.

Desde luego es éticamente ilícito imponer la pseudo ideología de género en la sociedad y, en todo caso, en la educación. Corresponde al Estado, que tiene la obligación de mantener la neutralidad en la educación, impedir la invasión del generismo en las escuelas y, desde luego, no fomentarla, en razón de su carencia absoluta de garantía científica.

Con las propuestas normativas que presento, tanto de Unidas Podemos y del PSOE como del Partido Popular, se puede valorar con toda objetividad el grado de agresión social, de imposición y de quebranto de la civilización occidental que tiene el generismo radical. Si bien el PSOE se ha mantenido durante los últimos años en una posición generista más vergonzante que templada, presionado por el feminismo socialista clásico, la presión del movimiento LGBTI le obligó en junio de 2021 a colocarse en el generismo radical de oportunidad, con muy graves consecuencias para la ciudadanía.

La sociedad tiene que estar muy vigilante ante el abuso sobre cualquier forma de diversidad para atenderla, pero también sobre el gravísimo riesgo de la *talibanización* generista, que limita muy gravemente la libertad individual.

Ha de rearmarse ética y culturalmente para la defensa de los valores de la civilización occidental y, en esta materia de la naturaleza sexual del ser humano, es esencial la defensa de nuestra antropología congruente con la naturaleza humana, la defensa de la familia natural, nido en el que nacen y se forman los seres humanos, y de una educación acorde con los conocimientos científicos que custodian nuestras instituciones científicas.

Pese a que una mayoría social importantísima quiere y comparte cuanto acabo de decir, lo cierto es que nuestra sociedad ni percibe el riesgo ni conoce los instrumentos adecuados de defensa que han de ser necesariamente complejos (culturales, educacionales, sociales, etc.) y siempre eficaces para responder con inteligencia y oportunidad a quienes desean acabar con las claves de nuestra sociedad. Aquí se echa en falta la acción decidida y orquestada de los líderes políticos, sociales y morales en defensa de la libertad y de la verdad científica, y es obligación de las administraciones públicas garantizar tanto la libertad de los ciudadanos como la verdad científica.

El rearme ético y cultural que reclamo y que la sociedad necesita pasa por impetrar de las reales academias el establecimiento de criterios científicos que desacrediten el pseudocientificismo de la ideología de género, de modo que las legislaciones solo puedan fundarse en la verdad científica y que en la enseñanza se interdicten las atrocidades que ninguna entidad científica avala.

En definitiva, defino a la pseudo ideología de género como profecía de lo imposible, pero eficaz arma letal contra la civilización occidental.

Repaso a continuación los diversos aspectos en los que la pseudo ideología de género se expresa de manera más patente.

7.5.2. Transexualidad e intersexualidad

La transexualidad es un trastorno o una incongruencia de sexo que sufre una parte reducida de la población humana, del orden del 4,6/100.000, sobre la que la ciencia trabaja para identificar su origen y establecer sus remedios. No cabe duda de que en la medida en que la medicina y la psicología vayan fijando su mejor solución, la sanidad pública deberá ir asumiéndola, como ya lo hace.

No puede confundirse la transexualidad, que afecta a personas que sintiéndose de un sexo tienen un cuerpo del sexo opuesto, cuyo único deseo es acceder a la normalidad y sentirse mujer u hombre en plenitud, con el denominado transgénero, como pretende el generísmo, que parece ser un fenómeno por el que una persona no se siente identificada «con el género que se le asignó al nacer» [sic] y que se siente identificada con otro género de los diversos que al parecer existen.

Así como la transexualidad es una incongruencia constatable que se trata de resolver, por la medicina y la psicología, en el ámbito del binarismo sexual propio de la naturaleza humana, el transgénero es una incongruencia no claramente definida que se pretende resolver fuera del ámbito natural del binarismo sexual, por lo que, si existiera, probablemente quedaría fuera del ámbito de la medicina y de la psicología.

El feminismo socialista clásico denuncia que la figura del transgénero pretende anular a la transexualidad, lo que es intolerable porque esta responde a una incongruencia clínicamente constatable mientras que aquella no.

El feminismo clásico socialista niega la identidad de género, pero una irresistible atracción por el generismo le mantiene en su redes.

En la intersexualidad o hermafroditismo verdadero (Herms), la persona afectada dispondrá de un ovario y de un testículo; en el hermafroditismo masculino (Merms), se dispondrá del órgano sexual completo del varón y algunas trazas del sexo femenino; en el hermafroditismo femenino, se dispondrá del órgano sexual femenino y alguna traza del masculino. En absoluto supone la existencia de un tercer sexo, sino la concurrencia en una persona de los dos únicos sexos existentes en la humanidad. Pese a la imperativa oposición de los generistas y de sus leyes, solo la medicina y la psicología pueden diagnosticar la concreta situación de la persona afecta, por lo que la sanidad pública está éticamente obligada a dispensar si el interesado lo requiere.

Tanto en la transexualidad como en la intersexualidad la falsa ideología de género no aporta nada que no sea confusión y negación de libertad para que los afectados puedan resolver sus problemas con garantía clínica y psicológica. Debe tenerse especial atención en no confundir estos trastornos, que la medicina reconoce y trata, con el inconcreto y confuso transgénero.

Vivimos momentos de gran confusión entre los adolescentes que, guiados por mensajes irresponsables en las redes sociales, imaginándose padecer disforia respecto de su sexo, sin diagnóstico certero, requieren tratamientos de reasignación de sexo no recomendables a dicha edad y que pueden tener consecuencias irreversibles. De aquí la gravedad de normativas que excluyan la intervención de sus padres o tutores en semejante decisión.

7.5.3. Homosexualidad

La homosexualidad es la tendencia a mantener relaciones con personas del mismo sexo, por personas normalmente satisfechas con el propio sexo.

La libertad de la actividad homosexual, en los términos de decoro que se exige a las personas con tendencia sexual hacia el sexo opuesto, es indiscutible. Un gran número de personas con tendencia homosexual y correcta convivencia pública pagan los excesos exhibicionistas de quienes utilizan su tendencia homosexual para exteriorizar comportamientos socialmente inadecuados.

Muchas circunstancias han confluido para que históricamente las personas con tendencia homosexual hayan sufrido el maltrato, el desprecio y la discriminación que nunca debieron sufrir, por lo que corresponde a la ley impedirlo y castigarlo, como lo haría con cualquier otro ultraje o discriminación, siempre con equidad y sin particularismos.

No se conoce aún la causa de la homosexualidad, que parece no ser radicalmente genética, lo que se dificulta por la irracional actitud del movimiento generista de proclamar el principio de su *despatologización*, impidiendo conocer la verdad de su origen y no permitiendo, a quien le interesara, someterse al tratamiento eventualmente posible. Esta talibanización de la homosexualidad es un atentado al progreso de la ciencia y a la verdad que los interesados y todos los ciudadanos tienen derecho a conocer.

A mi juicio, las personas con tendencia homosexual tienen pleno derecho a la convivencia en pareja, en idénticos términos a los que corresponde a las personas que se emparejan con el sexo opuesto. Pese a lo dicho por el Tribunal Constitucional, en mi opinión el término matrimonio no debiera aplicarse a este tipo de convivencias, porque tiene, manifiestamente, características distintas, igual de lícitas, pero distintas, con tradiciones distintas y objetivos no siempre iguales.

La gravedad de esta identificación de convivencias, aparte de lo ya dicho, está en que lleva a la permisión de adopciones por parejas de tendencia homosexual que, como trato de justificar en el texto, perjudican gravemente, o pueden hacerlo, a los hijos adoptados, pese a que le parezca irrelevante esta hipótesis al Tribunal Constitucional.

La homosexualidad es uno de los elementos integrantes del movimiento generista, surgiendo el conocido *lobby* gay que esgrime un arma letal, la acusación de homofobia. No cabe duda de que existe la homofobia, que se presenta con la ofensa, la agresión o la discriminación a personas de tendencia homosexual. El problema estriba en que se extiende la acusación de homofobia a todo aquel que no comparta el dogma generista ni las imposiciones del *lobby* gay, porque la discrepancia nunca puede ser objeto de acusación.

Libertad para todos. Tan éticamente ilícito sería someter a las personas de tendencia homosexual al silencio y a la ocultación como someter al resto de la población a la tiranía dogmática del generismo. Ambas actitudes son despreciables y ambas deben denunciarse públicamente.

Tan éticamente ilícito sería someter obligatoriamente a las personas de tendencia homosexual a procesos correctivos como imponer a todas las personas de dicha tendencia la *despatologización* obligatoria de su situación y extenderla, además, a la investigación científica. Todos somos beneficiarios de una ciencia sin trabas ni limitaciones pseudoideológicas.

Nadie está obligado a aceptar, en las áreas públicas, desmesuras de nadie con sus tendencias sexuales, por lo que la autoridad debe garantizar un *ágora* amable, no intrusivo, porque la libertad sexual no incluye el exhibicionismo zafio y dominante de ninguna tendencia sexual, ni la imposición de tesis que no tengan soporte científico.

7.5.4. Feminismo de la igualdad en la diferencia

Frente al feminismo radical, de género, en ocasiones andrófobo, surge un feminismo que ratificándose en la condición de mujer, sin abominar de su relación con el hombre, exige igualdad en todos los ámbitos en que sea posible. Exige eliminar los obstáculos innecesarios que impiden a la mujer acceder al ámbito operativo de la sociedad, a los puestos de decisión, en exclusiva función de mérito y capacidad.

Para comprender esta idea del feminismo de la igualdad en la diferencia es obligado hacer congruente la igualdad ontológica del hombre y la mujer con las diferencias constitutivas de la binaridad complementaria y, a la vez, rechazar las desigualdades que la historia de la humanidad ha acumulado y que son contrarias a la referida igualdad ontológica e innecesarias a la complementariedad, lo que exige el acceso de la mujer al mundo del conocimiento, al de la gestión y al de la decisión, para lo que es necesario destruir prejuicios, eliminar barreras sociales, modificar costumbres, organizar la actividad empresarial, profesional y social en relación con las necesidades familiares, lo que no siempre es fácil, y establecer un complejo sistema de ayudas a la familia y a la infancia.

Corresponde a las auténticas feministas rebelarse contra la utilización partidista (hablar de utilización ideológica sería un exceso) que con tanta desmesura como perjuicio para las mujeres se practica desde la izquierda. El feminismo es una cuestión de libertad que solo se puede alcanzar con libertad, y el camino del feminismo radical es el camino de la imposición. La libertad genera libertad, porque el motor de la historia es la libertad del ser humano, clave de todo progreso. Desde la imposición no se puede llegar a la libertad, quizá a la igualad sí, pero qué es la igualdad sin libertad, la tiranía.

La brecha salarial, mejor decir laboral, es obligado analizarla por estratos salariales y no globalmente en el ámbito de una nación. Es evidente que la maternidad obstaculiza a las mujeres su carrera profesional durante al menos una decena de años, que es el periodo al que hay que dedicarle reflexión. Este es el obstáculo, y no se debe perder el tiempo en identificar obstáculos imaginarios pero facilones para la pancarta.

Sabiendo que la erradicación de la injusticia es una grave responsabilidad de las administraciones y de todo aquel que pretenda el triunfo de criterios éticos en la sociedad, no se puede negar que las estadísticas presentan una realidad española muy lejos de la sombría imagen que proyectan los medios de comunicación progresistas y buena en términos relativos, por su comparación con la realidad de las naciones de nuestro entorno.

Es evidente que la maternidad es un obstáculo, el más destacado para el desarrollo profesional de la mujer, y aquí está, fundamentalmente, la causa de la brecha salarial (laboral), entre el 15 % y el 20 %, en términos globales. La clave está en partir de que la maternidad satisface tres intereses: el de la madre que desea serlo, el del padre que también lo desea y el del Estado que tiene que resolver un problema demográfico de mucho calado y, además, debe favorecer el interés de los ciudadanos.

Consiguientemente, los tres interesados han de participar en la solución. El Estado mediante reformas estructurales que mantengan el equilibrio entre conciliación y libertad; las mujeres y los hombres ordenando la actividad laboral y social pero orientándolas a la familia, de forma que sea cada vez más fácil conciliar las tres actividades —trabajo, relación social y familia—, todo ello sin imposiciones ordenancistas, tratando de que no se cercene la libertad que se pretende conquistar: poniendo interés, porque es de interés general; poniendo inteligencia, porque es imprescindible; y poniendo generosidad que, bien mirado, es un aspecto de la inteligencia. De todo lo dicho, y no lo digo con ironía, lo más importante es no imitar a quienes les precedieron.

He aquí el gran reto de los próximos diez o quince años. Es imprescindible conciliar la maternidad con el desarrollo profesional de la mujer y, naturalmente, conciliar también la vida familiar con la vida profesional y escolar de todos los ciudadanos.

Por último, de un somero análisis de los comentarios referidos a la legislación derivada del generismo podrá deducirse su carácter imperativo, su insolvencia científica y el camino irracional que proponen y que atolondradamente las sociedades del primer mundo ya están recorriendo, en contra de la libertad, porque es en contra de su naturaleza humana.

7.6. CONCLUSIÓN FINAL

He tratado de establecer que en nuestro mundo, fundamentalmente a partir del siglo xx, se enfrentan dos visiones radicalmente contradictorias sobre la presencia del ser humano en el planeta.

7.6.1. Visión del dualismo antropológico

Partiendo de que el universo y el ser humano son fruto de un diseño llevado a cabo por un Espíritu superior, como *hipótesis más plausible*, que yo asumo, y partiendo de que los humanos tenemos la primacía sobre el resto del universo, porque estamos constituidos de materia y espíritu (dualismo antropológico), establezco que el ser humano dispone de una dignidad irrefutable, frente a todo y frente a nosotros mismos, que se concreta en nuestra libertad de actuar apoyados por la razón, la voluntad, la conciencia y la capacidad de amar, potencialidades, todas ellas, no recibidas sino innatas.

Nuestra dignidad, ínsita al derecho absoluto a la vida, y el derecho a la libertad individual, limitado solo por la libertad individual de los demás congéneres, son clave y prueba de la antropología de nuestra civilización.

La concepción del dualismo antropológico dio lugar, a lo largo de bastante más de veinte siglos, a la denominada civilización occidental, cuya característica principal es la constitución de un conjunto de valores éticos, lo que denomino ética pública de la civilización occidental, que en este ensayo he tratado de poner en valor en momentos que no le son nada favorables, porque han abdicado de su función los intelectuales que debían defenderla, y las masas aburguesadas que nacieron bajo sus auspicios se han entregado a los cantos de sirena de las estrategias del materialismo que he tratado de denunciar.

7.6.2. *Visión materialista*

La otra visión parte de que todo es materia, de que el universo es materia y de que los seres humanos también lo somos. La hipótesis más plausible del origen del universo y del de los seres humanos, en esta visión materialista, es que todo sucedió por casualidad, que la única causa de la creación del universo y de los seres humanos es la casualidad, que la creación del universo no fue ni es un diseño teleológico, que requeriría diseñador, sino que fue y es un proceso estocástico, casual que no causal.

En el cuerpo de este ensayo ya hemos dejado claro que el argumento estocástico es vacuo, porque cuando el origen de un hecho se imputa a la casualidad, se está reconociendo que se desconoce el origen de tal hecho, lo que es decir nada, no dar una explicación, tanto como confesar disimuladamente el desconocimiento que, por otra parte, es lo natural tratándose del origen del universo y del ser humano, sin visión trascendente.

La visión materialista, si reconociera la dignidad humana y la libertad individual, lo que no ha ocurrido en los regímenes (comunistas) derivados de tal visión, hay que suponer que la fundaría en una mera concesión de la autoridad constituida, pero no en causa subjetiva alguna, intrínseca, innata, del ser humano porque, según tal visión, todo es solo materia.

7.6.3. *Consecuencias de la batalla* materialismo *versus* dualismo antropológico

La visión materialista, que se extiende y generaliza en la primera mitad del siglo XX por vía del marxismo, es incompatible con la visión del dualismo antropológico, por lo que se hace inevitable la confrontación entre ambas concepciones. La visión del dualismo antropológico viene, con sus características propias en cada caso, desde Platón, Aristóteles, el cristianismo y, ya en la Edad Moderna, con Descartes, el padre del racionalismo, aunque en su pensamiento pese más el *alma pensante* que la corporalidad, mero soporte, como señala el profesor Rábade Romero, y los que les siguieron hasta nuestros días.

La acción del materialismo puede concretarse en la vocación de deshumanización mediante las diversas expresiones que el materialismo ha producido, desde la tiranía comunista que atenazó a medio mundo hasta las *estrategias de baja intensidad* pero de enorme eficacia, de corte gramsciano, como es el progresismo, con todos sus instrumentos de deshumanización, entre otros la ideología de género.

Desde la perspectiva de la ética pública de la civilización occidental, se puede percibir, por el contrario, la inacción por cobardía, por ignorancia, por pereza, por abandono de las más primarias convicciones y la aceptación de las tesis contrarias que se acomodan más a la desidia ideológica imperante en nuestra gran clase media.

He llamado *estrategias de baja intensidad* a las que se promueven desde el flanco materialista porque penetran en la sociedad de manera imperceptible. En su origen, fruto de la perspicacia de Antonio Gramsci, que se percató de la imposibilidad de derrotar a la ética pública de la civilización occidental de manera frontal, por las bravas, con las tesis comunistas de la dictadura del proletariado. Durante la Guerra Fría, se fortaleció esta línea en los ámbitos liberales (izquierdistas) del mundo universitario norteamericano.

El éxito de *esta estrategia de baja intensidad* es indiscutible, de modo que si se encuestara a un amplio grupo de nuestra ancha clase media para saber en qué posición están, si en la materialista o en la del dualismo antropológico, responderán mayoritariamente que en la segunda, pero si, a renglón seguido, se les formularan preguntas cargadas de tópicos progresistas sobre las cuestiones que en este ensayo hemos tratado, se podría comprobar que realmente la mayoría se ubicaría en el flanco materialista, aun sin saberlo.

Así que puede establecerse que frente al principio del dualismo antropológico que explica la naturaleza plena del ser humano, se contrapone el principio materialista. Y frente a la ética pública de la civilización occidental, de la civilización de la libertad, que puede incluir en su seno diversas ideologías o formas de pensar (conservadora, liberal, socialdemócrata y muy diversas creencias y posicionamientos morales, siempre que no contradigan la ética referida), se contrapone la pseudo ideología del progresismo, cuyo objetivo es destructivo, de anulación de la ética pública vigente y, desde luego, negador, allí donde se ha implantado, de la libertad que está en la esencia del ser humano.

7.6.4. Dignidad y libertad

¿Cuál es, en definitiva, la clave de la ética pública de la civilización occidental? El reconocimiento de la dignidad humana, en toda circunstancia, por extrema que esta sea, sin excepción imaginable.

¿Cuál es la concreción radicalidad de la dignidad humana? La libertad personal, que solo admite como excepción la protección de la libertad personal, propia o ajena, y, naturalmente, la protección de la vida humana.

Podemos afirmar que los humanos nacemos libres, con derecho a la libertad, porque nos viene dada. Afirmamos que el derecho a la libertad se tiene, no se otorga, no se recibe de ningún otro ser humano ni de la sociedad ni del Estado. Y como la libertad individual es consustancial al ser humano, porque todas sus potencialidades tienden a ella o exigen de ella, solo la libertad individual puede aportar al ser humano el más profundo trasfondo de felicidad. Las demás circunstancias, por favorables que sean, darán *chisporroteos* de felicidad, pero solo la libertad, que es la plenitud humana, aporta la felicidad.

Por el contrario, desde la perspectiva materialista la libertad solo podría entenderse otorgada desde un poder, desde el Estado. No sería intrínseca al ser humano, que solo sería materia.

7.6.5. Concreción básica de la libertad

La libertad es individual, la libertad individual es la única libertad existente. No hay libertad colectiva, solo hay suma de libertades individuales.

No hay pueblos libres, solo hay ciudadanos libres, porque la libertad aflora del ser humano y no de la sociedad, que solo tiene que reconocerla.

La libertad, en mi opinión, es el uso autónomo de la razón y de la conciencia ética, para decidir sobre una determinada conducta. Sin razón no es posible la libertad.

Sin ética (causa que justifica la bondad de la conducta) solo cabe la tiranía y la sumisión, es decir, la indignidad. Si quien actúa desde la posición de dominio carece de ética, es un tirano y quien está en posición de inferioridad es un dominado, porque carece de libertad aunque se creyera libre. Naturalmente, la obediencia, congruente con la razón y la ética, no supone pérdida de libertad.

7.7. PREGUNTA CLAVE DE NUESTRO TIEMPO

Propongo al lector una pregunta retórica para que se la conteste a sí mismo. ¿Necesitamos un nuevo paradigma ético o debemos rehabilitar el que ha orientado a la humanidad durante bastante más de veinte siglos, la *ética de la civilización occidental*?

Adelanto mi respuesta. A mi juicio, los paradigmas éticos no se inventan, nos los ofrece nuestra propia naturaleza humana y si la analizamos con atención, reconociendo efectivamente nuestra condición de seres racionales y libres, estamos obligados a constatar nuestra inocultable vocación teleológica, con lo que nos encontraremos siempre con el *paradigma ético de la civilización occidental* y no con otro.

Se hace evidente un gran debate sobre la necesidad de fortalecer los valores e instrumentos de la civilización occidental y su superioridad frente a los sucedáneos progresistas.

De aquí que crea que nunca pudo tener algún sentido, por inconcreta, difusa y acrítica, la consigna de *estar con los signos de los tiempos*. En nuestro tiempo, estoy seguro que esa consigna es errónea y muy peligrosa.

Si los signos de los tiempos son las más significativas características de nuestro tiempo, la principal de ellas hoy, lamentablemente, es el triunfo solapado de diversos procesos de deshumanización que en este ensayo analizo.

Tenemos que *estar en nuestro tiempo*, pero con sentido crítico. Tenemos que vivir *contra los signos de nuestro tiempo* que contradigan nuestra dignidad y nuestra libertad. Lo contrario supondría estar al rebufo de la desnaturalización de la raza humana para liquidar, destruir, a la civilización occidental que, reitero, es la obra de mayor calidad y trascendencia que haya hecho la humanidad.

Índice onomástico

El presente libro, por encomienda de la editorial Almuzara, se terminó de imprimir el 12 de enero de 2022. Tal día, de 1948, el Tribunal Supremo de Estados Unidos declara la igualdad de educación para blancos y negros.